질병 관리의 사회문화사

-일상생활에서 국가정책까지-

이 저서는 2020년 대한민국 교육부와 한국연구재단의 지원을 받아 수행된 연구임(NRF-2020S1A5C2A02092567).

이 화
의료사
총 서 1

질병 관리의 사회문화사

일상생활에서 국가정책까지

최해별 김영수 김재형
김정란 남종국 리전더
이현주 임채성 홍용진
지음

이화여자대학교출판문화원

머리말

과거 사람들은 어떻게 생활 속에서 질병을 관리하며 건강을 유지했을까? 이 책은 동·서양 역사 속 서로 다른 시대를 살았던 사람들의 질병 인식과 대응에 대해 '질병 관리'라는 키워드를 가지고 다양한 이야기를 엮어보았다. 역사 속의 질병 관리는 실로 여러 가지 방식으로 이루어졌다. 서로 다른 경로로 축적되고 유입된 의학 지식의 활용을 통해, 개인의 질병 경험과 치료 그리고 건강을 위한 일상의 실천을 통해, 그리고 국가 또는 사회의 철저한(또는 선택적) 관리와 통제를 통해……. 우리는 개인의 일상에서 국가의 정책까지 다양한 층차로 모습을 드러낸 과거의 질병 관리 방식을 복원하고 그 사회문화적 함의를 찾고자 했다. 흥미로운 점은, 질병 관리의 방식과 경향은 그 시대와 지역의 독특한 사회문화적 환경의 영향을 받았다는 것이다.

코로나19 팬데믹으로 전 세계 사람들의 일상이 뒤흔들린, 그리고 그 상황이 1년 이상 지속되었고 앞으로도 언제 끝날지 모르는 지금, '질병 관리'는 그 어느 때보다도 우리 생활에 중요한 요소가 되었다. 또 각국의 질병 관리 방식과 그 역량이 초미의 관심사가 되었다. 이상적 질병 관리에 대해 역사 속의 유사한 상황과 경험에서 시사점을 찾는 일은 그 자체로 매우 흥미로운 일이자 의미 있는 작업이 될 것이며, 이런 점에서 '질병 관리'는 의료사 연구의 중요한 범주가 될 수 있을 것 같다. 무엇보다도 질병 관리의 구체적 방식이 그 시대의 사회문화적 환경의 영향을 받았다는 사실은 지금의 질병 관리 방식 역시 이 시대의 독특한 사회문화적 조건 속에 이루어지고 있음을 깨닫게 할 것이다. 그리하여 지금 우리 시대 질병 관리의 다양한 모습을 역사화시키고, 이를 통해 우리 시대의 특징을 되돌아볼 수 있는 장을 열어줄 것이다.

이화여자대학교 사학과 및 이화사학연구소는 2018년부터 동·서양 의료사에 대한 비교사적 연구에 관심을 두었고, 세 차례에 걸친 국내 및 국제 학술대회를 통해 연구자 간 교류를 심화시키며 연구 성과를 축적해왔다. 그러던 중 2020년 9월 한국연구재단 인문사회연구소 지원 사업에 선정되었고, 한국연구재단과 이화여자대학교 미래역량육성사업의 지원을 받아 그간의 발표 논문을 책으로 묶을 수 있게 되었다. 이 책은 이화사학연구소 '질병과 국가' 연구사업팀의 첫 번째 총서로서, 동·서양 역사 속 국가 또는 공동체가 '병'에 대해 어떻게 관리하고 대응했는지 비교분석하는 전체 연구 계획에서 그 시작을 연 것이다.

20세기 이후 유럽과 미국 그리고 일본 및 대만 등지에서 의료사 연구는 활발히 진행되어왔다. 그러나 각 지역과 시대별로 이루어진 개별적 연구가 주를 이뤘고, 특정 시대 특정 지역의 질병과 치료의 역사를 재구성하여 전근대와 근대를 비교하고 동양과 서양을 비교하는 연구는 크게 이루어지지 못했다. 각 지역의 개별 연구를 비교분석한 후 '병'에 대한 관리와 대응의 보편성이나 특수성을 종합적으로 논의하는 연구가 필요한 이유이다. 이러한 비교분석의 연구는 한 사람이 수행할 수는 없는 것이며 각 지역과 각 시대를 전공한 다양한 연구자들의 공동 연구를 통해서만이 가능하다. 이 책은 동·서양 역사 속에서 이루어진 질병 관리의 다양한 양상을 이해하여 그 보편성과 특수성을 파악하고자 했고, 이를 위해 근대 이전과 근대 이후 그리고 한국, 동양, 서양의 역사 연구자들이 모여 여러 주제를 함께 다루었다. 아울러 사회학자 및 경제사학자와의 협업을 통해 그 사회문화적 함의를 더욱 적극적으로 읽어내고자 했다.

1부에서는 서로 다른 경로로 축적 또는 유입된 의학 지식이 어떤 경합과 변용의 과정을 거쳐 일상의 질병 관리에 활용되었는지 살펴보았다. 1장은 당귀라는 약재가 고대에서 현대에 이르기까지 동아시아와 유럽 등지에서 어떻게 활용되었는지 그 변화상을 추적하고, 당귀가 '여성'의 질병 관리에 선택적으로 활용된 양상을 복원했다. 2장은 12세기 말경 편찬된 서사 자료를 활용하여 일상에서 이루어진 의학 지식의 축적과 확산의 모습을 복원함으로써 중국 송대 민중들의 질병 관리의 모습을 담았다. 3장은 19세기 서양 의학의 수용에 따른 뇌에 대한 새로운 인식, 이에 따른 뇌질환의 등장과 뇌병 신약의 발매 양상, 그리고 약 효능에 대한 이해의 변화상을 추적하여 근대 일본 사회가 보여준 뇌 질병 관리의 한 단면을 살펴보았다.

2부에서는 개인의 질병 경험과 치료 그리고 사회 각 계층의 건강관리를 위한 노력을 복원함으로써 개인의 삶과 생활을 둘러싸고 나타난 질병 관리의 여러 모습을 담았다. 4장은 중세 말 이탈리아에서의 불임에 대한 사회적 인식과 치료를 검토함으로써 한 상인의 아내가 보여준 '질병' 관리의 구체적 단면을 읽었다면, 5장은 중세 말 파리대학의 의학자들이 제시한 흑사병 예방법을 분석하여 의학적 처방이 개인(귀족)의 생활에 대한 도덕적인 규율화를 내포한 담론 권력으로 확장되는 양상을 읽어내어, 중세 말 질병 관리의 다양한 모습을 복원해냈다. 또 6장은 19세기 말 20세기 초 한국에서 생활한 미국인 선교사의 육아일기에 나타난 의료선교사 자녀의 건강관리 및 질병과 죽음의 경험을 복원하여 서양의 소아과의학 및 과학적 육아 방식이 일상의 '아동' 건강관리에 구현되는 양상을 담았다.

3부에서는 한센병 환자, 노동자, '귀환자'를 중심으로 국가 또는 사회가 어떻게 질병을 관리했는지, 그리고 당사자들은 이를 어떻게 경험했는지 식민지 조선과 일본 제국의 사례로 나누어 살폈다. 7장은 일본을 통해 식민지 조선에 이식된 근대 한센병 관리 정책과 이로 인해 변화한 조선 사회를 한센병 환자가 어떻게 겪었는지 그 실상을 복원했다. 8장은 조선총독부 체신국 노동자의 건강 상태와 이들에 대한 질병 관리 정책을 분석하여 식민지기 노동력의 보전과 노사 관계의 안정화를 위해 조선총독부가 취한 질병 관리의 양상을 설명한다. 9장은 패전국 일본에서 미군에 의해 실시된 귀환자 검역이라는 질병 관리 정책이, 일본이 단일민족 국가로 재건되는 데 필요한 절차였으며 냉전체제 형성기 미국을 중심으로 하는 새로운 질서가 극동 지역에서 구축되고 있는 실상을 반영한다고 설명한다.

먼저 각 장에서는 질병 관리에 대한 사회문화사적 접근을 위해 다양한 사료를 활용했다. 전통 시대 의서뿐만 아니라 지방관이 각지에서 수집한 일화를 모은 『이견지』라는 서사 자료, 불임을 겪었던 상인 부부가 주고받았던 편지, 의료선교사의 일기, 매약 홍보가 실린 신문 광고와 기사, 한센병 환자와 관련된 신문 기사 및 인터뷰 자료, 조선총독부 체신국이 발표한 통계 자료 등 개인 일상에서부터 국가의 정책에 이르기까지 질병 관리의 다양한 측면을 읽을 수 있는 여러 자료를 활용한 측면이 돋보인다.

사료뿐만 아니라 연구자의 시각과 접근 방법도 주목할 만하다. 먼저 민중, 여성, 환자, 노동자 등 개인의 경험과 그들의 선택에 집중한 측면이 두드러진다. 민중들의 일상 경험에서 온 의학 지식의 축적,

일반인들의 건강에 대한 관심과 그들의 매약 복용 양상, 불임을 겪은 상인의 아내가 선택한 치료의 방식이나 한센병 환자 및 체신국 노동자의 입장 등……. 그러한 가운데 마르게리타라는 중세 유럽 상인의 아내나 로제타 셔우드 홀이라는 19세기 의료선교사의 사례를 다룬 미시사의 방법이 활용되기도 했다. 당귀라는 약재의 물질문화와 그 세계사적 여정 또는 근대 동서양 지식의 조우의 순간이 관찰 대상이 되기도 했다. 또 질병과 건강을 둘러싼 담론이나 규율화된 일상을 분석 대상으로 삼기도 했고, 질병 관리 정책이 냉전체제의 형성에서 가진 의미를 분석하기도 했다.

여러 사료의 활용과 연구 방법을 보여준 아홉 편의 글을 통해 특정 시대 특정 지역에서의 질병 관리 사례들이 보여준 다양한 사회문화적 함의를 읽을 수 있었다. 먼저 한 시대의 의학 지식이란 고정불변한 것이 아니라 시대적 수요와 필요에 호응하면서 끊임없이 변화와 변용을 거듭했다. 결국 특정 시대의 일상에 통용되는 의학 지식은, 전문 의료인들 간의 논쟁, 민중들의 경험 또는 해외에서 유입된 새로운 지식의 도전 등에 바탕을 둔 다양한 조건 속에서 경합을 거치며 변화하는 과정에서 축적된 산물이었다. 물론 변화하는 의학 지식에 따라 일상의 질병 관리 방법 역시 변화할 수밖에 없었을 것이다. 그리하여 의학 지식 그리고 그것에 기초한 질병 관리 양상은 그 시대를 상징하고 대변하는 성격을 내포할 수밖에 없음을 확인했다.

그다음으로 한 개인의 질병에 대해 이루어진 치료와 예방은 실상 의료진, 의약서, 여론(민간요법), 그리고 특정 종교나 국가의 질병에 대한 인식과 해석의 산물임을 알 수 있었다. 개인이 택한 특정 치료 방식은 오롯이 개인의 선택이었다기보다 다양한 사회 구성체가 상호 작용한 결과였다. 또한 건강관리의 차원에서 이루어진 다양한 선택과 조치는 전문 지식과 일상생활의 조우를 확인할 수 있게 했다. 예를 들면 전염병의 관리가 이루어지는 과정에서 의학적 처방이 생활상의 훈육의 의미로 확장되는, 또 건강에 대한 의학적 기준이 육아 생활에 적용되어 시대마다 다른 의학적 지식이 일상에 녹아드는 지점을 확인할 수 있었다.

마지막으로 국가의 질병 관리와 통제라는 측면에서 우리는 소위 식민지에서의 근대성이 가지는 다양한 함의와 문제를 만날 수 있었고, 또 국가의 질병 관리 정책은 다분히 정치적 목적을 가질 수밖에 없음을 알 수 있었다. 조선총독부는 치료와 예방을 위해 여러 조치를 취했지만 오히려 한센병 환자에 대한 사회의 낙인과 차별이 강화되는 계기가 되어 가족 단위에서부터 조선 사회 전체에 이르기까지 한센병 환자를 체계적으로 절멸시키는 시스템이 만들어졌다. 조선총독부의 체신국 노동자 관리에서도 한계는 드러났는데, 식민지적 분업 체제가 정착되면서 민족 간 경제적 차별이 강화되었고 이것이 오히려 전염병을 통해 일본인의 건강을 상대적으로 악화시키는 요인이 되었던 점, 그리하여 체신국은 다양한 조치를 통해 일본인을 중심으로 한 노동위생 대책을 취할 수밖에 없었던 점은 시사하는 바가 크다. 또 제2차 세계대전 후 일본에서 이루어진 귀환자 검역이 단순한 질병 관리의 의미뿐만 아니라 일본의 국민국가로의 도약과 동아시아에서의 미국의 영향력을 강화시키는 상징적 의미를 가진다는 것은 국가의 질병 관리 정책이 정치적 목적의 실현과 무관하지 않음을 보여준다. 이 모두는 식민지 시기 구축된 근대성이 가지는 한계들을 노출하는데, 식민지 조선인들만이 그 한계를 경험했던 것이 아니라 식민지에 있었던 일본인 그리고 전후 제국으로 돌아온 일본인들도 경험할 수밖에 없었다는 점이 흥미롭다.

이 외에도 이 책에서 다룬 구체적인 사례들을 통해 독자들은 역사 속 질병 관리의 특징들이 시사하는 바를 더욱 다채롭게 읽어낼 수 있으리라 기대한다. 그리고 이 점이 동·서양사의 다양한 사례를 펼쳐 보이는 이 책의 장점이라고 생각한다. 더 나아가 이 책이, 코로나 팬데믹을 겪고 있는 우리 시대 일상의 질병 관리는 어떠한 의학 지식을 바탕으로 하고 있으며 그 한계는 무엇인지, 또 우리 시대 개인의 질병 치료와 건강관리는 어떤 특징들을 보이는지, 그리고 이 시대 국가의 이상적 질병 관리는 어떤 것이어야 하는지, 일상생활에서 국가정책에 이르기까지 조금은 전복적으로 우리 시대를 되돌아볼 수 있는 계기를 제공해줄 것이라 기대한다.

앞으로 이화사학연구소 '질병과 국가' 연구사업팀이 주축이 되는 이화 의료사 총서의 발간은 계속될 것이다. 역사 속 국가 또는 공동체의 질병 관리와 대응에 대해 그 주체가 되는 질병 관리 기구와 제도에서부터, 감염병과 비감염병의 질병에 대한 국가의 대응 사례, 그리고 그 과정에서 국가가 전문 의료인이나 대중과 이루어내는 협력에 이르기까지……. 이들 개별 주제에 대한 검토와 논의는 코로나 팬데믹 시대 그리고 포스트 코로나 시대 이상적 질병 관리 모델에 대한 구상의 실마리를 역사 속에서 찾고자 하는 우리의 시도에 더욱 힘을 실어줄 것이다.

2021년 4월
저자를 대표하여
최해별

차례

2부 개인의 '질병' 경험과 건강 관리

3부 국가의 질병 관리와 통제

1부

의약 지식의 확산과 일상의 질병 관리

1장

여성의 필수 약재: 경계를 넘나드는 당귀의 세계사[1]

| 리전더 |

중국의 유명한 본초학자 이시진(李時珍, 1518~1593)은 그의 저서인 『본초강목(本草綱目)』(1578/1596)에서 당귀(當歸)는 여성에게 필수적인 약재라 언급했다. 문자적 의미로 볼 때 '당(當)'은 '~해야 한다'를, '귀(歸)'는 '돌아가다'를 뜻한다. 전통적으로 중국에서 여성은 십대 후반에는 결혼할 것으로 기대되었으며, 본래 자신들이 태어났던 집은 그들 남편의 집이자 그들의 영원한 집으로 '돌아가기' 전에 잠시 머무는 장소로 여겨졌다. 이러한 전통적인 관념을 언급하면서, 이시진은 당귀가 가진 혈액 보충 기능이 여성의 출산 능력 향상에 매우 중요하며 그래서 '돌아가야 한다'라는 이름을 얻게 된 것이라 주장했다.[2]

---

1 이글은 2020년 1월 15~16일 이화여자대학교 사학과에서 개최한 국제학술대회 ("International Conference on the Social and Cultural History of Disease and Medicine in the East and the West")에서 처음 발표한 것이다. 이 학술대회에서 필자는 많은 연구자들로부터 좋은 의견을 받았으며, 특별히 이기복 교수의 통찰력 있는 코멘트와 유용한 정보의 제공에 감사드린다.

2 李時珍, 『本草綱目』 卷14, 「草之三·芳草類·當歸」, 北京: 人民衛生出版社, 1977, 833쪽.

본초(本草)로서의 당귀는 중국뿐만 아니라 동아시아와 유럽에서도 사용되었다. 그렇다면 다른 나라 사람들도 중국과 유사한 방식으로 당귀를 활용했을까? 한국과 일본의 의학 전통에서도 당귀를 여성에게 필수적이라고 여겼을까? 중국의 본초가 다른 대륙으로 전파되어 생의학의 약물로 쓰였다면 어떻게 활용되었을까? 이 글은 문화와 의학의 경계를 넘나드는 당귀의 여정을 추적하고자 한다. 다양한 역사적 기록들 및 의학 서적들이 대략적인 당귀의 글로벌 히스토리(Global history)를 살펴보는 데 활용될 것이다.[3] 중국에서의 당귀 이야기부터 보자.

1. 중국 이야기: 전통적인 진통제에서 여성의 필수 약재로

당귀는 오늘날까지도 여성들의 건강에 매우 중요한 약재로 여겨진다. 당귀는 한자 문화권의 의학적·영양학적 문헌에서 피를 보충하는 것으로 알려진 약재였다. 인류학적 연구와 사회학적 통계에 따르면, 당귀의 뿌리는 대만의 가임기 여성들에게 건강보조식품으로 자주 사용되었다. 말린 뿌리는 얇게 썰어서 보양식 죽으로 요리하거나, 월경 기간 이후 여성이 먹는 유명한 사물탕(四物湯)에 군약(君藥)으로

3 이 글에 등장하는 몇몇 논지는 필자의 다른 글에서 이미 언급된 것들이다. 李貞德, 「女人要藥考: 當歸的醫療文化史試探」, 『中央研究院歷史語言研究所集刊』 88, 2017, 521-588쪽; 「讀『李朝實錄』當歸史料」, 收入陳明主編, 『跨越邊際的古代東方醫學』, 上海: 中西書局, 2021; “Danggui and its German Connections: A Menstruation Drug at the Turn of the 20th Century”, 독일 Technische Universität Braunschweig에서 개최된 “Towards a Global History of Drugs” 워크숍 미간행 발표문, 2019. 지면의 한계로 일일이 각주를 달지는 않는다. 자세한 내용은 이 세 논문을 참조.

사용되기도 한다.[4] 그러나 고대 중국에서부터 살펴보면 당귀의 더욱 다양한 이미지와 갖가지 기능들을 확인할 수 있다. 그 이름에 친구, 지지자, 제자 등을 돌아오게 한다는 의미가 함축되어 있었기 때문에 당귀는 초기 중화제국(진한) 시기 사회정치적 관계망에서 선물로 활용되었던 반면, 여성과 관련된 특별한 내용은 없었다.[5]

당귀를 처음 기록한 의서에서는 당귀가 막힌 피의 흐름을 뚫는 데 효과적이라고 했으며, 3세기에 접어들면서부터 이 약재는 여러 역사적 기록들에서 진통을 위한 일반적 치료제로 언급되었다. 예를 들어 삼국시대 위(魏) 문제(文帝)가 된 조비(曹丕)의 아버지이자 큰 야망을 가지고 있었던 조조(曹操, 150~220)는 만성두통을 누그러뜨리기 위해 당귀탕(當歸湯)을 마시곤 했다. 이처럼 당귀가 여러 가지 혈류 관련 통증을 완화시킬 수 있다는 것은 당시에도 널리 알려진 지식이었으나 여성과의 관련성이 강조되지는 않았다.[6] 현존하는 『신농본초경(神農本草經)』은 당귀가 치료할 수 있는 여러 질병 중 하나로 불임을 일으키는 비정상적 자궁 출혈을 언급했다. 그러나 본초학자 도홍경(陶

---

4 대만 여성들의 '피를 보충하기' 위해 사용된 당귀와 관련한 인류학적 연구는 張珣, 「文化建構性別, 身體與食物」, 『考古人類學刊』 67, 2007, 71-116쪽 참조. 사회학 쪽의 통계는 당귀가 대만 여성들 사이에서 가장 인기가 많은 본초였음을 보여준다. 당귀는 13~64세 여성들이 사용하는 건강보조식품 1~10위 중 5위에서 7위를 차지하며, 작약(芍藥), 지황(地黃), 궁궁(芎藭)이 포함된 사물탕이 4위에서 8위를 차지한다. 당귀와 사물탕을 제외하면 목록에 있는 건강보조식품들은 대개 비타민과 같은 생의학적 약품이다. 安勤之, 「論中藥作為保健食品: 以四物湯的生命史為例探討藥品與食品範疇的革命」, 『科技, 醫療與社會』 11, 2010, 89-148쪽.

5 자세한 논의는 李貞德, 「女人要藥考: 當歸的醫療文化史試探」(二, 相招芳草: 交遊網絡中的當歸), 526-532쪽 참조.

6 자세한 논의는 李貞德, 「女人要藥考: 當歸的醫療文化史試探」(五, 通說與醫方: 當歸止痛, 用之不已), 546-550쪽 참조.

弘景, 452~536)은 그에 대한 주(注)에서 당귀를 소개하기는 했지만 그러한 효능은 언급하지 않았다.[7]

도홍경의 『본초경집주(本草經集注)』[이하 집주(集注)]는 고대 중국의 본초 지식을 모아놓은 것이며, 이후 중국 본초학 전통의 초석을 다진 것으로 이해된다.[8] 그러한 집주에서 그가 당귀의 부인과적 효과를 다루지 않은 것이 현대 독자들에게는 놀라운 일일 수 있는데, 이것은 단순한 실수가 아니라 당귀에 대한 그의 인식을 보여주는 것이다. 집주의 서문을 보면, 도홍경은 20세기 학자들이 '제병통용약(諸病通用藥)'이라고 부르는 것을 서술했다.[9] 이는 80가지 증상 아래에 수백 개의 약초를 열거한 것으로, 환자와 치료자가 특정 질병의 치료에 필요한 처방을 빠르게 찾아볼 수 있게 했다. 도홍경은 이 편리한 지침을 통해 당귀를 다양한 곳에 사용하도록 제시하고 있지만, 당귀의 효능으로 두통, 복통, 치통 그리고 피로 회복 등만 언급했을 뿐 부인병과 관련해서는 단 한 번도 언급하지 않았다. 그는 월경, 임신, 산후조리에 관한 문제와 자궁 출혈, 불임 또는 모유 부족 등을 치료하는 약재로 당귀의 기능을 인정하지 않았다.[10] 이는 도홍경이 당귀의 가장 주된 효능을 부인병에서가 아니라 효과적인 진통에서 찾았음을 보여준다.[11]

---

7 陶弘景, 『本草經集注(輯校本)』 卷4, 「草木中品·當歸」, 尚志鈞·尚元勝 輯校, 北京: 人民衛生出版社, 1994, 260쪽.

8 廖育群, 「陶弘景本草著作中諸問題的考察」, 『中華醫史雜誌』 22-2, 1992, 74-79쪽; 陳元朋, 「『本草經集注』所載「陶注」中的知識類型, 藥產分佈與北方藥物的輸入」, 『中國社會歷史評論』 12, 2011, 184-212쪽.

9 馬繼興, 「古本草序錄「諸病通用藥」所載《本經》佚文考」, 『神農本草經集注』, 馬繼興 編, 北京: 人民衛生出版社, 1995, 625-685쪽.

10 陶弘景, 『本草經集注(輯校本)』 卷1, 「序錄」, 54-88쪽.

본초서(本草書)의 이러한 서술은 초기 중화제국(진한) 시기의 처방에 반영된 의사들의 관행과 공명하고 있다. 고대의 의학 대가였던 장중경(張仲景, 150~219)이 이미 당귀 가루가 임신의 안정성과 출산의 신속함을 향상시킨다고 제시했음에도 불구하고,[12] 이러한 기록의 등장 이후 수 세기 동안 당귀는 어혈(瘀血) 제거나 여러 신체 통증을 완화하는 처방에만 활용되었을 뿐 부인병에서의 효과는 거의 언급되지 않았다. 특히 월경 혹은 임신과 관련해서 언급되는 경우는 드물었다. 피와 여성 몸 간의 관계가 이론화된 이후에야 당귀는 여성을 위한 약에 활용되는 통상적인 약재가 되었다.

중국의 부인과는 5세기에서 13세기 사이에 양정(陽精)을 남성의 구성체로 본 반면, 음혈(陰血)을 여성의 구성체로 보는 젠더화된 인식에 토대를 두고 점진적으로 성립되었다.[13] 피가 여성의 월경만을 의미하는 것은 아니었지만 월경은 여성의 건강을 가늠하는 주요 지표가 되었다. 중국과 동아시아 국가에서 궁중 의사를 훈련시키는 교과서로 활용되었던 『소품방(小品方)』의 저자 진연지(陳延之, 대략 5세기)는 여성 환자의 경우 월경 여부를 반드시 확인하게 하여 의사들이 오진하지 않게 했다.[14] 또 중국에서 약왕(藥王)으로 불린 손사막(孫思邈,

---

11 자세한 논의는 李貞德, 「女人要藥考: 當歸的醫療文化史試探」(四, 排除客氣客血: 本草書中的當歸), 539-546쪽 참조.

12 張仲景, 『金匱要略』 卷20, 徐忠可(1671) 論註, 北京: 人民衛生出版社, 1993, 303-304쪽.

13 자세한 논의는 李貞德, 『女人的中國醫療史: 漢唐之間的健康照顧與性別』, 第二章 「求子醫方與婦科濫觴」, 臺北: 三民書局, 2008(2020 수정 재판), 11-71쪽; Charlotte Furth, *A Flourishing Yin: Gender in China's Medical History, 960-1665,* Berkeley & Los Angeles, CA: University of California Press, 1999, pp. 59-93.

14 北里研究所附屬東洋醫學總合研究所醫史文獻研究室編, 『財團法人前田育德會尊經閣文庫藏小品方·黃帝內經明堂古鈔本殘卷』, 橫浜: 北里研究所附屬東洋醫學研究所, 1992, 14-15쪽, 번역문은 39-40쪽.

581~682)은 여성을 위한 약을 구분할 필요가 있다고 강조했는데, 이는 출산뿐만 아니라 월경도 여성의 몸을 변화시킨다고 보았기 때문이다.[15] 진자명(陳自明, 1190~1270)은 여성에게 쓸 약을 최초로 독립적으로 다룬 『부인대전양방(婦人大全良方)』을 출판했다. 그는 두 성별을 구분하기 위해 "여성은 혈(血)이 주가 된다[婦人以血爲主]"는 점을 분명히 했으며, 자신의 책 서두에 "여성을 진찰할 때는 먼저 그 여성의 월경을 조정하라[凡醫婦人, 並先調經]"는 구절을 제시했다.[16]

혈의 상태를 호전시키는 약재로 사용되던 당귀가 부인병을 위한 처방에서 핵심적인 역할을 맡기 시작한 것은 바로 이 시기이다. 7세기 이후 전해오는 약방문에서는 여성 질환과 관련해 피를 치료하는 당귀가 계속 포함되고 있음을 확인할 수 있다.[17] 10세기 황실에서 편찬된 최초의 종합 의방서 『태평성혜방(太平聖惠方)』은 월경 질환을 완화하는 약으로 당귀산(當歸散)을 통상적으로 거론했다.[18] 12세기 초 또 다른 황실 의학 백과사전인 『성제총록(聖濟總錄)』은 초경의 어려움을 치료하기 위한 당귀탕의 수십 가지 다른 배합 방법을 수록했다.[19]

---

15 孫思邈, 『備急千金要方』 卷2, 「婦人方·求子第一」, 臺北: 中央研究院歷史語言研究所藏1849年江戶醫學館影寫米澤文庫藏 1066年 北宋刻本, 16쪽.

16 陳自明 撰, 『婦人大全良方』 卷1, 余瀛鰲等 點校, 北京: 人民衛生出版社, 1985, 10쪽; 1996, 10쪽.

17 월경혈 고임을 치료하는 성분으로서 당귀가 사용된 현존하는 가장 오래된 처방전은 魏孝澄의 『新錄方』에서 찾을 수 있다. 수(隋)대(581~618)의 의방과 관련한 모든 문헌은 시간이 흐르면서 소실되었으나 일부 처방전은 丹波康賴(912~995)의 『醫心方』(影印安政影寫本) 卷21, 臺北: 新文豐出版公司, 1982, 18쪽에 포함되어 있다.

18 『太平聖惠方』은 여성의 질환을 치료하기 위한 네 가지 당귀탕을 만드는 방법과 42가지 당귀산의 다양한 조제법을 싣고 있다. 李貞德, 「女人要藥考: 當歸的醫療文化史試探」(表1·表2), 569-573쪽.

19 『聖濟總錄』은 여성의 질환을 치료하기 위해 당귀탕을 만드는 38가지 방법과 당귀산을 만드는 15가지 방법을 포함하고 있다. 李貞德, 「女人要藥考: 當歸的醫療文化史試探」(表

유의(儒醫)들이 50세 이상 여성들이 겪는 월경으로 인한 허리 통증을 완화하는 데 당귀산이 효과적이라고 꼽은 것도 12세기가 처음이다.[20] 당귀는 고대부터 피를 맑게 하는 약으로 여겨졌으나, 여성의 건강과 피의 관계가 이론화되고 완전히 연결됨에 따라 산모뿐만 아니라 초경부터 완경까지 다양한 단계를 경험하고 있는 전 연령층의 여성들에게 유용한 것으로 여겨졌다.[21]

이후로 당귀는 여성들을 위한 처방전에 자주 사용되었고, 사물탕이 인기를 끌면서 여성 건강의 증진과 관련하여 더욱 유명해졌다.[22] 최근 수십 년 동안 의학사 연구자들은, 15세기 이후부터 중국 의학자들이 성리학의 영향 아래 남성과 여성이 본질적으로 다르다고 본 젠더적 관점을 점진적으로 폐기하고, 인간의 몸이 단일 원칙하에서 이해되고 치료될 수 있다고 보는 중성적 담론으로 돌아가기 시작했다

3·表4), 573-577쪽.

20 許叔微(1075~1154), "七七數盡, 而經脈不依時者, 血有餘也, 不可止之, 但令得依時, 不腰痛為善, 當歸散", 『證類普濟本事方』 卷10, 「治婦人諸疾」, 合肥: 黃山書社(據文淵閣四庫叢書本重製), 2008, 78쪽. '7번씩 7번 한 후 끝난다(七七數盡)'는 관념이 점차 강조되면서 49세는 월경이 끝나는 표준적인 나이가 되었다. 이에 따라 '50세 이후 월경(五十行經)'은 비정상적이며 치료가 필요하다고 여겨졌다. 李貞德, 「絕經的歷史研究: 從「更年期」一詞談起」, 『新史學』 29-4, 2018, 179-223쪽.

21 자세한 논의는 李貞德, 「女人要藥考: 當歸的醫療文化史試探」(七, 從天癸至到地道絕: 當歸護一生), 556-562쪽 참조.

22 예를 들면, 금(金)의 의사 장자화(張子和, 1156~1228)는 월경의 주기를 안정시키는 데 당귀를 사용했다. 張從正, 『儒門事親』 卷12 「三門六法·寒門·獨治於內者」(當歸散條)(張從正 著, 鄧鐵濤等 編校, 『子和醫集』, 北京: 人民衛生出版社, 1994), 303쪽. 원(元)의 의사 주진형(朱震亨, 1281~1358)은 자신의 이론인 양음론(養陰論)을 제시하면서 사물탕을 더 유명하게 만들었다. 주진형은 그가 쓴 의서 『丹溪心法』에서 여러 증상을 치료하기 위해 사물탕을 변용한 200여 가지의 처방을 제시했다. 주진형이 제시한 양음론과 그가 자주 사용한 사물탕의 조합에 대해서는 張學謙, 「元明儒醫思想與實踐的社會史: 以朱震亨及丹溪學派為中心」, 香港: 香港中文大學博士論文, 2012 참조.

고 강조했다.[23] 그럼에도 불구하고 피를 치료해주는 당귀는 여성의 치료에 있어서 지속적으로 중요한 위치를 차지했다. 그리하여 이시진은 여성의 건강에 당귀는 필수적임을 설명하기 위해 여성에 대한 전통적인 관념을 강조하는 형태로 그 이름을 풀이했던 것이다.[24]

2. 동아시아의 경험: 젠더화된 활용이 흐릿해진 향약

당귀가 여성을 위한 약으로 명성을 얻기 시작한 시기는 중국이 이웃 나라들과 접촉하며 교류했던 시기이기도 하다. 한국의 인삼은 6세기 중국의 본초 논의에 이미 포함되어 있었다. 한국을 통해 중국 문화를 받아들인 일본은 600년에 중국의 의학 지식을 받아들이기 위해 사절단을 중국으로 파견했다.[25] 한국과 일본의 의서 및 관련 자료들을 간략히 살펴보면, 당귀는 해당 지역에서 자생하고 있었기 때문에 외국 약초가 아닌 토산 약초(鄕藥)로 인식되었다. 한국과 일본은

23 Charlotte Furth, *A Flourishing Yin* (Ch.4 Rethinking *Fuke* in the Ming Dynasty), pp. 134-154; Yi-li Wu, *Reproducing Women: Medicine, Metaphor and Childbirth in Late Imperial China* (Ch.1 Late Imperial *Fuke* and the Literate Medical Tradition), Berkeley, Los Angeles, London: University of California Press, 2010, pp. 15-53.

24 의료사 연구자들은 또한 17세기 중성 담론으로의 회귀와 더불어 중국의 의사들이 한때 유행했던 사물탕보다 생화탕(生化湯)을 더 자주 사용했다고 지적했다. 그러나 흥미롭게도 가장 유명한 의사 중 한 사람인 부청주(傅青主, 1607~1684)는 여성을 치료할 때 그의 생화탕에 사물탕에서보다 당귀의 양을 더 많이 넣어 처방했다. 이렇듯 '여성의 필수 약재'라는 당귀의 이미지는 여성의 몸에 대한 담론이 변화했음에도 중국에서 매우 강하게 유지되었다.

25 한국, 일본, 중국 간의 의학 지식, 본초 및 인적 교류에 대해서는 三木榮, 『(補訂)朝鮮醫學史及疾病史』, 京都 : 思文閣出版社, 1991 참조.

상술한 진연지(陳延之), 손사막(孫思邈), 진자명(陳自明)의 저술을 포함하여 중국의 의방(醫方) 서적을 수입했는데, 각지에서 채집된 당귀는 종종 중국 서적에 기록된 처방에 따라 사용되었다.

중국의 본초서들은 당귀의 각기 다른 부분이 여러 병증에 효험이 있음을 서술하고 있다. 예를 들면 당귀의 머리인 윗부분은 끊임없이 흐르는 피를 멈추게 할 수 있으며(頭止血(두지혈)), 당귀의 몸통 부분은 피를 보충해주고(身養血(신양혈) 또는 身和血(신화혈)), 당귀의 꼬리인 맨 아랫부분은 정체된 피를 풀어준다고 한다(尾破血(미파혈) 또는 梢破血(초파혈)).[26] 당귀는 어느 부분이든 피와 관련한 증상에 유용하다고 이해되었으며, 그러한 인식은 한국과 일본이 중국의 본초서 및 방서를 수입하면서 각 지역에 소개되었다. 그렇다면 한국과 일본의 의방 지식 역시 당귀를 여성의 필수 약재 중 하나로 여겼을 것이라고 충분히 예상할 수 있다. 그러나 한국과 일본에서 이시진과 같은 방식으로 당귀의 특징을 이해한 전문가는 지금까지 확인되지 않는다.

현존하는 가장 오래된 일본 본초서인 『본초화명(本草和名)』은 10세기에 편찬되었다. 당귀는 그 목록에 등장하며 일본식 이름으로는 야마제리(也末世利·yamazeri), 우마제리(宇末世利·umazeri), 카바사쿠(加波佐久·kabasaku), 우보제리(於保世利·ubozeri) 등 네 가지 이상이 등장한다. 제리(芹)라는 단어를 쓴 것은 일본인들이 당귀를 3세기 초 중국 사전인 『광아(廣雅)』의 설명과 유사하게 이해하고 있음을 보여주는데, 『광아』에서는 당귀가 수근(水芹)과 유사하지만 더 크며 산에서 자

26 효능의 구분은 2세기 서적인 『藥對』에 처음으로 기록되어 있다. 이 책은 중국 황실의 어의였던 뢰공(雷公)이 지었다고 알려져 있으며, 이 언급은 당(唐)대까지 본초 서적에 반복적으로 나타난다. 자세한 논의는 李時珍, 『本草綱目』 卷14, 「草之三·芳草類·當歸」, 833-834쪽 참조.

라는 것으로 이해했다. 『본초화명』의 목적은 수입된 중국의 『신수본초(新修本草)』(659)에 기록된 약초들에 일본식 이름을 붙이는 것이었기 때문에 당귀의 사용법과 기능을 자세히 언급하지는 않았고 여성 질환에 대한 언급도 없다.[27]

『의심방(醫心方)』(982)은 현존하는 일본에서 가장 오래된 의방서로, 중국 원전에서 당귀를 포함한 140가지 의방을 인용하여 수록했다. 이 의방들은 주로 통증을 완화하거나 외상을 치료하는 데 사용되는 것이었다. 여성과 관계된 40가지 처방 가운데 30개 이상이 여성의 임신, 출산 그리고 산후조리를 돕는 것이었는데, 그 가운데 가장 눈에 띄는 처방은 산파에게 "당귀 진품을 출산 중인 산모의 손에 쥐어주면 아이를 빨리 낳을 수 있다"고 한 것이다. 이를 통해 보건대, 그들은 순산을 도와주는 당귀의 효능을 매우 신뢰했기에 여성들은 이를 먹을 필요조차 없다고 여겼던 것이다. 그럼에도 불구하고 『의심방』에서 당귀는 월경 조절법과 관계된 처방에 거의 포함되지 않았다. 이 시기는 중국의 의사들이 혈을 이론화해 젠더화된 몸에 대한 관념을 발전시키는 초기 단계였다. 헤이안 시기(平安期, 794~1192) 왕실 의사이자 『의심방』의 편찬자인 탄바 야스요리(丹波康賴, 912~982)는 출산이 여성 질환의 근원이라고 여기기는 했으나 월경과 그 밖의 혈액 관련 문제를 여성의 질병과 연관시켜 보지는 않았다.[28]

27 深江仁輔, 『本草和名』(918)(『日本古典全集』, 與謝野寬·正宗敦夫·與謝野晶子 編纂校訂, 東京: 日本古典全集刊行會, 1926-1928).

28 중국의 여성에 대한 의방을 일본이 받아들인 방식에 대해서는 李貞德, 『女人的中國醫療史: 漢唐之間的健康照顧與性別』(九, 從域外看中國: 『醫心方』及其婦科醫學論述), 353-388쪽; 한국에서의 관련 논의는 리전더, 「밖에서 본 중국: 『醫心方』의 서적 인용과 婦人科 논술」, 『이화사학연구』 50, 2015, 67-98쪽 참조.

일본의 의사가 "여성은 혈이 주가 된다[婦人以血爲主]"라는 구절을 처음으로 명확하게 언급한 것은 16세기에 들어서이다. 중국 진자명의 영향을 받은 난죠우 소우칸(南条宗鑑)은 3권 분량의 『찬취부인방(撰聚婦人方)』(1546)을 편찬하고, 유사한 방식으로 여성의 건강 문제를 월경, 임신, 출산, 산후조리 순으로 언급했다.[29] 여성의 약에 대해 집대성한 이 일본 최초의 서적에서 당귀는 모든 종류의 부인과와 산과 질환을 치료하기 위한 다양한 처방에 포함되었다. 이처럼 당귀가 일본의 처방집에서 월경 조절 및 혈액 관련 질환에 지속적으로 사용되어왔음에도 불구하고, 일본의 의서 저자들이 명쾌하게 당귀를 여성 건강의 필수 약재로 인식했는지는 분명하지 않다.

현대의 독자들을 더욱 놀라게 하는 것은 송대 이전의 의학 대가들에게 특별한 경의를 표하고 있는 18세기 일본 고방파(古方派) 의사들도 대개 송명 의사들이 인식했던 것처럼 당귀를 혈 치료약으로 반드시 이해했던 것은 아니라는 점이다. 고방파 의학의 대가인 요시마스 토도(吉益東洞, 1702~1773)는 혈의 문제에 당귀가 사용된다는 일반적인 지식에 의구심을 표했다. 그는 본초서 고전에서 당귀 또는 궁궁(芎藭)이 혈액 질환을 치료하는 데 언급되기는 하지만, 장중경(張仲景)의 방서를 확인해보면 장중경이 이 두 가지 약을 반드시 혈액 질환 치료에 사용한 것은 아님을 알게 될 것이라고 지적했다. 오히려 장중경은 이 두 가지 약을 혈액 문제와 관련이 없는 다른 처방에 활용했다. 이런 까닭에 요시마스 토도는 의사들이 당귀와 궁궁을 혈액 관련 문제의 치료제로만 생각해서는 안 된다고 경고했다. 그렇다면 당귀와 궁궁의 주된 효능은 무엇인가? 요시마스 토도는 확실하게

---

29 南条宗鑑, 『撰聚婦人方』, 東京: オリエント出版社, 1996.

알 수 없다고 했고 쉬이 추측하지도 않았으며, 그 문제에 대한 언급을 피했다.[30]

이제 독자들은 중국과 다른 동아시아 국가 간 당귀의 품종 차이가 개별 지역에서 나타나는 서로 다른 당귀 관련 지식 및 사용법에 영향을 미치지 않았을까 생각할 수도 있다. 실제로 오늘날 생의학 분야의 식물학자들과 화학자들은 주로 한반도에서 자생하는 당귀(當歸·Angelica gigas)와 중국 당귀(當歸·Angelica sinensis), 일본 당귀(当帰·Angelica acutiloba)의 약효 간 미세한 차이를 규명하고자 노력하고 있다.[31] 실제로 1960년대에 중국의 약재를 수입할 수 없었던 대만 정부는 대만 섬에서 한국 당귀를 기르려고 시도하기도 했다. 그러나 대만의 의사와 약재상들은 한국 당귀의 효과가 중국 당귀와 다를 것을 걱정했기 때문에 이 당귀는 크게 활용되지 않았다.[32] 한 한국 의학사의 선구자가 향약(鄕藥)과 당약(唐藥)이 비슷한 이름으로 불리지만 종종 다른 약초를 가리킬 수 있다는 것을 보여주며, 그 사례로 당귀를 든 것도 대략 이 시기이다.[33]

그러나 역사 문헌상 한국과 일본의 의학에서 당귀의 서로 다른 품종을 다루고 있는 기록은 거의 찾아볼 수 없다. 한국과 일본의 의사들과 본초 전문가들이 수입된 중국 당귀와 국내 당귀의 일부 차이점을 지적할 때도 국내산 중에서 최고의 것을, 즉 중국의 것과 가장 유

30 吉益東洞(1702~1773), 『藥徵』(『近世漢方医學書集成』 10, 大塚敬節·矢數道明 編, 東京: 名著出版, 1985.), 119-120쪽.

31 김선애·오혜경·김지영·홍진우·조수인, 「참당귀, 중국당귀, 일당귀 및 그 구성 생화합물의 약리작용에 대한 고찰」, 『대한한의학회지』 32(4), 2011, 1-24쪽.

32 張嘉芮, 「道地藥材的東亞轉移: 台灣當歸的興起與科學爭議, 1957-1972」, 臺北: 陽明大學科技與社會研究所碩士論文, 2015.

33 김두종, 『한국의학사』, 서울: 탐구당, 1981, 208쪽.

사한 것을 찾아낼 수 있었다. 그러므로 그들은 국내산 당귀를 국내 의방서에 근거해 사용할 때든 중국에서 수입한 의방서에 따라 사용할 때든 그 효과에 대해 걱정하지 않았다.

1360년대에 편찬된 『복전방(福田方)』은 일본산 당귀와 중국 당귀의 차이점에 주목한 현존하는 가장 오래된 의학 서적이다. 저자인 기타노 유우린(北野有隣)은 승려인데, 그는 지금의 이바라키(茨城)인 히타치(常陸) 지역에서 자란 당귀가 중국의 최상품 당귀인 북서지방 마미당귀(馬尾當歸)와 닮았기 때문에 가장 좋으며, 반면 일본 열도의 다른 지방에서 자란 당귀는 중국의 것처럼 부드럽지 않다고 지적했다. 또한 그는 산당귀(山當歸)의 특정 종류는 악취가 심해 사용할 수 없다고 경고했다.[34]

국내 약초에 등급을 매기는 데 중국의 약초를 기준으로 삼는 것은 본초 약재를 다루는 데 있어 진품을 중시하는 강한 인식을 보여준다. 이러한 경향은 의학을 수입해 받아들인 역사의 전 과정에서 나타난다. 상술한 바와 같이 요시마스 토도는 오늘날의 시가(滋賀) 지역의 이부키(伊吹)산에서 난 당귀가 매운맛이 나서 중국에서 자란 당귀와 닮았고, 와슈(和州), 즉 오늘날 나라(奈良)에서 자란 것은 동물 배변을 이용해 심었으며 단맛이 나서 사용할 수 없다고 언급했다.[35]

자생 약초 중에서 수입된 중국의 본초와 가장 유사하며 최고인 것을 찾아낼 수 있게 되면서 일본에서는 당귀를 토산 약초로 여기게 되었다. 그들은 15세기 이전, 다른 귀한 약초들과 함께 당귀를 조선에

34 北野有隣, 『有林福田方』(『日本古典全集』, 正宗敦夫 編纂校訂, 東京: 日本古典全集刊行會, 1936.), 18a쪽.

35 吉益東洞, 『藥徵』, 120쪽.

선물로 보내기도 했다.[36] 또 도쿠가와 요시무네(德川吉宗)가 1721년 자급 정책을 위해 조선의 약초를 조사할 때 당귀는 그들이 필요로 했던 약초 목록에 포함되어 있지 않았다.[37] 1887년 "각국의 유명한 약품[各國藥品名集鑑]"을 파는 상업광고에서 역시 당귀는 한국도 중국도 아닌 일본의 특산품으로 분류되었다.[38]

그러나 한반도의 통치자가 일본으로부터만 당귀를 선물 받은 것은 아니었다. 11세기에서 15세기 사이 중국 황제의 사신들도 조선의 왕을 만날 때 선물로 당귀를 가져왔다. 또한 1681년 조선의 공식 역관이 일본 궁의를 만났을 때 역관도 감사의 표시로 당귀를 주었다.[39] 그러므로 조선도 당귀를 자신들의 토산 약초 중 하나로 여겼으며 국내산 약초의 성격과 효능에 대한 추호의 의심도 하지 않았다.

13~14세기에 편찬된 것으로 추정되는 『향약구급방(鄕藥救急方)』은 당귀를 다루고 있는, 한국에서 가장 오래된 현전하는 의방서이다. 그 부록으로 편제된 방중향약목초부(方中鄕藥目草部)에서 당귀는 단귀초(旦貴草·당귀초)와 같은 것으로 설명되고 있다. "달고 톡 쏘는 맛

---

36 자세한 논의는 李貞德, 「讀『李朝實錄』當歸史料」(二, 當歸作為東亞各國外交贈禮之末項) 참조.

37 近世歷史資料硏究會 譯編, 「藥材禽獸御吟味被仰出候始終覺書」, 『江戸時代における朝鮮藥材調査の研究』 I, 東京: 科學書院, 2010; 「藥材禽獸御吟味被仰出候始終覺書」, 『江戸時代における朝鮮藥材調査の研究』 II, 東京: 科學書院, 2011. 소수의 역사학자들이 도쿠가와 요시무네와 그의 정책을 연구하는데, 가장 최근의 일반적인 논의에 대해서는 Federico Marcon, *The Knowledge of Nature and the Nature of Knowledge in Early Modern Japan*, Chicago, IL: Chicago University Press, 2015, pp. 111-152 참조.

38 와세다대학에서 수집된 관련 정보를 알려준 베이징대학의 진명(陳明) 교수에게 감사드린다.

39 田代和生, 『江戸時代朝鮮藥材調査の研究』, 東京: 慶應義塾大學出版會, 1999, 47쪽 각주 11에서 종가문서(宗家文書)의 『(国元·表書札方)每日記』를 인용하고 있다.

이 나며, 따뜻하고 독이 없는 특징"을 가지고, 그 뿌리는 "2월과 8월에 채집하여 그늘에서 말려야 한다[味甘辛, 溫, 無毒, 二八月採根, 陰乾]"와 같은 설명은 중국의 본초 지식에 부합한다.[40] 일부 학자들은 조선 후기의 농서에서 당귀를 승암초(僧庵草·승엄초), 신감채(辛甘菜)로 언급했다고 지적한다. 그 이름이 무엇이든 품종이 다른지 여부와 효능의 차이에 대해서는 어떤 염려도 제기되지 않았다. 세종(재위 1418~1450)은 국내 약초의 진위 여부를 확인하기 위해서 중국으로 사절단을 파견할 때 의관을 함께 보냈는데, 당귀는 판별 목록에 포함되어 있지도 않았다.[41] 『조선왕조실록(朝鮮王朝實錄)』에 따르면 당귀는 8개 지방 모두에서 자란다. 강원도에서 나는 것이 가장 유명하며, 심지어 악명 높은 연산군(재위 1494~1506) 대에는 많은 양의 당귀를 지방에 공물(貢物)로 부과하는 것 때문에 정치적인 논쟁이 벌어지기도 했다.[42]

13세기 이래 한반도에서는 당귀를 외국 약초로 인식하지 않았다. 그렇지만 그러한 인식이 통용되기 전 당귀에 대한 지식을 학습해나간 과정을 추적해볼 수 있다. 세종 대의 관료 황자후(黃子厚, 1363~1440)는 1434년 봄 왕에게 올린 상소에서 약재 관리에 대한 걱정을 표명했다. 당귀는 그가 특별히 관심을 기울인 열 가지 문제 중 하나였다. 황자후는 강원도 영월에서 생산된 당귀는 한두 해의 겨울을 지낸 이후 수확해야만 하며, 당귀가 조정에 '흙이 묻은 채로 진상되는지'를 확인하기 위해 지방관들이 일일이 감시해야 한다고 주장

---

40 大藏都監, 『鄕藥救急方』(日本宮內廳書陵部所藏三卷印本) 「方中鄕藥目草部」(『한국과학기술사자료대계』 「의약학편」, 서울: 여강출판사, 1988, 93쪽).

41 『세종실록』 권19, 세종5년 3월 22일 계묘.

42 『연산군일기』 권36, 연산6년 1월 8일 계해; 연산6년 1월 14일 기사.

했다. 조정에서의 논의 후, 세종은 황자후의 열 가지 상언(上言) 내용 중 흙이 묻은 당귀를 그대로 진상하도록 해달라는 것을 제외한 다른 의견들을 수용했고, 당귀의 경우 흙은 털어내되 물로 씻지 않고 상납하도록 했다. 『조선왕조실록』에서는 황자후의 제안과 조정의 결정 이유에 대한 설명을 확인할 수 없다. 그러나 6세기 이후 중국의 약학 서적들은 상등품의 당귀를 수분이 많고 통통한 모습을 띠고 있는 것으로 묘사하여, 약재상들은 때때로 품질이 좋지 않은 당귀를 물에 적셔서 상등품처럼 보이게 만들기도 했다. 황자후는 이러한 중국적 경험에 익숙한 인물이었고, 중앙으로의 운송 과정에서 불법 행위를 막기 위해 당귀가 처음 수확되었을 때의 상태를 유지해야만 한다고 주장한 것이다. 조선 조정은 지방에 당귀를 공물로 부과할 때 무게를 기준으로 삼았다. 따라서 당귀에 묻은 흙은 당귀 무게를 실제보다 더 무겁게 만드는 것이었다. 조정에서 황자후가 염려하는 바를 이해하면서도 위와 같은 결정을 내린 것은, 결국 당시 조정이 당귀의 특성과 사람들이 당귀를 다루는 방식을 잘 알고 있었으며, 따라서 하등품의 약재가 진상되는 것을 막기 위한 예방책을 취한 것이었음을 알 수 있다.[43]

조선 의원들이 중국적 경험을 통해 당귀 사용법을 배웠다는 것을 보여주는 또 다른 예시는 가장 유명한 의학 백과사전인 『향약집성방(鄕藥集成方)』(1433)에서 찾을 수 있다. 편찬을 주관한 노중례(盧重禮, ?~1452)를 비롯한 관료들은 당귀의 특징과 맛, 효능을 소개하기 위해 중국 『경사증류비급본초(經史證類備急本草)』(1108)의 내용을 기본적으로 모두 언급하고 있다. 따라서 『향약집성방』 권76과 권79에 나온

43 『세종실록』 권63, 세종16년 1월 30일 무신.

당귀에 관한 대부분의 정보가 중국의 본초서에서 왔다는 사실은 놀라운 것이 아니다. 그러나 권76의 한 문단은 이전의 중국 본초서에는 없는 내용이기에 주목할 만하다. 여기에서는 당귀의 준비 과정을 아주 상세하게 언급하고 있는데, 반 량 혹은 그 이상의 무게, 단맛, 향긋한 냄새 등 최상의 것을 찾는 방법, 맛을 잃지 않게 하기 위해 청주에 담가두어야 하는 정확한 시간(반나절), 나중에 사용할 것에 대비한 잔뿌리 제거, 굽기, 말리기와 자르기 등 규격화된 과정을 포함했다.[44] 중국 의서를 다시 확인해보면, 우리는 이 서술의 대부분이 진자명의 『부인대전양방』에서 비롯된 것임을 알 수 있다. 진자명은 그의 책이 쉽게 활용될 수 있도록 서문에 가장 자주 사용되는 다양한 약초들을 목록으로 정리하고 그 제조법에 관한 자세한 정보를 제공했다. 당귀도 여기에 포함되어 있었다.[45]

진자명의 책은 앞서 언급했듯이 일본뿐만 아니라 한국에도 소개되었다. 1430년(세종 12년)에는 '의학 취재 목록(관료 임용을 위한 의학 교재 목록)'에도 포함되었다.[46] 『향약집성방』의 편찬자들이 중국의 본초서들 외에 진자명의 저서에서 당귀 조제법을 배웠다는 사실은, 조선의 의사들이 이러한 수입 의서들에 익숙했고, 뿐만 아니라 중국의 '여성을 위한 필수 약재'를 활용하기 위한 가장 적합한 문헌을 고르는 데 역시 매우 민감했음을 알게 해준다.

그러나 진자명의 책에서 발췌한 이 서술은 이후 『의방유취(醫方類

44 유효통·노중례·박윤덕 엮음, 『향약집성방(鄕藥集成方)』 권76, 「향약개론(鄕藥概論)」, 「제품약석포제법도(諸品藥石炮製法度)」, 100쪽(『한국과학기술사자료대계』 「의약학편」, 203-204쪽).

45 陳自明, 『婦人大全良方』 卷1, 「辨識修治藥物法度」, 4-5쪽.

46 『세종실록』 권47, 세종 12년 3월 18일 무오. 이 목록에는 진자명의 책뿐만 아니라 열 가지 이상의 송(宋)대 의방서와 한 종류의 당(唐)대 의방서가 포함되어 있다.

聚)』(1448)나 허준(許浚, 1537~1615)의 『동의보감(東醫寶鑑)』(1613)과 같은 한국의 의서에서는 찾아볼 수 없다. 『의방유취』는 당귀를 소개할 때 중국의 『화제국방(和劑局方)』(1085/1252)을 인용했고, 구체적인 맛과 냄새, 무게, 담그는 시간 등을 언급하지 않은 채 기본적인 정보만을 다루었다. 더 자세히 설명하자면, 당귀는 다른 약초들과 마찬가지로 "각각의 처방에 따라" 조제되어야만 한다고 설명했다.[47] 이것은 『동의보감』에서도 확인되는 원칙이다.

허준은 약물을 사용하는 일반 원칙을 서술하면서 당귀를 소개했는데, 이때 각 조제 단계에 대한 이유를 공들여 설명하고자 했다. 예를 들면 당귀는 "발산을 돕기 위해서는 술에 담근다[酒浸助發散之意也]"거나, "꽉 차고 마음이 답답한 것을 막기 위해서는 술로 씻어내며 흙을 제거한다[酒洗去土則無滿悶也]"거나, "생강즙에 완전히 담그는 까닭은 혈액의 흐름을 원래대로 되돌리기 위함이다[以薑汁浸透者導血歸源之理也]"라고 한 것이 대표적이다.[48] 허준은 또한 당귀 사용을 위한 다양한 조제법을 명시했다. "상체의 병을 다스리기 위해서는 술에 담근다[治上酒浸]"거나, "외상을 치료하기 위해서는 술과 함께 씻는다[治外酒洗]"거나, "혈액 관련 질병을 치료하기 위해서는 술에 찐다[血病酒蒸]"거나, "담에는 생강과 함께 사용하면 잘 듣는다[痰用薑汁妙]"와 같은 것들이다. 이처럼 허준은 당귀가 혈액 관련 질병에 효능이 있음을 설명했으나, 여성 질환에 대한 효능은 전혀 언급하지 않았다.[49]

---

47 金禮蒙輯, 『醫方類聚』 卷1, 「總論一·和劑局方」, 「論炮製三品藥石類例·草部」, 浙江省中醫研究所·湖州中醫院 校, 北京: 人民衛生出版社, 1981-1982, 10쪽.

48 허준, 『동의보감(東醫寶鑑)』 「탕액편(湯液篇)」 권1, 「탕액서례(湯液序例)·수제법(修製法)」(청광서 16년(1890) 중인본), 1-1쪽. 허준의 책에 등장하는 당귀에 대한 모든 인용구는 이시진의 『본초강목』에서 찾아볼 수 있다.

49 『동의보감』 「탕액편」 권3, 「초부하(草部下)·당귀(當歸)」, 10-2쪽; 이상의 각 설명은 모

당귀의 사용법을 성별로 구분한 것은 오직 두 의서에서만 발견할 수 있었다. 『의방유취』와 『동의보감』은 모두 중국의 『수역신방(壽域神方)』(1420)에 나온, 유향(乳香)과 섞어 빻은 후추가 심장과 복부 통증을 치료할 수 있다는 처방을 언급했다. 약을 삼키는 데 도움을 주기 위해 남자는 생강탕(生薑湯)과 함께 약을 삼키는 것이 좋고, 여자는 『의방유취』에 따르면 당귀주(當歸酒)와 함께, 『동의보감』에 따르면 당귀탕과 함께 먹는 것이 좋다는 것이다.[50] 그러한 서술이 젠더적 측면에서 당귀를 다룬 중국 의서들의 영향을 받은 것이었음에도, 『의방유취』와 『동의보감』은 모두 남성과 여성에 대해 서로 다른 처방이 내려진 이유를 설명하지 않았다.

학자들은 다양한 측면에서 중국 의서의 조선 본토화에 대한 연구를 진행해왔다. 그중 일부는 허준이 월경 관련 질환을 치료할 때 남녀에 따라 다른 치료법을 구사하는 방식을 중시하지 않았다는 점에 주목했다.[51] 조선의 대가들에게 혈은 여성의 병을 인식하는 데 필수적인 요소는 아니었다. 대신 기(氣)가 인간의 몸을 이해하는 데 중요한 요소로 인식되었으며, 그래서 허준은 특징적으로 『동의보감』에 독립적인 '기문(氣門)'을 포함한 것이다. 그는 월경 조절을 위해 기(氣) 지향 약물이며 "여성에게는 지극히 좋은 약[香附, 婦人之仙藥]"으로 손꼽히는 향부자(香附子)를 언급했다. 허준은 "여성은 한쪽으로 치우치는 성향을 갖고[婦人性偏] 있으며 종종 억압되어 있는데[多鬱], 향부자

두 『본초강목』 "당귀(當歸)"조(條) 아래 보인다.

50 『의방유취』에 나온 약 조제법에 대해서는 『醫方類聚』 卷94, 「心腹痛門三·附胸脅痛」, 「壽域神方·心痛部」, 303쪽 참조, 『동의보감』에 나온 유사한 약 조제법에 대해서는 『동의보감』 「외형편(外形篇)」 권3, 「흉(胸)·단방(單方)」, 5-2쪽.

51 Yi-Li Wu, "The Menstruating Womb: A Cross-cultural Analysis of Body and Gender in Hŏ Chun's Precious Mirror of Eastern Medicine", *Asian Medicine 11*, 2016, pp. 21-60.

가 억압된 것을 풀어주고 침체된 것을 발산하게 해준다[散鬱逐瘀]"고 설명했다.[52] 여기서 여성성은 여성의 특정 성향으로 확인되는데, 그러나 본질적인 신체의 차이점은 논의되지 않았으며 중국에서 혈과 관련해 여성의 필수 약재로 이해되는 당귀도 보이지 않았다.

약 200년 후 이제마(李濟馬, 1837~1900)는 인간 장부의 구조와 기능에 따라 모든 인간의 신체를 네 유형으로 구분했으며 한국적 특징이 보이는 사상의학(四象醫學)을 구축했다. 그는 네 가지로 구분한 신체 유형은 각각의 특징이 있다고 보았으며, 각자의 질환은 각기 다른 기질에 영향을 받는다고 지적했다. 심지어 그는 사람들이 같은 병으로 고통 받고 있더라도 기질에 따라 다른 약을 처방해 그들을 치료했다.[53] 그의 마지막 저서인 『동의수세보원(東醫壽世保元)』을 보면, 이제마는 당귀를 혈액을 조화롭게 하는 약으로 사용하지 않고, 성별과 나이 및 인종과 관계없이 소음인(少陰人)을 위한 기본적인 약의 재료로 사용했다.[54] 이처럼 이제마는 인간 성정(性情)의 차이를 연구함으로써 자신의 약물 운용에 대해 논리적으로 설명할 수 있었고 한국 의학에서 신체 관념뿐 아니라 당귀를 탈젠더화시켰다.

---

52 『동의보감』「탕액편」 권3, 「초부하(草部下)·사초근(莎草根)」, 13-2~14-1쪽.

53 이제마, 『동의수세보원(東醫壽世保元)』, 권1 「사단론(四端論)」, 김용준 엮음, 경성: 보급서관, 1914, 9-18쪽(『한국과학기술사자료대계』, 「의약학편」, 385-394쪽); 「확충론(擴充論)」, 18-26쪽(『한국과학기술사자료대계』 「의약학편」, 394-402쪽).

54 이제마, 『동의수세보원』 권2, 「신정소음인병응용요약이십사방(新定少陰人病應用要藥二十四方)」, 96-105쪽(『한국과학기술사자료대계』 「의약학편」, 472-481쪽).

3. 현대 유럽: 생의학에서 생산된 월경 조절 약

여성의 필수약으로서 당귀의 명성과 이미지는 중국 문화를 공유하는 동아시아 지역에서만 전개된 것이 아니라 20세기에 접어들면서 유럽에서도 꽃피웠다. 독일 세관 관사인 프리드리히 히어트(Friedrich Hirth, 1845~1927)는 중국에서 30여 년의 임무를 마치고 귀국하는 길에 당귀를 가져갔고, 1899년 당귀를 소개하는 에세이를 출간했다. 이 에세이에서 그는 "월경 조절과 관련해 중국의 처방에서 당귀가 빠지는 경우는 거의 없는 반면, 다른 병에 사용되는 경우는 거의 없다"고 지적하면서, 이는 도홍경의 『본초경집주』에 근거를 두고 있다고 주장했다. 앞의 논의에 근거하여 보면 히어트는 당귀에 대한 중국인들의 지식이 확장되면서 그 인식도 바뀌어왔던 사실을 간과했음을 알 수 있다. 그러나 그가 가져온 기념품, 즉 당귀는 다름슈타트(Darmstadt)의 제약회사인 머크(Merck)사의 관심을 끌었다. 그들은 여러 의사들에게 당귀에 유산의 부작용이 없는지 확인해달라고 요청했고, 이들과 함께한 자리에서 계약을 체결했다. 유럽의 약학으로는 당시까지도 해롭지 않으면서 월경불순 혹은 무월경에 효과적인 약을 제시하지 못했기 때문에, 머크사는 당귀를 찾은 것에 매우 흥분하며 중국으로부터 막대한 양의 당귀 뿌리를 수입하기 시작했고, 그 추출물에서 '아우메놀(Eumenol)'을 생산해서 매약으로 팔았다.

머크사의 공문서와 당대의 보고서를 통해 우리는 이 회사와 유럽의 식물학자들이 1920년대까지도 당귀가 중국의 두릅나무과인지 산형과인지 확신하지 못하고 있었음을 알 수 있다. 그러나 이 약은 유럽과 남아메리카에서 호평받은 것으로 보이며, 아우메놀은 중국에서도 광고가 되었다. 외국 제약회사 주도의 매약 시장에 도전하기 위해서, 새롭게 설립된 중국의 화학기업이 그 생산에 참여했다. 1930년 상해에서 "귀중한 국가 보물의 새로운 형태"라는 상업적 광고가 나타나기 시작했다. 이 광고는 『황제내경(黃帝內經)』뿐만 아니라 중국 역사상 명망 있는 의사들의 저서를 언급했다. 뿐만 아니라 현대의 과학적 상품이라는 이미지를 강조하기 위해 히어트의 초기 에세이와 독일 의사의 잇따른 증언과 같은 긴 인용문구를 포함시켰다. 생의학 분야에서 새로운 방식으로 홍보됨에 따라 고대 중국의 유명한 진통제는 현대 유럽으로의 외출 이후 젠더 이미지를 더욱 강하게 얻게 되었다.[55]

* * *

"약의 십중팔구(十中八九)는 당귀를 포함하고 있다!" 이 중국의 관용구는 따뜻한 성질을 갖고 있으며 무독성이고 향긋한 냄새와 단맛을 가진 당귀의 명성을 보여준다. 그러나 이 유명세가 여성의 필수 약재라는 이미지를 가리는 것은 아니다. 혈을 자양시켜준다는 효능으로 유명한 당귀는 가장 많이 알려진 여성용 보약인 사물탕의 주요 성분이었으며, 중국문화권에서는 여성의 건강보조제 중에서도 가장 최상단에 그 이름을 올리고 있다. 그러나 당귀의 젠더 이미지는 의사들이 5~13세기 혈과 여성의 몸 사이의 관계를 이론화해 중국 부인과학의 토대를 세우게 된 후 등장한 것이다. 같은 기간 한국과 일본도 중국의 의학 지식을 받아들이기는 했으나 이 두 나라의 처방은 이 특

55 당귀에 대한 유럽 연구의 간단한 요약은 Jen-der Lee, "Danggui and its German Connections: A Menstruation Drug at the Turn of the 20th Century", pp. 4-5 참조.

별한 약재에 젠더화된 신체관을 적용하는 과정에서 그저 그 경향을 어렴풋이 보여주었을 뿐이다. 당귀는 독일의 제약회사가 당귀 추출물로 특허받은 월경촉진제를 만들고, 중국을 포함한 전 세계에 판매하는 19세기 말에 이르러서야 여성을 위한 필수 약재라는 국제적인 명성을 얻었다.

이 장에서는 3세기에서 20세기까지 서로 다른 문화와 의학의 경계를 넘나드는 당귀의 여정을 추적했다. 당귀의 이미지와 효능을 하나의 사례로 삼아 중국 의학에서 신체와 혈에 대한 인식의 변화를 설명했으며, 또 동아시아에서 나타난 여성 의학의 지식과 실천의 변화상을 살펴보았다. 더 나아가 이 연구를 통해 전통 시대 약물학의 전통에서 현대 생의학의 범위까지 다양한 맥락에서 당귀의 물질성을 환기시키고, 의학사 내 젠더 연구를 다룰 수 있는 지점으로서 본초가 가진 가능성을 확인할 수 있게 되기를 희망한다.

2장

송대『이견지』와 일상 속 의학 지식의 확산[1]

| 최해별 |

『이견지(夷堅志)』는 남송(南宋, 1127~1279) 시기 사대부인 홍매(洪邁, 1123~1202)가 여러 지역에서 지방관으로 재직하며 보고 들은 일화를 수집하여 편찬한 것으로, 편찬 시기는 대략 12세기 말경으로 추정된다. 그가 수집한 일화에는 죽음과 사후 세계, 점복과 민간신앙, 불교와 도교, 음식과 술, 혼인과 애정, 과거 응시와 당락, 문학과 교육, 정치와 군사 등 당시 사람들의 삶을 보여주는 다양한 주제들이 포함되어 있으며, 특히 일상에서 사람들이 흔히 겪는 질병과 치료 과정 및 치료 방법에 대한 내용도 다수 포함되어 있다.『이견지』의 편찬 목적은 여러 가지로 설명될 수 있을 것이며, 홍매는 주로 기이하고 신기한 내용을 중심으로 일화를 수록했을 것인데, 그 가운데는 분명 다양한 지식의 집산과 전파라는 실용적 목적도 있을 것이다. 질병과

1 이 글은『동양사학연구』제146집(2019)에 게재된「宋代『夷堅志』수록 '醫方' 지식의 특징」을 수정한 것이다.

치료에 관한 일화의 경우 이 목적이 더욱 분명하게 나타난다. 이 장에서는 『이견지』의 다양한 일화 속에 등장하는 '의방(醫方)'[2] 지식을 분석하여 그 특징을 살펴보고, 이를 통해 송(宋)대 일상 속 의학 지식의 확산 또는 전파의 매체로서 『이견지』가 가지는 의의를 이해해보고자 한다.

『이견지』에 수록된 질병과 그 치료에 관한 일화는 매우 다양하며 그중에는 무속이나 종교적 의례를 통해 '신비주의적' 치료를 행한 일화, 또 의학 지식을 활용한 치료 과정 및 방법 등을 언급하는 일화도 상당히 많다. 이 장에서는 질병과 치료에 관한 내용 중에서도 이른바 당시의 '의학 지식'에 기초한 구체적 의방 지식이 담긴 일화를 중심으로 살펴보고자 한다. 아울러 이러한 일화는 일정 정도 효험이 있는 치료법에 대한 소개와 전파의 목적을 띠는 것으로 보이는데, 예를 들면 특정 질병에 대한 의방을 소개하고 마지막에 "이를 여기에 적는 것은 후인에게 전하기 위함이다[併載於此, 以貽後人]",[3] "그 시말을 갖추어 적어 후인에게 전하려 한다[故備書源委, 以貽後人]"[4] 등의 표현을 첨언해둔 것이 이를 잘 증명한다. 구체적 치료 사례에 대한 소개는 분명 관련 의방 지식의 형성과 확산에 상당한 영향을 미쳤을 것으로 보인다.[5]

---

2 이 장에서 지칭하는 '의방(醫方)'은 '처방(處方)'을 의미하는 송대 용어로, 협의적으로는 한의학에서 사용하는 '방제(方劑)'의 의미, 즉 병의 증세에 따라 여러 종류의 약재를 일정한 비율과 원칙으로 조제하는 방법을 설명한 것이다. 그리고 광의적으로는 약재 및 조제 방법뿐만 아니라 다양한 치료 방법, 치료 시 주의사항 및 각종 치료 사례까지 모두 포괄한다.

3 洪邁, 『夷堅志』 卷23 「解蠱毒呪方」, 北京: 中華書局, 2006, 1764-1765쪽.

4 『夷堅三志壬』 卷9 「劉經絡神針」, 1534-1536쪽.

5 『이견지』의 일화 중 의방 지식을 포함하여 특정 병증과 치료 과정을 담은 일화를 '의안

『이견지』에 의방 지식이 적지 않게 수록된 것은 의방 지식과 그 효과를 담아내는, 또는 관련 지식을 전파하는 매체가 의서나 의방서에만 국한되지 않았던 송대의 분위기를 반영한다. 이와 관련하여 일찍이 중국 의학사를 연구하는 학자들은 의학의 역사에서 당송(唐宋) 시기의 변화에 주목했고, 당대까지는 의학 지식이 비교적 폐쇄적으로 전수되었으나 송대에는 개방되며 누구나 의서를 볼 수 있는 경향이 나타났다는 점, 그리고 이와 더불어 전문 의자(醫者)가 아닌, 예를 들면 의학에 관심이 있는 사대부들도 다양한 의서를 편찬했으며 이들이 의학 지식의 전파에 큰 역할을 했다는 점을 지적했다.[6] 이러

(醫案)'이라 지칭할 수 있는데, 중국 역사 속 이러한 '안례(법안(法案), 공안(公案), 의안(醫案), 당안(檔案) 등)'에 대한 그 증거적 특징이나 방법론으로서의 성격 등에 대해서는 이미 다양한 논의가 이루어진 바 있다(熊秉眞編, 『讓證據說話: 中國篇』, 台北: 麥田出版公司, 2001; 熊秉眞編, 『讓證據說話: 對話篇』, 台北: 麥田出版公司, 2001). 아울러 구미 학계에서도 중국사 속의 판례(判例), 의안(醫案), 선공안(禪公案), 학안(學案)에 대해, 다양한 'case' 관련 연구를 진행했는데 특히 샬럿 퍼스(Charlotte Furth)는 '의안'을 통한 의학 지식의 '생산'에 대해 논의한 바 있다. Charlotte Furth, "Producing Medical Knowledge Through Cases: History, Evidence, and Action", in *Thinking With Cases: Specialist Knowledge in Chinese Cultural History,* Mānoa valley: University of Hawaii Press, 2007, pp. 125-151.

6 관련 논의는 민국 시기부터 이미 제기되었다. 사리항(謝利恒)은 중국 의술은 당송 시기가 획기이며, 당대까지의 의학이 전문적으로 전수되는 학문이었다면 송대 이후 의학은 사대부의 업이 되었다고 지적한 바 있다. 즉 당대까지의 의학이 전문적으로 사제 간 전수되었다면 송대 이후 의학은 사대부가 서적을 통해 이치에 근거하여 추구하는 방식으로 전승되었던 것이다(謝利恒, 『中國醫學原流論』 「鈴醫秘方」, 1935. 여기에서는 陳元朋, 『兩宋的"尙醫士人"與"儒醫": 兼論其在金元的流變』, 24-35쪽에서 재인용). 이후 송대 사대부의 의학에 대한 관심 및 유의(儒醫)에 관한 연구는 매우 활발해졌으며, 진원붕(陳元朋)은 관련 연구에서 양송 시기 의학에 관심이 있는 사인들과 유의의 문제를 전반적으로 다룬 바 있다(陳元朋, 『兩宋的"尙醫士人"與"儒醫": 兼論其在金元的流變』, 1997). 이후 송대 의학과 사대부의 역할 및 그 영향 등에 관해서는 Angela Ki Che Leung, "Medical Learning From the Song to the Ming", *The Song-Yuan-Ming Transition in Chinese*

한 측면에서 보면 『이견지』에 수록된 의방 지식은 당시 일반 사람들의 '일상' 경험이, 비록 한 사대부에 의한 수집과 편집을 거치기는 하지만 '당사자의' 서사를 통해 전해진 의학 지식이라는 점에서 더욱 큰 의미가 있다고 할 수 있다. 이는 분명 의방 지식을 전하는 매체의 확장 차원에서만 그 의의를 찾을 수 있는 것이 아니라, 이를 통해 전파되고 축적되는 의학 지식 자체의 내용이나 치료 방법 등에도 변화를 가져왔을 것이라 추정할 수 있으며 이를 더욱 눈여겨볼 필요가 있다.

『이견지』에 수록된 질병과 치료에 관한 일화는 송대의 의료 역사와 관련한 다양한 연구에서 중요한 자료로 활용되었다.[7] 그러나 의학 지식의 축적과 전파의 시각에서 『이견지』가 수록한 의학 관련 일화 속에 등장하는 의방 지식의 특징을 다룬 연구는 여전히 다양한 시각에서 깊이 있게 다뤄질 필요가 있어 보인다.

History, Paul Jakov Smith & Richard von Glahn, Cambridge, MA: Harvard University Asia Center, 2003; 梁其姿, 『面對疾病: 傳統中國社會的醫療觀念與組織』 제1장, 北京: 中國人民大學出版社, 2012, 3-28쪽; 閻瑞雪, 「宋代醫學知識的擴散」, 『自然科學史研究』 28-4, 2009; 易素梅, 「宋代的士人與醫方」, 『人文雜志』 2016-11, 2016 참조.

7 『이견지』를 활용한 송대 도교 의료 관련 연구로는 다음이 있다. 莊宏誼, 「宋代道教醫療: 以洪邁 『夷堅志』 爲主之研究」, 『輔仁宗教研究 』 12, 2005; 張圜圜, 「宋代道教醫療與日常生活: 以 『夷堅志』 爲中心」, 『科学经济社会』 34-3, 2016, 106-112쪽. 또 송대의 의료 활동에 대해 사회문화사적으로 접근한 연구 역시 적지 않다. 姚海英, 「從洪邁 『夷堅志』 看宋代的醫療活動與民間行醫群體」, 『貴州文史叢刊』, 2011-1, 2011, 47-51쪽; 趙正韜, 「宋代醫療與社會: 以 『夷堅志』 為中心的考察」, 四川師范大學碩士學位論文, 2015. 이외에 고독(蠱毒) 등 당시의 독물과 관련한 연구도 진행된 바 있다. 劉黎明, 「『夷堅志』 黃谷蠱毒研究」, 『四川大學學報』 124, 2003-1, 2003; 陳秀芬, 「食物·妖術與蠱毒: 宋元明'挑生'形象的流變」, 『漢學研究』 34-3, 2016.

1. 일상의 주요 질병: 중독, 종기, 기생충 질환, 설사

『이견지』에 수록된 의방 지식이 다루는 병증은 다양하다. 지금까지 수집한 일화에 근거하여 가장 빈번하게 등장하는 순서로 나열하면 중독, 종기, 기생충 질환, 설사, 시주(尸疰) 및 사기(邪氣) 침습 관련, 상한(傷寒) 등이며, 그다음으로 골상 및 외상, 임신 및 난산, 안질(眼疾) 등이 자주 언급되었고, 이밖에 더위나 땀, 기침과 가래, 소화 불량, 대소변 불통, 역병(疫病), 중풍, 심루(心漏), 각기(脚氣), 소갈(消渴), 화상 등이 등장했다.[8]

의방 지식을 포함하고 있는 일화에서 가장 빈번하게 언급되는 병증이 중독, 종기, 기생충 질환, 설사 등이라는 사실은, 이러한 병증이 극적 흥미 등 홍매의 관심을 끌었던 이유도 있겠지만, 아마도 당시 사람들이 일상에서 가장 흔히 겪었거나 주로 관심을 가졌던 병증이어서이기도 할 것이다. 무엇보다도 『이견지』는 다른 의방서와 달리 저자가 특정 의도를 가지고 목차에 맞게 관련 의방 지식을 정리한 저서가 아니라, 다양한 일화를 집록하는 과정에서 우연히 수록하게 된 것이므로 일상의 발병 빈도나 당시 사람들의 관심사를 충분히 반영한다고 볼 수 있다.

중독

중독과 관련된 의방 지식을 살펴보면 대체로 단장초독(斷腸草毒), 뱀독, 고독(蠱毒), 옻독, 도생독(挑生毒), 연독(鉛毒), 주독(酒毒), 심독(蕈

8 이것은 필자가 현재까지 『이견지』에 수록된 일화 중 의방 지식이 담긴 것들을 찾아서 정리한 내용에 근거를 둔다.

毒), 반하독(半夏毒) 등에 대한 중독 증상을 다루고 있고, 이외에 독성이 있는 약의 오남용 사례를 소개하고 있기도 하다. 물론 중독 증상을 언급한 후 바로 그 해독과 관련한 다양한 의방 지식을 소개하고 있다. 이 중 가장 빈번하게 언급되고 있는 독은 '고독(蠱毒)'이다. 특히 고독의 피해가 많았던 복건(福建) 지역의 사례를 소개한 한 일화는, 고독을 만드는 과정에서 주술을 통해 사람을 해치는 복건 지역의 악습을 소개하고 관련 피해 사례를 설명하며 이를 처리하는 관아의 모습을 그리고 있다.[9] 또, 가우(嘉祐, 1056~1063) 연간 병부시랑(兵部侍郎) 범사도(范師道)가 복주 장관으로 있을 때 고독에 대처하고 해독하는 처방을 비석에 새겨두어 널리 알렸는데, 홍매는 그 내용을 상세히 기록하고 있다.[10]

연이어 소개되는 일화에서는 고독을 해독하는 다양한 처방을 한데 모아 소개하고 있는데, 채주(蔡州) 사람 이추(李樞)의 경험을 언급하며 그의 아버지가 한 고승으로부터 받은, 고독을 해독하는 주문을 소개했고 이외에 고독을 해독하는 한 의방을 제시하고 있으며, 또 천주(泉州)의 승려가 말한 고독의 한 종류인 금잠독(金蠶毒)을 해독하는 처방을 적었고, 이회지(李晦之)가 전하는 해독방까지 함께 적고 있다.[11] 홍매는 이러한 해독 방법, 주문을 포함한 각종 처방을 상세히 전했고, 이는 관련 지식의 전파에 영향을 미쳤을 것이다. 홍매가 수집한 관련 일화는 당시 일상에서 고독으로 인한 피해가 컸다는 사실과, 이를 해결하고자 했던 사람들의 노력을 보여준다.[12]

---

9 『夷堅志補』 卷23 「黃谷蠱毒」, 1761-1763쪽.

10 『夷堅志補』 卷23 「黃谷蠱毒」, 1761-1763쪽. 고독과 관련해서는 劉黎明, 「『夷堅志』 黃谷蠱毒研究」 참조.

11 『夷堅志補』 卷23 「解蠱毒呪方」, 1764-1765쪽.

이외에 뱀독, 옻독, 버섯독, 연독, 주독 등에 대한 해독 지식을 각각의 일화에서 상세히 전하고 있다. 특히 관련 내용을 살펴보면 당시 사람들 사이에서 보편적으로 통용되는 해독 지식을 찾을 수도 있다. 예를 들면 중독 여부를 판단할 때 녹두(菉豆)를 활용한다거나 은비녀를 사용한다는 것, 또 해독에 녹두를 활용하는 것이 보편적으로 알려져 있었다는 것 등을 알 수 있다.[13] 무엇보다도 이러한 중독과 해독에 대한 의방 지식을 담은 일화는 다양한 피해 사례와 해독 지식을 함께 전함으로써 그 피해를 막고자 한 목적이 분명하게 드러난다.

종기

중독 다음으로 자주 언급된 것은 크게 '종기(옹저(癰疽), 옹(癰), 저(疽), 창(瘡), 유(瘤), 양(瘍) 등)'로 설명될 수 있는 병증이었다. 『이견지』에는 종기로 고통을 받는 상황에 대한 적지 않은 일화가 등장하며, 그 치료 과정과 구체적 치료법을 포함하고 있는 경우 역시 적지 않다. 발병 부위는 턱, 인후, 가슴, 이마, 엉덩이, 생식기, 내장(폐) 등 다양하고, 그 치료법으로는 내과적·외과적 치료가 모두 등장하며, 이를 통해 당시 종기의 치료가 어떻게 이루어졌는지 살펴볼 수 있다.

먼저 내과적 치료로는 구체적 의방을 소개하는 일화가 많다. 대표적으로는 저자 홍매의 집안에서 중요하게 다루어졌던 '화독배농내보산(化毒排膿內補散)'의 유래와 효과, 그리고 구체적 약재와 복용 방법 및 다양한 치료 사례를 담고 있는 일화가 등장하며,[14] 이외에도 다양

12 劉黎明, 「『夷堅志』黃谷蠱毒研究」; 陳秀芬, 「食物·妖術與蠱毒: 宋元明'挑生'形象的流變」.

13 『夷堅三志辛』卷2「槐娘添藥」, 1399-1400쪽.

14 『夷堅丙志』卷16「異人癰疽方」, 505-506쪽. 이와 관련해서는 최해별, 「송대 의방(醫方) 지식의 전승과 사대부의 역할: 화독배농내보산(化毒排膿內補散)을 중심으로」, 『의사

한 약재를 활용한 의방이 등장하는 일화가 있다.[15] 또 어떤 일화는 반하(半夏)에 중독된 조류를 섭취한 것이 원인이 되어 발병한 경우 생강으로 먼저 해독 후 다른 처방을 시료해야 한다는 치료법을 소개하고 있다.[16]

외과적 치료로는 외과적 수술, 칼 및 돌 침(砭)으로 찢는 방법, 또는 화침(火針)의 시술 등을 언급하고 있다. 저절로 터질 정도로 곪은 종기는 작은 칼 등으로 터뜨리는 것이 중요하다고 강조하거나,[17] 뜸 등으로는 어려우니 돌 침으로 찔러 치료를 해야 한다고 강조하기도 했다.[18] 종기가 난 턱을 다른 이의 턱과 교체하는 수술 사례도 등장한다.[19] 무엇보다도 '폐옹(肺癰)'에 대해서는 화침이 얼마나 효과가 있는지 실제 치료 과정을 매우 상세하게 설명하면서 화침 시술을 강조하기도 했다.[20] 이처럼 종기에 대한 다양한 치료 방법과 의방을 소개하고 있는 일화가 적지 않은 것은 당시 현실에서 종기의 발병률이 상당히 높았고, 더 나아가 이에 대한 치료에 관심이 많았다는 것을 보여준다. 무엇보다도 저자 홍매는 '화독배농내보산'을 통한 내과적 치료든, 유경락의 '화침'을 이용한 폐옹 치료 등의 외과적 치료든 다양한 측면에서 심혈을 기울여 종기 치료 관련 의방 지식을 소개하는 모습을 보여준다. 이는 의학에 관심이 많았던 송대 사대부로서 그 역시 종기 치료에 남다른 관심이 있었다는 것을 방증한다.

학』 27-1, 2018 참조.

15 『夷堅支景』 卷10 「公安藥方」, 963-964쪽; 『夷堅志再補』 「薑附治癰」, 1795쪽 등.

16 『夷堅三志己』 卷8 「楊立之喉癰」, 1361쪽.

17 『夷堅三志己』 卷7 「瘍醫手法」, 1354-1355쪽.

18 『夷堅丁志』 卷8 「頰瘤巨虱」, 602쪽.

19 『夷堅甲志』 卷19 「邢氏補頤」, 169-170쪽.

20 『夷堅三志壬』 卷9 「劉經絡神針」, 1534-1535쪽.

기생충 질환과 설사 등

그다음으로 기생충 질환을 살펴볼 수 있다. 기생충 질환으로는 촌백충(寸白蟲), 응성충(應聲蟲), 위장의 기생충, 안충(眼蟲) 등을 언급하고 있는데, 그중에서도 촌백충과 거머리 등 주로 음식을 통해 몸속으로 잘못 들어간 기생충이 내장 기관에서 섭식하며 병자를 고통스럽게 하는 사례가 주를 이루고 그 치료 방법 또한 비슷한 원리로 소개된다.

촌백충이나 거머리가 몸속으로 잘못 들어가 고통을 호소하는 환자들에게 시료된 주요 의방은 돼지고기나 사슴고기 포 또는 술이나 진흙물 등으로 기생충을 유혹한 뒤 조제된 탕약 등을 마셔 구토 또는 설사를 유도하는 것이었다.[21] 기생충 질환 역시 당시 사람들이 일상에서 흔히 겪을 수 있는 병증이었던 것을 반영하며, 이에 대한 치료에도 당시 유사한 방식의 의방 지식이 쓰였던 것으로 보인다.

또한 다양한 병인(病因)으로 인한 설사 증상을 언급한 경우도 많았다. 사례를 분석해보면 설사 증상은 크게 두 가지로 나뉘었는데, 다른 질병의 여러 증상 중 하나로 설사가 언급되는 경우, 그리고 이질(痢疾)과 같은 설사병이 그것이다. 전자의 경우 귀신을 만난 후 음기 침습으로 인한 설사, 더위로 인한 설사, 산모의 설사 등이 언급되며, 이 경우 상당히 공통적인 치료 방법으로는 '평위산(平胃散)'을 처방하는 것이었다.[22] 이를 통해 당시 평위산의 보급 정도를 알 수 있다. 이

---

21 『夷堅甲志』 卷14 「蔡主簿治寸白」, 124쪽; 『夷堅支戊』 卷3 「衛承務子」, 1072-1073쪽; 『夷堅志補』 卷18 「吳少師」, 1716-1717쪽.

22 『夷堅甲志』 卷1 「孫九鼎」, 1-2쪽; 『夷堅乙志』 卷10 「張銳醫」, 263-264쪽; 『夷堅丁志』 卷1 「治挑生法」, 541-542쪽; 『夷堅志甲』 卷6 「西湖女子」, 754-755쪽 등.

외에 이질에 대해서는 구체적인 처방을 제시하고 있다.[23]

이 밖에도 시주(尸疰) 및 사기(邪氣) 침습으로 인한 병증에 관련된 의방 지식이 적지 않게 수록되어 있는 점이 주목을 끈다. 『이견지』에 수록된 일화의 특징 중 하나는 사후세계에 관한 것, 혹은 도깨비 및 귀신 또는 이미 죽은 자를 만나는 이야기가 종종 나온다는 것이다. 많은 연구자들이 그 '비현실적' 내용 때문에 『이견지』의 사료적 가치를 낮게 평가하기도 했지만, 최근에는 이러한 신비주의적 일화를 통해 당시 사람들의 죽음에 대한 인식이나 사후세계에 대한 상상 등을 고찰하기도 했다. 무엇보다도 의방 지식과 관련된 일화에서는 이와 관련한 질병, 즉 죽은 이를 만난 후 자주 발생하는 설사에 대한 대처,[24] 그리고 시주(尸疰), 귀주(鬼疰), 사기(邪氣) 침습으로 인한 병증 관련 처방 지식이 적지 않게 나온다는 점이 흥미롭다.[25] 이 역시도 기존 의서와는 달리 당시 일상생활 속 사람들의 관심 병증이 어디에 있었는지를 대체로 반영한다고 볼 수 있다.

『이견지』 수록 의방 지식이 주로 다루고 있는 질병은 당시 사람들이 일상에서 쉽게 노출될 수 있는 질병이며, 이와 더불어 그들의 주요 관심 질병이라 할 수 있겠다. 대표적으로 중독, 종기, 기생충 질환, 설사 등이며, 이는 일반 관방 의서에서 상한이나 중풍 등을 중요하게

---

23 『夷堅三志壬』 卷5 「月老治痢方」, 1421-1422쪽.

24 『夷堅甲志』 卷1 「孫九鼎」; 『夷堅志甲』 卷6 「西湖女子」 등. 이러한 일화들은 죽은 이를 만나면 음기가 몸에 침습하여 설사가 자주 난다는 당시 사람들의 인식을 보여주며, 이를 평위산으로 해결했음을 반영한다. 심지어 어떤 경우에는 귀신과 약효에 대해서 이야기를 나누는 장면이 등장하기도 한다(『夷堅志甲』 卷6 「西湖女子」, 755쪽).

25 『夷堅支戊』 卷3 「陳氏鬼疰」, 1071-1072쪽; 『夷堅志補』 卷2 「陳俞治巫」, 1558-1559쪽; 『夷堅志補』 卷18 「眞州病人」, 1717쪽 등.

다루는 것과는 차이가 있다. 또한 죽은 이를 만났거나 음계에 다녀왔거나, 혹은 시주, 귀주, 사기 침습으로 설명되는 병증에 대한 치료를 적극적으로 소개하고 있다는 점도 특이하며, 이 역시 관방 의서가 중시하는 것과는 다른 경향을 드러내는 점이라고 할 수 있겠다. 이러한 특징은 물론 『이견지』가 전문적 의자(醫者)에 의한 저작이 아니라는 것과 더불어, 그 예상 독자층 역시 전문 의료인이 아니라는 점에 기인하는 것일 가능성이 크다.

『이견지』는 저자가 목차를 미리 정해두거나 특정 의도를 가지고 편찬한 것이 아니라 다양한 일화를, 그것도 흥미롭고 기이한 내용을 중시하며 집록하여 편찬한 것이다. 더구나 전문 의료인이 아니었던 저자가 역시 전문 의료인에 국한되지 않은 다양한 독자층을 대상으로 편찬한 것이기에, 또 전체 400권(현존 200여 권) 이상의 분량으로 목차나 순서 없이 일화들을 산재 편성했기에 그 병증이나 질병은 일상의 발병 빈도를 반영하거나 당시 사람들의 관심사 및 수요를 그대로 반영했을 가능성이 크다. 즉 이견지는 당시 현실에서 일상적으로 통용되거나 요청된 의방 지식을 담고 있었던 것으로 보인다.

2. 의학 지식의 변용과 의서의 한계 극복

『이견지』에 수록된 의학 지식은 그것이 주로 다루는 질병의 종류뿐만 아니라 지식의 내용 측면에서도 다양한 특징을 보인다. 즉 기존에 알려진 의방 지식을 변용했다거나, 일상에서 쉽게 구할 수 있는 약재로 대체했는데도 효과가 있다거나, 기존 의서에는 없는 내용을 전한다는 식의, 소위 '관방' 의서를 통해 축적된 기존 의학 지식의 한계를 극복하는 내용이 자주 보인다.[26] 아마도 그러한 내용이 포함되어 있었기에 인구에 회자되었고, 홍매의 귀에도 흘러들어가 『이견지』에 수록될 수 있었을 것이다.

우선 몇 가지 일화 속에서 우리는 기존 의서의 내용 또는 의학 지식을 변용한 치료 방법 및 처방을 확인할 수 있다. 예를 들면 양유충(楊惟忠)의 얼굴이 불이 난 것처럼 붉은 증상에 대해, 대대로 유생 출신 의사였던 사여권(謝與權)과 다른 의사들의 처방은 매우 달랐다. 양유충의 부인 등씨(滕氏)는 60여 세인 남편이 새로 들인 첩을 총애하여 병이 난 것으로 여겼다. (괄호 [ ]는 필자 첨가, 이하 인용문에서도 동일)

> 의사 가운데 주씨(朱氏)와 장씨(張氏) 두 사람이 "이미 정양단(正陽丹)과 백택원(白澤圓)을 썼고, 종유(鐘乳)와 부자(附子)를 추가했습니다"라고 하자 사여권이 "양유충의 병은 더위를 먹어서 생긴 증상이니 대황(大黃)과 황벽(黃蘗) 등의 약재를 써야 맞습니다" 하고는 처방 하나를 썼는데, 두 의사는 동의하지 않았다. [……] 여러 사람이 사여권을 심하게 비방하길, "이는 『천금(千金)』 가운데 더위를 치료하는 처방입니다. 여기에는 일곱 가지 약재를 써야 하는데, 사여권의 처방에는

26 소위 '관방' 의서라는 것은, 전통적으로 전해 내려오는 의서들 중 송나라 초 조정의 주도하에 교감을 거쳐 새롭게 간행된, 또 황제의 칙명으로 편찬된 각종 의방서 등을 말한다. 인종(仁宗) 가우(嘉祐) 2년(1057) 조정에서는 편수원(編修院) 내에 교정의서국(校正醫書局)을 설치하고 의서를 아는 학자와 태의(太醫)들로 하여금 시중의 의서를 교정하여 재간행하게 했다. 이때 간행된 것으로 『신농본초경(神農本草經)』, 『영추(靈樞)』, 『태소(太素)』, 『갑을경(甲乙經)』, 『소문(素問)』, 『광제방(廣濟方)』, 『천금요방(千金要方)』, 『외대비요(外臺秘要)』, 『맥경(脈經)』, 『천금익방(千金翼方)』, 『상한론(傷寒論)』, 『금궤요략(金匱要略)』 등이 있다. 이외에 조정의 명으로 새로 간행된 의서로는 『태평성혜방(太平聖惠方)』, 『태평혜민화제국방(太平惠民和劑局方)』, 『정화성제총록(政和聖濟總錄)』 등이 있다.

단지 다섯 가지만 적혀 있습니다. 그러고도 양공의 병을 고칠 수 있다고 하는 모양입니다"라고 했다. 호소연이 사여권에게 이 말을 전해 주자 사여권이 말하길, "다섯 가지 약재는 본래 더위를 치료하는 것입니다만 [『천금』의 저자는] 약효가 너무 강할까 우려하여 이 두 가지를 더하여 조절하게 한 것입니다. 지금 양공의 병세가 위중합니다. 응당 다섯 가지 약재의 약효를 발휘하도록 해야지 억제해서는 안 됩니다. 만약 앞의 두 사람이 처방한 약을 복용한다면 내일 정오에 조갈이 심해지고, 미시에는 분명 돌아가실 것입니다. 그때가 오면 내가 할 수 있는 일은 여러분이 곡하는 것을 돕는 일밖에 없을 것입니다." 호소연은 진유에게 이 말을 전했지만 진유는 감히 말을 꺼내지 못했다. 다음 날 양유충이 사망했는데, 모든 것이 사여권의 말과 똑같았다. (이 일화는 호소연이 한 이야기이다.)[27]

양유충이 얼굴이 붉어진 증상 등에 대해 사여권은 더위를 먹은 것이라 진단했고, 다른 의사들은 부인 등씨의 설명에 근거해 첩을 총애하는 과정에서 생긴 병이라 진단하여 서로가 내린 처방이 달랐다. 물론 사여권의 진단이 맞았으며, 여기에서 사여권의 처방에 주목할 필요가 있다. 사여권은 양유충이 더위를 먹은 것이라 진단하고 『천금방』의 더위 처방을 참조하여 다섯 가지 약재를 썼다. 다른 의사들이 『천금방』의 약재가 본디 일곱 가지라는 것으로 문제를 제기하자 그는, 『천금방』에서는 약이 강할까 봐 두 가지 약재를 추가하여 완충하려고 했고, 양유충의 경우는 증세가 심각해 강하게 써야 한다고 설명했다. 즉 사여권이 관방 의서의 처방을 있는 그대로 쓰지 않고 병자

27 『夷堅甲志』 卷2 「謝與權醫」, 16-17쪽.

의 증상을 고려해 이를 변용하고 있음을 볼 수 있다. 이 일화는 실제 임상 치료에서 당시 의사들이 기존 의서의 처방을 종종 변용했다는 사실과, 그 변용의 중요성을 은연중에 드러내고 있다.

또 한 일화는 요통(腰痛)의 병증을 치료하기 위해 기존 의서의 관련 방제를 쓰다가 우연히 그것이 '심루(心漏)'의 치료에도 효험이 있다는 사실을 알아낸 일화이다.

> 대부(大夫) 시강조(時康祖)는 심루로 20여 년 앓고 있었다. 가슴에 여러 개의 구멍이 있어 혈액이 흘러나왔는데, 의사들은 모두 치료할 수 없다고 했다. [……] 오래 요통으로 힘들어했으며 걸을 때는 허리를 굽혀 걸을 수밖에 없었다. 술을 마실 수 없었고, 닭고기, 어류, 게나 조개류 음식도 모두 입에 넣을 수 없었다. 순희(淳熙) 연간(1174~1189) 온주 통판이자 지사 한자온(韓子溫)이 그를 보고 애처로워하며, 『성혜방(聖惠方)』의 「요통(腰痛)」이라는 항목에서 냉증과 열증 두 가지가 기록되어 있는 것을 보여주면서 스스로 결정하게 했다. 시강조가 말하길, "나는 나이가 많고 쇠약하니 어찌 감히 열증이라 여기겠나!" 잠시 한증으로 치료를 하고자 하여 한 처방을 취했는데, 곧 녹용(鹿茸)을 복용하는 것이었다. 열흘이 지나니 통증이 감해지고 기가 통하는 것이 느껴져 마침내 한뜻으로 오로지 그것을 복용하고 다른 약을 먹지 않았다. 한 달여 지나자 허리가 굽었던 것이 다시 펴지고 다시는 통증이 없었으며 심루 역시 나았다. 이를 의사에게 말하니 모두 그 까닭을 알지 못했다. [……] 자온의 서리(書吏) 오필(吳弼) 역시 이 병을 앓았는데, 그 처방대로 복용하니 열흘이 지나 나았다. 그 처방은 본래 요통을 치료하는 것인데, 녹용에서 털을 제거하고, 소(酥)를 데워 조금 누렇게 되게 하며, 부자의 껍질과 꼭지를 제거하여 총 2량을 염

화(鹽花) 삼분(三分)과 함께 가루 내어 대추 살로 환을 만들어서 삼십 환을 공복에 술과 함께 마시는 것이었다.[28]

시강조는 심루를 앓고 있었고 그로 인해 요통이 심하여 허리를 펴고 걸을 수 없을 지경이었다. 의사들은 모두 고칠 수 없다고 했는데, 특이하게도 온주 지주인 한자온의 제안으로 우연히 『태평성혜방』의 요통 치료 처방에서 '녹용'이 심루 치료에 상당히 효과가 있음을 알게 되었다. 즉 당시 사대부들의 경험을 통해 요통에 대한 한 처방이 심루 치료에 효험이 있다는 것을 알게 된 것이다.

이 일화를 통해 당시 사대부들에게 관방 의서인 『태평성혜방』이 종종 활용되었음을 알 수 있다. 아울러 의서의 활용 과정에서 새로운 의학 지식을 알게 되었다는 것이 매우 흥미롭다. 무엇보다도 요통에 대한 처방이 심루까지 낫게 한 상황에 대해 당시 '의사들'도 그 까닭을 알지 못했다는 것을 강조함으로써 임상의 경험을 통해 얻은 새로운 의학 지식이 기존 의서나 전문 의료인의 지식을 뛰어넘어 '생산'되고 있음을 보여준다. 물론 그것이 홍매가 이 일화를 『이견지』에 수록한 이유이기도 할 것이다. 또한 이렇게 경험으로 알게 된 의방 지식은 장고(張杲)에 의해 『의설(醫說)』에 수록되었고, 이후 관련 지식은 더욱 널리 전파되었을 것이다.[29] 홍매가 이 일화를 수록할 때 의사들도 "그 까닭을 알지 못했다"고 했지만, 이 일화는 『의설』에 수록됨으로써 전문 의료인들에게 더욱 쉽게 알려질 수 있었을 것이다.

---

28 『夷堅志再補』「鹿茸治心漏」, 1795-1796쪽.

29 張杲, 『醫說』 卷6 「時康祖心漏」, 北京: 中國中醫藥出版社, 2009, 222쪽. 이 일화는 『명의유안』에도 실렸다(江瓘 輯, 『名醫類案』 卷10 「漏」, 北京: 中國中醫藥出版社, 1996, 213-214쪽.) 또 焦竑, 『焦氏筆乘』 卷5 「醫方」, 北京: 中華書局, 2008, 206-207쪽에도 수록되었다.

기존 의서의 내용을 변용하거나 활용하는 것 외에, 기존 의서에는 없는 것이라며 소개하는 의방 지식도 등장한다.

> 홍집(洪輯)의 어린 아들 홍불(洪佛)이 병에 걸렸는데 담천(痰喘)이었다. 의사들이 치료하지 못했다. 무릇 닷새 동안 밤낮으로 먹지를 못해 위독했다. 꿈에 한 부인이 말하길, "어찌 인삼호도방(人參胡桃方)을 쓰지 않는단 말이오!" 깨어나 그녀가 말한 대로 따라 끓인 탕을 현각(蜆殼) 조금과 함께 먹이니 가래가 멈추었고, 다시 먹이니 곧 잠이 들었고, 세 번째로 먹이자 곧 나았다. 이 약은 방서에 적혀 있지 않은 것으로, 대개 인삼은 가래를 멈추게 하고, 껍질이 있는 호두는 폐를 안정시켜 준다.[30]

소위 '담천'은 가래가 성해서 생긴 천식을 이른다. 그런데 의사들도 고치지 못하고 있던 이 병이, 꿈에 한 여인이 가르쳐준대로 인삼과 호두 그리고 현각을 같이 먹였더니 곧 나았다는 것이다. 홍매는 또 이 처방이 방서에 적혀 있지 않은 처방이라 강조하며 인삼과 호두의 효능을 부연한다.

적어도 이 서사에 따르면, 당시 의사들도 모르고 방서에도 적혀 있지 않은 의방이라는 측면에서 '인삼호도방'은 전문 의료인이나 의서의 한계를 뛰어넘는 의방 지식이었던 셈이다. 이 일화는 또한 당시 일반 사람들이 전문 의료인이나 의서 외에 또 다른 경로를 통해 의학 지식을 입수하고 있었음을 보여준다. 물론 꿈에 나온 '한 여인'이 어떤 경로를 뜻하는지, 어떤 상징성을 띠는지는 알 수 없지만 민간의

---

30 『夷堅志再補』「治痰喘方」, 1789쪽.

의학 지식 입수 경로를, 혹은 그 경로에 대한 서사 방식을 다양하게 이해할 수 있게 하는 사례임은 확실하다.

분명 『이견지』는 이 일화를 수록함으로써 '의사들도 모르고' '방서에도 적혀 있지 않은' 의방 지식을 알리고 전파하는 데 역할을 했을 것이다. 후에 이 의방은 장고의 『의설』에 수록되어 더욱 널리 전파되었다.[31] 또 이후 시대의 저작에도 수록되어 전승되었다.[32]

『이견지』에 수록된 의방 지식은 기존 의서 지식의 변용뿐만 아니라 다양한 계통의 당시 통용되던 의학 지식의 변용도 보여준다. 임주(臨州)에 사는 한 사람이 뱀에 물려 거의 죽을 지경이었는데, 한 도인이 나타나 그를 치료해준 일화가 대표적인 사례이다. 여기서 도인의 처방은 다음과 같았다.

> [도인은] 깨끗한 물을 가져오라 시키고, 꾸러미를 풀어 약을 꺼내 1되를 만든 뒤 막대기로 환자의 입을 벌리어 약을 흘려 넣어주었다. 약이 다 들어가자 배에서 꾸룩꾸룩 소리가 나더니 누런 물이 그의 입에서 나왔는데, 비리고 더러운 냄새가 매우 역했다. 이내 부어올랐던 사지가 점점 가라앉기 시작했다. 그리고 한참 후에는 예전과 같이 회복되어 일어날 수 있게 되었으며 뱀에 물리기 전과 별 차이가 없게 되었다. 그는 지켜봐준 사람들을 두루 찾아다니며 인사하고, 또 도인에게 정중하게 감사의 뜻을 전했다. 도인이 이르길, "이 약은 구하기 어려운 것이 아니며 또 조제하기도 아주 쉽습니다. 내가 아까워하지 않고 사람들에게 전할 것은 바로 향백지(香白芷)라는 약재입니다. 원

31 『醫說』 卷3 「人蔘胡桃湯」, 73쪽.

32 焦竑, 『焦氏筆乘』 卷5 「醫方」, 207쪽.

칙적으로는 맥문동(麥門冬)과 함께 끓여 조제한 후 복용하는 것이 맞지만 마침 상황이 위급하고 시간이 없어 잠시 물로 그것을 대신했습니다. 내가 지금 한 사람을 살렸으니 여러분도 앞으로 그렇게 하시면 됩니다." 했다.

도인은 소매를 떨치며 가버렸다. 소주(邵州, 지금의 후난성(湖南省) 사오양시(邵阳市)) 지사 곽운(郭雲)이 그 처방을 얻었는데, 파양현(鄱陽縣)의 순찰 병졸이 밤에 당직하려고 교대하다가 뱀에게 배를 물렸다. 다음 날 새벽 환부가 붉게 부어올라 터질 것 같았는데 이 약을 마시게 하니 곧 나았다. (곽결기가 한 이야기이다.)[33]

이 도인의 일화는 뱀독을 해독하는 의방을 소개한다. 원래는 향백지와 맥문동을 함께 끓여 복용해야 하는데 상황이 위급하여 맥문동을 구하지 못하고 물로 대신해 시료했으나, 그럼에도 도인의 의방은 효험이 있음이 증명되었다. 즉 이 일화는 도인이 알고 있었던 기존 방법에서 구하기 쉽고 응급 대처에 용이한 방법으로 한 차례 더 변용한 치료법을 보여주고 있기에 의미가 있어 보인다. 무엇보다도 관련 의방 지식의 전파에 상당히 도움이 되었을 것이다. 도인은 "내가 아까워하지 않고 전할 것은 바로 향백지라는 약재"라고 했고, 또 "내가 지금 한 사람을 살렸으니 여러분도 앞으로 그렇게 하시면 됩니다"라고 했는데, 이를 통해 그가 생활 속에 필요한 의방 지식을 사람들에게 널리 알리고자 한 뜻이 있었음을 알 수 있다. 아니나 다를까 소주 지사 곽운이 이 처방을 알게 되었고, 관할 현의 순찰 병졸이 뱀에 물리자 이 처방을 활용하여 치료 효과를 보았다. 이는 도인을 통해 알

---

33 『夷堅乙志』 卷19 「療蛇毒藥」, 351-352쪽.

려진 의방 지식의 확산 과정을 보여준다는 점에서 매우 흥미롭다. 결국 저자 홍매가 이러한 일화를 소개한 것도 일상에서 활용하기 쉽게 변용된 의방 지식의 효험을 선전하여 관련 지식의 확산에 일조하려 한 것이다.

『이견지』를 보면 기존 의서의 처방을 활용하고 변용한 의방이 자주 등장하는데, 이는 주로 전문 의사들의 시료 과정 또는 『태평성혜방』과 같은 의서를 볼 수 있었던 사대부 계층의 치료 사례 속에 등장한다. 이외에도 의서에 나와 있지 않은, 전문 의사들이 모르는, 민간인들의 일상 경험 속에서 또는 다양한 입수 경로를 통해 얻은 변형되고 보완된 의방 지식들이 등장하며, 이를 통해 당시 통용되던 의학 지식을 극복한 사례가 자주 소개되었다. 무엇보다도 이처럼 변용되거나 극복된 형태의 의방 지식은 『이견지』를 통해 더욱 확산했을 것이며, 이후 장고의 『의설』 등 의방과 '의안(醫案)'을 모은 다양한 의서와 저서에 수록되면서 지속적으로 전승되었던 것으로 보인다.

3. 임상 서사의 중시와 오진에 대한 경계

기존 관방 의서나 의학 지식을 변용하고 그 한계를 넘어서는 처방을 제시하는 것 외에, 『이견지』의 의방 지식을 수록한 일화들은 다양한 치료 사례를 상세히 소개한다는 특징을 보인다. 먼저 임상 서사의 중요성을 강조하여 처방 내용만을 다루는 기존 의서를 통한 의방 지식 전파의 한계를 지적하며, 또 자주 범하는 오진의 사례를 소개함으로써 효과적으로 오진을 경계했다. 아울러 유사한 치료 사례를 함께 소개함으로써 약재나 치료 원리를 전문적으로 설명하기보다는 임상 사례 자체가 보여주는 치료 효과를 강조했다. 이처럼 치료 사례나 오진 사례를 중시하는 서사 방식은 의학 지식 전파의 또 다른 중요한 방법이었고, 이는 이후 시대의 의안 기록 정리와 편찬에 적지 않은 영향을 미쳤을 것으로 보인다.

임상에 대한 서사의 중시

다음의 일화는 기존 의서가 택했던 의방 지식 전수 방법의 한계를 지적하며 이를 극복하고자 한 전형적인 일화로 치료 과정의 구체적 서사가 가지는 의의를 설명한다. 건도(乾道) 원년(1165) 금위(禁衛)의 막사(幕士)로 있는 성고(盛皐)는 가슴 한 곳이 막히더니 쑤시는 듯 통증이 있었고, 의사를 불러 진료했지만 모두 그 병명과 증상을 알아내지 못했다. 그러던 중 200여 일이 지났을 때 의술이 뛰어난 전전사(殿前司)의 외과의 유경락(劉經絡)이라는 자를 불러 진료하게 했다.

> 유경락이 한번 보더니 말하길, "이 병은 매우 기이하여 여러 사람들이 진실로 모를 것이요, 내가 아니면 치료할 수 없을 것입니다. 그러나 병의 근원이 너무 깊고 공고합니다. 이것은 폐옹(肺癰)입니다. 뜸과 탕제로는 치료할 수 없으니 마땅히 화침(火針)으로 공략해야 합니다." 이에 2개의 침을 가져왔는데 그 길이가 한 척 정도이고 꼬리는 저표(著表)와 같았다. [침을] 불에 데우고 있는데 그의 아내가 안 된다고 급하게 말했다. 성고가, "내가 이렇게 보낸 지 1년이 되는데 매우 고통스럽게 지내니 진실로 살아서 무슨 좋을 일이 있겠소! 차라리 결심하여 한 번 침을 맞아보는 것이 좋을 것 같소. 죽는다 한들 여한이 없소."[34]

34 『夷堅三志壬』 卷9 「劉經絡神針」, 1535-1536쪽.

성고의 병은 '폐옹(肺癰)'이었고, 이를 진단한 외과의 유경락은 뜸이나 탕제로 고칠 수 없음을 파악한 연후에 화침을 시료하기로 한다. 주목할 것은, 그 과정에서 나타난 아내의 반대나 성고의 결심 발언 등을 통해 화침 시료가 당시 사람들에게 얼마나 어려운 선택이었는지를 알 수 있게 한다는 것이다. 홍매는 화침의 시술 과정 및 그 이후의 치료 상황을 상세히 기록하고 있다.

> [유경락이] 붓을 가져와 좌우 어깨의 두 혈자리에 점을 찍자 사이를 두고 대략 3개의 큰 동전만 한 자국이 생겼다. 먼저 왼쪽부터 침을 넣었는데 여러 촌이 들어갔다. 옆에서 보고 있던 자들은 머리를 숙이고는 차마 볼 수가 없는 상황이었고, 성고는 원래 느껴지는 바가 없었다. 그다음 오른쪽에 놓았다. 다 마치자 성고는 태연했는데, 전혀 고름이나 피를 볼 수 없었다. 유경락은 그로 하여금 몸을 돌리라 했고, 등부터 조금씩 눌렀다. 잠시 후 피가 샘솟는 물처럼 흐르기 시작했다. [……] [유경락이] 말하길, "나는 다시 오지 않을 것이오. 십 수일 내에 곧 땅을 밟을 수 있을 것이고, 통증이 없어질 것이오" 했다. 과연 그의 말과 같았다. 유경락의 의술의 오묘함이 진실로 이와 같았다. [……]
> 내가 『성혜방』을 살펴보니 이르기를, "폐옹(肺癰)이라는 것은, [……] 치료하기 어렵고, [……] 치료할 수 없고, [……] 고름이 성하여 곧 죽는다. 화침을 놓는 것이 차도를 보일 수 있지만 실제로 권유를 해도 의심하여 죽음에 이르니 이 또한 어찌 쉬운 일인가. 이 병은 죽을병이다" 했다. 어떤 이는 이 병을 몰래 감추고, 어떤 이는 아플 것이 두려워 침을 맞지 않고 [……] 설명된 [성고의] 징후는 가볍지 않으므로 이로써[화침으로써] 그 효험을 보여주니 빠른 시간 안에 보인 유생의 성공은 거의 입이나 귀로 배워 미칠 수 있는 바가 아닌 듯하다. 그렇

기에 그 시말을 적어 후인들에게 전하고자 한다.[35]

무엇보다도 주목되는 부분은, 홍매는 "옆에서 보고 있던 자들이 머리를 숙이고는 차마 보지 못하는" 화침의 시료 과정을 상세히 서술하고 있다는 것으로, 이를 통해 사람들이 보기에는 어려울 수 있지만 그 치료 효과가 매우 신통함을 강조한다. 아울러 그는 『태평성혜방』의 폐옹을 설명한 부분을 인용하는데, 즉 『태평성혜방』에서도 폐옹은 치료하기 힘들다고 보며, 오직 화침의 시료 방법이 있지만 환자들이 두려움 때문에 시료를 못하니 결국 난치병이라 규정하고 있음을 지적했다. 결국 홍매는 유경락의 화침 성공 사례를 보여줌으로써 폐옹의 치료에 화침이 좋다는 사실을 알리고자 한 것이다. 여기에서 홍매는, 유경락의 성공 사례를 전함으로써 독자들이 화침에 대해 얻게 될 이해가 소위 의서 등을 통해 "입이나 귀로 배워 미칠 수 있는 바"가 아니라고 강조함으로써 『태평성혜방』 등 의서를 통한 의학 지식 전파의 한계를 지적하며 성공적 임상 사례를 상세히 서술했던 것이다. 여기에서 사례 중심의 서사를 통해 의방 지식을 전파하고자 하는 『이견지』의 특징이 엿보인다.

오진에 대한 경계

이 밖에도 홍매는 오진으로 인명 피해를 입은 사례들 역시 소개하며 당시 잘못된 치료에 의해 피해를 입은 사례가 적지 않았던 현실을 보여준다. 즉 그는 이를 통해 사람들에게 오진에 대한 경계를 늦추지 않아야 함을 일러주고 있는 듯하다. 전형적인 오진의 사례나 그러한

---

35 『夷堅三志壬』 卷9 「劉經絡神針」, 1535-1536쪽.

가능성이 있는 사례를 제시하기도 하고, 또는 특정 병증에 대한 약 처방에서 종종 발생할 수 있는 잘못 등을 소개하기도 한다.

앞에서 언급한 바 있는 "얼굴이 불난 것처럼 붉은" 증상을 보인 양유충에 대해 의사 사여권은 더위를 먹은 것이라 진단하여 더위먹기를 치료하는 강력한 처방을 내렸지만, 이에 반해 다른 두 의사는 양유충의 부인 등씨의 말에 근거해 양유충이 새로 맞은 첩을 총애하여 생긴 병이라 진단하며 양기 보강이나 남자들의 기력 손상을 치료하는 데 효과가 있는 '정양단'과 '백택원'을 처방하고, 다시 종유와 부자를 추가하는 처방을 내렸다. 물론 등씨는 두 의사의 말을 따랐고, 사여권의 말대로 양유충은 다음 날 죽었다.[36] 동일한 증상에 대해 양쪽 의사는 서로 다른 성질의 약방을 처방했는데, 이러한 상황은 당시 의료 현장에서 종종 있을 수 있는 일이었을 것이다. 홍매는 이러한 일화들을 수록함으로써 의료 현장에서 쉽게 발생할 수 있는 오진에 대한 정보를 전하고 있다.

다음의 일화는 양증상한(陽症傷寒)과 음증상한(陰證傷寒)에 대한 정확한 진단 및 그에 따른 약의 처방이 얼마나 중요한지를 보여준다. 뇌물을 받아 죄인을 풀어준 서리 모수(毛遂)와 주영(周永)이 요주(饒州) 치소로 보내져 옥사가 이루어졌는데, 모두 한질(寒疾)에 걸렸다.

> 옥사에 숙직 의사 유씨(劉氏)와 서씨(舒氏)가 와서 그들을 진료했다. "주영은 땀을 흘려야 한다"고 하며 증상에 따라 약을 쓰니 곧 나았다. 유씨는 대시호탕(大茈胡湯)을 모생에게 먹이려 했는데, 서씨가 말하길 "그는 음증상한(陰證傷寒)으로 그 약을 먹으면 죽습니다"라고 했

36 『夷堅甲志』 卷2 「謝與權醫」, 16-17쪽.

다. 하지만 유씨는 자기의 뜻을 계속 고집했고, 서씨 역시 다투었지만 이길 수 없어 마침내 먹였다. 곧 통증이 심부(心腑)에 미쳤고, 다시 구르며 설사를 하더니 똥이 기름 덩어리처럼 굳었다. 다시 이 약을 억지로 먹게 했고, 다시 같은 증상을 반복하더니 곧 골수가 다해 죽었다. 서리는 두 의사를 불러 환자를 보여주었고, 더는 할 말이 없어 함께 의논하여 절차를 밟아 주에 보고했다. 그리고 돈을 내게 하여 관을 사게 하고 검시가 끝나기를 기다려 염을 하게 했다.[37]

한질로 진단받은 모생에게 의사 유씨는 대시호탕을 처방했으나, 의사 서씨는 음증상한으로 진단하여 대시호탕을 먹이면 환자는 죽을 것이라고 했다. 논쟁 끝에 결국 유씨의 처방대로 대시호탕을 먹였고 모생은 죽었다. 한질이라 하더라도 양증상한과 음증상한의 경우 다른 처방이 내려져야 하는데 음증상한에는 먹이면 안 되는 대시호탕을 복용하게 하여 죽음에 이르게 한 것이다.

유사한 사례는 적지 않다. 수양현(水陽縣)의 의사 육양(陸陽)은 한 여성을 치료하는 과정에서 실수를 범한다. 이 여성은 자기는 양제(涼劑)를 먹지 못한다고 강조하며, 기력은 쇠했지만 갈증이 있지 않으니 외부 증상만 보고 경솔하게 처방하지 말라고 신신당부했다. 그러나 육씨는 병자의 증상을 양증상한으로 보고 소시호탕(小茈胡湯)을 올렸으며, 자신의 진단을 확신해 병자가 먹지 않겠다고 하는데도 억지로 먹였다. 결국 이 여성은 사망했고, 육씨는 나중에 이에 대한 응보로 갑작스러운 죽음을 맞이한다.[38]

---

37 『夷堅志庚』卷10「劉職醫藥誤」, 1218-1219쪽.

38 『夷堅丁志』卷10「水陽陸醫」, 619-620쪽.

이와 같은 일화는 같은 상한이라 하더라도 양증과 음증 등 다양한 갈래에 따라 조심스럽게 처방해야 하는 임상의 어려움을 반영함과 동시에 의사의 오진으로 인한 환자의 죽음, 그리고 그에 대한 응보의 결과를 제시함으로써 자주 오진의 실수를 범할 수 있는 사례를 소개하고 주의해야 할 사항에 대해 전하고 있다.

또한 오진하여 인명 피해가 난 것은 아니지만 그럴 수 있는 가능성이 있었던 일화들도 상당수 소개하고 있다. 원주(袁州) 천경관(天慶觀)의 주지 왕자정(王自正)은 상한에 걸렸는데 병세가 위태로웠다. 원주의 의사 서생(徐生)은 진료를 한 후 '음증'이라 판단하고 계지탕(桂枝湯)을 처방하며 약을 두고 갔다.

> [왕자정이] 막 약을 끓이기도 전에 어떤 자가 그에게 말하길, "죽엽석고탕(竹葉石膏湯)을 마셔야 합니다"라고 했다. 왕자정이 돌아보았는데 아무도 없어 [……] 스스로 의혹이 생겨 급히 서씨 의사를 다시 불러 말하길, "누군가 나에게 죽엽석고탕을 먹으라 했는데 어떠한가?" 했다. 서씨가 말하길, "냉기와 열기가 마치 얼음과 석탄 같은데, 그대의 병세는 이미 위독합니다. 만약 그 약을 드시면 바로 쓰러질 것이니 다른 날 제가 살인의 비방을 받게 될 텐데 이는 제가 감당할 수 있는 일이 아닙니다" 했다. 그러면서 스스로 계지탕 한 그릇을 주며 말하길, "잠시 드십시오. 만약 병세에 맞지 않는다 하더라도 생명을 손상시키지 않을 터이니 만일 다른 증상이 생겨 그때 아까 말한 약을 먹어도 늦지 않을 것입니다" 했다. 말을 여기까지 마쳤을 때 옆에서 다른 사람이 하는 말이 들렸다. "어찌 죽엽석고탕을 먹지 않는단 말이냐?" 자정은 더욱 떨며 서씨가 가기를 기다렸다가 약 두 첩을 사서 동자에게 끓이라 했다. 다시 그 소리가 들렸다. 이에 "신이 세 번이나

나에게 경고를 해주었는데, 이는 다시 살 수 있는 기회를 하사한 것과 같은데 어찌 듣지 않겠는가?" 하고 그 반을 마시니 머리는 들 수 없었고, 온 사물이 흔들렸다. 그러다가 갑자기 몸이 가벼워졌고 입술도 따뜻해졌으며 인후와 가슴이 모두 뚫려 막힌 것이 없는 듯했다. 이에 다 마셨다. 잠시 후 땀이 비 오듯 하다가 잠이 들었는데, 아침이 되자 씻은 듯 나았다. 자정은 사람됨이 성실하고 항상 소박하며 다른 사람을 위해 기도할 때 진정으로 했기에 신의 도움이 이와 같았던 것이다.[39]

왕자정의 상한에 대해 의사 서씨는 음증이라 진단하며 계지탕을 처방했는데, 기이하게도 어딘가에서 들려오는 소리(神)는 죽엽석고탕을 마시라고 했다. 결국 죽엽석고탕을 마신 왕자정은 씻은 듯 나았고 이것이 모두 그의 사람됨과 신을 정성껏 모신 덕분이라고 이야기는 전하고 있다. 이후 이 일화는 장고의 『의설』에 수록되었다.[40]

이렇듯 오진으로 인해 인명 피해가 난 사례 혹은 인명 피해로 연결될 가능성이 있었던, 그러나 겨우 면한 사례를 소개한 일화들은 대체로 상한과 관련된 병증과 처방이었다는 것이 특징적이다. 이는 당시 상한으로 인한 오진이 많았다는 사실을 반영함과 동시에 상한에 대한 처방에서 특히 약 처방에 주의해야 함을 알려주고 있다. 무엇보다도 구체적 임상 사례를 통해 처방을 내리는 사람들이 주의해야 할 부분을 강조하고 있기에 당시 의자들 또는 치료를 행하는 이들에게 있어서 이러한 일화는 의서에서 찾을 수 없는 또 하나의 의학 지식으

---

39 『夷堅志再補』「神告傷寒方」, 1789-1790쪽.

40 『醫說』 卷3「竹葉石膏湯」, 95-96쪽. 이 일화는 『명의유안』에도 실렸다.

로서 의미가 있었을 것이다.

이외에도 부자(附子)의 남용을 경계하거나 정확한 처방을 제대로 할 줄 모르는 의사를 비난하는 내용의 일화도 보인다.[41] 또 중풍 환자에게 박하즙에 부자 분말을 넣어 먹을 것을 처방하는데 그 용량을 초과하여 사망에 이르게 한 사례도 보인다.[42] 이러한 일화들은 의료를 행하는 이들이나 가정에서 임의로 의학적 조치를 취하는 이들에게, 또 의자의 치료를 받는 환자들에게 분명 유용한 정보가 되었을 것이다.

오진의 사례나 오진할 가능성이 있었던 사례 및 잘못된 약 처방의 사례를 소개하는 일화는 앞서 언급한 장예의 언설대로, 송대에 사회문제가 되었던 '용의(庸醫)' 현상을 반영한 측면도 있다. 송대에는 의학 지식의 보급이 확대되면서 독학으로 의료를 행하는 이들도 생겨났고, 이에 따라 전문 지식과 실전 경험이 부족한 의료인들이 등장하여 각종 의료 사고를 일으켰으며, 이것이 사회문제가 되기도 했으며, 당시 사대부들 중에는 이 문제를 심각하게 여기는 이들도 적지 않았다.[43] 홍매가 관련 일화를 소개한 것 역시 당시 용의의 증가와 그로 인한 오진의 피해가 많았던 현실을 반영함과 동시에 자주 오진하는 사례에 대한 관련 지식을 전파함으로써 이를 경계했던 것이 아닌가 한다.

그다음으로 『이견지』의 의방 지식을 언급한 일화들을 보면, 한 일화에서 소개한 동일한 처방으로 나은 여러 치료 사례를 함께 언급하

41 『夷堅支景』 卷9 「李三妻」, 952-953쪽.

42 『夷堅乙志』 卷18 「趙小哥」, 339-340쪽.

43 周雲逸, 「重醫與駁醫: 宋代筆記所見儒·醫關系」, 『中醫文獻雜志』 2018-6, 2018. 25쪽; 閻瑞雪, 「宋代醫學知識的擴散」, 485-486쪽.

고 있는 것이 적지 않다. 다양한 치료 사례를 소개함으로써 효험을 강조한 이러한 서사 방식은 관련 지식의 확산에 효과가 있었을 것으로 보인다.

이러한 일화들을 살펴보면, 먼저 병증과 시료에 관한 사례를 소개하고, 같은 의방으로 치료하여 나은 사례를 한두 가지 간단하게 더 언급하는 형태가 매우 일반적이다. 예를 들면 종기가 곪아 터질 때는 찌르거나 터뜨려야 한다는 외과적 치료법을 설명하면서 유사한 두 사례를 동시에 소개했다.[44] 상술한 뱀독의 해독 처방을 설명할 때도 주요 사례와 처방을 설명한 후 동일한 사례를 첨부하여 효력을 강조했다.[45] 녹용이 심루 치료에 효과적이었다는 사례를 소개한 일화에서 같은 처방으로 나은 동일한 사례를 언급하여 그 효과를 다양하게 증명했고,[46] 동일한 처방이 아니라도 비슷한 원리를 설명하는 의방일 경우 관련 사례를 함께 언급했다.[47] 또 『이견지』 내에서 두 일화가 유사한 치료 방법을 소개하고 있는 경우 그 치료의 원리가 서로 같음을 언급하기도 했다.[48] 더불어 동시대가 아니더라도 이전 시대 사료에 유사한 치료 사례가 있을 경우 함께 언급해주었다.[49]

---

44 『夷堅三志己』 卷7 「瘍醫手法」, 1354-1355쪽.

45 『夷堅乙志』 卷19 「療蛇毒藥」, 351-352쪽.

46 『夷堅志再補』 「鹿茸治心淚」, 1795쪽.

47 『夷堅志再補』 「治痰喘方」; 『夷堅志再補』 「朱道人治脚攣」.

48 기생충 질환과 관련해서는 『夷堅支戊』 卷3 「衛承務子」와 『夷堅志補』 卷18 「吳少師」 참조. 또 죽은 이를 만나 음기 침습 후 나타난 설사 증상의 치료와 관련해서는 『夷堅甲志』 卷1 「孫九鼎」과 『夷堅志甲』 卷6 「西湖女子」 참조.

49 『夷堅三志己』 卷8 「楊立之喉癰」, 1361쪽. 여기서는 주요 치료 사례를 소개한 후 당(唐)대의 소설 중 「崔魏公暴亡」에 등장하는 의사 량신(梁新)의 치료 사례와 동일한 이치라 언급하고 있다. 또 『夷堅支戊』 卷3 「陳氏鬼疰」에서 홍매는 『남사(南史)』의 기록을 인용하여 치료 방법의 유사성을 강조했다.

이렇듯 성공적 치료 사례에 대한 서사를 강조한 것은 『이견지』가 여러 지역에 구전되는 일화를 수록한 것이라는 점, 그리고 그 독자층이 전문 의료인이 아니라는 점 등을 고려하여 보면 쉽게 이해할 수 있는 측면이다. 즉 사용한 약재에 대해 본초학적으로 설명하거나 전문적인 치료 원리를 설명하는 것보다는 성공적 치료 사례를 여럿 보여주는 것이 그 치료 효과를 더 잘 설명할 수 있는 최적의 방법이라고 판단했을 것이다.

결론적으로 『이견지』에서 의방 지식을 언급한 일화를 보면 그 치료 사례를 다양하게 소개하고 있다. 먼저 홍매는 의서를 통한 지식의 전수가 가지는 한계를 인식하고 임상 사례를 통한 의학 지식 전달의 효과를 깊이 이해하고 있었던 것 같다. 특히 폐옹에 효과가 있는 화침 시술과 같은, '입과 귀로 전하는 방식'으로는 전달에 한계가 있는 의방을 치료 사례를 통해 그 효과를 보여줘서 임상 사례에 대한 서사의 중요성을 강조했다. 또 당시 의료 실천의 현장에서 자주 등장한 오진의 사례를 직접 보여줌으로써 임상 시료의 어려움을 드러냄과 동시에, 쉽게 오진하는 사례 역시 보여줘서 관련 의학 지식을 정리하고 확산시키는 데도 도움을 주었을 것이다. 물론 당시 만연한 '용의'들에 대한 경고나 경계의 의미도 있었을 것이다. 무엇보다도 전문적 의료인이 아닌 다양한 독자층에게 내용을 효과적으로 전달하기 위해서는 성공한 치료 사례에 대한 소개가 많으면 많을수록 좋았을 것이다. 가능한 한 동일한 치료 사례를 다양하게 소개하여 해당 의방 지식의 효험을 증명함으로써 널리 알리고자 했던 것이다.

이러한 사례 중심의 서사 방식은 『이견지』 나름의 의학 지식의 전달 방식을 보여주는 것이자, 기존 의학 지식의 전달 매체로서 전통

의서의 기술이 가지는 한계를 넘어서는 것이었으며, 이로써 후인들에게 전해지는 의학 지식은 더욱 다채로울 수 있게 되었다. 더 나아가 그중 몇몇 사례는 장고의 『의설』 등에 수록되기도 했으며 이후 의안을 중심으로 한 의서를 통해 전승되기도 했다.

4. 일상에서 온, 일상에 필요한 의학 지식

『이견지』 수록 의방 지식은 당시 사람들의 일상생활을 바탕으로 하는 지식이 많은 부분을 차지한다는 점에서 또 다른 특징을 보인다. 일상의 경험을 바탕으로, 일상에 필요한 의학 또는 구급 대처 지식들이 다양한 일화를 통해 소개되고 있다. 이러한 내용은 기존 전통 의서에서는 크게 다루지 못한 내용일 수 있었고, 그렇기에 후대에 나온 의안 중심의 의서들에서 『이견지』의 관련 일화가 많이 수록되고 소개되기도 했다.

먼저 일상에서 얻은 우연한 경험이 치료에 효험이 있음을 알게 되고 그것을 의학 지식으로서 정리하는 경우가 있었다.

> 조자산(趙子山)이 소무군(邵武軍) 천왕사(天王寺)에 잠시 머물 때 촌백충(寸白蟲)으로 고생하고 있었는데, 의자가 타이르며 이르길, "이 병은 술을 끊어야 합니다" 했다. 그러나 본래 술을 좋아하던 터라 끊고자 하여도 그럴 수가 없었다. 어느 날 저녁 조자산이 외사에서 취하도록 마시고 돌아왔다. 이미 야밤이 되었는데 입이 마르고 인후가 타서 창졸간에 마실 것이 없나 찾던 중 마침 복도에 놓인 항아리에 물이 있었고, 달빛이 영롱하여 뜰 수가 있어 술잔에 떠서 마셨다. 그는

> 그 맛의 감미로움에 연이어 여러 잔을 마시고 잤다. 새벽이 되어 벌레들이 자리로 기어 나왔고, 그러자 심장과 배가 갑자기 맑아진 것 같았고 그렇게 오랜 병이 나았다. 그 이유를 보니 [항아리의 물은] 대개 절의 노복이 매일 짚신을 담가두던 홍등(紅藤) 뿌리 물이었다.[50]

이 일화는 촌백충으로 고생하고 있던 조자산의 경험으로, 일상에서 우연히 마시게 된, 짚신을 담가놓은 홍등 뿌리 물이 촌백충 치료에 효과가 있음을 알게 된 것이다. 이는 분명 생활 속에서 알게 된 의학 지식으로, 관련 일화는 새로운 촌백충 치료법을 알려주고 있는 것이다.

이 일화는 장고의 『의설』에 수록되었고, 또 이후 명대 『본초강목』에도 그대로 수록된다.

> 시진(時珍)이 말하길, 적등(赤藤)은 살충에 좋고 소변을 이롭게 한다. 홍매는 『이견지』에서 이르길, 조자산은 촌백충 질병으로 고생했다. 의자는 그에게 술을 끊으라고 했으나 본래 술을 매우 좋아했다. 하루는 소무군 천왕사에 잠시 머물렀는데, 밤에 취하여 돌아와 목이 매우 말랐다. 낭간에 항아리에 담긴 물이 보였고, 물에 비친 달빛이 영롱하여 연이어 따라 마셨다. 물은 엿과 같이 달았다. 새벽에 이르자 벌레가 자리에 가득했고, 심장과 배가 점차 시원해지더니 오랜 병이 나았다. 모두 놀라 기이하게 여겼는데, 간밤에 마신 물을 보니 곧 절의 노복이 짚신을 짜서 홍등 뿌리 물에 담가뒀던 물이었다.[51]

---

50 『夷堅志再補』「治寸白蟲方」, 1792-1793쪽.

51 李時珍, 『本草綱目』 卷18下, 「草之七」 "省藤", "時珍曰: 赤藤, 善殺蟲, 利小便. 洪邁 『夷堅志』 云: '趙子山苦寸白蟲病. 醫令戒酒, 而素性耽之. 一日寓居邵武天王寺, 夜半醉歸, 口渴甚.

이처럼 『본초강목』은 홍등에 살충 효과가 있음을 설명하면서 『이견지』의 이 일화를 수록하고 있다. 적어도 명대 본초학자들에게 홍등의 살충 효과를 설명하는 데 있어 그들이 제시한 근거 자료는 『이견지』였던 것이다. 이로써 보건대, 남송 시기 생활 속 경험을 통해 우연히 알게 된 의학 지식이 명대에는 본초학 분야의 중요 의학 지식으로 정리되었던 것을 알 수 있다.

이외에도 일상의 경험에 근거하며 일상에 필요한 지식이 '의학 지식화'되는 경향을 찾아볼 수 있다. 소흥 19년(1149) 영주(英州)의 승려 희사(希賜)가 전하는 이야기는 다음이다.

> 배 한 척이 광주에서 왔는데 그 배에 탄 어느 사인의 노복이 다리에 힘이 빠져 걸을 수 없게 되자 배의 한 선원이 그를 불쌍히 여겨 말하기를, "나에게 약이 있는데 이런 병을 고치는 데 신통하여 먹고 나은 사람들이 헤아릴 수 없이 많다. 너에게도 주마" 했다. 사묘에서 재를 마쳤을 때 선원은 술과 제수용 고기를 먹고 상당히 취한 상태에서 산에 들어가 약초를 구한 다음 술에 담궈 병자에게 주면서 날이 밝기 전에 복용하라고 했다. 노복은 그의 말대로 했는데, 약을 마시자마자 바로 신음하면서 말하길, "위와 장이 너무 아픕니다. 칼로 도려내는 것 같습니다" 했다. 그리고 날이 밝아올 무렵 노복은 죽고 말았다. 사인이 그 선원의 잘못을 책망하자 선원이 성을 내며 "그럴 리가 없습니다!"라고 말했다. 그는 즉시 어제저녁에 쓰고 남은 약초를 가져와 스스로 술에 담가 먹었고, 2시간도 되지 않아 그 역시 죽었다.

見廡間甕水, 映月瑩然, 即連酌飲之, 其甘如飴. 迨曉蟲出盈席, 心腹頓寬, 宿疾遂愈. 皆驚異之, 視所飲水, 乃寺仆織草履, 浸紅藤根水也."", 北京: 人民衛生出版社, 1979, 1342쪽.

> 대개 산에는 단장초(斷腸草)가 많아 사람들이 이를 먹고 죽곤 하는데, 선원이 가져온 약은 뿌리와 덩굴이 얽혀 있었고, 그는 술에 취해 이를 가려낼 여유도 없이 바로 술에 넣어버려 화를 입게 된 것이다. 그러니 함부로 약초를 복용해서는 안 된다는 것을 알아야 한다.[52]

이 일화는 독성이 강한 단장초와 관련된 것으로, 산에서 약초를 캐어 먹을 때 단장초가 섞여 있었고 이를 가려내지 않고 복용했다가 사람이 죽게 된 사실을 전하고 있다. 이는 일상생활에서 사람들이 약초를 먹다가 흔히 저지를 수 있는 위험한 실수였다. 주목할 것은, 이러한 일반 사람(한 선원)의 경험이 승려 희사의 전언을 통해 홍매의 귀에 들어가 『이견지』에 실리고, 또 이것이 후에 『의설』에 실리기도 하면서 점점 일상에서 알아두어야 할 주요 지식으로 전승되었다는 것이다.[53]

이외에 독성이 든 약의 오용을 경계하는 사례도 보인다. 학단(瘧丹, 동백)을 잘못 복용하여 사망한 사례를 소개하며 약 복용 시 신중을 기하라는 경계의 뜻을 전하거나,[54] 혹은 활기산(滑肌散) 등 독성이 있는 약을 집에 보관하다가 잘못 복용하여 녹두 등으로 해독한 사례 등을 소개하며 가정에서 독성이 있는 약을 보관할 때 주의할 것을 강조한다.[55]

또한 음식을 섭취할 때 알아두어야 할, 서로 상극인 음식에 대한 다양한 정보도 제시하고 있다. 한 일화는 황상어(黃顙魚)를 먹고 난

---

52 『夷堅甲志』 卷10 「草藥不可服」, 84-85쪽.

53 『醫說』 卷8 「草藥不可妄服」, 297쪽.

54 『夷堅志補』 卷18 「服瘧丹誤」, 1714-1715쪽.

55 『夷堅三志壬』 卷2 「槐娘添藥」, 1399-1400쪽.

후에는 형개(荊芥)를 먹어서는 안 되며, 꿀을 먹은 후에는 생선 젓갈을 먹으면 안 되고, 복어를 먹고 중풍 약을 복용해서는 안 된다는 등의 정보를 알려주는데, 연이어 각각의 구체적 일화를 제시한다. 그중 하나를 살펴보면 다음과 같다.

> 낭중 이불이 상주를 지나는 길이었는데, 자가 자운인 상주 지사 왕진이 그를 불러 조찬을 대접했다. 복어를 요리하여 반찬으로 내었다. 이불은 본래 복어를 잘 먹지 않아 사람을 보내 숙소로 가져가서 아내에게 먹으라고 했다. 아내는 그때 매일 아침 약을 먹었는데, 생각해보지도 않고 복어를 아주 맛있게 먹었다. 하지만 먹자마자 곧장 입과 코에서 피가 흐르더니 숨이 끊어졌다. 이불은 아직 아침 식사 자리를 마치지도 않았는데 아내가 죽었다는 소식을 들었다.[56]

이 일화는 중풍 약을 먹을 때 복어를 먹으면 안 된다는 것을 강조하여, 일상에서 약을 복용할 때 주의해야 할 음식 등에 대한 정보를 제공한다. 중풍 약과 복어를 함께 먹으면 안 된다는 낭중 이불의 이야기는 후에 『의설』에 수록된다.[57]

더 나아가 『이견지』에는 생활에서 흔히 겪는 어려움에 대한 해결책이 유용한 정보로 수록되기도 했다.

> 수주(秀州)의 사대부 집안에 한 어린아이가 있었는데, 겨우 다섯 살이었다. 심하게 장난을 치다가 머리가 약을 찧는 쇠 절구통에 들어가서

56 『夷堅乙志』 卷20 「飮食忌」, 361-362쪽.

57 『醫說』 卷7 「食河豚不可服風藥」, 277쪽.

빠지지를 않았다. 온 집안 식구들이 방법을 찾지 못하여 쩔쩔매고 있는데, 어떤 사람이 알려주길 아이의 두 다리를 잡고 새로 길어온 찬물을 아이에게 확 끼얹어보라고 했다. 시키는 대로 하자 아이가 놀라서 울며 몸이 오그라들어서 겨우 빠져나올 수 있었다.

또 한 아이는 타작하는 것을 보다가 곡식의 까끄라기를 입에 넣었는데 인후와 혀 사이에 붙어서 빼낼 수가 없었다. 어떤 사람이 거위의 침을 아이의 입에 넣어주라고 하여 그렇게 했더니 곧 목으로 넘어갔다. 아마 거위의 침이 곡식의 까끄라기를 녹일 수 있기 때문인 듯하다. 이 두 가지 경우 모두 매우 위급한 상황으로 창졸간에 나온 지혜가 아니면 해결될 수 없는 일이었다. (이 일화를 들은 무덕이 한 이야기이다.)[58]

쇠 절구통에 머리가 끼인 아이에게 찬물을 끼얹어 머리를 빼낸 사례, 그리고 인후에 곡식 껍질이 걸려 빼낼 수 없게 된 아이에게 거위의 침을 사용하여 위급 상황에 대처한 사례 등 일상에서 일어날 수 있는 사고에 대한 응급처치 방법이 소개되어 있다. 이 일화는 『의설』에 그대로 수록된다.[59] 이를 통해 일상에서 자주 발생할 수 있는 사고에 대한 응급처치 방법이 의학 지식으로 정리되는 과정을 볼 수 있다. 유사한 사례는 적지 않다.

파양(鄱陽) 사람 왕우량(汪友良)은 불에 구운 고기를 먹다가 잘못하여 뼈 한 조각을 삼켰는데 작은 손가락 크기만 한 것이었다. 인후 사이

---

58 『夷堅甲志』 卷12 「倉卒有智」, 104쪽.

59 『醫說』 卷4 「倉卒有智」, 150쪽.

에 걸려 어렴풋이 피부 바깥으로 보이는 듯해서 손을 넣어 더듬어 만질 수 있었다. 하지만 여러 방법을 써도 내려가지 않았다. 무릇 며칠이 지나 기침만 해도 아팠으며 겨우 탕을 마실 수 있었다. 온 식구가 걱정했다. 그러던 중에 와우량은 혼미하게 잠든 사이 붉은색 옷을 입은 한 사람을 보았다. 그자가 말하길, "뼛조각을 넘기려면 남붕사(南硼砂)가 좋을 것이오" 했다. 흐릿한 가운데 놀라 깨어났는데 꿈이 아닌 것처럼 여겨졌다. 신명이 몰래 방을 주어 그 목숨을 살려주고자 한 것 같았다. 이에 그가 상자에서 붕사 한 조각을 찾아 물에 씻어 머금고 있다가 결국 넘기니 자연스럽게 내려갔다.[60]

이 일화는 일상에서 뼛조각이 목에 걸렸을 때의 응급처치 방법을 소개하고 있다. 꿈을 통해 붉은색 옷을 입은 사람이 전한 처치 방법은 남붕사를 사용하라는 것이었고, 붕사를 머금고 있어보니 실제 뼈가 목구멍으로 내려갔다는 것이다. 이는 당시 유용한 응급처치 방법이 되었을 것이고, 이후 『명의유안』에 실려 전승된다.[61]

『이견지』에 수록된 일화 중에는 일상의 우연 속에서 알게 된 치료법이라든지 기존 의학 지식의 범주에 들어갈 수 없었던, 그리하여 의서에는 수록될 수 없었던 일상생활에 필요한 독초에 대한 주의사항이나 일상의 사고에 대한 응급처치 등이 언급된 사례가 적지 않았다. 이는 분명 당시 사람들에게 상당히 유용한 지식으로 쓰였을 것이다. 무엇보다도 이러한 지식들이 이후 의안 중심의 의서에 자주 수록되었던 것으로 보아 이러한 일상에서 온, 일상에 필요한 의방 지식이

60 『夷堅志再補』「硼砂治骨哽」, 1793-1794쪽.

61 『名醫類案』 卷7 「骨哽」, 149쪽.

점점 의서가 다루어야 할 의학 지식 또는 넓은 의미의 의학 지식으로 축적·정리되었던 경향을 파악할 수 있다.

* * *

『이견지』의 일화 속에 의방 지식이 적지 않게 수록된 것은 당시 의방 지식을 담는, 또는 그것을 전파하는 매체가 엄밀한 의미의 '의서'만은 아니었음을 보여주며, 이는 상당한 의미가 있다. 당대는 의학 지식의 전수가 비교적 폐쇄적으로 이루어진 시기였고, 송대는 많은 사람들이 의서를 열람하고 의학 지식을 습득하는 것은 물론 의학에 관심이 있는 사대부들도 다양한 의방서를 편찬하여 의학 지식의 '개방'과 '확산'이 이루어진 시기였다. 이러한 맥락에서 『이견지』는 분명 (사대부를 포함한) 다양한 계층에 있는 민간인의 생활 경험 속 서사로 드러나는 의학 지식의 생성·축적·전파 양상을 보여준다. 즉 의학 지식의 (재)생산과 유통 주체가 더욱 다양해졌음을 보여주고, 이는 이른바 송대 서민 문화 발전의 또 다른 측면을 보여준다는 점에서 상당한 의미를 지닌다.

『이견지』에 수록된 의방 지식의 특징을 살펴보면 전체적으로 일상생활에 근거한 의학 지식의 확대 경향을 관찰할 수 있다. 즉 일상에서 자주 발생한, 혹은 당시 사람들이 주로 관심을 가진 병증을 중심으로 소개했으며, 그 처방의 내용 역시 기존 의서나 의학 지식을 변용·활용하여 그것의 한계를 보완·극복하는 것이 적지 않았다. 또한 '입이나 귀로 전달되는 것'의 한계를 극복하는, 치료 사례 중심의 의학 지식 서사 방식을 택하고, 의료 현장에서 자주 발생할 수 있는 오진의 경우를 소개하여 주의를 주었으며, 다양한 치료 사례를 여럿 소개함으로써 효험을 입증하고자 했다. 무엇보다도 일상생활의 경험을 통해 알게 된 치료법, 혹은 기존 의서에서 담아내기 어려웠던, 일상에서 자주 겪는 사고에 대한 응급처치 등을 다룸으로써 일상생활에 유용한 의학 지식이 축적되고 전해질 수 있었다. 아울러 이러한 의방 지식들이 이후 시대에 편찬된 의서, 즉 『의설』, 『명의유안』 및 『본초강목』 등에 대거 수록되어 전승되었다는 사실은 『이견지』에 수록된 다양한 지식들이 이후 소위 '의서'가 다루는 내용의 범주에 들어가게 되었음을 의미한다.

『이견지』 속 일화들은 편찬된 후 많은 부분이 소실되었는데, 현재까지 그 '습유(拾遺)'의 결과를 보면 의방 지식과 관련된 일화가 다수를 차지하며, 이는 또한 「이견지보(夷堅志補)」, 「재보(再補)」 및 「삼보(三補)」에 유독 의학 지식 관련 일화가 많이 포함된 이유이기도 하다. 이러한 사실은 『이견지』의 다양한 일화 중 의방 지식과 관련된 내용이 주로 전승될 가치가 있는 정보로서 이후 시대의 의서에 많이 수록되어 그 유용성을 인정받았음을 의미하며, 『이견지』의 일화들 중 그 전파력이 매우 뛰어났음을 의미한다.

어찌되었든 『이견지』에 수록된 의방 지식은 이후 시대 의서에 많이 수록되어 전승되었고, 이것은 어찌 보면 민간에서 (재)생산·확산된 의방 지식이 다시 의학계로 환류하는 현상이라고도 볼 수 있다. 일상의 경험을 근거로 한 의학 지식의 생성·재생산·활용·전파 현상이 기존 전통 의학계에 미친 영향을 가늠해볼 수 있기 때문이다. 『이견지』라는 일상의 일화를 수집하는 매체의 특징으로 초래된 의학 지식의 특징, 즉 중독, 종기, 기생충 질환, 설사 등 일상 속 질병의 잦은 빈도를 드러내는 질병 중심의 의학, 기존 의서를 활용·변용·보완·극복하는 처방 방법, 더 나아가 임상에 대한 서사의 중시와 오진에 관한 지식 및 일상에서 온 치료 방법, 그리고 일상에서 일어난 사고에 대한 응급처치와 관련된 지식 등이 기존 '의학 지식'의 영역에 들어가게 됨으로써 또는 기존 의학 지식에 보충됨으로써, 다시 말해 이러한 민간의 일상에 바탕을 둔 지식들이 의학 지식으로 환류하면서, 그 결과 기존 의학 지식의 성격과 범주가 확대되는 데 일정 정도 영향을 미쳤다고 추정해볼 수 있다. 결국 『이견지』라는 전달 매체의 특징이 의학 지식의 성격과 범주의 변화 및 확대에 일정 정도 역할을 했던 것으로 보인다. 이는 송대 의학 지식의 발전과 전파 과정에 있어서 『이견지』의 역할이 작지 않았음을 시사하며, 중국 의학사에 있어 남송 시기가 가지는 의의 역시 컸음을 말해준다.

3장

메이지기 근대적 의약 담론의 성립과 '뇌병'의 치료[1]

| 김영수 |

에도 말기는 정치적·외교적으로 불안한 상황이 지속되면서 전환기를 맞이하고 있었다. 정치와 크게 접점이 없었던 서민들 사이에서도 새로운 시대가 올지 모른다는 분위기가 공유되었고, 정치적인 혼란과 기대감 사이에서 민중 봉기의 한 형태인 요나오시잇키(世直し一揆), 에에쟈나이카(ええじゃないか)와 같은 움직임이 나타났다. 정치적·사회적으로 불안정한 시기가 지속되는 가운데 콜레라, 홍역 등의 전염병까지 유행했는데, 이러한 혼란을 완화하기 위해서는 전염병을 억제할 예방책이나 치료약이 절실했다. 그러나 유효한 예방법이나 치료법은 부재했고, 전염병에 유효하다는 음식이나 약의 소비가 확대되었다. 전염병이 빈발하면서 의료 환경의 정비에 대한 요구는 더욱 커졌고, 이러한 에도 말기의 상황은 당시 병을 치료할 수 있는

1 이 글은 『이화사학연구』 제58집(2019)에 게재된 「메이지기 근대적 의약담론의 성립과 '뇌병'의 치료」를 수정·보완한 것이다.

가장 유효한 수단이었던 약, 그중에서도 대중이 가장 쉽게 접할 수 있는 매약의 생산과 판매에 영향을 미쳤다.

이렇게 막부 말기에 일반 대중이 약에 쉽게 접근할 수 있었던 이유는 약의 대중화에 기인한다. 도쿠가와 막부의 8대 쇼군 요시무네(徳川吉宗)의 재위 기간(1716~1745) 동안 전국 각지에 약초원이 건설되어 약재의 재배가 시작되었고, 에도 중기 도시와 가도(街道)의 정비, 유통 경제권의 확대에 따라 약업도 발전해 나아갔다. 다만 막부 말기로 가면서 매약의 제조와 유통, 판매에서 문제점이 드러났고, 1874년 메이지(明治) 정부는 의제를 반포하여 서양 근대의학을 의학 교육의 근간으로 하는 동시에 시중의 매약을 단속하는 정책을 실시하여 문제를 해결하려고 했다.

메이지 정부의 일련의 정책은 서양 의학의 도입과 밀접한 관련 속에 시행되었다. 메이지 정부에 의해 적극적으로 도입된 의학은 독일류의 의학으로, 에도시대에 주류를 이루던 서양 의학인 난학(蘭學)과 달랐다. 하지만 일본의 서양 의학 전통은 에도시대에 뿌리를 두고 있었고, 이때 접한 서양 의학의 본질은 근대 일본의 의학에도 그대로 받아들여졌다. 특히 동양 의학과 대별되는 특징인 '뇌'에 대한 인식의 차이는 당대 학자들에게 큰 충격을 안겼다. 이 장에서는 신체의 중추에 관한 담론, 즉 서양의 뇌 담론이 일본에 들어온 이후 일본의 적극적인 근대화 정책과 조우하면서 뇌에 관련된 의학 지식이 어떤 과정을 거쳐 발전했는지, 그리고 당시 커져가던 관련 매약 시장이 어떠한 상호 관계 속에서 변화했는지를 살펴보고자 한다. 특히 뇌에 발생한 문제를 해결한다고 표방한 '건뇌환(健腦丸)'이라는 매약의 사례에 주목하고자 한다.

건뇌환은 메이지 정부가 매약에 대한 근대적인 규제를 실시한 이후에 등장한 뇌질환 치료약이다. 이 매약은 근대에 새롭고 중요한 신체 기관으로 조명된 뇌를 건강한 상태로 유지하고자 했던 정부와 국민 모두의 요구에 부응하며 대히트를 쳤다. 그러나 이 매약이 표방한 치료 효과는 한 가지 특정 질병에 국한되지 않았는데, 일부는 의학 지식에 근거하고, 일부는 단순한 증상에 대응하는 것이었다. 또한 시대에 따라 치료할 수 있는 질환을 달리했다. 따라서 이 매약의 광고 문구와 효능 및 기능은 근대 일본의 뇌와 뇌신경에 대한 관심뿐만 아니라 근대 일본에서 형성된 질병 개념과 그 변화 양상을 보여주는 척도라고 할 수 있다.

근대 일본 내 의학 지식의 전개와 뇌 담론에 관한 연구는 몇몇 연구자들을 통하여 전개되어왔다. 그들의 연구는 한국, 중국, 일본 등에서 새롭게 등장한 서구의 의학사상이 동아시아에 미친 영향을 학설이나 해부학을 중심으로 다루고 있다.[2] 그러나 그 과정에서 새롭게 주목받은 뇌에 관한 연구와, 그것이 의학적·사회적으로 함의하는 바에 대해서는 다루지 않았다. 따라서 이 장에서는 근대 일본의 뇌 인식과 건뇌환의 판매, 약효 등의 특징을 통해 근대 일본의 뇌 인식과 의약 담론의 변화에 대하여 고찰해보도록 하겠다. 이는 근대 일본 내

---

2 여인석, 「일본의 해부학 도입과 정착 과정」, 『의사학』 3-2, 1994; 김성준, 「18·19세기 조선에 전해진 서구 腦主說과 惠岡 崔漢綺의 대응」, 고려대학교대학원 석사학위논문, 1999; 김성수, 「에도시대 해부학의 발전: 『장지(藏志)』의 간행을 중심으로」, 『의사학』 21-1, 2012; 신규환, 「청말 해부학 혁명과 해부학적 인식의 전환」, 『의사학』 21-1, 2012; 김대기, 「전근대 중국의 해부와 신체관」, 『연세의사학』 21-2, 2018; 김성수, 「일본의 해부학 수용 초기의 특성: 『해체신서(解體新書)』와 『중정해체신서(重訂解體新書)』에 나타난 세계와 인체」, 『연세의사학』 21-2, 2018; Wolfgang Michel-Zaitsu, "Exploring the 'Inner Landscapes": The *Kaitai shinsho* (1774) and Its Prehistory", 『연세의사학』 21-2, 2018 등 참조.

의학 지식의 성립과 의약 문화의 상호 연관성을 보여주는 한 사례가 될 수 있을 것이다.

1. 18~19세기 일본의 서양 의학 수용과 '뇌' 담론의 성립

질병은 인류의 역사와 떼려야 뗄 수 없는 관계를 맺고 있다. 동서양 모두 시대별로 내외과적인 질병에 대한 다양한 치료법을 고안했지만 그 방식은 서로 달랐다. 동양의 의학에서는 전통적으로 오장육부라는 몸의 장기를 중심으로 신체를 이해하는 의학이 발전했고, 약재와 경혈 등으로 몸을 다스리는 방식이 채택되었다. 오장육부가 신체를 작동시키는 중요한 기관으로 여겨졌기 때문에 동양 의학에서 머리와 관련된 치료는 상대적으로 많이 등장하지 않지만, 중국에서 제작한 신체도나 장부도와 같이 뇌의 위치를 표현한 그림이 존재하기는 한다. 그러나 그 그림에는 뇌가 아닌 '두(頭)'라는 용어가 등장한다. 이는 머리부터 척추까지를 수직으로 연결해 선인상응의 수직적 구조를 강조하고, 신체 내부 기의 승강출입을 암시적으로 묘사하기 위하여 표현한 것에 불과했기 때문이다.[3]

이러한 경향은 일본에서도 나타난다. 일반인들에게 신체관과 양생관을 교육하기 위하여 음식과 오장육부의 움직임을 인간의 몸에 빗대어 그린 『음식양생감(飮食養生鑑)』(19세기)이라는 그림이 있다. 19세기 초에 그려진 이 그림은 인격화된 신체의 각 장기가 상호작용하여 음식물을 처리하는 모습에, 각 장기의 역할에 관한 설명을 덧붙

3 김대기, 「전근대 중국의 해부와 신체관」, 43쪽.

여서 신체의 작동 원리와 생명의 신비를 재치 있게 묘사한다. 이 그림은 먹고 마신 것이 몸 안의 장기에 어떤 변화를 가져오는지 보여주는데, 그림이 제작될 당시에도 머리보다는 마음(心), 복부(腹)를 중요하게 다루고 있었던 것을 확인할 수 있다. 동시에 뇌는 인간의 몸에서 활동하는 기관으로 그리고 있지 않음을 확인할 수 있다. 동양의 전통적인 의학에서 뇌는 오장육부에 포함되지 않았고, 전신은 기혈수(氣血水)가 순환하는 별개의 시스템으로서 경락과 오장육부에 의해 통합되어 있다고 생각했기 때문이다.[4]

19세기 초의 그림에는 나타나고 있지 않지만, 일본에서는 뇌라는 인체 기관을 그 이전부터 받아들이고 있었다. 그 이면에는 서양의 해부학이 일본에 도입되었다는 중요한 사실이 자리 잡고 있다. 17세기 전반인 명말 청초에 서양 의학이 중국 대륙에 전래되면서 뇌를 지각의 중심으로 인식하는 논의가 이루어졌고, 이는 큰 반향을 일으키며 중국에서 논란의 대상이 되었다.[5] 이 논의가 선교사를 통해 중국에 전래되는 과정에서 기독교와 함께 수용되었던 것이 논란을 가중시킨 요소였다. 즉 뇌는 영혼의 자리라는 설명을 통해 기독교적 영혼 개념이 같이 소개되었던 것이다. 당시 해부학적·생리학적 관점에서 바라보는 인체에 대한 객관적 지식이 부족했던 탓에 종교와 분리된 뇌에 대한 이해가 확대되는 데는 어려움이 따랐다.

반면 일본 의학자들의 뇌에 대한 이해는 전혀 달랐다. 일본은 중국과는 달리 쇄국 체제를 유지하며 기독교의 전파를 금지하고 있었

---

4 栗山茂久·北澤一利, 『近代日本の身體感覺』, 東京: 青弓社, 2004, 85쪽.

5 김성수, 「일본의 해부학 수용 초기의 특성: 『해체신서(解體新書)』와 『중정해체신서(重訂解體新書)』에 나타난 세계와 인체」, 『연세의사학』 21-2, 2018, 67쪽.

기 때문이다.[6] 18세기 일본에서는 서양 의학에 관심을 가지고 있던 의사들 사이에서 서양의 해부학이 큰 관심의 대상[7]이 되었고, 그 결과 가와구치 신닌(河口信任)의 『해시편(解屍編)』(1772, 〈그림 3-1〉 참조), 스기타 겐파쿠(杉田玄白)의 번역서 『해체신서(解體新書)』(1774) 등에서 인체의 뼈, 신경에 대한 이해가 시작되었다. 해부학에서 뇌는 신경과 맞닿아 있는 기관이었고, 이는 전통의학에 비견되는 새로운 의학으로 간주되었다.

일본에 서양 해부학이 도입되었다는 것의 중요한 의미는 뇌가 인체의 중심이 될 수 있다는 의학 지식, 그리고 기존에는 인식하지 못했던 신경이 뇌를 각 기관과 연결해주고 있음을 확인시켜줬다는 점이다. 이는 의자(醫者)들이 몸을 들여다보는 기준, 즉 몸을 이해하는 기준이 달라져야 한다는 사실을 깨달아야 한다는 인식, 그리고 이에 상응한 몸의 치료법이 필요하다는 인식으로 이어졌다.

이와 같은 뇌와 신경에 관한 해부학적 지식의 등장은 전통의학과의 변별 지점을 만들어냈다. 뇌에 관한 지식이 등장하면서 기존의 심장에 대한 이해 역시 변화했다. 심장은 전통적으로 인간의 지각 및 인지 활동의 근간이 되는 기관으로 여겨져왔는데, 뇌와 신경이 등장

---

6 김성준, 「18·19세기 조선에 전해진 서구 腦主說과 惠岡 崔漢綺의 대응」, 2쪽; 김성수, 「일본의 해부학 수용 초기의 특성: 『해체신서(解體新書)』와 『중정해체신서(重訂解體新書)』에 나타난 세계와 인체」, 68쪽.

7 18세기 후반 『해체신서』 발행 이전 일본에서의 서양 해부학 지식 도입에 관해서는 다음의 논문이 자세하다. 논문에 따르면 1652년에 포르투갈어로 기술된 인체 해부에 관한 서적이 해부학 모형과 함께 주문되었고, 1654년에 안드레아스 베살리우스(Andreas Vesalius)의 인체 해부학 대계가, 이어서 앙브루아즈 파레(Ambroise Paré), 아드리안 반 덴 스피겔(Adriaan van den Spiegel)의 책이 수입되었다고 전해진다. Wolfgang Michel-Zaitsu, "Exploring the 'Inner Landscapes": The *Kaitai Shinsho* (1774) and its prehistory", 9쪽.

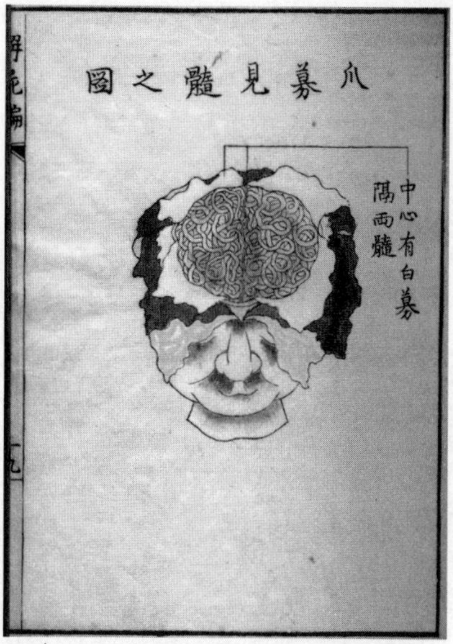

〈그림 3-1〉 가와구치 신닌(河口信任)의 『해시편(解屍編)』(1772)의 뇌 그림
(교토대학 부속도서관 소장)

하면서 심장은 혈액의 운행을 주관하는 물리적인 기관으로 변경되었고, 이 자리를 뇌와 신경이 차지하게 된 것이었다.[8]

그러나 이러한 인식의 변화가 바로 사고 체계의 전환으로 이어진 것은 아니었다. 18세기 중후반 일본에서 신체를 이해하는 새로운 인식이 등장하기는 했으나, 서양 의학에 관심을 가지고 있던 난학의(蘭學醫)는 전체 의자(醫者) 중 소수에 불과했고, 그들의 의학 지식은 전통의학에 근거한 지식을 완벽히 뒤집을만한 체계성을 갖추지 못한

8 김성수, 「18·19세기 동아시아의 서양 근대 해부학 수용 양상」, 『동아시아 세계의 해부학 전통과 한글 해부학 교과서』, 2018년 9월 14일 심포지엄 자료집, 2018, 47-48쪽; 김성수, 「일본의 해부학 수용 초기의 특성: 『해체신서(解體新書)』와 『중정해체신서(重訂解體新書)』에 나타난 세계와 인체」, 69쪽.

상태였다. 따라서 뇌를 신체 기관의 중추로 보는 새로운 인식은 등장했으나, 이는 의학 지식의 단계에 머물면서 일부 난학의 사이에서만 공유되었을 뿐이다.

다음 〈그림 3-2〉에서도 확인할 수 있듯이 이와 같은 신체관의 변화는 19세기 중반까지도 일반인들에게 영향을 미치지 못했다. 본격적으로 몸에 대한 이해가 변화하고, 이러한 이해를 바탕으로 의학적 접근이 변하게 되는 시점은 메이지 정부가 들어선 이후, 구체적으로 1874년 의료와 의학 교육, 매약 등에 대한 전반적인 지침을 담은 의제가 반포된 이후라고 볼 수 있다. 의제 반포에 따라 서양 근대의학은 국가 의학의 중심에 자리했고, 서양 의학 교육을 받은 의사들이 의료위생 행정과 의학 교육에서 중심적인 역할을 하게 되었다. 국가

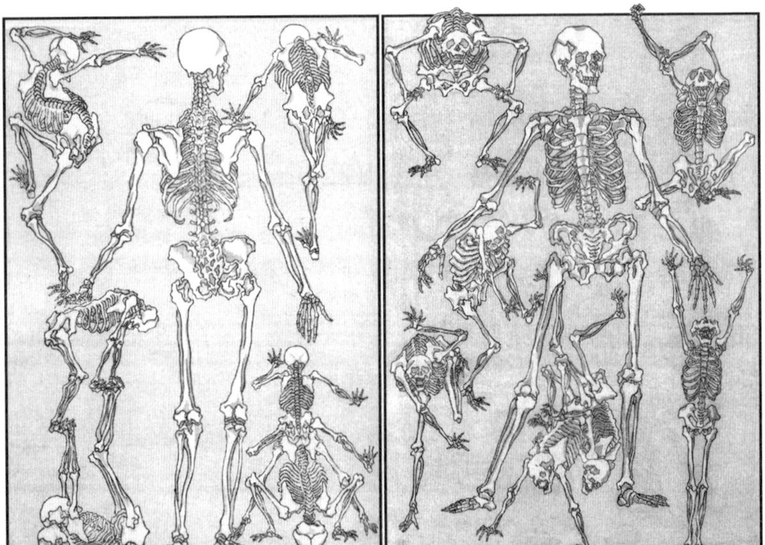

〈그림 3-2〉 인체를 골격 구조로 표현한 가와나베 교사이(河鍋暁斎)의 그림

출처: 『효재만화초편(暁斎漫畫初篇)』(1881), 일본 국립국회도서관 디지털컬렉션.

차원에서 전통의학에 대한 인식과 정책이 변화하면서, 해부학을 중심으로 하는 서양 의학 지식은 일본 사회에 파고들었다.

서양 의학 도입에 따른 해부학 지식의 확산은 막말부터 메이지기에 활약한 우키요에시(浮世繪師. 우키요에는 에도 시대에 성립한 회화 형식의 하나로, 주로 당대 사람들의 생활이나 유행, 가부키 배우, 유녀 등을 소재로 삼았다)이자 일본화가인 가와나베 교사이(河鍋曉斎, 1831~1889)의 그림에서도 확인할 수 있다. 그는 1870년 필화사건으로 체포되고, 다수의 풍자화를 남긴 인물로 유명하다. 그는 전투, 풍경, 요괴, 귀신 등을 테마로 한 그림을 주로 그렸는데, 1871년에 〈해골도(骸骨圖)〉, 1880년에 〈해골유흥도(骸骨遊興の圖)〉 및 〈해골의 다도(骸骨の茶の湯下繪)〉(연도 미상), 〈미녀의 소매를 끌어당기는 해골(美女の袖を引く骸骨圖)〉(메이지기) 등 일부 그림에서 인간의 몸을 뼈의 구조, 골격으로만 표현하는 작품을 남겼다. 그의 작품에 등장하는 해골은 추상적인 구조가 아닌 해부학적인 관찰과 분석을 거친 모습으로 등장한다. 그의 그림은, 일본에서 서양 의학 지식의 전통과 서양 근대의학 교육의 도입으로 1870~1880년대에 해부학적 지식이 확산되고, 해부학을 바탕으로 하는 인체에 대한 새로운 이해가 등장했음을 보여주는 한 예이다.[9] 이렇게 서양 의학을 대표하던 해부학 지식은 대중에게도 빠르게 확산되었고, 이와 함께 뇌와 신경은 중요한 신체 기관으로 인식되었다. 전통적으로 심장이 해오던 역할을 대신하는 것으로 알려진 이들 기관에 대한 관심은 더욱 커질 수밖에 없었다.

---

9 宮永美知代·島田和幸, 「河鍋曉斎の解剖圖と描画としての骸骨圖」, 『美術解剖學雜誌』 11-1, 2007 참조.

2. 뇌질환의 등장과 치료제

18~19세기의 매약 유통과 뇌 치료제

인체에 대한 새로운 지식의 도입과 그에 따른 뇌에 대한 관심의 증가는 뇌의 기능적인 이상 문제와 결부되었다. 기존에는 오장육부, 심장, 음식 등에 원인이 있어 병이 발생하는 것으로 보았는데, 이제는 뇌의 문제로 인해 발생하는 질병이 있다는 인식이 생기게 된 것이다. 이는 전통적으로 문제가 되어왔던 '정신병자'를 어떻게 볼 것인가, 그리고 그들을 어떻게 치료할 것인가라는 문제로도 이어졌다. 일본에는 전통적으로 귀신에 씌었다고 여겨지는 기쓰네쓰키(狐憑き)라고 불리는 정신질환자가 존재했다. 이 용어는 메이지기에 들어서도 정신질환자를 지칭하는 단어로 지속적으로 쓰였고, 그들은 사회적으로 문제시되었다. 이처럼 전통사회부터 존재했던 정신질환자를 포함하여 뇌의 문제로 질환이 생길 수 있다는 인식이 등장했고, 이는 당시의 발전해가는 의학에 상품으로서의 약 제조 및 소비 문화가 결부되면서 뇌질환을 약으로 치료할 수 있다는 논리로 이어졌다.

일본의 약 제조와 소비 문화는 긴 역사를 가진다. 의사의 처방 없이도 구매가 가능한 매약은 이미 에도시대에도 다양한 형태로 존재했다. 매약 중에는 시약(施薬)으로 배부되다가 매약으로 판매되는 경우, 각 가문의 비방이나 처방이 매약이 된 경우, 사원 및 약재를 취급하는 가게에서 매약을 만드는 경우 등 제조원이 다양했고, 유통 경로 또한 다양하게 존재하여 시장경제의 확대에 따라 매약의 제조 및 유통은 더욱 활발해졌다.[10]

10 吉岡信, 『江戸の生薬屋』, 東京: 青蛙房, 2011, 10쪽; 김영수, 「20세기초 일본 매약의 수입

전통적인 매약에 더하여 에도 후기에는 서양 의학을 표방하는 매약도 등장했다. 일례로 1813년 오사카의 마쓰오 겐주도(松尾健壽堂)에서 발매된 '우루유스(ウルユス)'를 들 수 있다. 이것은 일본에서 처음으로 서양식 약 이름을 붙여 발매한 매약으로 알려져 있다.[11] 우루유스는 완하제(緩下劑, 설사약)로, 몸 안의 독소를 배출함으로써 위와 장을 비워 증상을 치료하는 위장약이었다. 우루유스는 약 이름만 보면 당시 유행하던 난학의 영향으로 새로운 성분과 방식을 통해 제조된 매약으로 보이나, 실제로는 비운다는 의미의 '공(空)'을 셋으로 나누고, 여기에 동사형을 만드는 어미 '-스(す)'를 붙여 표기한 것이다. 즉 전통적인 의학 지식에 기초하여 제조된 매약이었다.[12] 우루유스 발매 이후에도 가타카나로 쓰인 약명이 붙은 '서양 약'을 표방하는 매약은 다수 등장했다.[13] 그러나 우루유스와 마찬가지로 '서양 약'을 표방한 대부분의 매약은 난학 지식을 활용하여 제조했다기보다는 전통적인 치료법에 소비자의 구매심리를 자극하기 위하여 이국적인 이름을 차용한 것에 지나지 않았다.

그렇다면 근대에 들어서 등장한 중요한 신체 기관인 뇌를 치료하겠다는 약이 근대 이전에도 존재했을까? 메이지 시기에 뇌와 관련한

과 근대 한국의 의약광고의 형성: 근대 일본의 매약규제와 광고 형식을 중심으로」, 『인문논총』 75-4, 2018, 169-170쪽.

11 三島佑一, 『船場道修町』, 大阪: 和泉書院, 2006, 89쪽.

12 野尻佳與子, 「タカナで名付けられた最初の賣薬「ウルユス」について」, 『日本醫史學雜誌』 61-1, 2015, 90쪽.

13 19세기 초중반 우루유스 이외에 '테리아카(テリアカ)', '메데세인(メデセイン)' 등을 비롯하여 일본에서 만든 조어를 붙인 '마아스토카토루(マアストカートル)', '오스토데루(オストデール)', '에후토호유루(エフトホユル)' 등의 매약이 등장했다고 알려져 있다. 三島佑一, 『船場道修町』, 95쪽.

질병이라고 여겨졌던 병들은 에도시대에도 존재했다. 에도시대에 출판된 『병약도희경초편(病薬道戯競初編)』(연도 미상)은 질병명과 약을 연결시켜 스모의 대결표 형태로 작성한 것으로, 여러 질병과 함께 중풍[中風之進床二水]이나 광기[狂氣治郎亂心], 만성 뇌막염[慢驚風急變] 등이 언급되어 있다.[14] 이는 에도시대에도 많은 사람들이 이 질환들을 앓았던 것을 보여준다. 이 중에 근대에는 뇌의 이상으로 보는 '광기'라는 병명이 등장하기는 하나, 당시 광기는 뇌의 문제가 아니라 기(氣)나 마음(心)의 문제에서 발병하는 것으로 이해되었다.

정신이상과 관련된 전통적 치료는 주술이나 민간 의료 부문에서 다수 다루어졌고, 정신질환 치료를 위한 민간 약이 도야마(富山) 지역에서 판매되었다고 전해진다. 여기에 주로 사용된 약재는 원숭이의 머리, 여우의 혀, 사슴의 태아 등의 구로야키(黑燒, 동식물을 토기 항아리에 원형 그대로 넣어 쪄서 검게 구운 것), 감초 뿌리 등이었다. 한편 정신질환자 치료는 18세기 후반 나가이 지겐(永井慈現)이 우노모리(鵜ノ森)에 만든 정신병원에서 시작되었다고 알려져 있다. 여기에서 나가이 가문의 비약인 '신뇌환(神腦丸)'이 환자 치료에 쓰이면서 유명세를 탔다고 전해진다.[15] 이처럼 약으로 정신질환을 치료하는 전통은 에도시대부터 이어져왔고, 다양한 질병이 유행하면서 전통의학뿐만 아니라 난학을 차용한 매약이 에도 후반으로 갈수록 다수 생산되었다. 또한 질병을 치유하기 위해 제조된 약들이 다수 등장했다가 사라지기를 반복했다. 앞서 언급한 것과 같이 19세기 중반에는 우루유스와 같은 이질적인 이름을 가진 매약이 다수 등장했다가 에도 후기에

14 『병약도희경 초편(病薬道戯競 初編)』은 병명을 게재하는 과정에서 의인화 기법을 도입했다. 괄호 [ ] 안의 병명은 각각의 병명을 의인화한 이름을 적은 것이다.

15 川村邦光, 『幻視する近代空間』, 東京: 青弓社, 1990, 113쪽.

접어들면서 한두 개를 제외하고는 그 이름이 사라져버리기도 했다.[16]

이처럼 매약은 쉽게 만들 수도 있고, 또 사라질 수도 있어서 이의 제조·판매를 단속하기는 쉽지 않았다. 그나마 18~19세기 초까지는 약의 품질을 유지하기 위해 막부의 지원하에 약종상 사이에서 구미(組)나 나카마(仲間)가 조직되어, 이러한 조직이 매약을 규제하는 역할을 담당하면서 어느 정도 매약 제조와 판매, 유통 질서가 유지되었다. 그러나 정치적 혼란기인 19세기 중반부터는 각종 전염병의 유행과 치료법의 부재 사이에서 효능이 검증되지 않은 다양한 매약이 등장했고, 이들의 사회적인 파장은 아주 큰 것이었다.[17] 이에 신정부의 수립과 함께 본격적인 매약 단속이 이루어졌다.

1876년 「제약면허수속」이 반포되면서 매약 제조는 허가제로 운영되었다. 제조되는 매약에는 '관허(官許)'라는 명칭을 붙일 수 있었으며, 상품 제조원의 정보는 필수 기재 사항이 되었다. 매약의 제조뿐만 아니라 1877년에는 「매약규칙」이 제정되어 매약 영업자에 대한 면허 감찰, 행상에 대한 행상 감찰, 면허 기간의 설정, 독극약의 불허, 세금 및 수수료 등에 관한 항목을 설정하여 기존의 매약업자들에 대한 단속과 관리를 적극적으로 실시했다.[18] 이후 관련 규칙이 정비되면서 기존의 난립하던 매약들은 점차 새로운 규정에 따라 제조되었다. 그러한 가운데 '뇌와 신경을 치료한다'는 기치를 내세운 매약이 새롭게 등장했다.

16 三島佑一, 『船場道修町』, 95쪽.

17 일례로 홍역 발생 및 치료와 관련한 사회의 동요를 그려낸 다음의 연구서를 참고해볼 수 있다. 鈴木則子, 『江戸の流行り病』, 東京: 吉川弘文館, 2012.

18 厚生省醫務局, 『醫制八十年史』, 東京: 印刷局朝陽会, 1955, 269-270쪽.

메이지 초기의 뇌질환 담론과 건뇌환

메이지기의 뇌와 신경을 치료하는 약 광고에는 '뇌병(腦病)'이라는 용어가 등장한다. 이는 뇌병을 치료하는 매약 중에서도 대표격이고, 높은 판매고를 올린 건뇌환(健腦丸)의 광고에서 확인할 수 있다(〈그림 3-3〉 참조). 건뇌환은 1896년 '단페이상회(丹平商會)'에서 발매한 것으로, '수년간 치료하기 힘들었던 뇌병을 완전히 치료한다'[19]는 캐치프레이즈를 내걸고 판매한 메이지 시기의 10대 매약 중 하나이다. 신문에 실린 건뇌환 광고에는 뇌병의 신약이며, 신경을 완화시키고, 역상(逆上)을 내려준다고 약의 효능을 설명하고 있다. 건뇌환 이외에도 '신경환(神經丸)', '장수환(長壽丸)', '쾌뇌환(快腦丸)', '보건환(宝健丸)', '자강환(滋强丸)', '금뇌환(錦腦丸)' 등 뇌를 보호하거나 치료하는 효능을 가졌다는 매약이 다수 발매되었다.[20] 이들 매약은 신문에 약 광고를 게재했는데, 광고는 두통, 뇌병, 신경증, 역상 등에 주효하다는 점을 강조했다. 이들 매약이 효과를 보이는 질환의 종류는 전통적으로 문제가 되었던 질환에, 뇌병, 신경증 등 새로운 개념의 뇌질환이 추가된 형태였다. 이들 매약 모두 공통적으로 뇌의 기능이나 뇌에 나타나는 증상을 치료해준다는 것을 전면에 내세웠다. 뇌가 새로운 치료의 대상이 된 것이다.

메이지 정부가 서양 의학을 중심으로 의학 교육을 시작하면서 뇌가 지각 및 인지 활동의 중심이라는 사실은 점차 보편적인 지식이 되어갔다. 이러한 의학 지식의 전환은 신체기관 중 뇌와 신경의 중요성을 새삼 깨닫는 계기로 이어지나, 이것이 다양한 광고에 등장하듯 뇌

19 「健腦丸廣告」, 『朝日新聞』, 1897. 1. 27.

20 川村邦光, 『幻視する近代空間』, 109-113쪽.

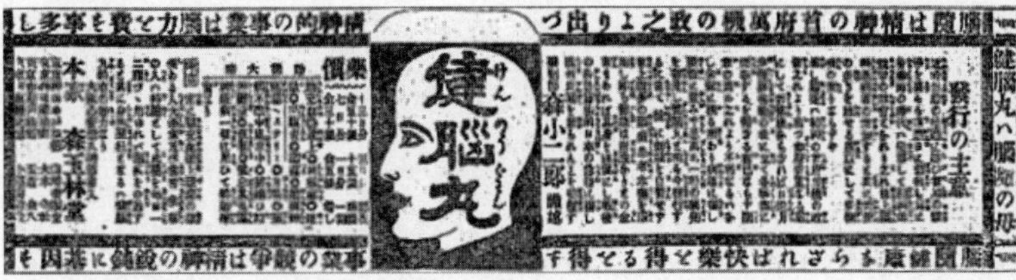

〈그림 3-3〉『아사히신문(朝日新聞)』(1896. 8. 2.)에 실린 건뇌환(健腦丸) 발매 초기 광고

를 치료하기 위해 약을 복용해야 한다는 담론과 직접적으로 연결된 것은 아니었다. 뇌가 인체기관의 중추적인 역할을 수행한다고 인식하는 것과 뇌의 치료, 즉 치료를 필요로 하는 뇌는 별개의 문제이기 때문이다. 그런데 매약 시장이 근대적으로 재편되어 상업화되어가는 가운데 뇌를 치료한다는 매약이 등장한 것이다. 뇌병을 치료하겠다는 매약이 등장한 것은 1890년대 중반인데, 그렇다면 이 시기에 뇌병 치료를 목적으로 하는 매약의 수가 급속하게 늘어나게 된 이유는 무엇일까?

그 요인은 크게 두 가지로 나누어볼 수 있다. 첫 번째는 신체기관을 관장하는 주체로서 뇌의 중요성이 부각하면서 뇌의 기능 이상과 관련된다고 여겨진 증상이나 질환이 정식 질병으로 명명되고 그 존재가 수면 위로 등장하게 된 것이다. 게다가 19세기 후반의 매약 광고에 빈번히 등장하던 뇌병은 다양한 증상을 포괄하는 용어로, 한 가지 특정한 질병만을 지칭하는 용어가 아니었다.[21] 당시 번역되어 나온 의학서의 하나인 『의료필휴(醫療必携)』(1876)에서 뇌병을 찾아보면, ① 졸중, ② 뇌수종, ③ 혼수, ④ 뇌돌상(腦突傷), ⑤ 중서(中暑, 일사

21 ウェーゼス,『醫療必携』, 京都: 春和堂, 1876; 吉田銀次郎,『袖珍治療家必携』, 上野國, 1880.

병[22]), ⑥ 뇌막염, ⑦ 만성뇌염, ⑧ 급성뇌염, ⑨ 주독, ⑩ 광병(狂病), ⑪ 두통, ⑫ 마비병, ⑬ 전간(癲癎), ⑭ 실어증, ⑮ 현기증(眩暈, 현훈) 등의 항목으로 분류되어 있다. 즉 뇌의 이상 혹은 결과적으로 뇌에 문제가 생겨 발생하는 다양한 질병 및 증상을 다수 언급하고 있다.[23] 이 책은 서양 근대의학의 용어를 그대로 옮겨 번역한 것인데, 이에 따르면 뇌병은 뇌질환으로 인한 여러 증상과 질병을 포괄적으로 지칭하는 용어로 설명되고, 이는 그대로 일본으로 수입되어 뇌와 신경 관련 질환 및 증상을 총칭하는 용어로 수용되었음을 확인할 수 있다. 뇌병 매약이 발매된 초기에는 뇌질환에 대한 명확하지 않은 개념이 만들어지고 유포되면서 전통적으로 문제가 되어오던, 현재는 정신질환이라고 불리는 뇌의 기능적 이상에 따른 정신질환 치료와도 결부되었다. 그리고 점차 서양 의학 지식의 확산과 축적으로 뇌질환의 발병 원인이 명확해지고, 근대적인 매약의 제조 및 판매가 활발해지면서 전통적으로 난제로 여겨지던 정신질환을 이제는 새로운 '양제(良劑)'로 치료할 수 있다는 점이 매약 홍보에 차용됨에 따라 관련 매약이 다수 등장한 것으로 보인다.

두 번째 요인은 정부의 근대화 정책을 따라가는 과정에서 피로감을 느낀 국민들이 뇌(머리)와 관련된 새로운 증상들을 인지하게 된 것에 기인한다. 메이지유신 이후 일본 국민은 급속한 근대화에 무리하게 따라가야 했고, 메이지 정부가 표방한 부국강병과 식산흥업을 이루는 과정에서 경쟁 체제에 편입되어야만 했다. 이러한 사회적 변화에 적응해야 했던 국민들은 두통, 신경쇠약 등을 동반한 뇌 기능의

22 원문에는 가타카나로 '선스트록'으로 표기하고 있다.

23 ウェーゼス, 『醫療必携』의 뇌병 분류 참조.

이상을 감지했고, 이러한 증상은 메이지 후반으로 가면서 더욱 확대되는 양상을 보였다.[24] 이에 따라 국민들 중 많은 수가 경험하는 증상을 설명할 용어와 치료 방법에 대한 사회적 요구가 대두하게 되었고, 그에 대한 시장의 반응은 바로 건뇌환과 같은 뇌질환 치료 매약의 등장으로 이어졌다.

건뇌환의 초기 광고는 경쟁사회에서 더욱 심해진 뇌의 피로감과 뇌 건강을 언급하면서 청일전쟁 후 일본이 경제성장을 이뤄가는 과정에서 국가의 이익과 국민의 건강을 확보하기 위해서라도 건뇌환의 복용은 중요하다고 설파했다. 이와 함께 건뇌환 광고에는 당시 뇌병으로 분류되던 뇌충혈, 역상, 어지럼증, 두통, 전간, 불면증, 뇌졸중, 정신우울, 건망증, 뇌신경병 및 변비 등이 치료가 필요한 증상으로 등장했다. 뇌의 건강과 치료를 위해 건뇌환을 복용해야 한다는 광고 문구는 주효했고, 건뇌환은 메이지 시기를 대표하는 매약이 되었다.[25] 이러한 질환은 앞서 언급한 전통적 사회에서 질병으로 취급되었던 정신질환과는 다른 증상에 속하는 것이었지만, 사람들은 매약 광고를 통해 당대의 정치적·사회적·경제적 변화와 함께 약을 복용하여 날카로워진 뇌와 신경을 완화시켜 건강을 유지하는 것의 필요성을 인지하기 시작했다.

이처럼 메이지 후기에는 뇌에 일어나는 다양한 증상이 치료의 대상으로 인식되었고, 전통적인 의미의 뇌질환을 포섭하면서 근대적인 뇌질환까지 치료할 수 있다고 주장하는 매약이 등장했다. 그렇다면 건뇌환은 광고에서 주장한 것처럼 뇌와 관련된 다양한 질병과

---

24 1880년에는 도쿄대학의 내과교수 에르빈 폰 밸츠(Erwin von Baelz, 1849~1913)가 담당한 내과 외래환자 1천 534명 중 107명이 신경쇠약 진단을 받았다.

25 「健脳丸は脳髓の母」, 『朝日新聞』, 1896. 8. 2.

증상의 치료에 얼마나 효과가 있었을까? 건뇌환은 브롬화칼륨(potassium bromide), 겐티아나(Gentian) 분말, 대황(Rhubarb) 분말, 알로에 분말을 조합하여 제조한 것으로, 특히 브롬화칼륨 성분은 신경을 안정시켜주는 효능이 있었다. 이것은 이후에도 신경완화제에 사용된 성분으로, 두통, 불안, 신경쇠약 등에 일정 정도의 효과를 나타냈을 것이다. 아울러 건뇌환 광고에는 하루 두 번 복용[26]해야 한다고 언급하고, 3일에서 5주 사용분에 대한 약값이 표시[27]되어 있는데, 이로 미루어볼 때 효과를 보기 위해서는 증상에 따라 단기간 복용부터 장기간 복용까지 필요했던 것으로 추측된다. 따라서 건뇌환은 특정 질병을 치료한다기보다는 신경을 안정시켜주어 증상을 완화하는 효과가 있었기 때문에 소비자는 어느 정도 효능을 경험했을 것이다.[28]

3. 근대의학의 발전과 뇌병 매약의 변화

근대의학의 발전과 뇌질환의 분류

건뇌환의 사례에서 보이듯이 근대 일본 초기의 뇌병이라는 용어가 포괄하는 뇌질환의 의미는 매우 포괄적이고, 구체적이지 못했다. 게다가 약의 판매를 위해, 뇌신경 완화를 통해 효과를 볼 수 있는 다양한 질병과 증상을 열거하면서 이러한 경향은 더욱 심해졌다. 물론 건뇌환의 광고에 등장하는 병명과 증상명이 뇌질환에 대한 의학 지

26 「健脳丸は脳髓の母」, 『朝日新聞』, 1896. 8. 2.

27 「脳神經病者是非試みよ」, 『朝日新聞』, 1915. 4. 21.

28 다음 기사는 건뇌환을 복용한 학생 및 지식인 등의 경험담을 싣고 있다. 「健脳丸に對する世人の批評」, 『朝日新聞』, 1909. 12. 12.

식과 완전히 일치한다고는 할 수 없다. 그러나 뇌병을 분류하면서 뇌의 기질적인 문제를 '뇌의 병'으로 인식하고, 이에 대응하는 약을 판매했던 것은 사실이다.

그렇다면 당시 학문적으로는 뇌질환을 어떻게 분류했을까? 뇌질환의 분류와 이를 어떻게 인식하는가의 문제는 당시 서양에서 수입된 정신의학 지식의 정립과 관련지어 생각해볼 수 있다. 앞서 살펴본 번역서에서 분류한 뇌병의 범위와 종류뿐만 아니라, 메이지기 일본에 고용된 외국인 교수들에 의해서도 뇌질환은 다양한 형태로 분류되었다. 일반적으로 뇌질환은 신경계병 혹은 정신장애로 분류되었고, 정신착란, 무도증(舞蹈症), 히스테리, 신경과민, 경련, 전간, 우울병, 발광 등의 증상을 포함했다.[29]

당시 일본에서 서양 근대의학의 정통성을 가지고 있던 곳은 도쿄대학 의학부였다.[30] 1877년 도쿄대학이 문학부, 법학부, 이학부, 의학부의 4개 학부로 설립되면서 서양 근대의학 교육을 실시한 의학부는 일본의 근대국가 건설에 필요한 의료 인력을 양성하는 중추기관으로 자리매김했다. 도쿄대학 의학부 설립 초기부터 내과, 외과를 비롯한 여러 교실이 만들어졌는데, 그중 정신의학교실은 1886년 12월에

---

29 金川英雄, 『日本の精神醫療史』, 東京: 青弓社, 2012, 122-124쪽.

30 메이지유신 때 창평학교(昌平學校), 개성학교(開成學校), 의학교(醫學校)의 3교가 각 교육기관의 전신을 부흥하는 의미로 설립되었고, 이 3교를 합하여 대학이 설립되었다. 이는 다시 대학(大學, 창평학교), 대학남교(大學南校, 개성학교), 대학동교(大學東校, 의학교)가 되었고, 이후 법제상의 규정 변화에 따라 대학은 폐지되었으며, 대학남교와 동교는 다시 분리되었다. 이후 문부성이 설치되면서 대학남교와 대학동교는 각각 남교와 동교로 개칭되어 문부성에 직할교육기관으로 위치하다가 다시 도쿄개성학교, 도쿄의학교로 변경되었고, 1877년에 도쿄대학이 되었다. 도쿄대학의 전신이 되는 교육기관에 대한 자세한 연원은 다음의 자료를 참조할 것. 東京大學醫學部創立百周年紀念會·東京大學醫學部百年史編纂委員會, 『東京大學醫學部百年史』, 東京: 東京大學出版會, 1967, 37-42쪽.

창설되었다. 교실 창설 이전에도 정신병에 대한 강의는 이루어졌는데, 이를 담당한 인물은 도쿄대학 내과학교실 교수 에르빈 폰 밸츠(Erwin von Baelz, 1849~1913)였다. 그는 1879년부터 내과학 강의 중의 하나로 정신병 강의를 실시했고, 1882년에는 본과 학과 과정 개정에 따라 정식으로 정신병학 강의를 겸했다. 이후 1880년 도쿄대학을 졸업하고 베를린대학에서 정신의학을 배운 사카키 하지메(榊俶, 1857~1897)가 1886년에 귀국하여 도쿄대학 의학부에서 정신의학에 관한 강의를 담당하게 되었고, 이듬해부터 대학에서 도쿄부 전광원(癲狂院)[31]의 의무(醫務)를 위임받으면서 전광원 수용 환자에 대한 임상 강의를 진행했으며, 이곳에서 학생들의 임상 강의가 이루어짐에 따라 임상 및 학문적 성과를 축적할 수 있었다.[32]

밸츠가 초기 도쿄대학 의학부에서 정신병에 대해 강의를 진행했을 때는 뇌질환을 내과 중 신경계제병(Krankheiten des Nervensystems)으로 분류하여 교수했다. 이는 말초신경계병으로서 신경통, 신경마비, 중추신경계척추, 연추, 뇌와 뇌막의 여러 병, 해부학적 원인이 불분명한 신경증 등으로 대분류를 하고, 그 하부로 각각의 병명이 제시되었다.[33] 이 가운데 주목할 부분은 해부학적 원인이 불분명한 신경증 부분으로, 여기에는 신경질, 전간, 급간(急癎), 소아의 야간공포, 강경증(勁硬), 귀신에 홀려서 나타나는 정신병(狐憑病), 히스테리, 신경쇠약, 외상성 신경증 등이 포함되었다. 이것은 어떤 기전에 의해 일어나는

31 전광원은 1879년 우에노에 설립된 정신병원으로, 1889년에는 도쿄부스가모병원(東京府巢鴨病院)으로, 1919년에는 부립 마쓰자와병원(府立松澤病院)으로 개칭되었다.

32 東京大學醫學部創立百周年紀念會·東京大學醫學部百年史編纂委員會, 『東京大學醫學部百年史』, 432-433쪽.

33 安井廣, 『ベルツの生涯-近代醫學導入の父』, 京都: 思文閣出版, 1995, 201-235쪽.

지가 아직 명확하지 않았던 시기에 나타나는 뇌신경계통 질병의 분류법으로, 전통적으로 정신병으로 분류되던 증상 이외에 히스테리, 신경쇠약 등도 여기에 포함되었다.

이후 도쿄대학 의학부에 정신의학교실이 창설되면서 전광원에 수용된 환자를 대상으로 임상 연구가 진행되었다. 이 과정에서 뇌신경계통의 질병 분류와 정신병원에 수용되는 정신병 환자들에 대한 기준이 점차 마련되었고, 정신병원에 수용된 정신병 환자들에 대한 연구는 정신의학교실의 중점적인 연구로 이어지게 되었다.[34] 이는 정신의학 연구의 전문 영역 확보에 크게 기여했고, 전문 영역의 확대는 매약의 입지를 좁히거나 변화시키는 쪽으로 이어졌다.

뇌병원의 설립과 뇌병 매약의 변화

초기 건뇌환 광고에 나타나는 효능은 다양했다. "신경을 완화시켜 수년 난치의 뇌병을 완치한다", "역상, 뇌충혈, 두통, 신경증, 뇌막염 등에 가장 좋은 양제(良劑)이다"와 같이 뇌병, 신경증, 역상 등을 강조하며 약의 효능을 설명하던 건뇌환의 광고는 시간이 흐를수록 증상을 강조하고, 문제가 되는 증상을 겪을 법한 대상(애주가, 사업가, 신경가(神經家), 관리 및 학생)을 특정하는 방향으로 변해갔다.

한편 뇌증, 뇌신경증이라 불리는 뇌의 기능적인 문제를 치료한다고 표방하면서, 동시에 긴장을 완화시켜 혈행을 좋게 하여 몸의 순환을 돕는 약이라고 광고하기도 했다. 그리고 1920년대쯤에는 지금 앓고 있는 질병을 치료해준다는 설명에서, 중풍이나 졸중 발생을 미연

---

34 東京大學醫學部創立百周年紀念會·東京大學醫學部百年史編纂委員會, 『東京大學醫學部百年史』, 619쪽.

에 방지하고, 위를 건강하게 하여 기억력을 증진시켜주고, 신체를 강건하게 해준다는, 향후 발생할지도 모르는 질병을 예방해준다거나, 질병에 걸리지 않도록 몸을 강하게 해준다는 설명으로 광고의 내용이 변해갔다.

즉 건뇌환과 같은 뇌병 매약은 처음 등장하기 시작할 때는 특정 질병에 대한 치료를 강조하다가, 시간이 흐를수록 특정 질병이 아닌 두통을 없애주고, 기억력과 이해력을 증진시켜준다는 증상의 완화 및 뇌의 기능 보조 측면을 더욱 강조하는 방향으로 변모했다. 발매 당시 광고의 캐치프레이즈였던 "오랫동안 앓아오던 뇌병을 치료할 수 있다"라는 문구를 대신하여, 건뇌환을 상용(常用)하면 "승리의 영관(榮冠)이 내 손에 (들어)온다"와 같은 문구로 변모한 것이 대표적인 예이다. 광고에서는 결단력이 부족한 사람, 기억력이 쇠퇴한 사람, 이해력이 부족한 사람, 두통이 있거나 머리가 무거운 사람, 역상이나 이명이 있는 사람, 변비나 불면증이 있는 사람, 두뇌를 많이 쓰는 사람 등을 등장시키면서, 뇌병, 신경증, 뇌막염 등의 질병명 대신에, 두통, 역상(逆狀), 변비, 불면증 등의 증상에 듣는 약으로 효능을 설명했다.[35] 건뇌환의 소비층을 뇌병이나 신경증이 있는 사람들로 특정했던 초기 광고와 다르게 시간이 지날수록 이해력 부족, 기억력 감퇴, 두통, 변비, 불면증 등 일반인들이 한 번쯤은 겪었을 증상을 전면에 등장시키면서, 더는 특정 질병의 치유를 돕는다는 문구를 싣지 않는 것을 확인할 수 있다.

그리고 또 다른 광고에서는 뇌신경증의 원인으로 계절적 요인, 몸의 순환 문제 등을 언급하면서 건뇌환을 권유한다. 증상과 소비자의

35 「健腦丸 廣告」, 『朝日新聞』, 1926. 11. 19.

다양화뿐만 아니라 원인을 다양화시키는 방식으로 판로를 확대하고 있음을 볼 수 있다. 광고에서는 역상의 증상을 설명하면서, 역상이 계절적인 요인에 의해 생길 수 있다는 점을 강조한다.[36] 또한 역상이 정신의 피로, 알코올중독뿐만 아니라 변비 때문에도 생길 수 있음을 설명하며,[37] 이어서 변비로부터 역상이 생기고, 역상으로 두통이 생기고, 이는 현기증 및 불면증으로 이어진다고 강조한다. 특히 추울 때 방문을 걸어닫으면 방 안에 탄산가스가 가득 차기 때문에 역상, 두통, 현기증 등이 일어나기 쉽고, 이것이 결국은 뇌질환이 될 위험성이 있다고 설명한다. 즉 점차 뇌질환의 원인이 누구나 경험할 수 있는 내용으로 일반화되어갔던 것이다.

이와 같은 증상과 원인의 보편화는 단지 매약의 상업적 특징에 기인한 것일까? 건뇌환의 주요 성분인 브롬화칼륨은 이후에도 신경을 완화시키기 위한 약의 성분으로 사용되었으나, 건뇌환은 발매 초기부터 심각한 정신질환이나 신경증, 뇌막염 등 전문적인 치료를 필요로 하는 환자들을 크게 호전시킬 만한 치료제는 아니었다. 건뇌환은 매약이었기 때문이다. 매약은 소비자가 의사의 처방 없이 살 수 있도록 제조된 것이었기 때문에 독극물 등 전문 의약품에 사용하는 취급하기 어려운 성분은 포함될 수 없었다. 이러한 사실은 정신의학의 학

---

36 아사히신문에는 1915년경부터 계절과 뇌신경증의 상관관계를 설명하는 건뇌환 광고가 등장했고, 이후 각 계절과의 상관관계를 설명하는 광고가 게재되었다. 일부를 소개하면 다음과 같다. 「夏の頭腦の使ひ方と腦神經」, 『朝日新聞』, 1915. 9. 8.; 「氣候と腦神經」, 『朝日新聞』, 1916. 10. 30.; 「秋季の腦神經病療法」, 『朝日新聞』, 1917. 9. 27.; 「1月の腦神經と酒頭痛逆上」, 『朝日新聞』, 1918. 1. 16.; 「冬の逆上と腦神經」, 『朝日新聞』, 1919. 12. 7.; 「木の目時から花見時へかけての腦神經の病」, 『朝日新聞』, 1923. 4. 27.

37 광고가 실린 시기가 겨울이었기 때문에 역상 중에서도 냉역상(冷逆狀)에 대하여 설명하고 있다. 「건뇌환 광고」, 『朝鮮新聞』, 1927. 1. 18.

문적 발전과 관련 치료가 점차 전문화되어가면서 건뇌환의 광고 문구에서 전문적인 용어들이 사라지고 몸의 순환을 돕는 효과를 중점적으로 제시하게 된 이유와 관련이 있다.

메이지 정부의 매약 규칙 반포에 따라 허위 및 과대 광고가 금지되었음에도 불구하고, 실제로 치유가 어려운 뇌병을 치료할 수 있다는 광고 문구를 넣은 이유는 무엇이었을까? 이는 당시 뇌를 전문적으로 치료하는 정신병원이 본격적으로 등장하기 시작한 것과 관련이 깊다고 할 수 있다. 지금은 '정신병원'이라는 명칭으로 불리고 있지만, 20세기 초에 정신병원은 '뇌병원'으로 불렸다. 뇌병원이라는 명칭이 언제 어떻게 처음 등장했는지에 대해서는 향후 연구를 통해 밝혀내야 하는 부분이지만, 19세기 말의 뇌에 대한 관심은 그때까지 '전광(癲狂)'이라고 부르던 정신질환을 지칭하던 용어 대신에 '뇌병'이라는 새로운 개념을 등장시켰고, 더 나아가 정신질환자를 수용하는 공간에 대해서도 '뇌'라는 용어를 붙여 사용하는 데까지 나아갔다. 1875년 공립으로 세워진 첫 정신병원은 교토부 난젠지(南禪寺) 경내에 세워진 전광원(癲狂院)[38]이고, 최초의 사립 정신병원은 1878년 가토풍전병원(加藤瘋癲病院)으로 알려져 있다. 이를 시작으로 1879년에는 도쿄부 가전광원(假癲狂院)과 네기시(根岸) 전광원 등이 개설되었다. 이때까지만 해도 전광이라는 용어가 정신병원을 지칭하는 보편적인 용어로 사용되었는데, 1899년이 되면 뇌병원이라는 용어가 본격적으로 등장한다. 1899년에 개원한 도쿄 뇌병원, 도야마(戸山) 뇌병원이 그것이다.[39] 즉 19세기 말부터 20세기 초까지 정신질환자를

38 金川英雄, 『日本の精神醫療史』, 23쪽.

39 川村邦光, 『幻視する近代空間』, 100-103쪽.

포함한 뇌의 기능 이상으로 문제가 있는 자를 수용하는 곳을 뇌병원으로 일컬은 것을 확인할 수 있다.

앞의 내용을 통해 메이지 초기까지 근세 이래의 '전광'이라는 병명이 정신병자를 수용하는 공간을 지칭하는 용어로 사용되다가, 19세기 후반이 되면서 용어의 변경이 일어난 것으로 이해할 수 있다.[40] 용어의 변경은 정신질환자 범위의 확대를 의미했다. 뇌병이라는 용어를 사용함으로써 당시 사회적으로 문제가 되던 신경쇠약 환자, 당대 정신과 분류 체계로서는 모호한 영역에 포함된 환자 등도 미치광이(癲狂) 환자들과 함께 정신질환자의 범주에 포함시켜 뇌병원에 수용한 것이 뇌병이라는 용어가 확산되어 매약 광고에까지 등장하게 된 것과 관련이 깊다고 하겠다.[41]

아직 의학적으로 정신병자를 규정하는 범주가 명확하지 않은 상황에서 뇌병원의 등장과 뇌병 치료제의 등장은 상관관계를 갖고 나타난 것으로 추측해볼 수 있다. 그리고 그 이면에는 '뇌'가 심장을 대신하여 인체기관을 움직이는 중추라는 인식이 본격적으로 자리하고

---

40 점차 정신병명과 병원명에서 '광(狂)'을 사용하지 않게 되어, 메이지 30년 이후에는 '뇌병'을 사용하는 병원이 많아졌다는 연구도 있다. 예를 들어 1846년에 에도 고마쓰가와(小松川)에 개설된 광질치료소(狂疾治療所)는 1880년에 고마쓰가와 전광원으로, 1891년에는 고마쓰가와 정신병원으로 개칭하고, 이후 1908년에는 가메이도 뇌병원(加命堂腦病院)으로 개칭했다. 정신병원의 명칭 변화에 대해서는 향후 과제로 남겨두도록 한다. 川村邦光, 『幻視する近代空間』, 100-102쪽.

41 실제 한 지역의 병원에 입원하고 있던 환자들의 분류를 보면 조발성 치매, 마비성 치매, 조울병, 중주성(中酒性) 정신병, 전간성(癲癎性) 정신병, 치매, 백치, 변질성 정신병 등에 해당했음을 확인할 수 있다. 정신병 종별 환자 수는 조발성 치매가 가장 많고, 마비성 치매와 조울증이 그 뒤를 이었다. 이 조사는 도쿄대학 의과대학 교수인 구레 슈조(吳秀三)가 '정신병자 사택 감치의 실황과 그 통계적 고찰'이라는 연구의 일환으로 행해진 것이다. 조사 시기는 1910~1916년(1915년은 조사하지 않음)이다. 吳秀三·樫田五郎, 『精神病者私宅監置の實況』, 金川英雄 譯, 東京: 醫學書院, 2017, 308쪽.

있었음이 확인된다. 다만 점차 전문적으로 정신질환자를 치료하는 시설인 뇌병원이 각지에 설립되고, 정부가 정신질환자를 관리해 나아가게 되면서 다양한 뇌질환을 치료한다고 표방하던 광고 문구들은 점차 사라지게 되었다.

건뇌환 광고에서 뇌병 치료와 관련된 문구가 사라짐에 따라 점차 전면에 등장한 효능은 두통, 변비, 불면증이었다. 그리고 건뇌환의 유명세를 따라 그 효과의 일부인 역상, 변비, 두통에 듣는 매약들이 등장하기 시작했다. '건뇌'라는 명칭을 그대로 차용한 건뇌쾌통환(健腦快通丸)이라는 매약은 습관성 변비, 역상, 두통, 치질, 태독, 마독(痲毒)[42] 등의 제독을 빼내주는 것을 주요 효능으로 삼으며 매약 시장에서 성장해나갔다. 이는 '건뇌'라는 초기 매약명이 그대로 남아 있기는 하지만, 매약의 효능이 시대에 따라 조금씩 변화해가고 있음을 보여주는 예라고 할 수 있다.

건뇌환 광고는 초기에는 뇌와 관련된 질환을 중점적으로 언급하다가 시간이 지날수록 '통(通)'을 좋게 한다는 설명을 덧붙이며 변통을 좋게 한다는 효능이 강조되었다. 당시 신문에서 두통과 변비의 상관관계가 언급되고 있는 것으로 보아, 양자 간의 발생 요인은 서로 관련이 있는 것이기는 했다. 그러나 중요한 점은 이제 많은 사람들이 겪는 두통의 원인을 '뇌'의 문제가 아닌 '순환(通)'의 문제로 보게 되었다는 점이다.[43] 즉 효능을 설명하는 방식이 건뇌환 발매 초기와는 완전히 달라졌음을 확인할 수 있다.

42 '마(痲)'는 홍역(紅疫)을 지칭한다.

43 「환절기에 병이 만흔 원인」, 『동아일보』, 1935. 4. 27.

* * *

이 장에서는 서양 근대의학이 근대 일본에 도입되는 과정에서 나타난 의학 지식의 발전과 사회의 반응을 연관 지어 고찰해보고자 했다. 구체적으로 뇌와 신경 개념이 일본에 도입된 이후의 일본 의료문화의 변화와 뇌 치료 관련 매약 시장의 성장, 그리고 의학 연구의 발전에 따른 의약 시장의 변화와 대응을 살펴보고자 했다. 이를 위해 19세기 말에 뇌질환 치료제로 등장한 건뇌환의 사례를 활용했다.

18세기 중반 본격적으로 시작된 뇌에 대한 새로운 지식과 담론이 메이지기에 들어 일반인들에게까지 급속하게 확대되었고, 뇌를 탐구하고, 뇌에 이상이 생기면 치료를 하고, 또 실제 치료가 가능하다는 개념이 만들어졌다. 즉 이제는 오장육부뿐만 아니라 몸을 움직이는 중추기관인 뇌를 의학과 과학으로 다스릴 수 있고, 중추기관의 치료 역시도 가능하다는 담론과 의학 지식이 자리 잡게 된 것이다. 뇌의 치료가 외과술이 아닌 약물에 의해 가능하다고 생각했던 데는 이전 시기 정신질환자들을 약물로 치료하려고 한 경험이 남아 있던 것과 근대적인 형태의 매약 판매가 확대된 것이 깊은 관계를 지닌다고 할 수 있다. 또한 이때는 새롭게 제정된 매약 규칙에 따라 약재 및 용법 등의 표기가 의무화되고, 제조부터 판매까지의 유통 과정을 정부에서 관리하게 되면서 매약 시장이 이전 시대와는 달리 정부로부터 공신력을 부여받으며 확대되어간 때이기도 하다. 여기에 일본 정부의 근대화 정책으로 인한 사회 변화, 그리고 그 변화가 파생시킨 경쟁과 출세라는 정신적 스트레스에 시달린 신경쇠약 환자들이 넘쳐나던 상황은 뇌질환을 치료한다고 표방한 매약 시장의 성장을 뒷받침했다. 그러나 아직 뇌질환의 명확한 개념과 기전이 밝혀지지 않았고, 매약의 주성분은 안정제, 위 보호제 등으로 애초부터 심각한 정신질환이나 신경쇠약 등을 치료할 수 없었다.

이에 따라 뇌병 매약의 기능과 효능은 처음에는 뇌를 치료하는 것으로, 시간이 지나면서 뇌와 관련된 질환으로 야기되는 부차적인 증상을 치료하는 것으로 변용 및 확대되었다. 흥미로운 점은 이렇게 매약의 기능이 변화한 원인이, 당시 서양 의학의 본격적 도입과 함께 번역되어 들어온 뇌병의 정의가 두통이라는 증상에서부터 광병, 뇌막염, 신경증 등 현재까지도 해명하기 힘든 질병을 포괄하는, 모호하면서 광범위한 증상과 질환을 총칭했던 것과도 무관하지 않다는 점이다. 즉 당시의 정신의학과 관련된 개념의 모호함이 그대로 매약 시장에도 반영되었음을 알 수 있다. 그리고 본격적으로 정부와 대학을 중심으로 정신질환자들에 대한 관리가 시작되면서, 점차 뇌병 매약은 '뇌'에서 '통'으로 그 효능을 변화시켜가며 그 시대가 원하는 치료제, 그 시대를 반영하는 광고를 생산해냈다. 몸의 순환을 좋게 하여 증상을 완화시킬 수 있다는 논리를 내세워 이전보다는 가벼운 질환에 효과가 있는 약으로 변모해 나아갔던 것이다.

건뇌환의 사례는 근대 일본의 뇌 인식, 그리고 의학 체계 및 병명의 변화 등 메이지기를 중심으로 서양 근대의학 지식이 도입되고 전파·확산한 과정과, 제도권에 편입되기 시작한 매약 시장이 이에 호응하면서 보인 반응, 그리고 제도적인 변화가 매약 시장에 미친 영향 등 근대 일본의 제도, 의학 지식, 의약문화의 상호 관계성을 잘 보여준 사례라고 할 수 있다.

2부

개인의 '질병' 경험과 건강 관리

4장

중세 말 이탈리아에서의 불임에 대한 사회적 인식과 치료[1]

| 남종국 |

재생산을 저해하는 불임은 언제나 대단히 중요한 사회문제였다.[2] 특히 사망률이 높은 전통사회와 주기적으로 닥쳐오는 급작스러운 인구 감소로 고통받던 사회에서 이러한 문제는 가족의 영속성을 위태롭게 하며 공동체의 존재 자체를 위협했다. 모두 그런 것은 아니지만 대부분의 과거 사회에서 여성은 불임으로 비난받았다. 불임 여성

1 이 글은 Jong Kuk Nam, Social Perception of Infertility and Its Treatment in Late Medieval Italy: Margherita Datini, an Italian Merchant's Wife, *Korean Journal of medical history, vol. 25*, no. 3, 2016, pp. 519-556의 내용을 번역·수정한 것이다.

2 이 글은 다른 몇몇 학자들이 수행한 뛰어난 연구에 기반을 두고 있다. 최근 몇십 년간 중세 유럽의 불임이라는 주제는 많은 학자들로부터 역사적 관심을 받아왔다. Jean-Claude Bologne, *La Naissance Interdite: Stérilité, Avortement, Contraception au Moyen Age*, Paris: Olivier Orban, 1988; Joan Cadden, *Meanings of Sex Difference in the Middle Ages,* Cambridge, MA: Cambridge University Press, 1993; Lindgren Amy, "The Wandering Womb and the Peripheral Penis: Gender and the Fertile Body in Late Medieval Infertility Treatises", PhD diss., University of California, 2005; Monica H. Green, *Making Women's Medicine Masculine: The Rise of Male Authority in*

들은 결함이 있는 것으로 낙인찍히고 모든 종류의 사회적 비난과 불이익을 감수해야 했다.[3]

유아 사망률이 높은 중세 유럽에서 불임은 중요한 문제였다. 여성이 아이를 가질 수 없을 때, 영주는 그 부부의 유산 일부를 가져갔다.[4] 일부 여성은 심지어 남편과의 결혼을 무효화하라는 선고를 받기도 했는데, 이는 매우 극단적인 결정이었다.[5] 1240년 영국에 거주한 유대인 여성 뮤리엘(Muriel)은 남편 다비드(David)로부터 결혼을 취소

Premodern Gynaecology, Oxford: Oxford University Press, 2008; Geaman Kristen, "Power in the Uterus: Negotiating Royal Infertility in England, 1328-1471", PhD diss., University of Southern California, 2013; Oren-Maghidor Daphna et al., "From Anne to Hannah: Religious Views of Infertility in Post-Reformation England", *Journal of Women's History 27*, 2015; Oren-Magidor Daphna & Rider Catherine, "Introduction: Infertility in Medieval and Early Modern Medicine", *Social History of Medicine*, 2016; Rider Catherine, "Men and infertility in Late Medieval English Medicine", *Social History of Medicine*, 2016.

3 Nathaniel L. Taylor, "Women and Wills: Sterility and Testacy in Catalonia in the Eleventh and Twelfth Centuries", *Medieval Encounters 12*, 2006, p. 89.

4 12세기 바르셀로나(Barcelona)의 귀족인 라몬 드 리베스(Ramon de Ribes)는 불임을 이유로 들어 자식 없이 죽은 한 여성 농부의 모든 재산을 압수했다. Nathaniel L. Taylor, "Women and Wills: Sterility and Testacy in Catalonia in the Eleventh and Twelfth Centuries", pp. 88-89.

5 그 당시에 불임인 여성과의 결혼이 옳은지 아닌지에 대한 논란이 있었다. 12세기 그라티아누스(Gratian)는 불임은 결혼 무효의 정당한 이유라고 주장했다. 또한 기독교 교리에 따르면, 남성이 불감증이거나 발기불능이라 성교가 불가능할 경우에는 이혼이 취소될 수 있었다. 게다가 9세기 프랑스 랭스 대성당의 대주교인 이지마뤼(Igmarus)는 악마의 도움을 받은 마녀가 사악한 흑마술(maleficium)을 이용해 결혼한 부부의 성교를 방해할 경우 이혼이 무효화될 수 있다고 말했다. John T. Noonan, Jr., *Contraception: A History of Its Treatment by the Catholic Theologians and Canonists*, Cambridge, MA: The Belknap Press of Harvard University Press, 1965, p. 289; Goldy Charlotte Newman, "A Thirteenth-Century Anglo-Jewish Woman Crossing Boundaries: Visible and Invisible", *Journal of Medieval History 34*, 2008, p. 134.

하자는 요구를 받기도 했다. 그녀는 이를 거절하고 유대인 랍비들의 법정에 탄원했다.[6]

그러나 불임은 불임인 여성들을 거칠게 비난하거나 그들에게 사회적 제재를 가해서 해결할 수 있는 일이 아니었다. 이러한 재앙이 왜 일어나는지 설명해야 했고, 이에 대한 근본적인 해결책을 찾아야 했다. 많은 사회에서 여성들을 문제의 원인으로 여겼으나, 이 문제에 대한 접근은 개별 사회의 특성에 따라 다양했다. 그렇다면 중세 유럽 기독교 사회의 해결책은 무엇이었을까?

중세 유럽의 교회들이 불임에 대해 모두 같은 해석과 설명을 내놓은 것은 아니었다. 고대 유대 사회에서는 불가해한 불임을 대개 신의 저주로 여겼다.[7] 반면 중세 초기 일부 교회들은 오랜 불임 상태를 저주의 증거가 아닌, 반복된 기도 후에 얻을 수 있는 특정한 은총의 증거라면서 불임을 견뎌야 할 시련이라고 설명했다.[8] 그러나 출산이 축복인 것에 반해 불임은 신의 저주라는 비이성적인 인식도 존재했다. 게다가 악마와 마술이 불임과 성 기능 장애를 불러일으킨다는 믿음은 당시 널리 퍼져 있었다.[9] 15세기에 활동한 유명한 설교자 장 롤랭(Jean Raulin)은 불임의 7가지 이유를 들어 악마와 마녀가 번식을 방해한다고 말했다.[10] 15세기 문서인 '마녀의 망치(The Malleus Maleficarum)'에 나타난 바와 같이, 일부 신학자와 교회법 학자들은

---

6 Goldy Charlotte Newman, "A Thirteenth-Century Anglo-Jewish Woman Crossing Boundaries", p. 134.

7 Jean-Claude Bologne, *La Naissance Interdite*, pp. 213-215.

8 Oren-Maghidor Daphna et al., "From Anne to Hannah", pp. 97-102.

9 Jennifer Evans, "'Bewitched in Their Privities': Medical Responses to Infertility Witchcraft in Early Modern England", *Societas Magica 27*, 2012, pp. 1-2.

10 Jean-Claude Bologne, *La Naissance Interdite*, pp. 213-215.

악마가 여러 가지 방법으로 남녀가 아이를 갖는 것을 방해한다고 믿었고 종종 불임인 여자를 마녀라 비난했다.[11] 심지어 17세기에 이르러서도 영국의 사무엘 하이어론(Samuel Hieron)은 자신의 책에서 불임은 죄에 대한 처벌의 한 형태라고 주장했다.[12] 반면 대부분의 교육받은 의사들은 불임이 여러 가지 원인으로 발생하며 치료할 수 있는 질병이라고 믿었다. 심지어 몇몇 성직자들도 불임은 의학적인 치료를 요구하는 일종의 질병이라는 합리적인 믿음을 공유했으며 여성이 불임에 책임이 있다는 일반적 가정에 반박하면서 남성 불임의 가능성을 역설하기도 했다.[13]

앞서 언급한 것처럼 중세 유럽에서 불임에 대한 상충되는 의견들이 있었기 때문에 불임을 바라보는 평균적인 인식을 짚어내기는 매우 어렵다. 게다가 현존하는 기록이 거의 없어서 중세 유럽의 불임 여성들이 특히 어떤 사회적 비난과 불이익을 견뎌야 했는지 이해하기 쉽지 않다. 중세 유럽의 일반 여성들이 자신들의 기록을 갖는 경우는 매우 드물었으며, 특히 불임 여성들의 경우는 더더욱 그러했다. 이는 귀족 여성도 마찬가지였는데, 그들에게도 읽기와 쓰기는 일상적 행위가 아니었으며 종종 매우 바람직하지 않은 행위로 비난받았기 때문이다. 이러한 이유로, 중세 여성들에 대해 현재 진행되는 연구는 성직자들이 쓴 이론서나 규범 서적들에 주로 의존할 수밖에 없다.

다행히 한 불임 여성이 많은 기록을 남겼다. 그녀는 프라토(Prato)

---

11 Kramer Heinrich & Sprenger James, *The Malleus Maleficarum Montague Summers*, New York: Dover Publications, 1971, pp. 54-56.

12 Oren-Maghidor Daphna et al., "From Anne to Hannah", p. 91.

13 Rider Catherine, "Men and Infertility in Late Medieval English Medicine,", p. 1.

의 상인인 프란체스코 마르코 다티니(Francesco di Marco Datini)의 아내 마르게리타(Margherita)이다. 그녀는 14세기 후반 이탈리아에 살았다. 그녀의 삶은 중세 후기 유럽에서 불임 여성이 받아야 했던 고통, 차별, 사회적 비난이 어떤 모습이었는지를 보여준다.[14] 본격적으로 주제를 다루기 전에 마르게리타의 삶을 간략하게 살펴볼 필요가 있다. 피렌체 귀족 집안에서 태어난 그녀는 16세이던 1376년 아비뇽(Avignon)에서 41세의 프란체스코 다티니(Francesco Datini)와 결혼했다. 프란체스코는 피렌체 인근 프라토 출신으로, 젊은 나이에 사업으로 막대한 돈을 벌어들인 상인이었다. 귀족 여성인 마르게리타가 평민과 결혼한 이유는 피렌체의 정쟁으로 인해 그녀의 아버지가 처형당한 후 그녀의 가족이 고향에서 추방되어 유배 생활을 이어갔으며, 그로 인해 가난했기 때문이다.[15] 귀족 계급인 그녀는 남편에게 젊음과 명성을 제공하고, 중산계급 상인인 프란체스코는 아내에게 풍족한 생활을 제공했다. 어쩌면 이러한 이유로 그는 아내의 가족으로부터 지참금을 받지 않았을지도 모른다.

---

14 몇몇 학자들이 마르게리타의 불임 이야기를 다뤘지만, 그 세부적인 내용을 다룬 연구는 여전히 미비하다. Park Katharine, "Medicine and Magic: The Healing Arts", *Gender and society in Renaissance Italy*, Judith C. Brown & Robert C. Davis (Eds.), London & New York: 1998, pp. 129-149; Park Katharine, *Doctors and medicine in Early Renaissance Florence*, Princeton, MJ: Princeton University Press, 1985; Origo Iris, *The Merchant of Prato: Francesco di Marco Datini*, Boston, MA: Nonpareil Books, 1986; James Carolyn, "A Woman's Work in a Man's World: The Letters of Margherita Datini (1384-1410)", *Francesco di Marco Datini: The Man the Merchant*, Giampiero Nigro (Ed.), Firenze: Firenze University Press, 2010, pp. 53-72.

15 플로렌스의 정쟁에 연루된 그녀의 아버지는 반역죄로 유죄를 선고받았고 1360년에 사형에 처해졌다. Schuller Michelle, "L'Exil Domestique de Margherita Datini L'histoire Singulière d'un Couple", *Arzanà 16-17*, 2013, p. 303.

다티니 부부의 결혼생활이 항상 좋았던 것은 아니다. 마르게리타는 평생 그들을 끈질기게 괴롭힌 불임으로 고통받았다. 이는 갈등의 심각한 원인이었고 그들의 결혼생활을 악화시켰다.[16] 또한 그녀의 불임 때문이든 그의 사업 때문이든 그들은 26년 동안 별거했다. 이러한 상황 덕택에 우리는 중세의 소중한 역사적 자료를 얻을 수 있다. 1385년부터 1410년까지 마르게리타가 프란체스코에게 보낸 편지는 244통이며 프란체스코가 마르게리타에게 보낸 편지는 181통이 남아 있다. 총 425개가 보존돼 있는 것이다.[17] 그러나 마르게리타는 편지에서 자신의 불임에 대해 거의 언급하지 않았다. 그보다 그녀의 남편이 다른 사람들과 주고받은 편지에서 불임 이슈는 더 자주 언급되었다.

이 장에서는 다티니 부부의 문서를 통해 불임에 대한 당대 유럽인들의 일반적 인식을 규명하는 것을 목표로 한다. 중세 의학 문서 분석도 불임에 대한 유럽 사회의 인식과 태도를 밝히는 데 매우 중요하다.[18] 의사들의 불임 진단과 그에 대한 처방전을 살펴봄으로써 이 문

---

16 James Carolyn, "A Woman's Work in a Man's World", p. 56.

17 Crabb Ann, *The Merchant of Prato's Wife: Margherita Datini and Her World 1360–1423*, Ann Arbor, MI: University of Michigan Press, 2015, p. 2.

18 Enrique Montero Cartelle, *Tractatus de Sterilitate: Anónimo de Montpellier (s. XIV)*, Valladolid: Universidad de Valladolid, 1993; Pedro Conde Parrado, & Cartelle Enrique Montero, María Cruz Herrero Ingelmo, *Tractatus de Conceptu/Tractatus de Sterilitate Mulierum*, Valladolid: Universidad de Valladolid, 1999; Enrique Montero, & Ingelmo Cartelle, María Cruz Herrero, "Las Interrogationes in Cura Sterilitatis en el Marco de la Literature Médica Medieval", *Faventia 25*, 2003, pp. 25, 85–87; Monica H. Green, *The Trotula: An English Translation of the Medieval Compendium of Women's Medicine*, Philadelphia, PA: University of Pennsylvania Press, 2001; Anglicus Johannes, *Rosa Anglica Practica Medicine*, Venice: Bonetus Locatellus, 1516; Aveeroës Constantinus, *Liber de Coitu: El Tratado de Andrologia de Constantino el Africano*, Enrique

제를 좀 더 포괄적이고 균형 잡힌 방식으로 이해할 수 있을 것이다. 일반인들이 불임에 대해 가졌던 태도가, 불임이 종교적인 저주라는 매우 비합리한 설명에서부터 불임은 의사가 치료해야 하는 질병이라는 이성적인 의학적 사고까지 이어진 스펙트럼 위의 어디에 있는지를 분명히 이해할 수 있는 계기가 되기를 희망한다.

1. 불임에 대한 교회의 인식

중세 유럽 사회에서 기독교 신앙은 매우 광대한 영향력을 지녔다고 알려져 있다. 이는 불임 문제에 있어서도 마찬가지이다.[19] "생육하고 번성하여 땅에 충만하라"라는 창세기(9장 1절) 속 가르침 때문에 다산은 축복으로 이해되는 반면, 불임은 신이 내린 저주나 처벌로 여겨졌다.[20] 구약에서 단 한 번 신이 불임을 처벌의 의미로 사용했음에도 불구하고,[21] 중세 교회들은 불임이 죄에 대한 처벌이라고 가르쳤

Montero Cartelle (Ed.), Santiago de Compostela: Universidad de Santiago, 1983.

19 Morice Philippe et al., "History of Infertility", *Human Reproduction Update 1*, 1995, p. 498; Austriaco Pier Giorgio, *Biomedicine and Beatitude: An Introduction to Catholic Bioethics*, Washington, DC: The Catholic University of America Press, 2011.

20 여호야김(Jehoiakim)이 신의 분노를 일으켰기 때문에, 그가 아들을 낳을지라도 그들은 저주로 인해 왕이 될 수 없었다. Herrie F. Van Rooy, "Fertility as Blessing and Infertility as Curse in the Ancient Near East and the Old Testament", *Archaeology and Fertility Cult in the Ancient Mediterranean*, Anthony Bonano (Ed.), Amsterdam: B.R. Gruner, 1986, p. 225; Morice Philippe, et al., "History of Infertility", p. 498.

21 Lunenfeld Bruno & Elder Kay, "Historical Perspectives in the Management of Fertility and the Use of Gonadotropins", *Textbook of In Vitro Fertilization and Assisted Reproduction*, Peter R. Brinsden (Ed.), Oxon: Taylor & Francis, 2005, pp. 129–131.

다. 예를 들어 이탈리아의 신학자 토마스 아퀴나스(Thomas Aquinas)는 불임을 사악한 죄악(malum)으로 묘사했으며, 이것이 신의 형벌이라고 말했다. 그는 신성한 결혼생활을 위반한 결과가 불임이라고 믿었으며, 신성모독이나 간통과 같은 행위가 불임을 일으킨다고 믿었다.[22] 중세 후기의 이탈리아 예술 작품과 문학 작품에서도 같은 내용이 발견된다. 지옥과 최후의 심판은 인기 있는 주제였고, 여기서 불임은 죄와 관련된 것으로 묘사됐다. 이러한 시각 때문에 성모마리아의 자궁은 속죄의 수단으로 묘사됐으며 불임은 악마의 소행으로 묘사됐다.[23]

어떤 이들은 불임이 악마나 마녀의 소행이라며 비난했다. 신학자들은 불임을 악마가 꾸민 사악한 음모의 결과로 해석하기도 했다.[24] 9세기 랭스 대성당의 대주교였던 힝크마르(Hincmar)는 악마의 도움을 받은 마녀가, 결혼한 부부가 아이를 갖는 것을 방해한다고 말했다. 12세기에 그라티아누스(Gratian)와 피에르 롱바르(Pierre Lombard) 또한 이러한 견해를 내놓았다.[25] 피에르 드 팔뤼드(Pierre de Palude)는

---

22 Morice Philippe, et al., "History of Infertility", p. 501; Euardo J. Echenverria, *"In the beginning……": A Theology of the Body*, Eugene, OR: Pickwick Publications, 2011, p. 286.

23 John T. Noonan, Jr., *Contraception*, p. 289; Erica M. Longenbach, "A Fountain Bewitched: Gender, Sin, and Propaganda in the Massa Marittima Mural", PhD diss., University of North Carolina, 2008, pp. 15–16.

24 신학자들은 물약이나 주문으로 사람들이 아이를 갖지 못하게 만들 수 있다고 믿었다. Goldy Charlotte Newman, "A Thirteenth-Century Anglo-Jewish Woman Crossing Boundaries", p. 142; Park Katharine, "Medicine and Magic: The Healing Arts", pp. 132–133.

25 힝크마르는 "만약 남편의 발기불능으로 인해 결혼이 무효화될 경우, 그의 발기불능이 자연적 원인으로 인한 것이라면 그는 다시 결혼할 수 없다. 그러나 그의 상태가 마녀의 마술로 인한 결과이고 그의 결혼이 통상 행해지는 치료가 실패한 이후에 무효라 선언

1342년에 사망한 프랑스 신학자로, 그는 임신을 방해하는 악마의 5가지 술책을 다음과 같이 설명하면서 불임과 악마주의를 연결하려는 시도에 기여했다.[26] 첫 번째, 악마는 신체 접촉을 막는 능력이 있어, 남자와 여자가 신체적으로 서로 가까워질 수 없게 만들 수 있다. 두 번째, 악마는 성적 욕구를 자극할 수도, 식어버리게 만들 수도 있다. 세 번째, 악마는 남자의 상상력을 혼란시켜 남자가 여자를 싫어하게 만들 수 있다. 네 번째, 악마는 남자가 발기할 수 없게 만들 수 있다. 다섯 번째, 악마는 정액의 흐름을 막을 수 있다. 또한 많은 신학자들은 사악한 주문을 사용해 사람들이 아이를 갖는 것을 막을 수 있다고 믿었고, 그러한 주문을 거는 것을 죄라고 비난했다.[27] 불임을 악마의 소행으로 보는 관점은 교황 인노켄티우스 8세(Innocentius Ⅷ)의 1484년 칙서를 통해 공식적으로 인정됐다. 그 칙서에서 교황은 "그들(악마적인 남성과 여성)은 남성이 자식을 보는 것과 여성이 임신하는 것을 방해해 결혼의 결실을 이루지 못하게 한다"라고 선언했다.

그러나 중세 교회가 모두 불임에 대해 같은 목소리를 낸 것은 아니었다. 의학적 지식에 친숙한 일부 성직자들은 불임을 극도로 종교적인 용어가 아닌, 과학적이고 의학적인 용어로 설명했다. 예를 들어

되었다면, 그가 다시 결혼하는 것이 허용된다"고 말했다. 피에르 롱바르도 "De his qui maleficiis impediti coire non possum"이라고 말했다. Marti-Ibañez Felix, & Henry E. Sigerist, *Sigerist on the History of Medicine*, New York: MD Publications, 1960, p. 146; John Gratian, *Corpus Juris Canonici*, Emil Friedberg (Ed.), Austria: Akademische Druck-u. Verlagsanstalt, 1959: decretum 2.33.1.4; John T. Noonan, Jr., *Contraception*, pp. 289-230.

26 Kramer Heinrich & Sprenger James, *The Malleus Maleficarum Montague Summers*, pp. 54-56; John W. Baldwin, *The Language of Sex: Five Voices from Northern France Around 1200*, Chicago & London: The University of Chicago Press, 1994, p. 212.

27 John T. Noonan, Jr., *Contraception*, pp. 165, 289.

13세기 후반의 의사로도 잘 알려진 독일 도미니크회 수사 알베르투스 마그누스(Albertus Magnus)는 불임의 원인과 특징에 대해 다음과 같이 설명했다. "성교를 하게 하는 많은 원인들이 있듯이, 생산을 장려하거나 방해하는 환경도 다양하다. 성교를 하게 만드는 원인 중 그 무엇이든 동시에 생산을 촉진하거나 방해하는 환경에 일조할 수 있다." 그는 생산을 방해하는 요소가 여성보다는 남성에게서 기인할 수도 있다고 주장했다.[28] 유사하게 14세기 후반의 성직자인 영국의 존 머필드(John of Mirfield)는 "결혼한 부부간 불임이 발생할 경우, 많은 이들은 남자들이 알맞은 씨를 갖고 있지 않다고 비난했다"라고 말하며 자신의 독자들에게 여성 불임뿐 아니라 남성 불임에 대해서도 경고했다.[29]

2. 불임에 대한 이탈리아 도시민의 인식

중세시대 교회의 불임에 대한 설명과 인식이, 신의 저주나 악마의 사악한 행위에서부터 여성과 남성의 신체적 결함의 결과까지 다양했기 때문에 불임에 대한 일반적인 사회적 인식과 태도가 어떠했는지를 파악하기는 어렵다. 지금부터는 마르게리타와 그녀의 남편을 포함한 일반인들이 당시 불임의 문제를 어떻게 이해하고 극복했는지를 알아보려 한다.

프란체스코의 고향에 있는 그의 친척들과 사업 동료들은 부부가 결혼한 지 여러 해가 지났음에도 아기가 생기지 않자 마르게리타의

28 Joan Cadden, *Meanings of Sex Difference in the Middle Ages*, pp. 239–240.

29 Rider Catherine, "Men and Infertility in Late Medieval English Medicine", p. 1.

불임에 대해 걱정하기 시작했다. 다티니 부부가 아비뇽에 있었을 때 마르게리타의 불임에 대해 프란체스코에게 자주 이야기한 사람은 몬테 안졸리니(Monte Angiolini)와 니콜로 테키니(Niccolo Tecchini)이다. 몬테와 프란체스코는 사업상의 동료 관계를 넘어선 두터운 친분을 유지했다. 몬테의 편지에는 프란체스코가 대부로, 마르게리타가 대모로 언급돼 있다. 그러므로 그는 프란체스코와 그의 가족 문제를 이야기할 만큼 충분히 가까운 관계였던 것으로 보인다. 그들의 편지에는, 서로의 아이들의 대부가 되어주기로 한 맹세, 아이가 생기지 않는 것에 대한 프란체스코의 실망감, 마르게리타의 불임 치료 등에 대한 이야기가 언급되었다.[30]

몬테는 다티니 부부의 불임 문제에 적극적인 관심을 보였다. 만약 그가 불임을 악마의 소행으로 여겼다면 이러한 반응을 보이지는 않았을 것이다. 1380년 4월 20일 편지에서, 그는 자신의 아내가 임신했다는 소식을 다티니 부부에게 전하면서 마르게리타에게 유감을 표현했다.[31] 1382년 2월 24일 편지에서 그는 다티니 부부에게 자신이 이미 불임 문제에 대해 여러 번 이야기했음을 상기시키면서 조언하고 또 확신을 주었다.[32] 만약 그가 불임을 종교적으로 비난받아야 하

---

30 James Carolyn, "A Woman's Work in a Man's World", p. 56.

31 "Che mon Margherita non sia grossa mi pesa / sono certo e lla sa ora che la sua e vostra comare e grossa / credo si di presso a sei mesi / scrivete a vi volete io dira il battezi per noi / essai penai mapure mi rabattemi al fatto." 프란체스코는 1월 21일에 몬테에게 편지를 썼고, 몬테도 편지를 보내 답했다. Archivio di Stato di Prato, fondo di Datini (ASP), busta 1090, codice 1402925; Crabb Ann, "Ne pas Être Mère: L'autodéfense d'une Florentine vers 1400", *Clio. Histoire, Femmes et Sociétés 21,* 2005, p. 151.

32 "Monna ghostanza vi scrisse per Niccolo di Bonarcorso e mandovi per lui una scritta di mano di Pauolo Dandrea come el gli e contento che ghaggi siano nel compito de denare dovere ritendre per monna ghostanza / pero che la compra dice che non sentende

는 형벌로 생각했다면, 그리고 마르게리타가 마녀라고 믿었다면 몬테는 이런 식으로 관심을 보이지 않았을 것이다. 몬테에게 이 문제는 격식을 차리지 않는 대화의 주제였으며 이 문제와 관련된 두려움은 없었다.

게다가 1379년 10월 4일 편지를 보면 좀 더 흥미로운 내용이 나온다. 그는 프란체스코에게 "좋은 대부와 대모가 되기 위해 우리는 할 수 있는 모든 것을 했고 앞으로도 그럴 거라고 마르게리타에게 이야기해주시게[A monna Margherita direte che Io o fatto e fo mio potere efforzami che possiamo esse compari con effetto]"라고 썼다.[33] 그들이 대부와 대모가 되기 위해 최선을 다하고 있다고 말함으로써 그는 프란체스코에게 좀 더 노력하라고 재촉하고 있는 것이다. 그는 프란체스코가 아이를 갖기 위해 자신이 했던 만큼 충분한 노력을 하지 않고 있다고 지적했다. 그는 부부의 불임에 대해 남편을 탓했다. 1381년 6

---

compare case terre ma sscrizie o cose siano in Vignone o ndel distretto ne fiol cccc che ac Francesco di Marco non so se sono specificati e ghaggi e dela norio I libro non gli date pero che nac la copia fece ser Lorenzo Buti / ser Bartelo Apeno. A la parte dele fanciulle e lla va scritto piu volte e cosi disse a Niccolo. vi dicesse il tutto di loro rimettea in voi e cosi dice vuole faciare / di quanto vedro sia a bisogno avisarvi dicio di tenpo in tenpo sil faro / e di quanto sapero on manchera davisarvi." ASP, Datini, busta 1090, codice 1402938.

33 "A monna Margherita direte che Io o fatto e fo mio potere efforzami che possiamo esse compari con effetto / voi e io ma forse il molino e guasto per non avere lacqua al modo usato / ma forse quando sara ricostumato far frutto di buona farina / e come fosse per fustare / I lui diro ma non di meno fatene voi vostro potere e potea essere prima il vostro molino chel mio fara buona farina si che faccendo voi e noi nostro potedere tosto ci aura chagione da essere compari con effetto. I Dio provedera il miglore come sta sempre." ASP, Datini, busta 1090, codice 1402924, Monte Angiolini to Francesco, 1394. 10.; Crabb Ann, *The Merchant of Prato's Wife*, p. 15.

월 21일 편지를 보면, 그는 자신이 그의 아내가 임신하도록 가능한 모든 것을 했다고 말하며 다시 프란체스코의 상대적인 게으름을 들어 그를 비난했다.[34] 그러나 1380년 10월 21일 편지에서 몬테는 아이를 갖기 위해 매우 노력하는 프란체스코와 달리, 마르게리타가 아이를 갖기 위한 어떠한 노력도 하지 않는다며 그녀의 게으름을 들어 그녀를 비난했다.[35] 그럼에도 몬테가 프란체스코를 비난했다는 사실은 전통사회에서 불임을 여성만의 책임으로 여겼다는 우리의 생각이 어쩌면 잘못되었을지도 모른다는 것을 보여준다.

마르게리타의 시동생 니콜로 테키니(Niccolò Tecchini) 역시 프란체스코에게 자식을 가질 수 있는 여러 방법을 알려줬다. 1381년 7월 2일 편지에서 니콜로는 마르게리타가 원한다면 자신의 아이 중 한 명을 보내주겠다고 제안하기도 했다. 그리고 1381년 8월 19일 편지를 보면, 그는 자신의 아내 프란체스카(Francesca)가 마르게리타에게 아들 중 한두 명을 보내고 싶어 한다고 언급했다.[36] 1382년 2월 28일 편지를 보면, 마르게리타가 오래 기다려 마지않은 아이를 가질 수 있기를 희망한다고 말했다.[37] 1382년 3월 24일 편지를 보면, 니콜로는 아

---

34 "La nostra comare o salutata per vostra parte / io cercho coprato ella faccia qualche fanciullo del quale di nuovo siamp pu di fermo compari e per ancora non ci e I." ASP, Datini, busta 1090, codice 1402934, Monte Angiolini to Francesco, 1381. 6. 21.

35 "La vostra comare dicie voi prochacciate di fare de fanciulli che ella non nono velle piu fare / e che sella per lasse a la comare consignerella come si fanno ma non cie il modo / salvo uno ce voi costi prochacciate e noi qui prochacciaremo e chi prima lara si faccia come conponemo." ASP, Datini, busta 1090, codice 1402927; James Carolyn, "A Woman's Work in a Man's World", p. 56.

36 "Sella Margherita vole dalla Franciescha un de suoi fanciulli per abiare e gli altri acomume / ella ne contenda." ASP, Datini, busta 1103, codice 133344-133345. Letter from Niccolò dell'Ammannato to Francesco Datini.

내가 임신하지 않았다는 이야기를 너무 자주 들어 낙담한 프란체스코를 위로했다.[38]

다티니 부부와 그의 사촌들 간의 편지에서 알 수 있듯, 마르게리타의 불임은 매우 큰 흥밋거리였던 듯하다. 마르게리타의 불임과 심한 생리통은 그녀의 가족과 가까운 친척뿐 아니라 사업 동료들과도 이야기할 수 있는 일반적인 대화 주제였으며, 그들은 심지어 여러 치료법을 제안하기도 했다. 아무도 그녀를 마녀라 매도하지도, 그 부부를 저주하지도, 그들이 신에게 벌 받은 것이라고 말하지도 않았다. 만약 정말 불임이 죄의 결과라고 믿었거나 그것이 금기된 주제였다면 이런 대화가 오가지는 않았을 것이다.[39]

이러한 편지들에서 확인할 수 있는 또 다른 사실은 당시 사람들이 아이를 임신하는 데 환경적인 요소나 심리적인 요소가 꽤 중요한 역할을 한다고 믿었다는 것이다. 그들의 고향인 프라토에 있는 친척들은, 다티니 부부에게 있어서 멀리 있는 타지인 아비뇽보다 프라토가 아이를 갖기에 더 적합한 환경이 되리라 믿었다. 1380년, 프란체스코의 의붓어머니인 피에라(Piera)는 그들이 결혼한 지 여러 해가 지나도록 아이를 갖지 못했다는 이유로 프라토의 고향으로 돌아오길 부탁

---

37 "ma Io vorrei che lla ingrossasse e faciesse fanciulli che atendere—laria di qua e piu mutia chativa. A di XXI di questo mese fecie la Franciescha uno fanciullo." ASP, Datini, busta 1103, codice 133347. Letter from Niccolò dell'Ammannato to Francesco Datini.

38 "Nella Margheria non avete voglia davere figliuoli." ASP, Datini, busta 1103, codice 133348. Letter from Niccolò dell'Ammannato to Francesco Datini.

39 후기 중세 유럽 사회에서는 평민은 물론 귀족들도 불임을 치료하기 위해 노력했다. 영국의 왕 윌리엄 2세(William Ⅱ, 1153~1189)는 왕비 조애나(Joanna, 1165~1199)의 불임을 치료하기 위해 살레르노대학의 의사에게 도움을 요청하기도 했다. Monica H. Green, *Making Women's Medicine Masculine*, pp. 85~86.

하는 편지를 보냈다. “신의 은총으로 여기에서 네가 아이를 가질 수 있을 거란다. 신은 아비뇽에서 네가 막대한 부를 가질 수 있게 허락하셨다. 여기서, 신은 네게 네 가족을 주실 거다.” 6개월 후 그들에게 보낸 편지에 그녀는 “만약 이곳으로 돌아온다면, 이곳의 분위기가 고민거리들을 날려버릴 거란다. ‘기쁨은 임신을 돕지만, 고민거리들은 그 반대의 효과를 낳기’ 때문이란다”라고 썼다. 마르게리타의 여동생과 그녀의 남편도 프란체스코와 마르게리타에게 비슷한 조언을 했다. 그들은 이들 부부에게 프라토의 땅이 남성적이며 임신을 촉진해준다고 말했다. 그들은 제노바(Genova)에서는 아이를 갖지 못했던 부부가 토스카나(Toscana)로 이사하자마자 아이를 가졌다고도 덧붙였다.[40]

몬테도 다티니 부부에게 좋은 환경과 안정된 분위기가 아이를 갖는 데 도움을 줄 수 있다고 충고했다. 1380년 4월 20일 편지를 보면, 그는 프라토의 환경이 아비뇽보다 아이를 갖는 데 더 적합한 환경이라고 충고했으며 그의 아내가 임신했다는 소식도 전달해주었다.[41] 1380년 11월 3일 편지에서 그는 프라토의 환경이 아이를 갖는 데 도움이 되며, 아비뇽의 환경은 좋지 않다고 다시 강조했다.[42] 1382년 3월 24일, 그는 아이의 대모인 마르게리타에게 환경의 중요성에 대해 충

40 Origo Iris, *The Merchant of Prato*, pp. 165-167.

41 1월 21일에 프란체스코가 몬테에게 편지를 썼고 몬테가 그 편지에 답장한 것이다. ASP, Datini, busta 1090, codice 1402925; Crabb Ann, *The Merchant of Prato's Wife*, p. 151.

42 “Forte impesa siate a Prato per lo modo mi scrivete pero ve troppo grande schocio e dicio non inposso avitare pero che come per laltra vi dissi noi siamo in tanto schandalo che non saremo dacordo a fare procura.” ASP, Datini, Monte Angiolini to Francesco, 1380. 11. 3., busta 1090, codice 1402928.

고했다.[43] 1382년 4월 29일 편지에서는, 만약 마르게리타가 고향으로 돌아온다면 자신의 아내가 아이를 갖는 비법을 알려줄 것이라고 썼으며, 또 프라토에는 아이를 갖지 못한 여자가 없다고 말했다[non ci e donna che non sia o grossa e imparto].[44]

그러나 당시 모든 이들이 어떠한 종교적 편견도 없이 이성적이고 분별 있는 시각으로 불임을 바라보지는 않았다. 중세 유럽의 기독교도들은 여전히 불임을 종교적인 관점에서 이해했다. 그들은 다티니 부부를 포함한 많은 사람들이 아이를 갖는 것은 전적으로 신의 뜻에 달려 있다고 믿었다. 특히 프란체스코는 남성의 옳지 못한 행동에 대해 신이 벌을 내릴 것이라고 굳게 믿었다. 이것이 그가 아비뇽에 있을 때 많은 소녀를 돌본 이유이다. 그는 자신이 그렇게 하지 않았을 때 신이 내릴 형벌을 두려워했다. 게다가 그는 아이를 임신하는 능력이 완벽하게 신의 뜻에 달려 있다고 믿었으며, 자신이 다른 아이들을 돕지 않는다면 신의 처벌로 자신의 아이를 갖지 못할 것이라 믿고 두려워했다.[45] 실제로 다티니 부부를 포함한 당시 대부분의 유럽 기독교도들은 신이 모든 인간사를 관장한다고 믿었다.

여기서 끝이 아니다. 당시 사람들은 또한 불임을 미신적이며 마법적인 방식으로 이해했다. 사람들은 악마를 쫓는 주문이나, 약을 복용할 때 신에게 하는 기도 등의 치료 방법을 구전했다.[46] 마르게리타의

43 "A la comare o detto qaunto dite di mostrare a la comare come si fanno I fanciulli, dice pensa proclia(?) dal Ghallo o dala Galina/ ma pure laria di qua ci fa figlare dovere di 50 anni e tutte ne fanno fame come gli racomamdatela a loi." ASP, Datini, busta 1090, codice 1402939.

44 ASP, Datini, busta, codice 315535, Monte Angiolini to Francesco, 1382. 4. 29.; Crabb Ann, *The Merchant of Prato's Wife*, p. 16.

45 Crabb Ann, *The Merchant of Prato's Wife*, p. 14.

언니인 프란체스카(Francesca)도 비슷한 치료 방법을 제안했다. 이러한 관점에서는 전문적인 의사도 예외는 아니었다. 그들은 약물치료와 주술적인 사고방식을 모두 이용했다.[47]

점성학은 그 고유의 방식으로 불임을 해석했다. 12~13세기 이슬람 점성술의 영향을 받은 유럽의 점성술사들은 천체의 움직임이 임신에 영향을 미친다고 설명했다. 13세기 유럽에 번역 소개된 알부터(Albuther)의 책에 따르면 쌍둥이자리, 사자자리, 처녀자리가 임신과 관련이 있으며, 금성과 달이 임신에 영향을 주는 자리에 있을 때 태어난 사람과, 화성과 토성이 나쁜 자리에 있을 때 태어난 사람은 아이를 가질 수 없었다. 일부 점성술사들은 금성의 위치가 남성의 정자에 영향을 미치며, 금성이 사자자리나 전갈자리에 위치하면 그들은 아들을 가질 수 없다고 말했다. 15세기 말 이탈리아의 인문학자인 조반니 폰타노(Giovanni Pontano)는 자신의 저서 『천상에 관하여(*De rebus coelestibus*)』에서 금성이 남성 불임을 일으키며 다른 별들이 여성 불임을 일으킨다고 주장했다.[48]

그러므로 당시 사람들은 불임을 다양한 시각에서 이해했음을 알 수 있다. 불임에 대한 사회적 인식은 불임이 악마의 짓이라고 보는 것과 같은 완고한 중세 기독교적 사고에서부터, 환경이 임신에 중요

46 Origo Iris, *The Merchant of Prato*, p. 334.

47 Shatzmiller Joseph, & Rodrigue Lavoie, "Médecine et Gynécologie au Moyen Age: Un Exemple Provençal", *Razo: Cahiers du Centre d'Etudes Médiévale de Nice 4*, 1984, p. 135.

48 폰타노는 극도의 비만과 같은 신체적 특징도 불임을 일으킨다고 말했다. Helen Rodnite Lemay, "Human Sexuality in Twelfth: Through Fifteenth Century Scientific Writings", *Sexual Practice and the Medieval Church*, Bullough L. Vern & Brundage J. James (Eds.)., New York: Prometheus Book, 1982, p. 199.

한 역할을 담당한다는 다소 분별력 있고 과학적인 사고방식까지 다양했다. 그럼에도 불구하고 다티니 문서들은 중세 이탈리아의 도시사회에서 불임에 대한 윤리적·종교적·사회적 비난이 강하지 않았다는 것을 보여준다. 당시에는 많은 사람들이 불임을 의학적으로 치료받아야 할 질병으로 생각했다. 이는 다티니 부부의 주변 사람들이 20년에 걸쳐 아이를 가질 수 있는 다양한 방법들을 부부에게 제시한 이유이기도 하다.[49]

비록 다티니 부부의 친척들과 지인들이 마르게리타의 불임을 죄로 여기고 비난하지는 않았지만, 마르게리타는 분명 불임으로 고통받았을 것이다. 유럽 사회에서 도덕과 윤리에 관한 책들은 아이를 낳고 기르는 것이 모든 여성의 핵심적인 책무라고 언급했다. 특히 중상위 계급의 여성들은 가족의 유산을 물려받을 아들을 가져야 한다는 엄청난 사회적 압박하에 있었다.[50] 그러므로 마르게리타도 마찬가지로 남편의 부를 상속받을 아들을 가져야 한다는 감정적인 압박에 시달렸을 것이다. 불임 자체가 프란체스코와 마르게리타 사이의 분명한 갈등의 씨앗이었다.[51] 불임이 그녀에게 심적 부담이 되었다는 증거로는 그녀가 편지에서 자신의 불임에 대한 언급을 꺼린 것도 포함된다. 실제로 다티니 부부는 가사, 사업, 정치, 부부관계 등 거의 모든 주제에 대해 편지를 주고받았음에도 불임에 대해서는 거의 언급하지 않았다. 마르게리타는 아이 문제를 딱 두 번 언급했다. 1395년 1

49 33세의 나이에도 그녀는 여전히 주변 사람들로부터 불임을 치료할 수 있는 방법을 찾고 있었다. Park Katharine, *Doctors and medicine in Early Renaissance Florence*, p. 59.

50 Joseph P. Byrne, & Eleanor A. Congdon, "Mothering in the Casa Datini", *Journal of Medieval History 25*, 1999, p. 40; Oren-Maghidor Daphna et al., "From Anne to Hannah", p. 86.

51 Oren-Maghidor Daphna et al., "From Anne to Hannah", p. 86.

월 23일 편지에서 그녀는 남편에게 아이를 갖지 못했다는 사실에 실망하지 말라고 말했다. 그녀는 언니와 형부가 아이를 잃고 슬퍼하던 모습을 보며 남편에게 불임을 자신들의 운명으로 받아들이고 불평하지 말자고 요구했다.[52] 1402년 5월 18일자 편지에서 그녀는 "신이 아이를 가질 가능성을 가져갔다"라고 말하며 남편 프란체스코를 위로했다.[53]

3. 불임을 치료하는 다양한 방법들

불임에 대한 사회적 인식은 불임을 치료하는 방식을 통해서도 확인할 수 있다. 불임에 대해 다양한 관점이 존재하는 것처럼, 이를 치료하는 방법도 다양했다. 어떤 치료법은 종교적인 광기로 가득했으며, 어떤 치료법은 전통적인 민간요법을 포함하기도 했고, 또 어떤 것은 당시의 의학 지식을 활용하기도 했다.[54] 마르게리타와 그녀의 주변

---

52 Margherita Datini, *Letters to Francesco Datini*, Carolyn James & Antonio Pagliaro (Trans.), Toronto: Centre for Reformation and Renaissance Studies, 2012, pp. 160-161; Crabb Ann, *The Merchant of Prato's Wife*, p. 47.

53 Margherita Datini, *Letters to Francesco Datini*, pp. 365-366.

54 중세 서유럽의 의학은 고대 그리스·로마의 의학 지식을 계승·발전시킨 이슬람 의학을 상당 부분 차용했다. 중세 서유럽의 부인과학도 예외는 아니었다. 실제로 중세 후기 유럽의 불임에 대한 의학적 지식은 고대 그리스와 이슬람 세계의 의학에 깊이 영향을 받았다. 기원전 5세기 그리스 의사 히포크라테스(Hippocrates)는 불임에 대해 많은 원인을 분석하고 처방전을 제시했다. 2세기 말 에페수스(Ephesus) 출신 의사인 소라누스(Soranus)는 피임이나 임신중절과 같이 여성의 재생산에 관련된 대부분의 분야를 다루려고 노력했지만, 불임에 대한 자세한 정보를 제공하지는 않았다. 갈레노스(Galen)는 불임의 해결 방법으로 자궁 수축 촉진을 제시했다. 디오스코리데스(Dioscorides)는 불임이 약물을 이루는 물질로 인해 발생한다고 생각했으며 향나무, 산화아연, 월경혈 등

인들은 전문적인 의사나 그들 주변에서 얻은 지식, 마법적인 치료법, 종교적인 치료법 등 다양한 치료법에 의존했던 것으로 보인다.[55]

14세기 말 이탈리아의 다티니 부부와 같이 도시에 사는 부유한 사람들과 귀족 계급은 의과학을 전공하고 대학을 졸업한 전문적인 의사에게 도움을 요청했다. 당시에는 산파보다 남성 의사들이 여성의 불임을 주로 치료했다.[56] 다티니 부부를 담당한 의사는 당시 유럽의 기준으로서는 최고의 의사였다. 그들은 주로 볼로냐(Bologna), 파도바(Padova) 그리고 살레르노(Salerno)의 대학에서 의학 학위를 받은 자들이었다. 그들은 고대의 의학 지식과 진보된 이슬람 의학 지식, 그리고 최신 유럽의 의학 지식을 갖추었다.[57]

상당히 많은 의사가 14세기 피렌체에서 활동하고 있었다. 당시 피렌체의 의사-약제사 길드(Arte dei Medici e Speziali)는 1천 명 이상의

의 성분이 불임을 일으킨다고 말했다. 이븐 시나(Ibn-Sina, 980~1037)는 불임이 여성뿐 아니라 남성 때문에도 일어날 수 있다고 지적했다. 그는 불임은 남성의 정자나 여성의 난자에 무언가 문제가 생겼을 때 발생할 수 있고, 더불어 심리적인 요인도 불임을 일으킬 수 있다고 보았다. 12세기 이븐 루시드(Averroës)는 의학 백과사전인 『일반 의학론(*Colliget*)』에서 불임을 자세히 다뤘으며 여성의 몸이 너무 차갑거나 뜨거울 경우 아이를 갖기 힘들다고 진단했다. Averroës, *Colliget*, 1574, f.62r-62v; Morice Philippe, et al., "History of Infertility", pp. 499-501; Park Katharine, "Power in the Uterus", pp. 129-149; Monica H. Green, *Making Women's Medicine Masculine*, pp. 8, 23; Avicenna, *The Canon of Medicine, vol. 3, Special Pathologies, 1233-1240,* PeymanAdeli Sardo (Trans.), Chicago, IL: Great Books on the Islamic World, 2014; John M. Riddle, *Goddesses, Elixirs, and Witches: Plants and Sexuality Throughout Human History*, New York: Palgrave Macmillan, 2010, pp. 69-70.

55 Park Katharine, "Medicine and Magic", pp. 129-130.

56 Monica H. Green, *Making Women's Medicine Masculine*, pp. 8, 23.

57 12세기 후반 이탈리아에는 유사한 단계의 의과학 교과과정이 마련돼 있었다. 볼로냐대학의 의학교 교육과정은 4년이었으며, 플로렌스와 페루자(Perugia)를 포함한 다른 도시의 의학교 교육과정은 7년이었다.

회원을 보유하고 있었다. 이 길드에는 일반의뿐 아니라 외과의사, 치과의사, 흉터 전문가, 안과의사, 골격 전문가, 결석이나 요로결석 전문가 등도 포함되어 있었다. 게다가 가난한 사람을 돌보기 위해 시정부가 고용한 의사와, 사지를 절단하거나 안구를 적출하는 형벌을 받은 범죄자나 수감자를 치료하는 의사도 있었다. 또한 적지만 여성 의사도 있었다.[58] 당시 피렌체에는 성공을 바라며 의학교를 졸업하고 학위를 취득한 전문의들이 넘쳐났다. 그들 중 일부는 피렌체 근방 시골 출신으로, 학위를 얻은 후 직업을 갖기 위해 당시 유럽의 주요 도시였던 피렌체로 왔다. 이에 다티니 부부는 많은 의사에게 치료를 받을 수 있었다.[59]

유럽 의학이 불임 치료에 본격적으로 흥미를 갖기 시작한 것은 12세기 살레르노대학에서부터였다. 12세기 중세 유럽 의학의 선두주자였던 살레르노대학에서, 대다수 의사와 그들의 저서는 불임을 중요한 질병으로 다뤘다.[60] 이 주제와 관련해 대표적인 의학서인 『트로툴라(*Trotula*)』는 원래 라틴어로 쓰여졌으나 12세기 이후 여러 언어로 번역되었다. 이 책에서 저자는 불임은 다양한 방법으로 치료될 수 있다고 말하며, 불임을 야기할 수 있는 신체적, 외관상의 요소들을 언급했다. 치료 방법을 제시하기에 앞서 이 의서는 임신에 도움이 되지 않는 특정한 신체적 특징을 언급했다. 그 내용에 따르면 너무 마

---

58 Origo Iris, *The Merchant of Prato*, p. 333.

59 Park Katharine, *Doctors and medicine in Early Renaissance Florence*, pp. 148-149.

60 Johannes Afflacius, Liber aureus(c.1100?), Copho, Practica(c.1120?), Johannes Platearius, Practica brevis(c.1150?), Archimattheus, Practica(between c.1150 and 1180), Bartholomeus, Practica (before 1177), Petrus Musandinus, Practica(c.1180?), Salernus, Catholica(c.1180?), Johannes de Sancto Paulo, Breviarium(before 1181). Monica H. Green, *Making Women's Medicine Masculine*, pp. 40, 86.

르거나 살찐 여성, 혹은 너무 뜨겁거나 습한 자궁을 갖고 있는 여성은 난임일 가능성이 높다. 더욱이 자궁이 너무 매끄러우면 정액을 받아들이기 어렵다고도 언급했다. 남성 불임의 경우 고환이 너무 차갑거나 건조할 경우 여성을 임신시키기 어렵다. 게다가 남성에게 열정이 부족하거나 성적 욕구가 사라졌을 때, 그리고 남성이 정액을 생산할 욕구가 부족할 때 발기가 되지 않는다.[61] 의사뿐 아니라 신학자, 그리고 라틴어를 읽을 줄 아는 교육받은 계층이 이 의학 서적을 읽었고, 이들로부터 불임 치료에 대한 정보와 지식은 널리 퍼졌다. 이는 신학자조차 불임을 치료받아야 할 질병으로 보기 시작했음을 의미한다. 훗날 교황 요한 21세가 된 페트루스 히스파누스(Petrus Hispanus)가 쓴 『빈자들을 위한 보고(*Thesaurus Pauperum*)』는 손쉽게 임신할 수 있는 56가지 방법을 소개했다.[62]

특정 체질이나 신체적 결함이 불임을 유발한다는 시각은 당대 의사들 사이에서 널리 퍼져 있었다. 13세기 후반 볼로냐대학에서 의학교수로 활동한 굴리엘모 다 살리체토(Guglielmo da Saliceto)는 자신의 책 『건강 유지와 치료 총론(*Summa conservationis et curationis*)』에서 체질 혹은 신체적 특징으로 구성된, 임신을 어렵게 하는 12가지 요소를 열거했다. 그는 임신의 어려움은 여성뿐 아니라 남성의 문제에도 기인할 수 있다고 지적했다. 그에 따르면 여성이 너무 살찌거나 말랐을 때, 여성의 안색이나 혈색이 너무 뜨겁거나 차가울 때, 여성의 자

61 Monica H. Green, *The Trotula*, pp. 76-77; Joan Cadden, *Meanings of Sex Difference in the Middle Ages*, p. 241.

62 Nutton Vivian, "Medicine in Medieval Western Europe, 100-1500", *The Western Medical Tradition 800 BC to AD 1800*, Lawrence I. Conrad, Michael Neve, Vivian Nutton, Roy Porter, Andrew Wear (Eds.), Cambridge, MA: Cambridge University Press, 1995, p. 169.

궁이 너무 매끄러울 때 혹은 자궁에 출혈이나 염증이 있을 때 아이를 갖기 어렵다. 남성의 경우 성기가 너무 크거나 작거나, 혹은 다소 결함이 있을 때 여성을 임신시키기 어렵다. 그는 과도하게 뜨겁거나 차가운 체질이 여성의 자궁이 아이를 갖기에 안정적이지 못한 체온을 만들어낸다고 지적했으며, 체온을 정상으로 만들 수 있다면 임신이 가능할 것이라고 충고했다. 그러므로 아이를 갖기 위해서는 본인과 반대되는 체질을 가진 사람을 배우자로 선택하는 것이 좋으며, 부부가 이를 알지 못하고 결혼했을 경우 남성보다는 여성의 체질을 바꾸는 게 더 쉽다고 보았다.[63]

14세기 초에 출판된 것으로 추정되는 불임에 관한 의학 서적인 『불임 치료에 관한 질문(*Interrogationes in cura sterilitatis*)』도 불임을 의학적 질병으로 여겼다. 이 책은 불임의 치료와 관련된 41가지 문제를 언급했다. 그것은 여성의 체액과 혈색, 신체적 특징, 나이, 부부관계, 이전에 임신이나 유산을 경험한 적이 있는지, 생리통이 있는지, 월경혈의 색깔, 성관계와 그 빈도, 정액의 색 및 그 상태 등과 관련된 질문을 던졌다. 이렇게 다양한 질문을 던진 이유는 각자 가진 혈색이나 체질에 따라 불임 치료법도 달라지기 때문이었다.[64] 앞서 언급한 『트로툴라』, 『건강 유지와 치료 총론』, 『불임에 관한 연구』와 같은 의학 서적들을 통해 당시 불임의 주요 원인이 체액의 불균형과 체질상의 문제로 생각됐음을 짐작할 수 있다. 이러한 관점에서 불임에 대

---

63 Guglielmo da Saliceto, *Summa Conservationis et Curationis*, Venezia, 1493: fol.i4r; Helen Rodnite Lemay, "William of Saliceto on Human Sexuality", *Viator 12,* 1981, pp. 173-174.

64 Pedro Conde Parrado, & Enrique Montero Cartelle, María Cruz Herrero Ingelmo, *Tractatus de Conceptu/Tractatus de Sterilitate Mulierum*, pp. 93-94.

한 진단과 판단은 체액 이론과 체질 이론에 바탕을 두었다. 13세기 런던에서 일어난, 불임으로 인한 이혼 소송에서 법정은 부부의 체액 상태를 가장 먼저 점검했다.[65] 당연히 불임에 대한 처방 역시 체액 이론과 체질 이론에 바탕을 둔 것이다. 이러한 이론에 따라서 여성의 자궁이 너무 습하면 자궁을 건조하게 하는 약이 처방됐고, 반대로 자궁이 너무 뜨거우면 자궁을 식혀주는 약이 처방됐다.[66]

14세기 초 불임 연구 분야에서 국제적인 명성을 얻은 몽펠리에(Montpellier)의과대학은 불임을 질병으로 여겼다.[67] 이 대학은 14세기에 불임을 다루는 책을 7권 이상 출판했다. 몽펠리에의과대학의 국제적 명성에 큰 기여를 한 빌라노바(Arnau de Vilanova)는 불임이 악마나 주문이 아니라 기본적으로 생리학상의 결함으로 인해 유발된다고 생각했다. 그는 자신의 책에서 비만이 정자의 활동을 억압해 임신을 막는다고 언급했다. 그는 불임을 치료하기 위해 정향과 마늘로 만든 약을 처방했는데, 이 처방은 체액에 따른 체질 이론을 바탕으로 한 것이었다.[68] 몽펠리에의 또 다른 의사인 베르나르 드 고르동(Bernard de Gordon, 1270~1330)이 쓴 것으로 간주되는 『불임 여성에 관한 논고(*Tractatus de steriliate mulierum*)』는 너무 뜨겁거나 차갑거

---

65 먼저 남편 데이비드의 체액이 확인되고, 이후 아내 뮤리엘의 체액이 확인된다. 임신이 가능했지만 임신 중 유산을 한 경우에는 약과 부적을 함께 사용하는 경우가 많았다. 유대교와 기독교 의학 서적 역시 부적을 함께 사용하는 것을 제안했다. Goldy Charlotte Newman, "A Thirteenth-Century Anglo-Jewish Woman Crossing Boundaries, p. 142.

66 Monica H. Green, *The Trotula*, pp. 85-87.

67 Monica H. Green, *Making Women's Medicine Masculine*, p. 71.

68 Michael R. McVaugh, *Medicine Before the Plague: Practioners and Their Patients in the Crown of Aragon 1285-1345*, Cambridge, MA: Cambridge University Press, 1993, pp. 203-204; Morice Philippe, et al., "History of Infertility", p. 501.

나, 습하거나 건조한 여성의 체질에 따라 불임을 분류했고, 특히 여성의 차갑거나 습한 체질로 인해 발생하는 불임에 대한 연구에 집중했다. 저자는 체질을 고려해서 식단 조절, 수영, 훈증 소독, 고약 처방 등을 포함해 불임을 치료하는 다양한 방법을 제시했다.[69]

14세기 초 몽펠리에 출신의 익명의 의사가 저술한 것으로 보이는 『불임에 관한 논고(*Tractatus de sterilitate*)』는 불임의 내적·외적 요인을 열거했다. 불임에 대한 이 의서에 따르면 제1의 외적 원인은 차가운 음식을 과도하게 섭취한 것이다. 그리고 내적 요인은 너무 마르거나 살찐 몸, 나이가 어린 경우, 과도하게 넓거나 매끄러운 자궁, 생리양이 많은 경우, 자궁의 탈장이나 질식, 전염성 농창, 자궁의 염증 등 신체적인 특징이나 불균형한 체질을 포함한다. 저자는 불임의 원인이 대부분 여성에게서 비롯된다고 인정하면서도 여성 불임뿐 아니라 남성 불임에 대해서도 논의했다.[70]

요약하면 신체적 특징 혹은 남성이나 여성 성기의 문제 및 결함, 불균형한 체액과 체질이 의학 저자들이 주로 임신을 저해하는 일반

69 Bernard Pseudo, *Tractatus de Sterilitate Mulierum*, Montero Cartelle (Ed.), Valladolid: Universidad de Valladolid, 1999, p. 150; Monica H. Green, *Making Women's Medicine Masculine*, p. 88.

70 Enrique Montero Cartelle, *Tractatus de Sterilitate*, pp. 72-157. 이 책의 저자가 누구인지 확실하게 알려지지는 않았으나 아르노 드 빌라누에바(Arnau de Vilanova), 요르단 드 튀흐(Jordan de Turre)와 레몽 드 몰레히스(Raymond de Moleriis)가 작가로 추정된다(Michael R. McVaugh, *Medicine Before the Plague*, p. 204; Monica H. Green, *Making Women's Medicine Masculine*, pp. 86-89; Monica H. Green, "Infertility", *Women and Gender in Medieval Europe: An Encyclopedia*, Margaret C. Schaus (Ed.), New York & London: Routledge, 2006, p. 404). 하지만 저자는 어떤 이들의 불임은 마녀의 저주로 발생하며, 그 경우 오직 신만이 치료할 수 있다고 언급했다. 불임이 주문에 의해 유발된다는 언급에도 불구하고 이 책은 기본적으로 불임을 치료해야 할 질병으로 진단했다.

적 요인들로 제시한 것이다. 의사들은 일반적으로 불임을 치료해야 할 질병으로 여겼다.[71] 15세기 이탈리아의 한 의사는 자신의 치료법이 많은 불임 여성들에게 매우 효과적이었다고 이야기한다. 그는 "나는 22년, 15년, 13년 11년, 9년 등 오랜 기간 동안 아이를 갖지 못한 여성들과의 진솔하고 확실한 의학적 경험을 통해서 방법을 찾았다. 이 모든 경험을 통해 나는 내 진료법을 증명했고 그것이 진실임을 깨달았다"고 주장했다. 이어 그는 40세 정도 된 한 불임 여성의 경우를 자세하게 소개했다. 그의 설명에 따르면 이 여성은 매우 뚱뚱했고 습한 체질을 갖고 있어서 임신이 쉽지 않았지만, 그의 치료 덕분에 임신에 성공했다.[72] 이 여성의 불임이 정말로 치료된 것인지는 확실하지 않지만, 당시 의사들의 몇몇 치료법은 확실히 효과가 있다고 볼 만했다. 15세기 이탈리아의 저명한 의사였던 베네데토 레구아르다티(Benedetto Reguardati da Norcia)는 밀라노(Milano) 공작 프란체스코 스포르차(Francesco Sforza)의 아내를 치료한 것으로 잘 알려져 있었다.[73]

마르게리타를 주로 진료한 의사들은 로렌초 사소니(Lorenzo Sassoni), 로렌초 디 피에로 다 프라토(Lorenzo di Piero da Prato), 나디노 보바띠에르(Naddino Bovattier), 조반니 디 반두초(Giovanni di Banduccio)이다.[74] 이들 중 나디노는 마르게리타 부부가 자신들의 불

---

71 Park Katharine, *Doctors and medicine in Early Renaissance Florence*, p. 115; Fausto M. De Reguardati, *Benedetto de' Reguardati da Norcia*, Trieste: Lint, 1977, pp. 112-128, 170-193.

72 Monica H. Green, *Making Women's Medicine Masculine*, p. 250.

73 Park Katharine, *Doctors and medicine in Early Renaissance Florence*, p. 115.

74 로렌초 사소니는 파도바의 의학교에서 학위를 받았으며 그곳에서 학생들을 가르쳤다. 그는 의사로서 유명세를 얻고자 했지만 재정 문제로 꿈을 포기했다. 1403년 8월에 다티니에게 보낸 편지에서, 그는 의학교에서 가르치는 것을 포기했다고 말했다. 다티니

임에 대해 가장 많은 조언을 구한 사람이다. 그들은 어떻게 불임이 프란체스코가 아닌 마르게리타의 책임이라는 결론을 낼 수 있었을까? 중세 후기 의사들은 불임의 문제가 남편이나 아내, 혹은 부부 모두에게 있는지를 확인하는 검사를 진행할 수 있었다. 여성 불임에만 초점을 맞추던 불임에 대한 의학적 논의는 중세 후기에 들어서야 남성 불임을 포함하기 시작했다.[75] 당시 일반적으로 사용되던 불임 검사 방법은 히포크라테스, 아리스토텔레스와 이븐 시나에서 유래한다. 가장 간단한 검사 중 하나는 남성과 여성의 소변을 그릇에 담아두는 것이다. 만약 열흘이 지나 그릇에 벌레가 생기면 그 사람은 불임인 것으로 여겨졌고, 벌레가 생기지 않으면 임신할 수 있는 것으로 여겨졌다.[76] 그러나 프란체스코와 마르게리타의 경우 그들 중 누가 불임인지를 확인해볼 필요가 없었던 듯하다. 그들이 아비뇽에서

의 소개로 그는 플로렌스에 상대적으로 쉽게 정착할 수 있었다. 그는 다티니를 아버지처럼 생각하며 믿었고, 다티니 또한 그를 자신의 아들처럼 대했다. 로렌초는 자주 재정적인 어려움을 겪었고 다티니로부터 돈을 빌렸다. 다티니는 항상 로렌초의 사치를 꾸짖었고 로렌초는 그에 대해 변명했다. 다티니는 로렌초를 많은 사람들에게 소개하는 수고를 아끼지 않았다. 다티니는 종종 로렌초로부터 처방전을 받기도 했다. Park Katharine, *Doctors and medicine in Early Renaissance Florence*, pp. 130, 136-137, 144; ASP, Datini, busta 1102(1394. 2. 11./1395).

75 영국의 유명한 의사인 존 개드스덴(John of Gaddesden)은 14세기 초반에 쓴 자신의 저서 『잉글랜드의 장미(*Rosa Anglica*)』에서 "불임은 여성과 남성에게서 나타나는 임신 실패이다. 남성의 경우 이는 태아를 만들어내는 행위를 실패한 것으로 말할 수 있으며, 여성의 경우는 임신하는 것을 실패한 것이다"라고 말했다. Joan Cadden, *Meanings of Sex Difference in the Middle Ages*, pp. 228-229.

76 이븐 시나는 다음과 같이 불임 검사에 대해 설명했다. "만약 남성과 여성이 불임에 대해 불평하고 그들 중 누구에게 문제가 있는지 알길 원한다면, 정자와 난자 같은 성적 분비액을 모두 물에 넣어보라. 무엇이든 떠오른다면 문제의 원인은 그 사람이다." Avicenna, *The Canon of Medicine*, p. 1237; Jean-Claude Bologne, *La Naissance Interdite*, pp. 65-66.

결혼하기 전 이미 프란체스코에게는 아이가 있었기 때문이다.

고위 성직자를 치료하고 마침내 교황의 전담의까지 되어 유명해지기 전인 1380년대 초, 프라토 태생의 나디노는 아비뇽으로 이주했다.[77] 이주 후에도 그는 다티니 부부에게 의학적인 조언을 계속 해주었는데, 1385년 6월 9일자 편지에서 나디노는 온천이 마르게리타의 불임을 치료하는 데 도움을 줄 것이라고 말했다.[78] 1395년 2월 11일자 편지에서는 그녀의 불임이 월경 전 통증 때문이라고도 말했다.[79] 그는 프란체스코와 마르게리타에게 최근 비슷한 증상을 가진 환자를 치료했다고 말하면서 처방전을 보내기도 했다. 1395년 8월 15일자 편지에서는 마르게리타와 비슷한 증상으로 고통받던 한 여성이 통증 완화를 경험했을 뿐 아니라 아들과 딸을 낳았다고 말하면서 이들 부부에게 희망을 주기도 했다. 그러나 편지에 동봉된 처방전은 현재 전해지지 않는다.[80]

다티니 부부는 불임을 치료하기 위해 여러 의사들에게 도움을 받은 것으로 보인다.[81] 프란체스코에게 보낸 편지에서 나디노는 마르게

---

77 Park Katharine, *Doctors and medicine in Early Renaissance Florence*, p. 62.

78 Jérôme Hayez, "Expérience de Migrant et Pratique de L'amitié dans la Correspondance de Maestro Naddino d'Aldobrandino Bovattieri Médecin Toscan d'Avignon(1385-1407)", *Bibliothèque d'Ecole des Chartes 159*, 2001, p. 486.

79 프란체스코가 나디노에게 보낸 1395년 2월 9일자 편지는 마르게리타가 월경 전에 통증으로 고통받는다는 것을 알려준다. 이외에도 프란체스코와 편지를 교환한 다수의 지인들은 마르게리타가 월경 전에 극심한 통증으로 고통받았음을 증언했다. 1384년 4월 26일 편지에서 프란체스코는 마르게리타가 월경 전 통증으로 매우 아파한다고 말했다. ASP, Datini, busta 347, codice 3958; Crabb Ann, *The Merchant of Prato's Wife*, p. 22.

80 ASP, Datini, busta 1091, codice 113438; Jérôme Hayez, "Expérience de Migrant et Pratique de L'amitié dans la Correspondance", pp. 529-530.

81 ASP, Datini, busta 1091, codice 113437; Jérôme Hayez, "Expérience de Migrant et Pratique de L'amitié dans la Correspondance", pp. 527-528; Park Katharine, "Power in

리타 본인이 그 지역 의사들에게 불임에 대해 진찰을 받고 약을 처방받을 것을 제안했다. 그들 중 한 사람이 조반니 디 반두초이다. 8월 15일자 편지에서 나디노는 조반니로부터 마르게리타의 증상에 대한 정보를 늦게 받아 프란체스코에게 답장이 늦어졌다고 말했다. 이때 조반니와 나니노가 내린 처방은 모두 계절의 특징을 고려했다. 나디노는 마르게리타에게 4월이나 10월에 약을 복용하라고 조언했다.[82] 이 의사들이 처방한 약의 성분은 알 수 없지만 약효가 없었던 것으로 보인다. 게다가 마르게리타는 1396년에 그 어느 때보다도 심각하게 건강이 좋지 않았다.[83]

다티니 부부가 불임을 치료하기 위해 의사들로부터 받은 처방전은 발견되지 않았다. 그러나 당시 의사들이 불임 여성에게 한 가지 약만을 처방하지 않았음을 그들의 편지에서 유추해낼 수 있다. 사실 의사들은 체액, 체질, 나이를 포함한 다양한 신체적 특징을 고려해서 다양한 약을 처방했다. 여성 의사 중 한 명인 살레르노의 트로툴라(Trotula of Salerno) 역시 불임 여성의 체액 구성에 따라 약을 처방했다.[84]

자궁이 너무 차면 트리페라 마그나(trifera magna)가 처방됐다. 이

---

the Uterus", p. 129.

82 Crabb Ann, *The Merchant of Prato's Wife*, pp. 46–47; Jérôme Hayez, "Expérience de Migrant et Pratique de L'amitié dans la Correspondance", pp. 529–530.

83 Jérôme Hayez, "Expérience de Migrant et Pratique de L'amitié dans la Correspondance", p. 531.

84 트로툴라는 자궁의 과도한 습기가 정자를 질식시키고, 또 자궁의 과도한 열기가 정액을 태운다고 설명했다(Monica H. Green, *The Trotula*, pp. 85–86, 133–134; Monica H. Green, *Making Women's Medicine Masculine*, p. 23). 트리페라 마그나의 성분은 아편과 다양한 허브, 고무, 향신료 등으로, 이는 월경을 막아 여성의 임신을 돕는다.

약은 중세 후기에 불임 치료약으로 상당히 유명했던 것으로 보인다.[85] 자궁이 너무 습한 경우 테오도리콘 에우포리스톤(theodoricon euporiston)과 파울리눔(paulinum)이 처방됐다.[86] 테오도리콘의 성분인 감송은 매우 건조하고 따뜻한 성질을 지닌 것으로 여겨졌고, 파울리눔의 주요 구성물질인 풍자향은 매우 건조한 성질을 가진 것으로 여겨졌다.[87] 이 약들은 불임뿐 아니라 다른 질병들을 치료할 때도 사용됐다. 이러한 점에서 불임 치료의 핵심은 불임 여성의 체액에서 불균형한 부분을 개선해 그 여성이 임신할 수 있을 만큼 충분히 건강하게

---

85 Monica H. Green, *Making Women's Medicine Masculine*, pp. 85–86.

86 Trifera magna(alexanders, anise, celery, celtic nard, clove, cumin, fennel, galangal. ginger, henbane, hog's fennel, honey, iris, mandrake, mugwart, opium poppy, opoponax, pepper, spikenard, storax, sweet basil, sweet flag, wild carrot, zedoary), theodoricon euporiston(agaric, aloe, ammoniacum, asafetida, bdellium, birthwort, cabbage, camel grass, cassia, castoreum, cinnamon, colocynth, costmary, dodder, felwort, ginger, hazelwort, scammony, mastic gum, myrobalan, myrrh, opium poppy, opoponax, parsley, pepper, polypody, poppy, rhubarb, saffron, serapinum, silphium, spikenard, squill, sweet flag, wall germander, wine, wormwood), paulinum(agaric, aloe, ammoniacum, balm, balsam tree, bdellium, cleavers, coral, costmary, frankincense, galbanum, honey, scammony, marking nut, mastic gum, myrrh, oppium poppy, opopnax, oriental crocus, saffron, serapinum, storax, turpentine). Monica H. Green, *The Trotula*, pp. 133–134, 138–164; Michael McVaugh, & Lola Ferre, *The Tabula Antiodotarii of Armengaud Blaise and Its Hebrew Translation Montague Summers*, Philadelphia, PA: American Philosophical Society, 2000, pp. 82, 116, 144.

87 『기초 의료에 관한 책(*Le Livre des Simples Medecines*)』. 타불라(Tabula)는, 감송나무와 풍자향은 뜨겁고 건조한 정도가 3단계(1단계부터 4단계까지 있음)라고 언급한 반면, 땅두릅나무는 뜨거운 정도가 1단계, 건조한 정도가 2단계이고, 풍자향은 뜨거운 정도가 3단계, 습한 정도가 1단계이며, 땅두릅나무와 풍자향은 뜨겁고 건조한 정도가 3단계라고 언급했다. Carmélia Opsomer-Halleux, *Livre des Simples Medicine. Codex Bruxellenis IV. 1024. A 15th-Century French Herbal Montague Summers*, Antwerp: De Schutter, 1984, pp. 165–166, 245–246; Michael McVaugh & Lola Ferre, *The Tabula Antiodotarii of Armengaud Blaise*, pp. 82, 144.

만드는 것이었다.[88]

마르게리타는 의사뿐 아니라 민간요법에도 의존했다. 1393년 10월 7일자 편지에서 마르게리타의 언니 프란체스카는 노프리(Nofri di Messer Lapo Arnolfi)의 아내가 만들어준 고약(impiastro) 덕분에 토마소 솔데리니(Tommaso Solderini)의 아내를 포함해 많은 여성들이 임신하게 됐다고 말했다. 프란체스카는 심지어 노프리의 아내에게 그 고약을 하나 만들어달라고 요청했던 것으로 보인다. 겨울에 효과적이며 배에 바르는 이 고약은, 그러나 냄새가 너무 고약해서 마르게리타는 이를 사용하기 위해 프란체스코에게 허락을 구해야 했다고 썼다. 남편에게 보낸 1393년 10월 16일자 편지에서 프란체스카는 여동생의 남편에게 이 정보를 전했고, 이 고약이 여성들 각각의 건강 상태를 고려해서 만들어졌으며 그리 비싸지 않다고 썼다[e di pichola spesa].[89] 이 편지는 고약을 만들기 위해 사용된 성분에 대해서는 언급하지 않았으나 불임 치료용 고약을 만드는 데 광범히 사용되었던 쐐기풀, 만다라화, 쑥 등이 사용된 것으로 추정된다.[90] 영국에서 일반 사람들이 사용했던 민간요법 중 하나는 당나귀 우유로 적신 양털을 배 중앙에 갖다대거나 목욕 후 약을 먹는 것이었다.[91]

마르게리타가 민간요법에 의존했던 것처럼 당시 사람들은 불임을 치료하기 위해서 그 어떤 고생도 마다하지 않았다. 다음의 일화가 이

---

88 Morice Philippe, et al., "History of Infertility", p. 501.

89 "Qui son grosse di molte donne tra llequali e grossa la moglie di messer Tomaso Solderini." ASP, Datini, busta 1089. 02, codice 6000576–6000577; Crabb Ann, *The Merchant of Prato's Wife*, pp. 46–47; Park Katharine, "Power in the Uterus", p. 129; Origo Iris, *The Merchant of Prato: Francesco di Marco Datini*, p. 167.

90 Morice Philippe, et al., "History of Infertility", p. 501.

91 Joan Cadden, *Meanings of Sex Difference in the Middle Ages*, p. 239.

를 잘 보여준다. 15세기 프랑스의 한 의학 서적에 따르면 몽펠리에에서 불임을 치료하고, 불임인 여성이 임신할 수 있게 한 한 성직자가 있었다. 그는 자신이 만든 두 가지 약을 이용해 많은 불임 여성들을 치료했으며 몽펠리에의 그 어떤 의사보다도 훨씬 더 큰 유명세를 얻었다. 소문을 듣고 그 두 약을 얻기 위해 그를 찾아간 많은 여성들이 임신에 성공했다.[92]

마르게리타는 불임을 치료하려는 목적으로 온천을 찾아가기도 했다. 당시 사람들은 온천수가 여성이 건강을 회복하도록 돕고 임신하는 데 좋다고 생각했다. 1382년 5월 20일자 편지에서 니콜로 테키니는 다티니 부부가 온천에서 건강히 돌아왔으며 마르게리타가 온천 덕분에 임신할 수 있을 것이라는 고무적인 소식을 들었다고 썼다.[93] 1384년 6월 20일자 편지에서 약장수인 야코포(Jacopo del Nero di Vanni)는 다티니 부부가 온천에서 돌아왔으며 마르게리타가 임신한 걸로 보인다고 들었다 전한다.[94] 그러나 나디노는 온천으로 효과를 보려면 좀 더 주의 깊은 접근이 필요하다고 썼다. 1385년 6월 9일자

---

92 15세기에 쓰인 의학책에 나온 한 일화에 따르면, 몽펠리에의 한 성직자가 불임을 치료하기 위해 산티오 주스(Santio juice)가 섞인 약과 트리페라 마그나를 만들었다. 많은 여성들이 그의 약 덕분에 임신할 수 있었고, 그는 몽펠리에의 어느 의사보다도 더 큰 유명세를 얻었다. 여기서 '산티오(Santio)'가 무엇인지는 밝혀지지 않았다. Monica H. Green, *Making Women's Medicine Masculine*, p. 85.

93 "Vo dite che da alchimi venuti dal bagno avete sentito che Franciescho e lla margherita stanno bene piaciemi lo do nabbia I ddio e llui prieghо de fare grazia di ritornare con buon punto e chon disposizione davere de figliuoli." ASP, Datini, busta 1113, codice 133866. Letter from Niccolò dell'Ammannato to Monte Angiolini (from Florence to Prato).

94 "Franciescho nostro di poi tornato dal bagno e gli sano e monna Margherita grossa ieri giunse qui." ASP, Datini, busta 347, codice 183. Letter from Iacopo del Nero di Vanni to Monte Angiolini (from Avignon to Prato).

편지에서 그는 온천이 프란체스코의 간과 마르게리타의 불임에 이로운지 아닌지를 묻고, 그들의 체질에 따라 온천이 부부의 건강에 좋을 수도 있고 아닐 수도 있다고 적었다. 그는 온천의 성분을 알지 못하기 때문에 정확한 조언을 하기 어렵다고 덧붙였다.[95]

프란체스코와 마르게리타의 지인들은 마법적 치료 방법을 제안했다. 1395년 4월 23일자 편지에서 테키니는 프란체스코에게 평범하지 않은 것을 시도해보라고 제안했다. 그것은 동정남이 찼던 벨트에 주문을 새겨 마르게리타의 배에 두는 것이다. 때때로 그녀는 약을 먹을 때 성부와 성모를 세 번 부르고서 신을 찬미한 후 삼위일체와 성녀 카테리나의 이름을 읊조렸다. 이러한 기도는 벨트에도 쓰여 있었다.[96] 위의 예시들 말고도 다양한 종류의 마법적 방법들이 불임 치료를 위해 사용되었다. 어느 지역에서는 불임인 여성에게 성수를 마시라고 권했다. 대성당 근처에 달걀을 묻어두고 8일 후에 그것을 먹으면 임신하게 된다는 미신, 여성의 배에 신성한 돌을 문지르면 임신할 수 있다는 미신도 있었다. 중세 후기에는 의사들도 마법적 방법에 의존했다. 고대로부터 과학자들과 의학 서적 저자들은 불임과 발기불능을 포함한 일부 질병에 마법이 효과적이라고 믿었으며, 이러한 믿음은 중세 후기까지 이어졌다.[97] 어떤 중세 의사들은 악마를 쫓기 위

---

95 Jérôme Hayez, "Expérience de Migrant et Pratique de L'amitié dans la Correspondance", p. 486.

96 ASP, Datini, busta 1103, codice 134071; Crabb Ann, *The Merchant of Prato's Wife*, p. 46; Origo Iris, *The Merchant of Prato: Francesco di Marco Datini*, pp. 334-337.

97 플리니우스(Pliny)는 "불임 여성이 벨트에 있는 단어를 외우면, 돌(ammonites)이 임신을 야기해서 아이를 낳을 수 있다고 한다"고 말했다. Christopher J. Duffin, & Richard T. J. Moody, Christopher Gardner-Thorpe, *A History of Geology and Medicine*, London: The Geological Society, 2013, p. 53.

해 불임 여성과 불임 남성에게 각기 다른 부적을 처방했다. 이 의사들은 약을 처방할 때 환자가 기도문이나 주문을 외우도록 하기도 했다. 또 중세 후기 일부 의학 서적 저자들은 악마를 쫓거나, 남성의 발기불능과 같은 악마적인 증상이나 마법적 기원을 가진 질병을 고치기 위해 마법적 치료 방법을 제시했다. 11세기 콘스탄티누스 아프리카누스(Constantinus Africanus)는 자신의 책 중 한 챕터를 주술로 인한 발기불능에 대해 설명하는 데 할애했고, 부부의 성관계를 방해하는 주술에 맞서는 특별한 마법적 치료를 제시했다.[98] 그러나 중세 후기의 의사들은 대개 이러한 마법적 치료를 비이성적이고 안 좋은 관습으로 여겼다. 더 많은 의학 서적 저자들은 불임의 신체적 원인에 초점을 맞춰야 한다고 보았다. 이런 면에서 볼 때 중세 후기 의학에서 악마는 주변부적인 위치를 차지하고 있었다고 말할 수 있다.[99] 게다가 당시 이런 종류의 마법적 치료를 하는 경우에는 처벌의 대상이 되었다. 1326년 프랑스 남부 도시에서 활동한 안토니 임베르트(Antoni Imbert)라는 의사는 불임 여성과 발기불능인 남성에게 악마적이고 비싼 사기 치료를 해 기소되었다. 기소 혐의에 따르면, 그는 약물과 온천, 미약, 거짓말, 사악한 방법과 마녀의 주술 등을 사용했다[arte

---

98 Marti-Ibañez Felix, & Henry E. Sigerist, *Sigerist on the History of Medicine*, pp. 146-147; Grant Edward, *A Source Book in Medieval Science*, Cambridge, MA: Harvard University Press, 1974, pp. 767-768.

99 13세기 프랑스 책인 『플라시드와 티메오의 의료 대화집(*Le Dialogue de Placides et Timeo*)』에서는 "De rechief, les anchiens maintiennent que l'on poeult malefiier homme et femme par herbes prinses en certaine saison, ou par plusieurs sorceries, par telle fachon que homme ne pourroit jamais engenrer ne femme conepvoir. Maiz toutez tells oeuvres sont choses dyabolique et contre bonnes meurs. Et il tient à homme ou à femme se ilz ne ont lignie"라고 말했다. Jean-Claude Bologne, *La Naissance Interdite*, pp. 58-59.

falsa et magica, et medicis, balneis et potionibus et aliis dolose utendo].[100]

독실한 기독교인이었던 마르게리타는 지속적으로 남편에게 세속의 사업을 포기하고 영원불멸한 신에게 헌신하며 종교에 귀의해 불임을 치료하자고 주장했다. 다티니 문서에는 잘 묘사되어 있지 않지만, 당대의 많은 사람들이 임신하기 위해 특히 여성 성인에게 기도했다. 설교자들은 불임 여성들에게, 아이를 갖게 해달라고 성인을 향해 기도할 것을 장려했으며, 교회는 성인들이 독실한 기독교인들의 간구에 긍정적인 답을 주시기 마련이라 강조했다. 여성들은 무엇보다도 마리아의 어머니인 성 안나(Saint Anne)와 성모마리아, 그리고 다른 성인들에게 의지했다. 그중에서도 불임 여성들은 불임 여성들의 수호성인인 안나에게 열심히 기도했는데, 그녀가 신적인 힘의 중재로 아이를 가졌기 때문이다. 성모마리아는 모성의 궁극적 상징이며, 안티오키아의 마르게르타(Saint Margaret the Virgin)는 임신한 여성들의 수호성인이다. 불임 여성들은 성모마리아가 불임임에도 아기예수를 임신하고, 엘리사벳이 불임임에도 예수그리스도를 알리러 온 세례자 요한을 임신했다고 말하면서 이러한 성인들에게 기도했다.[101] 14세기 초의 한 문서에 따르면 영국 헤리퍼드(Hereford)의 불임 여성

100 Shatzmiller Joseph & Rodrigue Lavoie, "Médecine et Gynécologie au Moyen Age", p. 135; Monica H. Green, *Making Women's Medicine Masculine*, p. 86; Monica H. Green, *Making Women's Medicine Masculine*, p. 403; Joan Cadden, *Meanings of Sex Difference in the Middle Ages*, p. 231.

101 다프나 오렌-마지도르(Daphna Oren-Magidor)에 따르면 프로테스탄트 설교자들은 이 불임 여성들에게, 성인이 아니라 하나님께 직접 기도할 것을 권장했다고 한다. Oren-Magidor Daphna et al., "From Anne to Hannah", pp. 87-88; Bologne Jean-Claude, *La Naissance Interdite*, pp. 111-113; Lunenfeld Bruno & Elder Kay, "Historical Perspectives in the Management of Fertility and the Use of Gonadotropins", pp. 129-131.

들은 불임 치료의 대가로 성인 토마스 칸탈루프(Thomas Cantelupe)에게 헌금을 바쳤다고 한다.[102] 사람들이 불임을 치료해달라고 신과 성인에게 도움을 요청한 사실은 불임이 죄에 대해 신이 내린 형벌이라거나 악마의 소행이라고 보는 관념과 일정 부분 연관되어 있다. 오직 신만이 이 벌을 사하고 악마가 일으킨 불임을 치료할 수 있다고 본 것이다.[103]

마르게리타의 불임에 대한 이야기는 종교와 의학, 마법 그리고 민간요법을 구분하는 것이 당시로서는 종종 어려운 일이었음을 증명한다. 오랜 시간 마르게리타는 자신의 불임을 치료하기 위해 가능한 모든 방법을 동원했다.

* * *

의학적인 치료, 민간요법, 주설적인 치료, 종교적인 기도 등 다양한 방법을 동원했음에도 불구하고, 결국 마르게리타는 자신의 불임을 극복하는 데 실패했고 아이를 갖지 못했다. 마찬가지로 중세 유럽의 기독교 역시 불임을 치료할 방법을 찾는 데 실패한 것으로 보인다. 불임 여성을 치료하기 위한 다년간의 시도 끝에 영국인 의사 리처드(Richard)는, 대개 여성 불임은 치료 가능한 병이라기보다 치료하기 어려운 병에 가깝다고 솔직하게 인정했다. 중세 의사들이 처방한 셀 수 없이 많은 약물 처방전은 이 골치 아픈 병을 치료하는 데 효과

102 Gilchrist Roberta, *Medieval Life: Archaeology and the Life Course*, Woodbridge: Boydell Press, 2012, p. 134.

103 한 의학 서적은 만약 마녀의 주문이 불임을 유발했다면 오직 신만이 불임을 치료할 수 있다고 주장한다. Michael R. McVaugh, *Medicine Before the Plague*, p. 204.

가 없었다.[104]

마르게리타의 불임에 대한 분석은, 중세 후기 불임에 대한 보통 사람들의 일반적 인식과 태도가 어떠했는지 묻는 질문에 명확한 답을 주지 않는다. 불임을 치료하기 위해 그녀는 마법과 종교에서부터 의학까지 다양한 방법에 의존했기 때문이다. 또한 앞서 논의한 다양한 불임 치료 중 마르게리타가 가장 효과적이라고 생각한 방법이 무엇이었는지도 알아내기 어렵다. 실제로 일반 대중과 의사들 모두 의학뿐 아니라 마법과 종교까지 불임을 치료하기 위한 다양한 방법에 의존했다.[105]

불임에 대한 사람들의 인식과 태도는 매우 복합적이었다. 그러나 명백한 것은 마르게리타와 그녀의 주변인들이 불임을 그녀가 지은 죄로 인한 신의 벌이라거나 저주로 여기지 않았다는 것이다. 그들은 불임이 악마나 사악한 마법으로 인해 발생한 것이라는 극단적인 믿음을 공유하지는 않았던 것으로 보인다. 보통 마르게리타와 그녀의 주변인들은 불임을 의학적·종교적·마법적 방법, 민간요법 혹은 신비한 방법으로 치료할 수 있는 질병이라고 여겼다. 따라서 마르게리타와 그녀의 남편은 이 문제를 해결하기 위한 다양한 방법을 시도하면서 오랫동안 임신을 위해 노력했다. 중세 유럽의 불임에 대한 일반적인 인식은, 불임이 악마의 소행 혹은 신이 내린 저주라는 종교적 관점과 치료해야 할 질병이라는 의학적 관점 사이 어딘가에 있었다.

또한 중세 유럽 사회는 불임에 대한 결정적이고 확실한 치료법도 찾아내지 못했다. 장-클로드 볼로뉴(Jean-Claude Bologne)가 꽤 올바

---

104 Jean-Claude Bologne, *La Naissance Interdite*, p. 59.

105 Shatzmiller Joseph & Rodrigue Lavoie, "Médecine et Gynécologie au Moyen Age", p. 135.

르게 시사했던 바와 같이 의사들이 내놓은, 딱히 효과적이지 못했던 다양한 처방들은 이 고치기 힘든 질병을 마주한 의사들이 느꼈을 무력감을 입증한다.[106]

106 Jean-Claude Bologne, *La Naissance Interdite*, p. 137.

5장 중세 말 파리대학의 흑사병 예방법: 치료와 훈육 사이[1]

| 홍용진 |

1347년부터 1350년까지 지속된 흑사병(黑死病·plague)은 중세 말 유럽 사회를 총체적으로 뒤흔들었다. 1347년 10월 시칠리아에서 시작된 흑사병은 불과 두세 달 만에 프랑스 남부지방에 도달했고 1348년 늦여름에는 수도 파리로 나아가, 1349년 여름에는 프랑스 전 지역을 휩쓸었다. 당시 프랑스는 잉글랜드를 상대로 벌이던 백년전쟁에서 패전을 거듭하고 있던 상황[2]이었기에 당대 프랑스인들이 느낀

---

1 이 글은 Yong-Jin Hong, "Medical Care or Disciplinary Discourses?-Preventive Measures against the Black Death in Late Medieval Paris", *Iranian Journal of Public Health* 46-3, 2017, pp. 286-292의 내용을 번역·수정한 것이다.

2 백년전쟁은 1337년에 시작되었지만 잉글랜드의 왕 에드워드 3세(Edward III, 재위 1327~1377)는 선전포고 후 9년 만인 1346년 7월에 본격적으로 프랑스 원정을 시작했다. 노르망디 생바스트라우그(Saint-Vaast-la-Hougue)에 상륙한 잉글랜드군은 노르망디를 비롯한 프랑스 북부 지역을 무자비하게 공격해 민가를 약탈하며 국토를 유린했다. 뒤늦게 군대를 조직한 프랑스의 왕 필리프 6세(Philippe VI, 재위 1328~1350)는 파리 북부 보베지(Beauvaisis)를 지나 칼레로 향하던 잉글랜드군을 추격했다. 하지만 같은 해 8월 말 크레시(Crécy)에서 잉글랜드군과 전투를 벌인 프랑스군은 전례 없이 대패하

절망감은 더욱 컸다. 학자마다 다르지만, 흑사병은 14세기 초 정점에 다다른 유럽 인구를 적게는 1/3, 많게는 절반 정도 앗아간 것으로 추산된다.[3] 프랑스에서도 지역마다 사망률이 다르기는 하지만 학자들은 대체로 당시 인구의 40% 정도가 흑사병에 희생되었다고 추산한다.[4] 갑작스러운 대규모 사망으로 인구는 급감했고 14세기 초에 정점을 찍은 인구 수는 17세기 정도에 가서야 복구될 수 있었다.

인구 구조의 급변에 따라 사회·경제적인 혼란이 뒤따랐다. 농촌이나 도시 모두에서 노동력 부족 현상을 겪게 되었는데, 이에 따라 최하층이었던 농노나 도시 임노동자의 일손은 턱없이 부족해졌다. 귀한 노동력 확보를 위해 농촌에서 영주는 자신의 영지에 농노가 남아 있도록 그들을 예전보다 더 대우해주는 수밖에 없었다. 이러한 흐름은 이미 13세기 후반부터 진행되던 지대의 금납화와 맞물렸고, 개별적인 재산을 축적한 농노가 영주에게 목돈을 납부하고 해방 증서를 취득하는 경우가 증가해갔다. 나아가 이렇게 농노에서 해방된 자영농이 흑사병 이후 버려진 토지들을 헐값에 매입해 부유한 농장주

고 말았다. 승전한 잉글랜드군은 9월부터 칼레시 공성전에 돌입했다. 칼레시는 잉글랜드군에 끝까지 저항하며 구원군 파견을 기다렸으나 필리프 6세는 군대를 즉시 조직할 수 없었다. 결국 1347년 8월 칼레시는 잉글랜드군에 의해 함락되었다. 바로 이때 프랑스 남부 지중해 지역에서 확산되기 시작한 흑사병이 파리까지 강타하고 북상 중이었다. Jean Favier, *La Guerre de Cent Ans*, Paris: Fayard, 2002, pp. 101-127; 홍용진, 「백년전쟁과 왕국의 개혁, 그리고 정치체에 대한 권리: 14세기 정치적 담론장 파리를 중심으로」, 『프랑스사연구』 제34호, 2016, 33-54쪽.

3 필립 지글러, 『흑사병』, 한은경 옮김, 서울: 한길사, 2004, 279-286쪽.

4 Claude Gauvard, *La France au Moyen Âge du Ve au XVe siècle*, Paris: PUF, 1996, pp. 348-352; Boris Bove, *Le Temps de La Guerre de Cent Ans,* Paris: Belin, 2009, pp. 277-288. 아울러 대부분의 학자들이 동의하는 바와 같이 흑사병이 발발하기 이전에 이미 인구 감소가 시작되고 있었다는 점도 지적되어야 한다.

(laboureur)로 변신하는 경우도 있었다. 물론 노동력이 귀했던 만큼 기존의 작물 재배와 같은 노동집약적 경영보다는 포도 같은 과수나 대청 재배 등 토지집약적 경영으로 나아갔다.[5] 한편 도시에서는 수공업자나 임노동자의 수가 급격히 줄어들자 생산되는 공산품의 품귀현상이 일어났고, 임노동자의 임금은 두세 배에 이르도록 급격히 상승했다. 인구의 급격한 감소로 곡식 가격은 안정을 이루었지만, 임금과 물가 상승은 경제적 혼란과 사회적 무질서를 초래했다. 이에 프랑스 왕 장 2세(Jean II, 1319~1364)는 임금과 공산품 가격에 대한 중앙 정부 차원의 통제 정책을 담은 칙령을 반포하기까지 했다.[6] 이렇듯 14세기 중반 유럽을 휩쓴 흑사병은 프랑스를 포함한 유럽 사회에 사회적·경제적·문화적으로 심각한 위기와 변동들을 초래했다. 이에 많은 역사가들이 중세 서유럽 사회에 근본적인 구조적 대변동을 초래한 사건으로 흑사병을 지목하고 있다.[7]

---

5 잉글랜드에서는 이러한 지주 부농계층을 '젠트리(gentry)'라고 칭했다. 프랑스와 달리 잉글랜드에서는 토지집약적 경영 방식으로 부농들이 양모 생산을 위한 양 목장 확대에 집중했다.

6 Robert Vivier, "Une Crise Économique au Milieu du XIVe Siècle. La Première Grande Intervention de La Royauté dans le Domaine Économique: Ses Causes", *Revue d'Histoire Économique et Sociale 8*, 1920, pp. 215-229; Robert Vivier, "La Grande Ordonnance de Février 1351: Les Mesures Anticorporatives et La Liberté du Travail", *Revue Historique 138*, 1921, pp. 201-214; 홍용진, 「중세 말 수도 파리에 대한 국가적 경제조치 시도: 장 2세 정부의 경우」, 『인문과학』 65권, 2017, 281-319쪽.

7 William Bowsky (Ed.), *The Black Death: A Turning Point in History?*, Malabar: Robert E. Krieger, 1971. 이 책은 이와 같은 입장을 종합적으로 보여준다. 이 책의 필자 중 톰슨은 흑사병의 여파를 20세기 양차 세계대전의 충격에 비견된다고 보기도 하며(James Westfall Thompson, "The Black Death as a Major Event in World History", *The Black Death: A Turning Point in History?*, William Bowsky (Ed.), Malabar: Robert E. Krieger, 1971, pp. 19-24), 르누아르는 세계사적 대사건으로 평가하기도 한다(Yves Renouard, "The Plague as a Recurrent Phenomenon ", *The Black Death: A Turning Point in*

이와 같은 사태를 초래한 흑사병에 대해 중세 의학자들은 어떻게 대응했을까? 결론부터 말하자면 중세인들은 실질적인 효과가 있는 어떠한 대응책도 갖고 있지 못했다. 당시 유럽 사회에서는 전혀 접해 보지 못한 신종 전염병이었기 때문에 유럽인들은 이 치사율 높은 전염병에, 앞서 이야기한 사망률이 보여주듯이 속수무책으로 당할 수밖에 없었다. 그렇다면 이 치명적인 낯선 어떤 것을 중세인들은 어떻게 받아들였을까? 임상의학이 거의 발전하지 않았던, 주로 점성학과 연계된 4체질론을 중심으로 한 이론 의학에 기반을 둔 중세 의학은 이 전염병을 전혀 설명할 수 없었고, 따라서 이에 대응할 만한 처방도 당연히 내놓을 수 없었다. 그렇기 때문에 민간에서는 이 병을 신벌이라 여길 수밖에 없었다. 채찍 고행처럼 '내 탓이오'라고 생각하거나 유대인 박해처럼 '남 탓이오'라고 볼 뿐이었다. 그러면 의학자들은 두 손 놓고 이 끔찍한 상황을 방관만 하고 있었을까? 사실 유럽 전역에서 의학자들은 나름대로 자신이 알고 있는 지식을 바탕으로 흑사병의 원인을 분석하고 이에 대한 예방과 처방을 제시했다.

이러한 문헌들 중 가장 유명한 것은 흑사병이 파리를 덮쳤던 1348년 초가을 파리대학 의학부에서 프랑스 왕 필리프 6세의 명으로 같은 해 10월에 작성한 『전염병 개요(*Compendium de epidemia*)』이다. 이 보고서는 작성자의 학문적 권위와 그 수신자의 정치적 권위로 인해 프랑스에서 작성된 6편의 흑사병 보고서 중 가장 큰 명성을 지니게 된다. 이 장에서는 바로 이 보고서의 내용을 분석함으로써 14세기 서유럽에서 당대를 휩쓴 흑사병의 원인을 무엇으로 보았는지, 그

History?, pp. 25–34). 흑사병이 사회경제적인 구조는 물론 사고방식 및 감수성에 미친 영향에 대해서는 다음을 참조. David Herlihy, *The Black Death and the Transformation of the West,* Cambridge, MA: Harvard University Press, 1997.

리고 특히 이에 대해 어떻게 처방을 내렸는지 살펴보고자 한다. 그리고 이 처방이 갖고 있는 사회문화적 의미에 대해서도 성찰해보고자 한다.

1. 프랑스에서 집필된 흑사병 보고서들

흑사병이 창궐할 당시 프랑스에서는 『전염병 개요』 외에도 수많은 흑사병 보고서들이 작성되었다. 이 중 현재까지 6편의 보고서가 대체적으로 온전한 형태로 전해 내려오고 있다(〈표 5-1〉 참조).[8]

〈표 5-1〉 흑사병 진행 당시 프랑스에서 집필된 흑사병 관련 보고서 목록

번호	저자	제 목	연대
1	피에르 드 다무지 (Pierre de Damouzy)	『피에르 드 다무지 선생이 편집한 전염병 논고 (*Tractatus de Epydemia Editus a Magistro Petro de Amousis*)』	1348
2	파리대학 의학부	『전염병 개요(*Compendium de Epidemia*)』	1348
3	알폰소 코르도바 (Alphonso Cordoba)	『전염병에 대한 알폰소 코르도바의 서한과 처방 (*Epistola et Regimen Alphontii Cordubensis de Pestilentia*)』	1348
4	몽펠리에의 한 의사	『1349년 몽펠리에의 한 의사가 작성한 전염병 논고(*Tractatus de Epidemia Compositus a Quodam Pratico de Monepessulano anno M.CCC. XLIX*)』	1349
5	저자 미상	『전염병의 원인과 그 예방법(*Causa Epydimie et Preservatio Ejusdem*)』	1348~ 1349?
6	저자 미상	『전염병에 대처하기 위한 개요(*Compendium Breve Contra Epydimiam*)』	1348~ 1350?

8 Alfred Coville, "Écrits Contemporains sur la Peste de 1348 à 1350", *Histoire Littéraire de La France 37*, Paris: Imprimerie nationale, 1938, pp. 325-372.

첫 번째 보고서는 피에르 드 다무지(Pierre de Damouzy)라는, 파리 대학 의학부에서 공부한 랭스(Reims)시의 의사가 집필한 글이다(1번). 그는 자신이 거주하는 도시 랭스에 흑사병이 퍼지기 이전에, 남쪽에서부터 전해져오는 흑사병에 대한 공포스러운 소식을 전해듣고 이에 대비하기 위해 보고서를 작성했다. 갈레노스, 아리스토텔레스, 이븐 시나의 저서들을 무수히 인용하고 있는 이 보고서는 뜨겁고 습하며 부패한 공기를 병의 원인으로 지목하면서 남풍을 타고 이 해로운 공기가 북쪽으로 전파되고 있다고 보았다. 그리고 이러한 부패한 공기가 생기게 된 원인을 막연하게 천체 운동의 이상으로 돌린다. 한편 이에 대한 직접적인 처방은 불가능한 상황에서 그는 최대한 병에 걸리지 않기 위한 예방법으로 이븐 시나를 따라, 무엇보다도 외부 활동을 삼가고 집에 머무를 것을 권고하고 있으며 사혈과 관장, 소식을 추천한다. 피에르 드 다무지의 보고서는 당연히 흑사병 치료나 예방에 큰 효과를 거두지는 못했다.[9]

다음 보고서는 코르도바(Cordoba) 출신의 알폰소(Alphonso)라는 이름의 의학자가 몽펠리에(Montpellier)에서 작성한 것이다(3번). 당시 몽펠리에는 프랑스 왕국 내에 위치해 있었지만 도시 자체는 피레네 산맥 너머 마요르카 왕국에 속해 있었다.[10] 따라서 흑사병이 발발했을 당시 몽펠리에는 프랑스인뿐만 아니라 알폰소와 같이 이베리아 반도에서 건너온 사람들이 뒤섞여 있었다. 알폰소는 흑사병의 원인

---

9 Alfred Coville, "Écrits Contemporains sur la Peste de 1348 à 1350", pp. 327-359.

10 2년 뒤인 1349년에야 몽펠리에는 프랑스 왕국에 속하게 된다. 1349년 마요르카의 왕 자우메 3세(Jaume III)는 아라곤의 왕 페레 4세(Pere IV)와의 전쟁을 위해 자금이 필요했고, 이를 위해 몽펠리에를 필리프 6세에게 팔아버렸다. 참고로 마요르카 왕가는 13세기 초 아라곤 왕가에서 분가한 가문이었다.

을 월식으로 인해 발생한 땅의 진동과 유독한 공기의 전파에서 찾았다. 그 또한 소식 또는 금식, 절주, 흐르는 물의 섭취를 주요한 처방으로 내리고 있다. 하지만 그는 페트라르카와 마찬가지로 흑사병이 궁극적으로는 당대의 도덕적 타락에 기인한다고 보면서 결국 흑사병을 멀리 피하는 것이 최선책이라는 우울한 고백을 덧붙인다.[11]

몽펠리에에서는 익명의 한 의사가 매우 간략한 분량의 보고서를 집필하기도 했다(4번).[12] 이 보고서는 베르나르 드 고르동[13]이 집필한 『의약용 백합(*Lilium medicine*)』과 파리대학 의학부의 『전염병 개요』에 뒤이어 한 수서본에 함께 편집되어 있다. 하지만 과연 이 보고서가 의학부로는 파리대학보다 더 유명했던 몽펠리에대학의 또 다른 견해를 제시하고 있는 것인지는 확실하지 않다. 그 또한 천체 현상으로 인해 부패한 공기가 생겨난다고 보았고, 습기와 독성을 지닌 부패한 공기는 대기 중으로 퍼지거나 바람에 실려 확산된다고 설명한다. 게다가 그는 위(僞) 아리스토텔레스(Pseudo-Aristotle)를 인용하며 호흡기뿐만 아니라 눈을 통해서도 부패한 공기가 몸으로 침투할 수 있다고 생각했다. 마지막으로 『전염병의 원인과 그 예방법』(5번)과 『전염병에 대처하기 위한 개요』(6번)는 『전염병 개요』의 축약본으로 흑사병에 신속히 대처하기 위한 실용적 목적에서 집필된 것으로 추정된다.[14]

---

11 Alfred Coville, "Écrits Contemporains sur la Peste de 1348 à 1350", pp. 367-359. 이러한 생각을 모티브로 창작된 작품이 바로 조반니 보카치오(Giovanni Bocaccio, 1313~1375)가 집필한 『데카메론(*Decameron*)』이다. 그는 이 작품을 1348년 이후 구상하기 시작하여 1353년에 완성했다.

12 Alfred Coville, "Écrits Contemporains sur la Peste de 1348 à 1350", pp. 359-362.

13 베르나르 드 고르동은 13세기 후반에서 14세기 초까지 몽펠리에에서 활동했던 의사로 당대에 큰 명성을 얻었다. 그는 이 책을 비롯한 많은 의학 저술을 남겼다.

14 Alfred Coville, "Écrits Contemporains sur la Peste de 1348 à 1350", pp. 363-367.

이처럼 파리대학 의학부의 흑사병 논고인 『전염병 개요』는 이미 당대에 큰 영향을 미쳤으며, 이후로도 의학사에서 많은 관심을 받아왔다. 이미 1888년에 에밀 레부이(H. Émile Rébouis)가 이 저술에 대한 내용 설명과 함께 라틴어 수서본들(특히 Ms. 11227, Lat., BNF)을 정리하여 현대 프랑스어로 번역한 바 있다.[15] 최근에는 다니엘 자카르(Danielle Jacquart)와 존 아리자발라가(Jon Arrizabalaga)가 당대의 의학적 지식들과 비교하면서 의학사의 차원에서 보다 정밀하고 복합적인 분석을 했다.[16] 이들의 작업은 14세기 초까지 의학장(medical field)에 유통된 모든 의학적 지식들과 담론들에 대한 체계적인 분석을 바탕으로 각 보고서가 어떠한 상호 영향 관계를 맺고 있는지 분석하고 있다는 점에서 매우 중요한 연구이다. 『전염병 개요』는 크게 병의 원인을 설명하는 부분과 이에 대한 처방으로 구성되어 있다. 따라서 의학 담론의 교차와 영향 관계에 집중하고 있는 자카르와 아리자발라가의 분석은 주로 병의 원인을 설명하는 부분에 집중되어 있다. 이와 달리 이 장은 처방을 다루고 있는 2부, 그중에서도 특히 흑사병을 예방하기 위한 생활 태도와 의학적 치료에 주목하고자 한다.

---

15 H. Emile Rébouis, *Étude Historique et Critique sur la Peste,* Paris: Alphonse Picard, 1888.

16 Danielle Jacquart, "Medical Practice in Paris in the First Half of the Fourteenth Century", *Practical Medicine from Salerno to the Black Death,* Luis Garcia-Ballester, Roger French, Jon Arrizabalaga, & Andrew Cunningham (Eds.), Cambridge, MA: Cambridge University Press, 1994, pp. 186-210; Jon Arrizabalaga, "Facing the Black Death: Perceptions and Reactions of University Medical Practitioners", *Practical Medicine from Salerno to the Black Death,* pp. 237-288; Daniel Jacquart, *La Médecine Médiévale dans le Cadre Parisien,* Paris: Fayard, 1998, pp. 232-245; Danel Jacquart, "La Perception par les Contemporains de la Peste de 1348", *L'homme Face aux Calamités Naturelles dans l'Antiquité et ai Moyen Âge,* Jacques Jouanna, Michel Zink, & Jean Leclant (Ed.), Paris: Académie des Inscriptions et Belles Lettres, 2006.

2. 『전염병 개요』의 구성과 내용

이 절에서 살펴볼 『전염병 개요』는 〈표 5-2〉와 같이 구성되어 있다. 많은 연구들을 통해 잘 알려진 바대로 이 보고서의 1부는 흑사병의 원인을 간접적인 먼 원인과 직접적인 가까운 원인으로 나누어 살펴보고 있다. 현대의 상황에 적절한 진단과 처방이라고 할 수는 없지만, 이 저술은 종교적인 요소들을 최대한 배제하고 흑사병을 가급적 당대의 학문적 지식에 기반을 두고 설명하고 있다. 원인에 대한 분석에 뒤이어 2부에서는 흑사병에 대한 처방을 일상적인 식이요법에 의한 예방 요법과 의약품에 의한 구제법으로 구분하여 제시한다. 흥미롭게도 현대의 처방과 달리 의약적 처방보다는 식이요법과 같은 일상생활에서의 건강 요법이 먼저 제시된다.

먼저 1부부터 살펴보도록 하자. 이 보고서에서 흑사병의 원인들은 먼 원인과 가까운 원인으로 구분된다. 먼 원인이 천체 현상과 관련된

〈표 5-2〉 『전염병 개요』의 구성

<table>
<tr><td rowspan="3">1부</td><td colspan="2">1장: 일반적이고 먼 원인</td></tr>
<tr><td colspan="2">2장: 특수하고 가까운 원인</td></tr>
<tr><td colspan="2">3장: 예후와 징후</td></tr>
<tr><td rowspan="7">2부</td><td rowspan="4">논고 1.
식이요법에 의한 예방 요법</td><td>1장: 공기 선택과 정화</td></tr>
<tr><td>2장: 운동과 목욕</td></tr>
<tr><td>3장: 음식과 음료</td></tr>
<tr><td>4장: 수면과 기상, 단식과 과식, 영혼의 안정</td></tr>
<tr><td rowspan="3">논고 2.
의학적 구제법</td><td>1장: 일반적인 구제법</td></tr>
<tr><td>2장: 특수하고 고유한 구제법</td></tr>
<tr><td>3장: 해독제</td></tr>
</table>

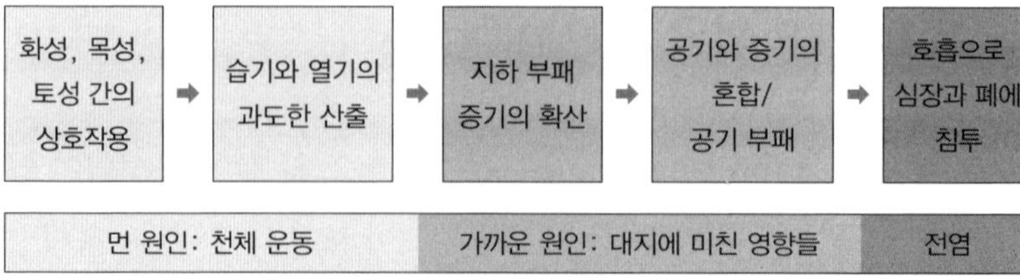

〈그림 5-1〉 『전염병 개요』 1부의 흑사병 원인 분석

다면 가까운 원인은 그로 인해 발생하는 지상에 대한 영향과 관련된다. 원인에 대한 분석은 종교적 차원의 선악 구분과 무관하게 〈그림 5-1〉과 같은 법칙적인 인과관계의 연쇄로 설명된다. 특히 이 보고서는 흑사병이 열기와 습기 과다로 생긴 역병이기 때문에 이 두 성질을 많이 지닌 사람일수록 병에 더 잘 걸리게 된다고 지적한다.

1장에서 보편적이면서 먼 원인(causa universali et remota)으로 제시된 천체 현상과 관련해서 『전염병 개요』는 1345년 3월 20일에 물병자리에서 발생한 화성·토성·목성, 이렇게 세 행성의 합(conjunctio)[17]에 주목한다. 목성은 열기와 습기를 가진 행성으로 나쁜 수증기를 산출하며, 화성은 극도의 열기와 건기를 가진 행성으로 수증기를 대기 최상층까지 끌어올린다. 즉 목성과 화성의 합은 먼저 열기를 극도로 산출하는데, 이와 함께 목성은 대기에 습기를 내뿜고 화성은 강력한 건기로 이 습기를 다시 증발시킨다. 이 와중에 냉기와 습기를 가진 토성까지 합을 이루는데, 토성의 냉기는 다른 두 행성의 강한 열기를 누그러뜨리는 데는 역부족이지만 오히려 습기는 더 증가시킨다.[18] 이러한 세 행성이 가까운 위치에서 상호작용하며 지구[19]에 매우 전례

17 천문 용어로 두 행성이 하늘에서 가장 가까이, 또는 겹쳐서 나타나는 현상을 뜻한다.

18 H. Emile Rébouis, *Étude Historique et Critique sur la Peste,* pp. 77–80.

없이 특이하고도 강력한 영향을 미치게 된다.

2장에서는 특수하면서 가까운 원인(causa particulari et propinqua)으로 대기에 가득 찬 강한 열기와 습기의 증발 작용이 제시된다. 습기와 증발 작용이 대기에서 이루어지면서 평소에는 지표 아래에 침잠되어 있던 유독 성분이 습기와 결합해 공기 중으로 퍼지게 된다. 치명적인 유독 성분은 공기 중으로, 또 시냇물이나 우물과 같은 식수로도 스며들게 되고, 이를 들이마신 사람은 모두 감염되어 사망하게 된다. 이 논의에 따르면 화성과 목성의 결합만으로도 유독한 공기에 의한 전염병이 발생하는데, 당대에는 여기에 토성까지 가세하면서 열기와 습기의 상호작용이 더 강력해짐으로써 당대의 대재난이 벌어지기 시작했다고 설명한다.[20]

이와 같은 설명은 예후와 징후를 소개하는 3장에서 설명하는 1345년 직후에 나타난 계절 변화나 대기에서의 특이 현상들로 뒷받침된다. 예를 들어 전반적으로 그 이전 시기보다 열기와 습기가 많아졌기 때문에 모든 계절마다 비가 많이 오고 흐린 날이 많았으며 겨울에는 보다 따뜻한 날이 많아졌다고 설명한다. 또한 하늘 색이 뿌옇고 누렇게 변한 날들이 많았는데, 이는 대기가 부패한 공기로 가득 차기 시작했다는 징후를 보여준다. 습기와 열기에 대한 설명은 2부에서 개진하는 예방법이나 치료법에서 가장 중요한 근거를 마련한다. 정확한 치료법이 부재한 상황에서 모든 흑사병 전염의 환경은 습기와

---

19 중세에도 지식인들은 지구가 둥글다는 것을 잘 알고 있었다. 크리스토퍼 콜럼버스(Christoforo Colombo)가 대서양을 횡단할 때 지니고 있던 책은 14세기 후반 프랑스 신학자로 지구구형론을 서술한 피에르 다이이(Pierre d'Ailly)의 책이었다. Ronald L. Numbers, & Kostas Kampourakis, 『통념과 상식을 거스르는 과학사』, 김무준 옮김, 서울: 글항아리 사이언스, 2019, 27-36쪽.

20 H. Emile Rébouis, *Étude Historique et Critique sur la Peste,* pp. 80-84.

열기로 설명되며, 따라서 최대한 습기와 열기를 피하는 것이 최선의 방책으로 제시된다. 이와 더불어 사람마다 서로 다르게 지닌 육체적 특징들도 주요한 관찰의 대상이 된다. 얼굴이 붉거나 몸집이 큰 사람 등은 그렇지 않은 사람보다 더 전염병에 주의해야 한다고 이야기한다. 여기에서 흥미로운 점은 육체적인 특징 외에도 전염병을 주의해야 하는 사람의 특징으로 과도한 휴식과 성생활, 목욕과 같은 행위들이 함께 거론된다는 점이다.[21]

다음으로 2부의 내용을 살펴보자. 여기에서는 흑사병에 대한 다양한 예방법과 구제법을 다룬다. 전자를 다루는 논고 1은 4개의 장으로 나뉘며 호흡과 운동, 목욕, 식생활, 수면 등과 같은 일상적인 생활에 있어서 흑사병을 억제하는 유의사항들을 제시하고 있다. 이어지는 논고 2는 의학적인 구제법(remedium)을 다룬다. 여기에서는 치료가 아닌, 흑사병 감염을 최대한 억제하기 위한 예방 차원의 의약품을 세 가지 구제법(일반적인 구제법, 특수하고 고유한 구제법, 해독제)으로 구분하여 제시한다. 2부에서 필자들은 전염병에 대한 근본적인 치료법은 없다는 점을 솔직하게 인정한 뒤에 가능한 한 병에 걸리지 않기 위한 방법들을 다양하게 제시한다. 앞서 제시한 바와 같이 2부는 생활상의 건강 요법과 관련된 논고 1, 그리고 의약품 치료법과 관련된 논고 2로 구분되어 있다. 먼저 논고 1의 각 장에서 소개하는 내용을 간략하게 정리하면 다음과 같다.

1장. 습한 지역 공기와 흑사병이 시작된 남쪽에서 불어오는 바람을 조심한다. 향이 나는 풀, 예를 들어 노간주나무(juniperus), 물푸

21 H. Emile Rébouis, *Étude Historique et Critique sur la Peste,* pp. 84-93.

레나무(fraxinus), 로즈메리(rosmarinus) 등과 마른 장작들을 태워 공기를 정화한다. 침향나무 장작(lignum aloe), 용연향(ambra), 사향(muscus) 등을 이용한 훈증을 통해 공기를 정화한다. 여름에는 열기를 가시게 하기 위해 집 안 곳곳에 식초를 탄 차가운 물을 두도록 한다.

2장. 운동(exercitium)을 규칙적으로 한다면 공기가 괜찮을 때 산책을 하고, 그렇지 않을 때는 실내에서 운동을 한다. 몸을 이완시키고 축축하게 만드는 더운물 목욕을 피해야 한다.

3장. 과식과 과음을 피하며 습기가 많고 무거운 음식을 피하고 가볍고 소화가 쉬운 음식을 섭취해야 한다.

- 섭취를 권장하는 육류로는 양, 염소, 토끼, 소고기의 연한 부분과 각종 조류(닭, 자고새, 꿩, 찌르레기) 고기 등을 들 수 있다. 조리할 때 물에 삶기보다는 불에 굽고, 각종 향신료와 식초를 고기에 곁들여 먹는 것이 좋다.
- 섭취하지 말아야 할 육류로는 소, 돼지, 사슴, 염소고기 및 모든 물새와 생선들을 들 수 있다. 이것들은 소화하기 힘들고 몸을 무겁게 만들며 우울하게 하는 음식이다.
- 물기가 많은 채소, 과일, 수프, 유제품은 소량만 섭취하며, 먹을 때도 향신료와 식초를 곁들인다. 신맛이 나는 과일(석류나 레몬)과 습도가 낮은 과일(무화과, 호두)은 그냥 먹어도 상관없다.
- 포도주와 물은 맑고 깨끗한 상태로 섭취해야 한다. 물은 흐르는 물을 섭취하고, 끓이거나 증류해야 하며, 식초를 가미하면 좋다.

4장. 밤에는 숙면을 취하고 낮잠을 피하는 것이 좋다. 과식을 피하고 콩 등으로 공복감을 완화시키며 비만인 사람은 약을 복용하여 몸을 정화해야 한다. 과도한 성생활을 하지 말아야 한다. 과도한 화나 우울, 걱정을 피하고 안정을 유지하며 즐거운 생활과 신앙 생활을 영위해야 한다.

다음으로 논고 2는 흑사병을 예방하기 위해 섭취해야 하는 약재들을 제시한다.

1장. 사혈을 통해 나쁜 기운들을 배출하고 몸을 정화하며 식초에 꿀을 더한 시럽을 복용한다.

2장. 예방약은 다음과 같다.

- 음식이면서 약으로도 사용할 수 있는 약재로는 식초, 신 우유, 마늘, 수영 등이 있다.
- 약용으로만 사용할 수 있는 약재로는 아르메니아 진흙(bolus armenicus), 테라 시길라타(terra sigillata), 아가리쿠스(aagaricus), 티리아쿰(tyriacum), 에메랄드, 아로마 허브 등이 있다.

3장. 해독제로 침향나무 및 다양한 약초들을 섞어서 만든 예방약, 공기 정화제, 다양한 알약들이 제시되고 있다.

이상과 같이 제시된 예방법들은 앞서 언급한 바처럼 한결같이 열기와 습기를 최대한 피하거나 거부하는 것을 목적으로 삼고 있다. 다양한 풀을 태워 공기를 건조하게 만들면서 정화하는 일, 바다나 강에서 나온 식재료들을 되도록 피하려는 태도, 차가운 성질을 가진 식초를 음료나 식재료로 사용하는 방식, 물로 삶는 요리법에 대한 거부 등이 바로 이에 해당한다. 특히 이후로도 서구인들에게 큰 영향을 미친 것은 바로 더운물 목욕에 대한 거부였다. 이는 근대 시기까지 몸 전체를 한번에 씻어내는 목욕을 위험천만한 일로 여기게끔 했다. 이에 따르면 독성을 가진 해로운 공기가 자연적으로 발생하는 것을 막을 수 없다면, 그것이 인체 내에 스며드는 것을 최대한 막는 것이 전염병을 예방하는 최선의 방책이다. 피부에 난 미세한 구멍들을 통해 몸 밖의 공기가 몸속으로 스며드는데, 이 미세구멍들은 특히 더운물 목욕을 할 때 크게 확장된다. 이렇게 구멍들이 확장되면 공기가 스며들 가능성이 더 커지며, 이에 따라 해로운 독기를 품은 공기도 몸속에 더 잘 침투한다. 이렇게 해서 흑사병 창궐 이후 목욕이 오히려 건강에 해로운 결과를 초래할 수 있다는 생각이 서유럽 전역에 널리 받아들여지기 시작했다.[22]

3. 『전염병 개요』의 정치적·사회적 의미

『전염병 개요』는 분명히 14세기 초까지의 의학적 지식들에 바탕을 두고 당대에 발병한 흑사병에 대비하기 위해 쓰인 의학적 저술이다. 하지만 이것을 단순히 의학적 지식 체계의 산물로만 다룰 수는 없다. 왜냐하면 이 보고서는 그 자체가 하나의 사회적 산물인 동시에 의학 이외에도 다양한 당대의 정치적·사회적 현실들을 드러내고 있기 때문이다.

첫 번째로 주목해야 할 것은 이 보고서의 수용자, 즉 독자가 매우

22 Georges Vigarello, *Histoire des Pratiques de Santé: Le Sain et le Malsain Depuis le Moyen Âge*, Paris: Seuil, 1993, pp. 50-55. 『전염병 개요』에서는 왜 더운물 목욕을 피해야 하는지 그 이유에 대해서는 상세히 다루고 있지 않다.

한정된 계층의 사람들이라는 점이다. 먼저 이 보고서가 라틴어로 작성되었다는 것은 이 글을 직접 읽고 이해할 수 있는 자들이 대학인들을 포함한 성직자에 국한된다는 사실을 알려준다. 또한 다양한 치료법에 나타난 여러 요소들, 즉 '궁정(court)' 또는 '비만' 등의 어휘들은 물론, 의약품을 만들기 위한 여러 약재들의 이름은 이 보고서가 일반적인 민중보다는 무엇보다도 국왕과 귀족들을 위해서 작성되었다는 점을 보여준다. 이 당시에 궁정이 딸린 저택을 지니고 비만일 수 있는 자들은 바로 귀족이나 고위 성직자, 부르주아 등 유복한 계층이었으며, 『전염병 개요』에서 제시되고 있는 약재들은 평민들은 구경하기도 힘든 매우 값비싼 것들이었기 때문이다. 또한 여기에서 레몽 카젤(Raymond Cazelles)이 이미 여러 문헌과 이미지 자료들을 통해 지적했듯, 필리프 6세가 비만형 체질이었다는 점을 덧붙일 수 있다.[23] 즉 프랑스 국왕 필리프 6세의 요청으로 작성된 이 보고서는 어디까지나 국왕과 그를 둘러싼 파리의 궁정인들을 위해서 작성된 것이라고 볼 수 있다.[24]

두 번째로 주목할 점은, 앞서 언급했듯이 이 저술은 흑사병에 대한 원인과 처방을 어디까지나 당대의 학문적 논리 체계에 따라 설명하고자 한다는 것이다. 물론 중세라는 시대적 한계를 완전히 벗어나지는 않기에 흑사병의 궁극적인 원인으로 신의 뜻을 들고 있다(1부 3

---

23 Raymond Cazelles, "L'obésité de Philippe VI de Valois et son Gisant de l'abbaye de Saint-Denis", *Bulletin de la Société nationale des Antiquaires de France* 220-22, 1970, pp. 220-222.

24 물론 흑사병에 대한 예방법을 지배 엘리트만 향유하려고 했다고 볼 수는 없다. 앞서 언급한 『전염병 개요』의 축약본인 『전염병의 원인과 그 예방법(*Causa Epydimie et Preservatio Ejusdem*)』은 보다 대중적인 예방법 전파를 목적으로 집필된 책이었다고 할 수 있다.

장). 또한 예방을 위한 생활 습관에도 경건한 신앙 생활이 언급되어 있다(2부 논고 2의 4장). 그럼에도 『전염병 개요』는 유대인 대학살이나 채찍 고행자와 같이 동시대에 문제가 되었던 사회현상들과 달리 종교적인 신앙심을 흑사병과 직접적으로 연관시키지는 않는다. 흑사병이 신의 뜻인 만큼 의학 또한 신이 창조한 것이라고 지적하며, 신앙 생활은 병을 예방하기 위한 쾌활한 기분 유지와 연결되어 언급된다.

12~13세기에 유럽에서 이루어진 철학과 과학, 의학의 발전은 상당 부분 이슬람-아랍 세계에 빚지고 있었다.[25] 이는 『전염병 개요』에서도 마찬가지여서 파리대학 의학부 교수들은 자카르가 지적하고 있듯이 이슬람 의학자인 이븐 시나의 설명 틀에 크게 기대고 있다.[26] 하지만 여기에서 마찬가지로 주목해야 할 점은 신앙의 세계와 학문의 세계를 구분하는 태도이다. 그리고 이는 서유럽 신학 및 철학에 강한 영향을 주었던 작자 미상의, 또는 앞서의 위(僞) 아리스토텔레스가 집필한 『원인론(*Liber de causis*)』을 주목하게 한다.[27] 이 책은 세계를 영원성(aeternitas)에 속한 세계와 생성·변화하는 시간성(tempus)에 속한 세계로 나누면서 신학의 영역과 철학의 영역을 명확히 구분하고 있기 때문이다. 이때 철학은 인간과 자연에 대한 지식을 포괄하

25 Danielle Jacquart, "Influence de la Médecine Arabe en Occident Médiéval", *Histoire des Sciences Arabes 3 Technologie, Alchimie et Sciences de la Vie,* Roshdi Rashed (Ed.), Paris: Seuil, 1997, pp. 213-232.

26 Danielle Jacquart, *La Médecine Médiévale*, pp. 245-258; Paul Mazliak, *Avicenne et Averroès: Médecine et Biologie dans la Civilisation de l'Islam*, Paris: Vuibert, 2004, pp. 72-82, 99-102.

27 Pierre Magnard, Olivier Boulnois, Bruno Pinchard, & Jean-Luc Solère, *La Demeure de l'être Autour d'un Anonyme: Étude et Traduction du Liber de Causis*, Paris: Vrin, 2002.

며, 이는 신학과 신앙의 세계와는 구분되는 별도의 독자적인 지식 체계를 구축한다. 이는 신적인 세계와 인간 세계를 명확히 구분하는 14세기 전반기 동시대의 철학적 경향을 보여준다. 나아가 그것은 인간의 정치공동체(Respublica)를 신학적 세계관과 구분되는 자율적인 것으로 파악하고자 하는 당대의 정치사상과도 조응한다.

다른 한편 저자들은 당대에 흔히 믿었던 대우주-소우주 사이의 단순한 유비관계 또한 거부한다. 천체의 운동과 인체의 변화 사이에는 서로 다른 인과관계가 작용하고 있으며, 이는 천체 운동을 다루는 점성학과 인간의 생성 변화를 파악하려는 의학을 뚜렷하게 구분해준다. 즉 『전염병 개요』에서는 조물주에 대한 학문과 피조물에 대한 학문의 구분, 그리고 후자 내에서 분과 학문 간의 구분 또는 분화가 명확히 드러나고 있다.

『전염병 개요』가 설명하는 시간성에 속한 세계의 인과관계에 따르면 천체에서 형성된 강력한 열기가 습기와 건기 사이에서 발생하는 순환을 만들어내며 지상에 강력한 영향을 주었다. 이 두 성질은 지하에 깊이 잠복해 있던 습기를 공기 중으로 끌어올려 유독한 공기를 생산한다. 이에 따라 열기와 습기는 이 유독성을 대표하는 성질로 자리 잡는다. 그리고 2부에 등장하는 모든 처방과 치료는 열기와 습기를 피하거나 완화시키는 것을 목표로 한다. 이 지점에서 세 번째로 주목할 점이 등장한다. 바로 이러한 의학적 진단과 처방, 예방책들이 당대 기사 귀족들의 생활방식과 삶의 가치에 대한 일종의 비판을 수반한다는 사실이다. 특히 일상생활과 관련하여 파리대학 의학부가 제시하는 '올바른 생활 태도'는 단순한 지식의 서술이 아니라 누구나 따라야 하는 명령과 지시의 성격을 지닌다. 이는 미셸 푸코(Michel Foucault)가 이미 지적하고 있는 지식과 권력의 상관성을 이 경우에

도 적용하여 검토해볼 필요성을 제기한다.[28]

『전염병 개요』의 저자들은 열기와 습기를 머금은 공기가 가까이는 늪이나 웅덩이 근처에서, 멀리는 초기 흑사병 감염 지역인 남부지방에서 유래한다고 본다. 이에 따라 야외에서의 운동과 더운물로 하는 목욕을 삼갈 것을 당부한다. 목욕과 관련된 항목에서 눈여겨볼 점은 살찌지 않은 사람의 경우에는 가끔 목욕이 허용된다는 점이다. 여기에서 저자들은 살집이 많은 비만형 체질을 열기 및 습기의 결합과 연결시키고 있다. 이는 음식을 다루는 3장에서 더욱 분명하게 드러난다. 저자들은 과식 및 과음과 함께 습기가 많은 음식들은 피하고 곡물과 같이 가벼운 음식을 먹을 것을 권한다. 특히 여기에서는 섭취가 허용되는 고기와 기피해야 할 고기를 나누고 있는데, 이러한 구분은 이미 중세의 식생활에서 무거운 음식과 가벼운 음식으로 구별되었던 분류를 그대로 적용한 것이다(〈표 5-3〉 참조).

〈표 5-3〉 『전염병 개요』에 나타난 가벼운 고기와 무거운 고기

가벼운 고기	무거운 고기
양, 염소, 토끼, 가금류, 조류, 소고기 중 부드러운 부분	소고기(늙은 소), 돼지, 사슴

조르주 비가렐로(Georges Vigarello)에 따르면 중세에는 서로 다른 건강식 식단이 충돌하고 있었다. 그 하나가 몸을 가볍고 유연하며 날렵하게 만들기 위해 '가벼운' 식사를 권장하는 방식이라면, 다른 하나는 튼튼하고 건장한 몸을 위해 '무거운' 식사를 권장하는 방식이었다.

---

28 Michel Foucault, *Power/Knowledge: Selected Interviews and Other Writings 1972–1977*, Colin Gordon (Ed.), New York: Pantheon Books, 1980, pp. 37–54.

그런데 이는 성직자와 세속인이라는 중세의 사회계층 구분과 무관하지 않았다. 성직자들은 '가벼운' 식사를 몸의 정화와 영혼의 순수함을 고양하는 식단으로 보고 이를 주로 추천했다. 반면 전투를 업으로 삼고 있던 기사들은 힘과 강건함을 다지는 식단인 '무거운' 식사를 선호했다.[29] 물론 『전염병 개요』에서 이러한 구분을 크게 강조하고 있지는 않아 보인다. 즉 어느 곳에서도 가벼운 식단이나 무거운 식단을 직접적으로 언급하며 둘 중 어느 하나를 선호하는 모습을 보여주지는 않는다. 오히려 음식을 취할 때 과도한 습기를 지닌 음식 섭취를 기피해야 한다는 점을 가장 강조하고 있는 듯이 보이며, 글 전반에서 제일 많이 등장하는 식재료이자 약재인 식초는 이 글이 습기 외에 열기에 대해서도 주의하고 있다는 사실을 보여준다.

그럼에도 불구하고 『전염병 개요』에는 비가렐로의 연구에서처럼 가볍고 순수한 식단 대 무겁고 힘을 북돋는 식단 사이의 대립이 전제되어 있다고 추론할 수 있다. 일단 무거운 고기와 가벼운 고기를 구분하고, 전자보다는 후자를 더 선호하는 모습을 보여준다. 또한 과식과 과음을 피해야 할 태도로 설명하고, 습기라는 요소가 모든 음식을 무겁게 만드는 요인으로 작용한다고 설명한다. 여기에서 한 가지 더 염두에 두어야 할 점은 필자들이 중세의 대학에 소속된 사람들이었다는 점이다. 중세에 대학인들은 모두 성직자라는 신분으로 분류되었다는 점을 감안할 때, 『전염병 개요』의 저자들이 성직자의 식단을 마땅히 취해야 할 올바른 식단으로 제시하고 있다고 볼 수 있다. 특히 이들의 이러한 의도는 이른바 '무거운' 음식으로 인해 발생되는 비만에 대한 경고와도 일맥상통하고 있다. 그렇기 때문에 저자들은

---

29 Georges Vigarello, *Histoire des Pratiques de Santé*, pp. 46–50.

육체적 비만을 분노나 우울과 같은 영혼에 발생하는 사고(accident)와 연결시키고 있다. 이에 『전염병 개요』는 생활에 있어서 다양한 방식으로 쾌활함과 안정을 유지할 것을 권고한다.

이와 같은 의학적 지식들이 단순히 병에 대한 치료와 예방만을 목적으로 삼고 있을까? 사실 파리대학 의학부 교수들이 의학적 지식을 전달하는 것 이외에 다른 의도가 있었는지는 정확히 알 수 없다. 그럼에도 『전염병 개요』에 나타난 내용은 사회문화적 의미작용과 효과라는 차원에서 검토해볼 수 있으며, 폭력적 전횡을 일삼던 당시 귀족(기사) 계층에 대한 성직자·지식인 계층의 비판 및 길들이기 전략을 보여준다고 볼 수 있다. 사실 10세기 이후부터 성직자들은 '신의 평화(Paix de Dieu)' 운동 또는 '신의 휴전(Trêve de Dieu)' 운동이 잘 보여주듯이, 다양한 방식으로 기사 귀족 계층의 폭력을 통제하고 제어하려고 해왔다. 이는 세속 권력에 대한 성직자 권위의 우위를 확보하려는 성직자지배론(theocratia)과도 결을 같이한다.

『전염병 개요』에 담긴, 14세기 흑사병을 계기로 한 의학적 지식과 건강 유지 담론들은 세속 권력의 폭력에 대한 통제 및 제어의 기능을 함축하기 시작했다. 이는 기사 귀족들에 대한 윤리적 통제까지 생각해볼 수 있게 하는 여지를 남긴다. 무거운 음식(또는 고열량 음식)과 비만(또는 건장함), 분노(또는 혈기왕성)와 같이 전통적인 기사들이 보여준 모습들은 도덕적으로 문제가 되기 이전에 건강에 좋지 않은 것으로 평가되기 시작했다. 더불어 과도한 여흥이나 성생활과 같은 세속적 쾌락 또한 전염병을 기회 삼아 의학적으로도 금지 대상이 된다. 파리대학 의학부는 흑사병을 피하는 방법으로 습기와 열기 억제를 기술적으로 제안한다. 『전염병 개요』는 더 나아가 일상생활의 차원에서도 의학 담론에 기대어 소식, 절주, 금욕, 건실한 신앙과 같은 윤리적 덕목들을 강조한다. 이렇게 종교적인 윤리·도덕 담론은 의학 담론과 결합했다.

* * *

1348년 10월 파리대학 의학부가 집필한 『전염병 개요』는 당대의 의학 지식들을 총동원하여 흑사병의 원인을 밝히고 전염을 피하기 위한 다양한 방법들을 나름대로 체계화했다. 이 장에서는 연구사적인 차원에서 전염병에 대한 예방책에 집중하며, 의학적 담론으로서의 지위를 갖는 이 예방책이 당대의 정치적·사회적 맥락과 밀접한 연관을 맺고 있었음을 밝혀보고자 했다. 그리하여 지식 그 자체가 권력으로 기능한다는 미셸 푸코의 논의에 비추어볼 때 의학적 진단과 처방을 전달하고 있는 『전염병 개요』 또한 당대의 정치적·사회적 상황에서 담론 권력으로서의 성격을 내포하고 있었다는 점을 보여주었다. 특히 이러한 성격은 성직자들이 세속 사회를 대상으로 강조하던 기독교적 윤리 덕목과 밀접한 관계를 맺었다.

여기에서 한발 더 나아가 『전염병 개요』를 정치적인 맥락에서 바라볼 필요가 있지 않을까? 과도한 해석일지도 모르겠지만 『전염병 개요』는 백년전쟁 초기에 이루어진 전쟁과 과세에 대한 비판과도 무관하지 않은 것으로 보인다. 국왕 필리프 6세가 주문했지만 서문에서 저자들은 프랑스 왕 필리프 6세와 '공익(utilitas publica, bien public)'을 위해 『전염병 개요』를 집필하게 되었다고 밝힌다.[30] 이때 고려해

30 H. Émile Rébouis, *Étude Historique et Critique sur la Peste*, pp. 72-73. 중세에 전개된 '공익(Res publica)'과 관련한 담론의 역사에 대해서는 다음을 참조할 것. Matthew S. Kempshall, *The Common Good in Late Medieval Political Thought*, Oxford: Oxford

야 할 점은 흑사병이 전개되던 당시가 바로 백년전쟁 초기였다는 또 하나의 역사적 맥락이다. 이미 백년전쟁이 발발하기 이전인 14세기 초 프랑스에서는 국가 전쟁(state war)을 위해 전국적인 차원의 과세가 이루어지는 국가 체제(state system)가 처음으로 부상하기 시작했다. 백년전쟁은 이러한 국가 체제의 정착을 보다 가속화했으며, 이에 따라 전례 없는 과세와 전쟁에 대해 많은 저항이 줄을 이었다. 하지만 프랑스 왕정은 1346년에는 크레시(Crécy) 전투에서 참패를 면치 못했고, 1347년에는 칼레(Calais)를 잉글랜드에 넘길 수 밖에 없었다. 이에 왕권은 물론이거니와 군대의 주축이었던 기사 귀족 계층의 만용과 무능력에 대한 비판 및 비난 여론이 일어났다. 특히 크레시 전투에서의 패배가 차분한 전략도 없이 열정만 가득한 기사들의 무모하고 성급한 돌격으로 인해 벌어졌다는 점에서, 즉 의학적 담론으로 말하자면 열기와 습기만 과도한 자들의 과오였다는 점에서 『전염병 개요』의 내용은 정치적 의미 또한 획득한다. '공익'이라는 용어는 정치공동체 또는 국가를 뜻하는 'Respublica'의 또 다른 중세적 표현이었다. 그리고 실제로 이 용어는 1347년에 왕국의 개혁을 요구하며 개최되었던 총신분회(États généraux) 이후 수도 파리에서 계속해서 울려퍼지고 있었다.[31]

이와 같은 해석의 가능성은 『전염병 개요』가 의학적 담론으로서 뿐만 아니라 다양한 분야에서 다양한 차원으로 복합적인 성격을 드러낼 수 있다는 점을 보여준다. 의학적 처방이 도덕적인 규율화를 내포하곤 한다는 점은 현대에도 마찬가지일 것이다. 의학이 인간을 신

University Press, 1999.

31 Raymond Cazelles, *La Société Politique et la Crise de la Royauté Sous Philippe de Valois*, Paris: Lib. D'Argences, 1958, pp. 216-229.

체와 관련해서 탐구하는 학문이긴 하지만, 인간이 지닌 신체와 영혼의 공속성은 의학으로 하여금 윤리적·도덕적인 방향으로도 나아가게 한다. 그리고 이러한 윤리적 의미는 흑사병이라는 팬데믹과 맞닥뜨렸을 때 정치적인 차원으로 확대될 가능성을 내포한다. 인체를 정치공동체에 직접 비유했던 윌리엄 하비(William Harvey, 1578~1657)의 사례[32]를 굳이 들지 않더라도 특히 전염병 확산의 상황에서 의학적 담론이 윤리적·정치적 문제를 정식화할 수 있다는 점은 이에 대한 보다 체계적인 연구를 요구한다.

32 William Harvey, *On the Motion of the Heart and Blood in Animals*, Robert Willis (Trans.), London: George Bell and sons, 1889, p. 3. 1628년에 윌리엄 하비가 저술한 『동물의 심장과 혈액 운동에 대한 해부학적 실험(라틴어 원제: *Exercitatio Anatomica de Motu Cordis et Sanguinis in Ani,alibus*)』 서문에서 그는 이 책을 당시 국왕 제임스 1세(James I)에게 헌정하며 국왕을 잉글랜드라는 정치공동체의 심장에 비유한다. 인체에서도 천체와 마찬가지로 순환운동이 이루어진다는 점을 보여준 하비의 업적은 왕권신수설을 최초로 정식화한 제임스 1세의 입장과 호응을 이룬다.

6장

의료선교사 자녀의 건강, 질병, 그리고 죽음: 로제타 S. 홀의 육아일기를 중심으로[1]

| 이현주 |

"…… 주님의 뜻이라면 아기가 우리에게 남아 있게 해달라고 정말 많은 기도를 드린다. 지난밤 의사 선생에게 만약 셔우드가 죽게 된다면 또 다른 아기를 절대 갖지 않겠다고 했다. 그 아기 역시 우리 곁을 떠날까봐 항상 두려워 떨게 될 것이기 때문이다."[2]

"그리고 이것이 모든 것의 끝이구나!
나의 기다림과 나의 아픔 모두-
이 작은 관 하나뿐
그리고 다시 빈 팔이구나."

– 작자 미상, '나의 아기', 로제타 셔우드 홀이
자신의 딸 에디스의 관 사진 아래에 기록함.[3]

1 이 글은 『이화사학연구』 58집(2019)에 게재된 「두 개의 세계에서 하나의 세계로: 로제타 S. 홀의 육아일기에 나타난 선교사 자녀의 삶 그리고 의료선교, 1893~1902」를 기반으로 재구성한 것이다.

2 로제타 셔우드 홀, 『로제타 홀 일기 4: Diary of Rosetta S. Hall 1892.3.8.-1894.10.1.』, 김현수·강현희 옮김, 서울: 홍성사, 2016, 21-22, 223쪽.

로제타 셔우드 홀(Rosetta Sherwood Hall, 1865~1951)은 미국 뉴욕 리버티(Liberty) 출신의 의사이자 미국 감리교 해외여성선교회(the Woman's Foreign Missionary Society of the Methodist Episcopal Church: WFMS) 소속 의료선교사로 1890년부터 1933년 은퇴할 때까지 한국의 서울 및 평양 등지에서 활동했다. 로제타 S. 홀 여사는 자신의 두 자녀 셔우드 홀 박사(Sherwood Hall, 1893~1991)와 한국에서 짧은 생을 마감한 그의 여동생 에디스 마가렛 홀(Edith Margaret Hall, 1895~1898)의 어린 시절 육아일기를 기록했다. 선교사들 중 한국에서의 선교 생활에 대한 회고록을 남긴 인물들이 종종 있지만, 홀 여사와 같이 별도의 육아 기록을 남긴 케이스는 지금까지 발견되지 않은 것으로 알려져 있다.

현재까지 서양 선교사의 동아시아 해외 선교에 대한 다양한 연구가 진행되어왔다. 그러나 그들의 삶에 동행했던 선교사 자녀에 대한 연구는 매우 부족한 상태이다. 그간 선교사 부인의 선교지에서의 역할, 한국에서의 서구적 육아 방식의 전파, 아동 건강 및 의료 부분에 있어 개신교 선교사들의 개혁 노력 등의 측면에서 19세기 말부터 20세기 중반까지 한국에서의 외국인 선교와 관련해 육아와 아동이라는 주제의 일면을 들여다볼 수 있는 연구들이 조금씩 등장했다.[4] 그

3 로제타 셔우드 홀, 『로제타 홀 일기 6: 에디스 마가렛 홀 육아일기』, 김현수·강현희 옮김, 서울: 홍성사, 2017, 114, 271쪽.

4 Martha Huntley, "Presbyterian Women's Work and Rights in the Korean Mission", *American Presbyterians 65,* 1987, pp. 37-48; Hyaeweol Choi, "The Missionary Home as a Pulpit: Domestic Paradoxes in Early Twentieth-Century Korea", *Divine Domesticities: Christian Paradoxes in Asia and the Pacific,* Hyaeweol Choi & Margaret Jolly (Eds.), Canberra: Australian National University Press, pp. 29-55, 2014; Sonja M. Kim, "Missionaries and 'A Better Baby Movement' in Colonial Korea", *Divine Domesticities:*

러나 선교사 자녀의 삶 자체나 실질적 육아의 면모에 대한 연구는 부재한 상태이다. 이는 한국 이외의 다른 지역에 파견된 선교사 관련 사례들에 대해서도 그리 다르지 않다. 1999년 출판된, 제니퍼 피쉬 케샤이(Jennifer Fish Kashay)의 19세기 초부터 중반까지의 시기 동안 하와이 샌드위치 섬에 파견된 회중교회(Congregational church) 및 장로교회(Presbyterian church) 선교사 자녀에 대한 연구 논문인 「파라다이스에서의 문제점: 19세기 초 하와이에서 선교사 육아의 위험」[5] 이외에는 그 예를 찾아보기 어렵다.

홀 여사의 육아일기는 이러한 연구사적 공백을 메우는 데 도움을 주는 매우 소중한 자료이다. 이 희귀한 자료를 바탕으로 이 장에서는 지금까지 소외된 영역으로 남아 있던, 19세기 말부터 20세기 초까지 태평양을 오가며 활동한 선교사 자녀의 건강, 질병, 죽음의 경험을 재구성하고 그 의미에 대해 논의해보고자 한다.

1. 홀 가문의 한국 선교

1865년 미국 뉴욕 리버티에서 태어난 로제타 셔우드(Rosetta Sherwood)[6]는 당시 대체로 여성들이 많이 활동하던 직업군인 교사직

Christian Paradoxes in Asia and the Pacific, Hyaeweol Choi & Margaret Jolly (Eds.), Canberra: Australian National University Press, 2014, pp. 57-83; 이현주, 「1910년에서 1930년까지 미국과 한국에서의 "베이비 쇼(Baby Show)"에 관한 소고」, 『미국사연구』 46호, 2017, 219-248쪽.

5 Jennifer Fish Kashay, "Problems in Paradise: The Peril of Missionary Parenting in Early Nineteenth-Century Hawaii", *The Journal of Presbyterian History 77,* 1999, pp. 81-94.

6 결혼 전 이름(maiden name).

을 통해 사회활동을 시작해, 여성으로서 전문직을 가질 수 있었던 몇 안 되는 직업군이었던 의료의 영역으로 진입했다. 그녀는 11세가 되던 1876년 체스트넛 학교에서 정규교육을 마친 후 1881년 초등학교 교사 자격증을 취득하고, 사범학교 교육 등을 이수한 후 1886년까지 초등학교 및 고등학교 교사로 재직했다. 그 후 로제타 셔우드는 펜실베이니아여자의과대학(Women's Medical College of Pennsylvania: WMCP)에 1886년 9월 21세의 나이로 입학해 1889 3월 14일에 졸업했다.[7] 졸업 이후에는 스태튼아일랜드 유아병원에서 인턴십을 했으며, 졸업 후 1889년 11월 미국 북감리회 뉴욕 디커니스 홈에서 사역을 시작했다. 이 시기 로제타 셔우드는 맨해튼 남쪽 메디슨가 선교시약소(Madison Street Mission Dispensary)에서 미래의 남편인, 영국 국적의 캐나다인이자 미국 감리교회 의료선교사이던 윌리엄 제임스 홀(William James Hall, 1860~1894)을 만났다. 1890년 봄 25세가 된 그녀는 해외여성선교회에 선교사로 지원해 8월 21일 고향인 리버티를 출발하여 10월 14일 서울에 도착했다. 1891년 12월 15일 윌리엄 제임스 홀도 미국 감리교 의료선교사로 내한했다.[8]

1892년 6월 27일 27세의 나이에 로제타 셔우드는 윌리엄 제임스 홀 선교사와 한국에서 결혼했으며, 이름은 로제타 셔우드에서 로제타 셔우드 홀이 되었다.[9] 1893년 11월 10일 아들 셔우드가 태어날 때까지 홀 여사의 가정생활은 순조로워 보였다. 그러나 셔우드가 한 살

7 이 학교는 1850년 미국 필라델피아에서 펜실베이니아여성의과대학(Female Medical College of Pennsylvania)이라는 이름으로 처음 설립되었고, 1867년 이름을 변경했다.

8 로제타 셔우드 홀, 『로제타 홀 일기 4: Diary of Rosetta S. Hall 1892.3.8.-1894.10.1.』, 21-22, 268쪽.

9 두 사람의 국적이 달라 두 번의 결혼이 필요했다.

이 되어갈 즈음 평양에서 사역하던 남편 윌리엄 홀이 발진티푸스를 크게 앓아 끝내 회복하지 못했다. 1894년 11월 24일 그는 양화진 묘역에 묻혔다. 복중에 다른 아기를 잉태하고 있던 홀 여사는 자신의 제자인 박에스더와 그녀의 남편 박여선[10]을 대동하고 1894년 12월 10일 제물포를 떠났다. 1895년 1월 14일 고향인 리버티에 도착한 홀 여사는 4일 후인 18일 둘째 에디스를 출산했다. 그녀는 1896년 6월 22일부터 뉴욕의 디커니스 홈에서 다시 사역을 시작했으며, 같은 해 9월 28일에는 국제의료선교회(International Medical Missionary Society)에서 일했다. 이후 박에스더는 의학 교육을 받기 위해 남편과 미국에 남게 되었고, 1897년 11월 10일 홀 여사는 두 자녀와 함께 다시 한국으로 왔다. 그러나 홀 여사는 이듬해 어린 딸 에디스마저 잃게 되었다. 아들과 함께 평양으로 거처를 옮겨 활동하던 홀 여사는 건강상의 이유로 미국에 잠시 귀국했으나 이내 한국으로 돌아와 1933년 선교에서 은퇴할 때까지 한국에서 의료선교 활동을 지속했다.

학업을 위해 어머니와 떨어져 미국으로 온 홀 여사의 아들 셔우드 홀은 1923년 토론토의과대학을 졸업하고, 1924년 뉴욕 롱아일랜드 홀츠빌 서퍼크 결핵요양소에서 근무했다. 그는 1926년 4월 19일 미국 감리교회 의료선교사로서 아내 매리언 버텀리(Marian Bottmley)와 함께 아버지와 여동생이 묻힌 곳이자 어머니가 계시는 한국으로 돌아왔다. 1928년에는 결핵(結核) 치료를 전문으로 하는 해주구세요양원을 세우고, 1932년 한국에서 처음으로 결핵 환자를 돕기 위한 크

---

10 박에스더는 보구녀관에서 통역과 의료 보조 일을 하다가 홀 여사의 도움으로 미국 볼티모어여자의과대학에서 공부하고 우리나라 최초의 여성 의사가 되었다. 한편 박여선은 박에스더의 남편으로, 로제타는 "유션이"로 기록하고 있다. 로제타 셔우드 홀, 『로제타 홀 일기 4: Diary of Rosetta S. Hall 1892.3.8.-1894.10.1.』, 121쪽.

리스마스 씰(seal)을 발행했다. 그는 1941년 일본에 의해 추방당할 때까지 한국에서 의료선교 활동을 했다.[11]

2. 역사 사료로서의 홀 여사의 육아일기

홀 여사는 일기를 통해 자신의 삶에 대해 꾸준히 기록을 남겼던 인물로 총 여섯 권의 일기를 남겼다. 네 권은 의료선교사로서 그녀의 일상을 담은 일기이고, 두 권은 홀 여사가 그녀의 아들과 딸을 위해 남긴 육아일기이다. 큰아들 셔우드 홀의 육아일기("Journal of Sherwood Hall"[12])는 셔우드가 태어난 날인 1893년 11월 10일에 시작해 그의 아홉 번째 생일인 1902년 11월 10일까지 이어진다. 셔우드 홀의 육아일기는 전체 188쪽이며, 쪽당 39줄로 구성된 직사각형 모양의 노트북이다. 딸 에디스 마가렛 홀 육아일기("Edith Magaret Hall's Diary"[13])는 에디스의 생일인 1895년 1월 18일에 시작

11 셔우드 홀, 『닥터 홀의 조선회상』, 김동열 옮김, 서울: 좋은씨앗, 2003, 232, 239-240, 284, 532-534쪽.

12 셔우드 홀 육아일기의 표지에 기록된 제목을 따라 명명했다. 이 제목은 노트북 표지에 일기의 기간인 "Nov. 10, 1983-1902"와 함께 기록되어 있다. 필체는 로제타 셔우드 홀의 것으로 보이며, 별도의 용지 없이 노트의 지면에 적힌 펜글씨이고, 표지는 아기 그림으로 장식되어 있다. 로제타 셔우드 홀, 『로제타 홀 일기 5: 셔우드 홀 육아일기』, 김현수·강현희, 서울: 홍성사, 2017.

13 표지에 기록된 제목 라벨에 따라 명명했다. 이 라벨은 노트북의 표지에 덧대어져 있다. 대문자로 적혀 있고 로제타 셔우드 홀의 일기의 펜글씨와 필체가 달라 보여, 육아일기를 보관하는 과정에서 붙여진 이름으로 추정된다. 영문 전문은 "EDITH MARGARET HALL'S DIARY KEPT BY HER MOTHER, ROSETTA SHERWOOD HALL. EDITH WAS BORN JANUARY 18 1895 IN LIBERTY NY IN SAME HOUSE AS HER MOTHER."이다. 로제타 셔우드 홀, 『로제타 홀 일기 6: 에디스 마가렛 홀 육아일기』.

되어, 에디스의 사망 2주년인 1900년 5월 23일까지 이어진다. 쪽당 30줄로 전체 노트는 299쪽이며, 그중 1쪽부터 138쪽까지에 걸쳐 일기가 적혀 있다.

역사 사료로서 육아일기는 아직 그 연구 사례가 매우 적지만 아동사의 발달과 함께 최근 들어 크게 주목받고 있다. 그간 다양한 육아일기 및 메모 등이 개별 가족 사료(family archives)로 보관되어왔으나, UCLA의 루이스 M. 달링 생물의학 도서관(UCLA Louise M. Darling Biomedical Library)은 1천 200여 개에 달하는 육아일기를 수집해 보관하는 작업을 해왔다.[14] 최근 UCLA 자료를 포함한 다수의 육아일기를 분석한 미국의 대표적인 아동사가 자넷 골든(Janet Golden)에 의하면 육아일기는 역사 사료로서 다음과 같은 중요한 가치를 가진다. 아기들의 삶과 부모들의 변화하는 (아기에 대한) 기대 및 육아 방식을 상세하게 기록하고 있는 육아일기는 "풍부한 역사 사료(a rich historical source)"이다. 더불어 전기(biographies)와 스크랩북(scrapbooks)의 중간 형태를 띠고 있는 육아일기는 다양한 종류의 사료를 포함하고 있고, 이는 "일상적 유아의 삶(daily nursery life)"의 기록물이며, 규범적인(prescriptive) 육아 지침서 등에서는 발견할 수 없는 내용을 역사가에게 제공함으로써 "정보의 평형(counterweight to information)"을 맞추도록 도와준다. 더 나아가 일반적인 사료 생산자가 아니라서 그간 아동사 분야에서도 소외된 영유아의 삶에 대한 역사가의 접근성을 높여준다는 데 있어 육아일기의 사료적 가치는 더욱 크다.[15]

---

14 ""Baby Books Collection", *UCLA Louise M. Darling Biomedical Library* (http://www.library.ucla.edu/special-collections/medicine-sciences-biomedical-library/baby-books-collection).

15 Janet Golden & Lynn Weiner, "Reading Baby Books: Medicine, Marketing, Money and

홀 여사의 육아일기는 미국에서 아동에 대한 어머니들의 기록이 많이 만들어지는 시점에 제작되었다. 미국에서는 19세기 말부터 상업적 형태의 육아일기장이 생산되기 시작했다. 남아 있는 상업적으로 유통된 육아일기의 이른 예시는 1884년에 출판된 의사 던바 워커(Dr. Dunbar Walker)의 『부모의 의학노트(*Parents' Medical Notebook*)』로, 자녀의 질병 및 장애 등에 대한 기록을 남길 수 있도록 도표가 포함되어 있었다. 또 1898년도에는 삽화가 마우드 험프리(Maud Humphrey, 1868~1940)[16]의 20개의 흑백 삽화와 다채로운 12색 색채로 장식된 36쪽짜리 『아기의 기록(*Baby's Record*)』이 판매되었다. 이 일기장에는 자녀의 첫 외출, 첫 아동복 착용, 식탁에 앉은 첫날, 의학 및 발달에 관계된 주요 단계(체중, 치아, 첫 웃음, 첫 걸음마) 등을 기록하게 되어 있었다.[17] 당시 이러한 상업화된 육아일기장은 출산을 준비하는 여성에게 선물되기도 했고 산모가 직접 출산 준비 비품으로 구매하기도 했다. 20세기 초반에 들어서면서 아동 건강에 대한 의료계 및 사회의 관심이 집중됨에 따라 더 다양한 개인 및 기관들이 육아일기장 유통에 참여하게 되었다. 그 가격은 매우 다양해 병원이나 공중보건 관련 기관, 또는 생명보험회사 등에서 무료로 배부하는 육아일기장이 있었던 반면, 1915년 발행된 『내 아기의 책(*My Baby's Book*)』과 같이 상류층을 중심으로 많이 유통되었던 육아일기장의

---

the Lives of American Infants", *The Journal of Social History 44,* 2011, pp. 667-668; Janet Golden, *Babies Made Us Modern: How Infants Brought America into the Twentieth Century,* New York: Cambridge University Press, 2018, pp. 1-9.

16 배우 험프리 보가트(Humphrey Bogart, 1899~1957)의 어머니로, 남편 벨몽드 포레스트 보가트(Belmont DeForest Bogart, 1867~1934)는 외과 의사였다. 그녀는 아들을 모델로 많은 삽화를 그렸다. Janet Golden, & Lynn Weiner, "Reading Baby Books", p. 669.

17 Janet Golden, & Lynn Weiner, "Reading Baby Books", p. 669.

경우 당시 1.5달러(현재 가치 32달러) 정도의 가격으로 판매되었다.[18]

그러나 홀 여사의 일기는 상업화된 일기장에 기록되어 있지 않았다. 그녀의 육아일기 기록은 1893년 셔우드의 생일에 시작하지만 홀 여사가 1890년 10월 14일에 서울에 부임해 1895년 1월 샌프란시스코로 첫 휴가를 떠난 것을 고려할 때 상업화된 육아일기장을 구매하기 어려웠을 가능성이 있다. 그러나 같은 해 1월, 미국에서 출산 후 기록하기 시작한 딸 에디스의 일기장도 일반 노트에 작성되었다. 이에 더해 1893년부터 1902년까지의 기록을 포함하고 있는 홀 여사의 육아일기는 자넷 골든이 관찰한 20세기 중반에 가까워지면서 일어난 영유아 육아에 대한 부모의 접근 방식의 패러다임이 변하기 전에 작성된 기록이었다. 골든에 의하면 이 시기에 바람직한 육아에 대한 전문가적·사회적 기대가 변화하게 되면서 어머니들은 점차 육아일기에 자녀의 사고 등에 대한 부정적 기록을 배제하기 시작했다고 한다. 홀 여사의 경우 후일 경계하게 되는 육체적 체벌을 통한 교육이라든지, 크고 작은 (어른들의 부주의로 일어난) 사고에 대해서도 비교적 솔직한 기록을 담아내고 있다. 그러므로 기록의 형식과 항목, 그리고 그 내용 면에 있어서 편집자의 의도에 따라 디자인되어 있는 기성의 육아일기장에 비해 홀 여사의 일기장은 19세기 말에서 20세기 초 육아 방식에 대한 시대상을 대변하면서도 그 구성과 내용에 있어 종교인으로서, 여성 및 소아과 진료를 주로 한 의사로서, 그리고 백인 중산층 여성으로서의 육아에 대한 그녀 자신의 기준이 더욱 자유롭게 표출된 기록이라고 할 수 있다.

홀 여사의 육아일기는 자녀의 영유아기 및 유년기 성장과 관련된

---

18 Janet Golden, & Lynn Weiner, "Reading Baby Books", pp. 669, 671-672.

매우 다양한 종류의 상세한 사료를 포함하고 있다. 그녀는 자녀의 (정서적·육체적·종교적) 발달 상태 및 일상에 관계된 자료와 더불어, 주요 질병의 경험과 치료에 대해서도 별도의 상세한 의료 기록지를 만들어 별첨했다. 다수의 성경 문구, 시(특히 아동을 주제로 한 시), 노래(hymn) 가사, 명언 등이 포함되어 있으며 아기와 꽃을 그린 삽화로 장식되어 있다. 잡지의 기사, 편지(그녀의 주변인과 자녀가 작성한), 초대장 등이 필사 또는 스크랩되어 있으며, 자녀들이 쓴 글씨나, 만든 소품들, 채집한 식물 표본 등도 함께 보관되어 있다. 방문지에서 구매한 기념품 및 항해 기록, 입국 기록, 지도, 선박에서의 식사 메뉴 등 여행에 관계된 자료도 포함되어 있고, 실제 크기의 손 그림 및 자녀의 머리카락 샘플도 일기장에 같이 보관되어 있다. 더불어 그녀가 거주했던 집, 주변인, 그리고 성장해가는 자녀의 모습 및 장례식을 찍은 다수의 사진 자료도 포함되어 있다. 이에 더해 육아에 들어간 비용의 회계 정리 및 자녀들이 생일과 명절에 받은 생일 선물 목록, 그리고 자녀들이 입었던 옷의 섬유조각 샘플까지 섬세하게 스크랩되어 있다. 이러한 다채로운 자료들은 19세기 말에서 20세기 초 내한 미국인 선교사 자녀의 삶, 특히 그들의 건강, 질병, 죽음의 경험을 재건하는 데 유용한 역사 사료가 되어준다.

3. 선교 여정과 아동 건강

선교사의 자녀로서 셔우드와 에디스는 여러 차례 한국 파견과 미국 귀국을 반복하는 어머니를 따라 당시 어린이로서는 드물게 대륙을 건너는 광대한 지리적 공간 이동을 했다. 이러한 장거리 여행은 흥미로운 경험이었을 것이나, 신체적으로 취약한 아이들에게는 종종 건강에 위협이 되곤 했다. 〈표 6-1〉은 홀 가족의 네 차례에 걸친 태평양 및 대서양 횡단 해외여행 기록을 상세하게 보여준다.

19세기 말에서 20세기 초 태평양을 건너는 국제 여행은 현재 기준으로 매우 긴 시간이 소요되었다. 19세기 후반 선박과 기차 등의 발달로 교통혁명을 이루어냈다고 하지만 해외로의 이동은 여전히 시간이 많이 소비되고 위험이 따랐다. 당시 한국과 미국 구간 직항 선박은 없었고, 일본 요코하마나 나가사키와 미국 샌프란시스코, 캐나다 밴쿠버 등을 연결하는 국제 선박이 있었다.[19] 그리하여 목적지에 도달하기 위해 국제선 이외에도 동부 뉴욕에서 서부로, 일본에서 한국으로 기차 및 증기선 등을 이용한 이동이 필수적이었다. 한국이나 미국의 최초 출발지에서 최종 목적지까지 최소 한 달 정도의 여행 기간이 소요되었다. 태평양 횡단 국제선의 경우에는 10일에서 17일 정도의 항해일이 소요되었다. 홀 여사와 자녀들은 영국, 캐나다, 일본에서 건조한 다양한 국제 선박을 이용해 태평양을 횡단했다. 대서양을 통해 동아시아로 오는 길은 이보다 좀 더 복잡했다. 1902년 9월 홀 여사와 셔우드는 한국에 부임하는 다른 의료선교사인 마거릿 에드먼즈(Margaret J. Edmunds) 및 메리 커틀러(Mary M. Cutler) 박사와 동행했다. 뉴욕에서 영국 런던으로 이동한 이들은 런던 도착 이틀 후인 9월 12일 출항하는 N.Y.K. 라인을 예약한 줄 알았으나 후일 예약에 문제가 생겼음을 깨달았다. 11월 7일 전에 탑승 가능한 여객선이 없었고, 일행은 시베리아 기차를 고려해보기도 했지만 결국 10월 6

19 E. Mowbray Tate, *Transpacific Steam: The Story of Stem Navigation from the Pacific Coast of North America to the Far East and the Antipodes, 1867-1941,* New York: Cornwall Books, 1986, pp. 105-107, 121-126.

〈표 6-1〉 홀 가족의 한국에서 미국 및 미국에서 한국으로의 여행 기간, 경로, 교통수단[20]

출발	경유지	국제여객선 승선	경유지	국제여객선 하선	경유지	도착
1894. 12. 10. 제물포	나가사키, 고베	1894. 12. 21. 요코하마에서 차이나호 승선	하와이 호놀룰루	1894. 1. 1. 샌프란시스코에서 하선	시카고까지 직행 좌석 기차(캘리포니아, 네바다, 유타, 와이오밍, 네브래스카, 아이오와, 일리노이주 횡단) / 시카고 → 뉴욕 리버티(기차, 증기선)	1895. 1. 14. 뉴욕 리버티
1897. 9. 6. 뉴욕 리버티	뉴욕(우티카, 오그덴스버그) → 캐나다(세인트로렌스, 브록빌) 캐나다 태평양철도(C.P.R) 이용 → 세인트폴 → 사우스다코타 빅터 → 세인트폴	1897. 10. 11. 밴쿠버에서 엠프레스오브인디아호 승선	기록 없음	1897. 10. 28. 나가사키에서 하선	(헤고호) 부산	1897. 11. 10. 한국 제물포
1901. 6. 7. 기록 없음 (아마도 뉴욕 리버티)	기록 없음	1901. 6. 22. 요코하마에서 니폰호 승선	하와이 호놀룰루	1901. 7. 7. 샌프란시스코 도착	뉴욕 버펄로	날짜 없음. 뉴욕 캐스틸
1902. 9. 2. 뉴욕시	1902. 9. 3. 세인트폴호 승선 1902. 9. 10. 런던 도착	1902. 10. 16. 영국 스완지발 글렌로간호 탑승 계획	러시아령 아르메니아 바툼	일본 [기록 없음]	기록 없음	1903. 3. 18. 한국 귀임*

* 육아일기에는 기록이 없어 로제타 셔우드 홀, 『로제타 홀 일기 4: Diary of Rosetta S. Hall 1892.3.8.-1894.10.1.』, "약력" 기록(268쪽) 참조.

일 영국 스완지(Swansea)에서 양철 화물을 싣고 출발해 러시아령 아르메니아 바툼에 들러 석유를 싣고 일본으로 항해하는 화물선 글렌로간호에 탑승하기로 결정했다.[21]

19세기 말에서 20세기 초 국제 여행을 하는 아이들은 소수였다. 국제 선박에서는 아이들을 위한 식사가 제공되었고 그들을 위한 레크레이션이 열리기도 했다. 캐나다 밴쿠버에서 출발해 일본 나가사키에 정박하는 엠프레스오브인디아호의 경우 홀 여사의 기록에 의하면, 배 전체 승객 수에 대한 언급은 없지만 1등실에 대략 100여 명 정도의 어른 승객이 탑승했고, 배 전체를 통틀어 어린이 승객은 14명 정도에 불과했다. 홀 가족 일행과 함께 배에는 16명의 동료 선교사들이 탑승해 홀 여사의 가족은 이들과 어울렸다. 선박의 저렴한 공간에 탑승하는 이민노동자를 제외하고 당시 국제 여행은 주로 경제적 여유가 있는 상류층만 가능했던 관계로, 국제선인 이 배에 탑승한 아이들 중 선교사인 홀 여사와 존슨 부인의 자녀들 외에는 모든 아이들이 보모나 가정교사가 있었다. 대형 선박 여행 시 식사는 운임에 포함되어 제공되었고, 승객들은 규정에 따라 식사를 했다. 엠프레스오브인디아호에서 아이들은 어른들과 따로 하루에 다섯 번 식사를 했다. 아이들은 보통 저녁 5시에 저녁식사를 하고 30여 분의 놀이 시간을 가진 뒤 7시에 취침해 아침 5시에서 6시 30분 사이에 일어났다. 이른 아침에는 배에서 심부름을 하는 아이가 약간의 과일과 크래커를 방

---

20 로제타 셔우드 홀, 『로제타 홀 일기 5: 셔우드 홀 육아일기』, 53, 66-74, 127-137, 174-178, 183-185쪽(이상은 셔우드 육아일기 원본의 쪽수가 아닌 책의 쪽수에 따라 표기했다. 이하 에디스의 육아일기도 동일하게 기록), 241, 260-270, 323-337, 386-389, 396-399쪽.

21 로제타 셔우드 홀, 『로제타 홀 일기 5: 셔우드 홀 육아일기』, 183-185, 396-399쪽.

으로 배달해주었다. 홀 여사는 7시 30분경까지 아이들을 씻기고 옷을 입혀 7시 45분까지 식당으로 올려보냈고, 아이들끼리 식사를 마치기 전에 데리러 갔다. 셔우드는 배의 갑판에서 열린 달리기 경주에 참가해 상품을 타기도 하고, 또래 아이와 어울려 친구를 만들고 같이 놀이를 하기도 했다. 일요일에는 배에서 아침 예배에 참석했다.[22]

셔우드와 에디스는 어머니를 따라 기차 여행도 자주 했는데, 국제 선박에서와 달리 기차 여행에서 식사는 자체적으로 해결했다. 처음 미국으로 귀국할 때 샌프란시스코에서 시카고까지 탄 직항 기차의 경우에는 일인당 6달러를 지불했다. 이 여행에는 박에스더와 박여선이 동행했다. 고급형 객차를 갖춘 팰리스 기차는 요금이 일반 기차의 2배가 넘는 15달러였고 식사는 끼니마다 1달러 정도였다. 한편 홀 가족 일행이 탑승한 기차의 경우 한 끼에 약 10센트가 지출되었고, 여행 비용 절감을 위해 상점에서 접시와 음식을 구매해 매끼 박여선이 식사를 준비했다.[23]

선박 및 기차를 이용한 장거리 여행 중 아이들은 종종 여행의 스트레스 때문에 아프거나 전염성 질병에 노출되었다. 선박 여행에서 가장 고통스러운 부분은 뱃멀미였다. 내륙 구간을 오가는 증기선이나, 일본과 한국 등 짧은 국제 구간을 이동하는 배들은 흔들림이 더욱 심했다. 1894년 겨울 시카고에서 뉴욕 구간을 이동할 때 이용한

---

22 동승 선교사 명단은 머독 매켄지(Murdock Mackenzie) 목사, 그로스벡(Grosbeck) 목사 부부, 밴다이크(Vandyke) 목사 부부, 케언즈(Cairns) 목사 부부, 닥터 스키너(Skinner) 목사, 그리피스(Griffith) 목사, 벨(Bell) 목사, 존스(Jones) 부인, 해리스(Harris) 박사, 피어스(Pierce) 양이다. 로제타 셔우드 홀, 『로제타 홀 일기 5: 셔우드 홀 육아일기』, pp. 122, 133-135, 320, 333-135쪽; 로제타 셔우드 홀, 『로제타 홀 일기 6: 에디스 마가렛 홀 육아일기』, 79-91, 231-240쪽.

23 로제타 셔우드 홀, 『로제타 홀 일기 5: 셔우드 홀 육아일기』, 72, 267-268쪽.

"증기선에서는 배가 너무 흔들려서 [셔우드는] 걸음마를 배우기는커녕 기어다닐 수도 없었다."[24] 아이들이 선박을 이용한 여행을 잘 견뎌주기도 했지만, 24시간 넘게 구토와 메스꺼움에 시달리면서 아무것도 먹지 못하거나 건강 상태가 악화되는 경우도 종종 있었다. 1897년 나가사키와 부산을 연결하는 니폰 유센 카이샤 라인(Nippon Yusen Kaisha Line)에 의해 운항되는 헤고(Hego)호 항해에 대해 홀 여사는 "우리는 모두 옷 입은 채로 누워버렸다. 너무 지쳐서 밤새도록 겉옷까지 모두 입은 채로 있었다"라고 적고 있다.[25] 이 경험은 셔우드의 기억에 남았고, 홀 여사와 미국으로 돌아가는 것에 대해 이야기할 때면 셔우드는 "멀미를 안 했던 좋은 배를 타고 가고 싶어요"라고 이야기했다.[26]

1897년 10월 세인트폴에서 밴쿠버로 이동하는 기차 여행 동안에는 셔우드와 에디스 모두 백일해(pertussis)로 의심되는 질병에 노출되었다. 홀 가족은 세인트폴에서 존스 부인과 그녀의 자녀 그레첸(Gretchen), 릴리언 해리스(Lillian A. Harris) 박사, 피어스 양을 만나 함께 밴쿠버로 이동했는데, 셔우드와 에디스는 객실에서 만난 6세 정도의 한 여자아이와 친구가 되어 어울려 놀았다. 밴쿠버에 도착하기 바로 전날 로제타는 그 아이가 백일해에 걸린 것을 알게 되었고, "그 아이의 부모들이 미리 이야기해주었더라면 어린 아이들과 같이 놀지 않게" 했을 것이라 원망 섞인 후회를 했지만 이미 늦었다. 벤쿠버에서 엠프레스오브인디아호에 탑승한 이후 셔우드와 에디스 그리고 그레첸 모두 아프기 시작했다. 랜디스(Landis) 박사가 아이들을 함께

24 로제타 셔우드 홀, 『로제타 홀 일기 5: 셔우드 홀 육아일기』, 73, 268-269쪽.

25 로제타 셔우드 홀, 『로제타 홀 일기 5: 셔우드 홀 육아일기』, 136, 335쪽.

26 로제타 셔우드 홀, 『로제타 홀 일기 5: 셔우드 홀 육아일기』, 137, 337쪽.

진료했지만 백일해의 특징적인 기침은 나타나지 않아 백일해인지 확실하지 않았다. 최종적으로 백일해가 아닐지도 모른다고 진단했지만, 두 아이 모두 감기와 유사한 증상으로 고통을 겪었고, 특히 이질과 뱃멀미에도 같이 시달린 어린 에디스의 상태는 더 나빠서, 말라리아(malaria) 감염까지도 의심할 정도로 열이 오르고 이상호흡 증상이 나타났다. 한국에 도착한 후 4일쯤 경과하자 에디스는 회복하기 시작했지만, 선박에서 내릴 때는 승무원에게 업혀서 하선할 정도로 그 상태가 심각했다. 홀 여사는 최종적으로 에디스가 "카타르성 폐렴(catarrhal pneumonia)"를 앓았던 것으로 진단했다.[27]

4. 아동의 성장 발달과 건강 관리

역사가들은 19세기 중반 중산층의 대두와 함께, 가정에서 아동의 가치에 대한 평가가 '경제적으로 가치가 있지만 대체할 수 있는 존재'에서 '경제적으로는 가치가 없지만 그 가치를 무엇으로도 대신할 수 없는 감성적 존재'로 급격하게 변화했다고 설명한다. 서구 사회에서는 18세기 계몽주의에서 낭만주의로 이어지는 시대를 통해 가족 구성원들 간의 '애정(affection)'을 중시하는 문화가 등장하기 시작했으며, 부모와 자녀의 관계에도 훈육보다는 '애정'과 '보살핌'을 중시하는 육아 방식 및 가족관계가 강조되었다. 19세기 중반 이후 중산층이 사회적 중심 계층으로 자리 잡게 되면서 도시 중산층 가정을

27 로제타 셔우드 홀, 『로제타 홀 일기 5: 셔우드 홀 육아일기』, 133, 331쪽; 로제타 셔우드 홀, 『로제타 홀 일기 6: 에디스 마가렛 홀 육아일기』, 89-91쪽[별지], 240-245쪽.

중심으로 "순수하게 어른들이 아이들에 대해 느끼는 감정적 애착(emotional attachment)"만으로 아동의 가치를 평가하는 경향이 나타났다.[28]

1870년대부터는 아동 건강에 대한 의료계의 접근 방식도 급변하기 시작했다. 새로운 아동관 및 육아관이 형성되어가는 과정에서 중간계층이 중요한 역할을 해나갔고, 아동에게 특화된 의료 서비스가 제공되어야 한다는 믿음이 확산되면서 소아과(pediatrics medicine)가 하나의 중요한 전문 분야로 성장하게 됐다. 1860년 미국에서 소아과 분야의 선구자로 알려져 있었던 의사 아브라함 자코비(Dr. Abraham Jacobi)가 뉴욕의과대학(New York Medical College)에서 처음 공식적으로 아동질병학 관련 학장으로 부임했다. 그 이후 1870년과 1880년에 걸쳐 대학 내 아동 질병에 대한 과목이 개설되었을뿐 아니라 아동 질병에 대한 임상적 지식을 쌓을 수 있는 병원 및 보건소 등도 건립되게 되었다. 소아과 분야 의학이 발전하면서, 1880년 미국의사협회(American Medical Association)의 '여성과 아동 질병(the Diseases of Women and Children)' 분과에서 '아동 질병(the Diseases of Children)' 분과가 분리되었다. 그리하여 1890년대까지 소아과는 전문 학과로 자리 잡게 되고, 아동병리학, 생리학, 세균학에 근거한 과학적 치료법의 도입이 중요하다는 인식이 널리 확산되었다.[29]

가정과 사회 그리고 의학 분야에서 어린이에 대한 관심이 커지면

---

28 Alexandera Minna Stern, & Howard Markel (Eds.), *Formative Years: Children's Health in the United States 1880-2000,* Ann Arbor, MI: The University of Michigan Press, 2004, p. 24.

29 Alexandera Minna Stern, & Howard Markel (Eds.), *Formative Years*, pp. 6-7, 23-39; Sydney N. Halpern, *American Pediatrics: The Social Dynamics of Professionalism 1880-1980,* Berkeley, CA: University of California Press, 1988, pp. 59-61, 65-69.

서 영유아 및 어린이는 다양한 영역에서 전문 연구의 대상이 되었다. 교육자, 의사, 심리학자 등 다양한 분야의 전문가들이 아동의 정신적·육체적 발달에 관심을 가지게 되었고, 그 과정을 표준화하려는 노력을 기울였다. 더불어 이들이 육아 부분에도 관여하면서 아동에 대한 과학적 연구가 이루어지게 되었고, 육아의 의료화가 진행되었다. 출산 전부터 출산의 전 과정, 그리고 영유아 및 아동에 관련된 위생과 질병 예방, 심지어 유아 급식(infant feeding)에 이르는 영역까지 의사들이 관여하게 되었다. 아동의 발달과 건강, 질병, 육아에 대한 상세한 가이드라인을 담은 육아 지침서들이 19세기 말 처음으로 나타났다.[30] 그 대표적 예로 미국소아과학회(the American Pediatrics Society)의 창립자이자 1888년 뉴욕유아병원(New York's Babies Hospital)의 과장이던 루터 에멧 홀트(Luther Emmett Holt, 1855~1924)는 뉴욕에서 안전한 우유 공급을 위한 우유 증명서(milk certification) 제도를 도입하는 데 기여했다. 더 나아가 홀트는 1894년 『어린이 돌봄과 급식: 어머니와 어린이 간호사의 교리문답서(*The Care and Feeding of Children: A Catechism for the Use of Mothers and Children's Nurses*)』라는 육아 지침서를 출판했다.[31]

홀 여사가 의학 교육을 받은 펜실베이니아여자의과대학은 이러한

30 Peter M. Dunn, "Dr. Emmett Holt(1855-1924) and the Foundation of North American Paediatrics", *Archives of Disease in Childhood 83,* 2000. 11, pp. 221-223; Steven Mintz, *Huck's Raft: A History of American Childhood,* Boston, MA: Harvard University Press, 2004, pp. 188-189.

31 20세기 중반으로 가면서 더욱 대중적으로 유통된 육아 지침서들인 존 드로더스 왓슨(John Broadus Watson, 1878~1958)의 *Psychological Care of Infant and Child*(1928), 그리고 벤저민 M. 스팍(Benjamin McLane Spock, 1903~1998)의 *Baby and Child Care*(1946)의 효시라고 할 수 있다.

소아과 분야의 두드러진 발전을 교과과정에 반영하고 있던 학교였다. 더불어 졸업 이후에도 그녀는 아동 관련 병원에서 인턴십을 했고, 이후 주요 진료 분야도 여성과 아동 질병이었다. 홀 여사는 한국에서도 서울의 보구녀관과 평양의 광혜여원 등 여성과 아동 진료를 중심으로 하는 병원에서 근무했다.[32] 그녀의 육아일기는 아동 질병 및 건강에 대한 전문적 지식이 실질적인 육아에 어떻게 반영되었는지를 보여준다.

홀 여사는 가능한 한 동일한 기간을 두고 육아일기에 기록을 남겼는데, 특히 아기들이 어릴 때는 되도록 한 달의 기간을 두고자 했다. 그러나 아이들이 좀 더 성장해가고 또 본인이 일로 인해 자주 기록을 남기기 어려워지면서 후반부의 기록은 규칙성을 잃었다. 패턴화되어 매번 기록되었던 항목은 아기의 육체적 발달 상황을 알 수 있는 몸무게, 신장, 그리고 머리둘레였다. 앞서 언급한 홀트의 지침서에는 가슴둘레도 중요한 측정값으로 언급되어 있지만, 홀 여사는 이 세 가지 측정값 중 체중에 가장 주의를 기울였다(〈표 6-2〉 참조).

아동 성장 기록의 기원은 18세기에 있다. 프랑스의 필리베르트 드 몽벨리아르 백작(Count Philibert de Montbeillard, 1720~1785)은 아들의 키를 출생 시부터 18세가 될 때까지 6개월마다 측정했고, 조르주-루이 르클레르 드 뷔퐁(George-Louis Leclerc, Comte de Buffon, 1707~1788)이 이것을 『박물지(*Histoire Naturelle*)』에 실어 출판했다. 19세기 이전에는 주로 군인의 입대 기준, 노예의 나이에 따른 노동력 측정을 목적으로 군인과 노예를 대상으로 한 인체 측정이 많이 이루어졌

32 이방원, 「보구여관(保救女館)의 설립과 활동」, 『의사학』 17-1, 2008, 39, 41쪽; 이만열, 『한국기독교 교회사』, 서울: 아카넷, 2003, 424쪽.

〈표 6-2〉 셔우드 홀과 에디스 마가렛 홀의 성장 기록[33]

셔우드 홀				
기록 년도	기록 월일	몸무게 (파운드)	키 (인치)	머리 둘레 (인치)
1893	11월 10일	9	-	-
	11월 30일	10	-	-
1894	1월 10일	10	-	-
	2월 6일	11	-	-
	3월 10일	12	24	16
	4월 10일	13 ½	-	-
	5월 10일	16	26 ½	17
	7월 10일	17	29	17
	8월 10일	18	30	17 ¾
	9월 10일	20	30 ¼	18
	10월 10일	19	30 ½	18
	11월 10일	20	31	18 ¼
1895	1월 10일	24 ½	-	-
	2월 10일	25	31*	18 ½
	3월 10일	27	위와 동일	-
	4월 10일	30	-	19
	5월 10일	29 ½	32	-
	7월 10일	31**	-	-
	8월 10일	위와 동일	-	-
	11월 10일	34	34***	19 ¼
1896	1월 10일	33	35	-
	7월 10일	32	-	-
	11월 10일	34	37 ¼	19 ¾
1897	2월 10일	-	38 ¼	-
	5월 10일	34 ½	3 feet 4 inch	20
	11월 10일	-	40	20
1898	11월 10일	41	42 ½	20 ¼
1899	11월 10일	45	46 ½	-
1902	11월 10일	52 ¼	67	-

에디스 마가렛 홀				
기록 년도	기록 월일	몸무게 (파운드)	키 (인치)	머리 둘레 (인치)
1895	1월 18일	7.5	-	-
	2월 18일	10	23	-
	3월 18일	11	24	14 ¾
	4월 18일	12 ½	25	15 ½
	5월 18일	14	-	-
	6월 18일	15	26	16 ⅛
	7월 18일	14 ½	27	-
	8월 18일	14	-	-
	9월 18일	15	-	-
	10월 18일	20	27	-
	11월 18일	21	28	17 ½
	12월 18일	21	30	18
1896	1월 18일	23	29½	18
	3월 18일	25	30½	18½
	5월 18일	26	31½	-
	8월 18일	28	33	18½
1897	1월 18일	30	35½	19½
	10월 23일	32	-	-
1898	1월 18일	34½	39	19¾

* 로제타 셔우드 홀, 『로제타 홀 일기 5: 셔우드 홀 육아일기』, 270쪽. 번역에 탈자가 있다. 원본 68쪽(책 74쪽) 사이드 바에는 31인치로 기록되어 있다.

** 로제타 셔우드 홀, 『로제타 홀 일기 5: 셔우드 홀 육아일기』, 279쪽. 81파운드로 번역되어 있으나 이는 잘못된 기록으로, 원본 80쪽(책 82쪽)에는 31파운드로 기록되어 있다.

*** 로제타 셔우드 홀, 『로제타 홀 일기 5: 셔우드 홀 육아일기』, 294쪽. 본문에서는 뉘어서 36인치로 기록되어 있다. 원본은 96쪽(책 98쪽).

다. 그러다가 19세기 중반에 들어 아동 노동 환경에 대한 우려가 커지면서 아동의 건강 상태를 측정할 수 있는 기준으로 인체측정학(anthropometry)을 이용하게 되었고, 이것은 19세기 말 소아과 분야가 성장하면서 의학적 측면에서 아동의 발달과 건강 상태를 측정하는 데 중요한 부분으로 자리 잡게 되었다. 홀 여사가 자녀를 양육하던 이 시기 즈음은 대규모 통계 자료의 정리를 통해 표준값을 만들려는 노력이 시작되던 시기로, 미국의 군인 출신 의사 헨리 바우디치(Henry Bowditch, 1840~1911)는 1891년 매사추세츠주 어린이의 나이에 따른 성장과 관련된 측정값을 연구하기 시작했다. 20세기 초 우량아(Better baby) 콘테스트가 보편화되면서 아동의 신체 사이즈에 대한 표준 기준은 상세히 정리되었고 그것은 대중에게도 보급되었다.[34]

홀 여사의 경우는 육아일기에 표준 기준에 대한 구체적 언급은 하지 않았지만, 소아 전문 의사로서 자녀들의 체중을 정상 발달의 기준으로 생각했던 것은 분명했다. 그녀는 또한 셔우드와 에디스의 신체 사이즈를 종종 비교했으며, 이를 통해 자녀의 신체 발달 상황을 점검했다.

홀 여사는 위의 세 측정값 이외에도 아기들의 발달 상황을 알 수 있는 다양한 기록들을 지속적으로 남겼다. 1년마다 아기들의 실측 크기 손 그림을 남겼고, 머리카락을 조금씩 잘라내어 스크랩했다. 언어발달에 대한 기록은 비교적 상세하게 기록되어 있고, 웃고 기고 걷는 등의 운동 능력과 감정 표현 능력, 상상력과 지적 능력 발달에 대한 기록도 남겼다. 쓰고 읽고 소품을 만드는 능력 또한 홀 여사가 집

---

33 이 표는 홀 여사의 육아일기를 바탕으로 필자가 재구성한 것이다.

34 Tim J. Cole, "The Development of Growth References and Growth Charts", *Annals of Human Biology 39*, 2012, pp. 382-388.

중했던 부분이고, 하나님의 존재 등 추상적 존재를 이해하는 능력과 기독교인으로서 필요한 기도를 하고 기도문을 쓰는 능력, 그리고 자신과 나눈 종교적 대화 등에 대해서도 기록했다.

더불어 19세기 말 사진 기술의 발달에 힘입어 홀 여사는 아이들의 성장을 기록할 수 있는 사진 자료를 되도록 많이 남기려고 했다. 그녀의 남편 윌리엄은 생전 우스꽝스러운 홀 여사의 표정을 남기고 싶다며 '코닥(kodak) 카메라'가 있었으면 좋겠다는 이야기를 했다. 1888년 처음 선보인 이 카메라는 휴대하기 좋은 크기로 휴대용 박스에 담겨 나왔다. 대중이 쉽게 접근할 수 있는 좀 더 저렴하고 단순한 카메라가 소개되기 시작한 것은 1900년에 들어서지만, 이미 19세기 후반에 걸쳐 사진의 대중화는 아동의 삶을 더욱 생생하게 기록할 수 있게 하는 획기적인 기술 문명의 혜택으로 인식되었다. 사진관이 보편화되면서 부모들은 기존에 아동 사망 시 자녀를 기억하기 위해 주로 찍었던 사망 후 사진보다는 삶의 기록을 충실하게 남기기 위한 사진 촬영을 선호하게 되었다.[35] 홀 여사도 스스로 사진관을 방문해 아이들과 함께 사진을 찍었고, 이렇게 찍은 사진들과 이외에 다른 사람들이 찍어준 아이 사진들을 잘 모아놓았다. 후일 에디스가 사망했을 때 그녀는 아이의 사진을 모아 기념 앨범을 제작했다.[36]

의복 또한 아기의 발달과 건강을 고려해 입혔다. 셔우드가 소년티가 날 때까지 의복은 주변인이나 홀 여사가 직접 만들어서 입혔다. 19세기 후반 당시 셔우드와 에디스는 많은 양의 천을 주변인들로부

---

35 1920년도에 이르면 사후 사진 촬영 풍조는 확연하게 쇠퇴했다. Any J. Catalano, *A Global History of Child Death: Mortality, Burial, and Parental Attitudes,* New York: Peter Lang, 2015, pp. 127-128.

36 로제타 셔우드 홀, 『로제타 홀 일기 6: 에디스 마가렛 홀 육아일기』, 132-135쪽.

터 선물받았다. 당시 장난감, 금화, 양말 등과 더불어 섬유는 아기에게 많이 주는 선물 중 하나였다. 지인들은 직접 성장 단계에 적합한 의복을 지어서 선물하기도 하고 천을 선물하기도 했다. 의복에 많이 사용되었던 섬유는 부드러워서 아기에게 적합하다고 당시 육아 지침서 등에서도 언급한 플란넬 종류였다. 이 섬유를 활용해 방한 및 통풍 등을 고려하여 계절에 맞는 의복을 지어 입혔다. 색감이나 디자인에 대한 관념은 현대 미국 사회와 달라 아기가 소년기에 접어들 때까지 색감이나 장식에 있어 크게 성별을 구분하지 않았던 것 같다. 셔우드의 옷에도 레이스 등 현대에는 여성복에 주로 사용되는 장식들이 이용된 것을 알 수 있다. 더불어 아기가 배변을 가릴 수 있을 때까지 바지는 입히지 않았고, 성별에 상관없이 아기용 드레스를 입혔다. 바지를 입기 시작하는 것은 성별 구분의 첫 단계이면서, 발달에 있어 중요한 지표가 되었던 것으로 보인다.[37]

자녀의 건강을 바람직한 상태로 유지하는 데 식품의 조절도 매우 중요했다. 홀 여사와 그녀의 지인 [매티] 노블(Mattie W. Noble) 부인은 모두 일기 기록에, 미국에서 생산되는 식품 중 서울에서 구하지 못하는 것은 그리 많지 않다고 적었다. 간혹 미국에서는 싸지만 한국에서 비싼 야채 등이 있어 병원 텃밭을 이용해 재배하기도 했지만, 대체로 선교사들은 대부분의 한국인 기준에서 볼 때 매우 풍족한 식생활을 했다. 홀 여사는 한국에서도 미국에서 생산되는 유아 식품들을 구할 수 있었다. 서구 국가들에서는 19세기 말부터 모유를 대체할 수 있는 유제품들이 상품으로 제작되어 유통되었고 캔에 포장된 유

---

37 섬유 샘플 사진은 다음을 참조. 로제타 셔우드 홀, 『로제타 홀 일기 5: 셔우드 홀 육아일기』, 12-14쪽; 로제타 셔우드 홀, 『로제타 홀 일기 6: 에디스 마가렛 홀 육아일기』, 156-159쪽.

아 식품도 생산되어, 1920년대 말에서 1930년대까지 미국 내의 유아 식품 시장은 크게 성장했다. 그러나 캔 식품의 경우 19세기 말까지는 아직 가격대가 높았고 1920년대에 들어서야 대중의 접근성이 높아졌다. 모유와 인공적으로 제작된 분유 중 어느 것이 더 아기의 건강에 좋은지에 대한 질문에, 앞서 언급한 의사 홀트는 자신의 1894년 육아 지침서에 모유라는 답을 주지만, 그 자신이 상세한 매뉴얼을 제공하고 있듯이 19세기 말 이미 모유를 대체할 수 있는 다양한 유제품 제조 방식이 소개되거나 그러한 제품들이 상업적으로 생산되었다. 19세기 말부터 스위스의 '네슬레 밀크 푸드(Nestlé Milk Food)', 영국의 '멜린즈 푸드(Mellin's food)', 그리고 캔에 포장된 연유(canned condensed milk) 등이 모유를 대체하는 영유아 식품들이었다. '육아의 의료화'와 '과학적 육아 방식'에 대한 개념이 확산되면서, 의사들 중에는 영양학적 성분의 조정과 측정이 용이한 분유를 더 선호하는 사람들이 증가하게 되었다. 19세기 중반에 오면 통상 3개월 내에 모유 수유를 끊는 등 모유 수유 기간도 줄어들었다.[38]

홀 여사도 자신과 아기의 상태에 따라 모유 수유와 분유를 적절하게 조절했다. 셔우드는 생후 4일째부터 황달 증상이 있었고, 변비도 매우 심해 상당 기간 매일 관장을 해야 했다. 출생 후 얼마 되지 않아 셔우드는 급성 위염에 걸렸고, 홀 여사는 모유가 기름진 것을 원인으로 생각했다. 자신이 식이요법을 하고 음료를 많이 마셔 농도를 조절하면서, '홀릭스 맥아유(Horlick's malted milk)'와 모유를 적절히 섞어서 셔우드에게 먹였다. 1894년 6월 셔우드는 일주일 동안 혈변을 봤

38 Amy Bently, *Inventing Baby Food: Taste, Health, and the Industrialization of the American Diet,* Berkeley, CA: University of California Press, 2014, pp. 16, 20–23.

는데, 홀 여사는 셔우드의 장을 세척하고, 비스무트, 펩신, 장뇌, 아편 팅크제 등을 처방했다. 그러나 셔우드의 상태는 좋아지지 않았고, 체중이 계속해서 줄었다. 다른 처방을 위해 홀 여사는 셔우드를 같은 의료선교사이자 제중원의 의사이던 올리버 에비슨(Oliver R. Avison) 박사에게 데려갔다. 에비슨은 염증에 효과가 있다고 생각되었던 '블루 표크타닌(Blue pyoktanin)' 주사를 놓아주고, 리스테린(listerine), 승홍(bichloride), 항이질약으로 이용되던 토근(ipecacuanha)을 처방했다.[39] 홀 여사는 아이들에게 환자와 영유아를 위한 제조 음식인 멜린즈 푸드도 줬는데, 음식이 상하기 쉬운 더운 여름철에 기차 등을 통해 여행할 때는 연유를 주기도 했다. 한편 과일과 야채는 역사적으로 오랜 시간 동안 어린 아기들에게는 금지된 식품이었다. 비타민은 1912년에 처음 발견되었고, 이러한 이유로 19세기 말 사람들은 과일과 야채를 통한 비타민 섭취의 중요성에 대해 인지하지 못했다. 그저 과일과 야채는 종종 아이들에게 설사와 이질을 유발하는 주범으로만 생각되어 2~3세가 될 때까지 먹이지 않았다.[40] 1895년 생후 9개월이 된 에디스는 소아 콜레라(cholera-infantum)[41]를 심하게 앓아 밤새 옷을 두 번이나 갈아 입혀야 할 정도로 토하고 심한 설사를 했다. 홀 여사는 아기에게 무화과 시럽을 주고 장세척을 해줬는데, 엄청난 양의 사과 껍질과 사과 속이 나왔다. 그녀는 낮에 셔우드가 에디스에게 우유병 대신 자기가 먹던 사과를 주고, 에디스가 그것을 다 먹어버린

39 로제타 셔우드 홀, 『로제타 홀 일기 5: 셔우드 홀 육아일기』, 20쪽[별지], 208-210, 409쪽[note 9]; 로제타 셔우드 홀, 『로제타 홀 일기 4: Diary of Rosetta S. Hall 1892.3.8.-1894.10.1.』, 221-222쪽.

40 Amy Bently, *Inventing Baby Food*, p. 19.

41 주로 과식이 원인이 되는 유아기 질병.

것이 원인이 되었음을 알게 되었다.[42]

5. 선교지에서의 질병과 죽음의 경험

한국에서 낯선 환경에 적응하는 것은 선교사 자녀들에게 하나의 도전이었다. 1897년 가을 언어 소통이 가능한 네 살배기 아이로 한국에 돌아온 셔우드는 한국의 거리에 대해 나름의 소감을 표현했다. 거리에서 풍기는 냄새에 대해 그는 "사람들이 여기서 돼지를 키우는 것 같아요. 그 냄새와 비슷해요"라고 했다. 벼룩의 존재를 아직 몰랐던 셔우드는 엄마에게 "바지 속에서 무는 '모기'"에 대해 불편함을 토로했다.[43] 위생 상태뿐 아니라 말라리아, 콜레라, 두창(痘瘡, 천연두), 소아마비, 이질, 홍역, 백일해, 장티푸스(typhoid fever), 결핵 등의 질병이 아이들의 건강을 위협했다. 홀 여사가 첫 한국 선교 때 머물렀던 평양의 숙소에 두창 환자가 살았다는 것이 뒤늦게 알려지기도 했고, 신혼 시절이었던 1893년 1월에는 소아마비 유행에 대한 염려로 선교사들 간의 새해 인사 행사가 취소되기도 했다.[44]

1898년 2월 보모가 자신의 머리를 손질하러 미용실에 가면서 셔우드와 에디스를 데리고 갔는데, 그곳에서 두 아이 모두 홍역에 노출되었다. 홀 여사는 셔우드가 한국을 떠나기 전에 홍역에 이미 한번 걸린 적이 있다고 생각해 면역이 있을 것으로 판단하고 에디스만큼 외출을 제한하거나 주의를 주지 않았었다. 이후 에디스는 곧 나았으

42 로제타 셔우드 홀, 『로제타 홀 일기 6: 에디스 마가렛 홀 육아일기』, 40-41, 198쪽.
43 로제타 셔우드 홀, 『로제타 홀 일기 5: 셔우드 홀 육아일기』, 137, 336-337쪽.
44 매티 윌콕스 노블, 『매티 노블의 조선회상』, 손현선 옮김, 서울: 좋은씨앗, 2010, 40쪽.

나 셔우드는 2주 동안 크게 앓았다. 2월 19일에는 체온이 105.5도(섭씨 40.8도)까지 오르고 거의 24시간 동안 고열이 지속되어 홀 여사와 그녀의 동료였던 커틀러 박사, 해리스 박사 모두 셔우드가 매우 위중하다고 판단했다. 정체가 명확하지 않은 "홍역에 이은 병(?)"이 폐렴이나 복막염 또는 다른 심각한 병은 아닌지 모두가 염려했고, 셔우드의 회복을 기원하는 기도회도 열렸다. 다행히 셔우드는 회복했다.[45]

셔우드는 위기를 잘 넘겼지만 에디스는 그렇지 못했다. 홍역에서 회복한 후 에디스는 열을 동반한 귀앓이를 심하게 했고, 다시 수포성 결막염에 걸렸다. 홀 여사는 그 이후 에디스가 허약해지기 시작한 것을 알았다. 귀의 통증 때문에 반나절을 침대에 머물기도 했다. 홀 여사는 고통을 덜어주기 위해 "따뜻한 코카인 물약"을 투약하고 귀를 세척해주었다. 그 이후로 에디스는 한기가 돌고 식욕이 없는 등의 증상을 보였고, 홀 여사는 에디스의 입맛을 살리기 위해 "키니네를 예르바 산타 시럽에 타서" 한동안 먹였다. 그러나 서울에서 평양으로 옮긴 지 얼마 되지 않아 에디스는 이질에 걸렸다. 1898년 4월 29일부터 거의 한 달간 에디스는 심한 이질과 말라리아로 투병했고, 5월 10일 이후부터는 아편(Opii Camphorata) 및 모르핀(morphine) 등의 약품도 투약되었다. 13일 홀 여사는 에디스의 모습이 "마치 죽은 아이" 같았다고 기록했다. 21일에는 복막염 증세까지 겹치면서 "겨드랑이 살이 너무 빠져서 체온계를 꽂을 수" 없는 상태에 이르렀고, 제임스 헌터 웰스(James Hunter Wells) 박사와 더글러스 폴웰(E. Douglas Follwell) 박사가 홀 여사와 함께 간호를 했다.[46]

---

45 로제타 셔우드 홀, 『로제타 홀 일기 5: 셔우드 홀 육아일기』, 139쪽[별지], 338-344쪽; 에디스, 104; 256-257쪽.

46 로제타 셔우드 홀, 『로제타 홀 일기 6: 에디스 마가렛 홀 육아일기』, 105-107쪽[별지],

그러나 1898년 5월 23일 저녁, 에디스는 어머니의 품에서 아버지의 곁으로 갔다. 이틀 뒤 평양의 그래함 리(Graham Lee) 목사 댁에서 에디스를 위한 예배가 열렸고, 26일 리 목사가 에디스의 시신이 담긴 양철로 된 상자를 공기가 들어가지 않게 납땜했으며, 생전 아버지의 지인이었던 김창식이 그 양철 상자를 가지고 26일 도보로 평양을 출발해 6월 1일 서울의 아펜젤러(Henry Gerhard Appenzeller) 목사에게 전달했다. 에디스는 양화진 아버지의 묘 옆에 묻혔다. 홀 여사는 에디스의 삶을 보여주는 10개의 사진이 담긴 추모 앨범을 만들었고, 에디스가 사망할 때 손에 쥐고 있었던 하얀 민들레와 함께 육아일기에 앨범을 보관했다. 홀 여사가 "작은 위로자"라고 부르곤 했던 에디스의 죽음에 대해 셔우드에게 전달했을 때 그는 "아빠가 에디스를 간절히 원했기 때문"이라고 답했다. 셔우드는 장례 때 별다른 반응 없이 동생의 손에 하얀 클로버 꽃을 쥐어주고 이마에 입맞춤을 했지만, 이후 에디스의 죽음의 느낌은 셔우드에게 각인되었고 매우 차가운 것을 묘사할 때 "에디스의 이마처럼 차갑고 …… 차가웠어요"라고 표현했다.[47]

선교지에서의 죽음은 어른에게도 아이들에게도 드문 일이 아니었고, 특히 체력적으로 취약한 아이들의 사망률이 높았다. 한국에서 선교 활동을 했던 장로교회 여성 선교사에 대해 연구한 마사 헌틀리(Martha Huntley)에 의하면 1880년대에서 1930년까지 선교사 자녀들은 7명 중 1명꼴로 사망했다고 한다.[48] 1957년 출판된 펄 벅(Pear

---

257-269쪽.

47 로제타 셔우드 홀, 『로제타 홀 일기 6: 에디스 마가렛 홀 육아일기』, 121-122, 257-269, 276-277쪽; 로제타 셔우드 홀, 『로제타 홀 일기 5: 셔우드 홀 육아일기』, 145, 351쪽.

48 Martha Huntley, "Presbyterian Women's Work and Rights in the Korean Mission", p. 40.

Buck)의 『투쟁하는 천사(*Fighting Angel*)』에서 인용해 헌틀리가 제시한 이 자료는 정확하게 어느 지역을 대상으로 조사가 이루어진 것인지 언급하고 있지 않지만, 선교사들의 기록에 나타나는 빈도수를 볼 때 아이들의 사망은 꽤 빈번했다. 홀 여사와 친분이 있던 감리교회 선교사 부인 매티 노블의 경우 두 자녀를 1889년과 1898년에 잃었고, 그 밖에 12세 버티 올링거(Bertie Ohlinger) 등 다른 선교사 자녀의 죽음에 대한 기록도 찾아볼 수 있다. 장로교회의 레티티아 빈톤(Letitia Coulter Vinton) 부인은 8년의 기간 동안 일곱 자녀 중 셋의 장례를 치렀고, 네 번째 사망한 아이와 함께 자신도 생을 마감했다.[49] 셔우드가 홍역과 합병증으로 매우 아팠던 1898년 홀 여사가 필사한, 미국 리버티에서 온 4월 17일자 편지에서 셔우드의 외할머니는 "…… 네 엄마가 귀국할 때 너[셔우드]도 살아남아서 미국으로 돌아오기를 기도한단다"라는 말을 남겼다.[50]

해외 선교는 여러 가지 측면에서 선교사들에게 정신적·육체적인 위험을 안겨주었다. 남녀 선교사 모두에게 선교지에서 정신적·육체적 건강을 유지하는 것은 선교 임무를 수행하기 위해 필수적인 첫째 요건이었다. 그래서 선교지에서 바람직한 미국인 기독교 가정의 모습을 재현하는 것은 다양한 측면에서 중요했다. 우선 물질적·정서적 측면에서 이상적인 선교사 가정은 해외 선교지에서 기독교 가정의 이상적 롤모델을 제시한다는 점에서 중요했고, 선교사들은 모범적 가정의 이미지를 통해 현지인들의 개종률을 높일 수 있을 것으로 기

---

49 Martha Huntley, "Presbyterian Women's Work and Rights in the Korean Mission", p. 39; 매티 윌콕스 노블, 『매티 노블의 조선회상』, 57, 105, 135쪽.

50 로제타 셔우드 홀, 『로제타 홀 일기 5: 셔우드 홀 육아일기』, 143, 349쪽.

대했다.[51] 그러나 이러한 다소 전략적인 측면을 제외하고라도, 낯설고 건강에 적대적인 생활환경 속에서 지속적인 선교 활동을 위해 정서적으로 안정되고 위생적인 가정의 역할은 매우 중요하게 생각되었다. 그리고 여성과 남성의 영역을 분리하는 빅토리아 시대의 사회적 성 관념에 영향을 받아 이러한 가정생활을 유지하는 임무는 많은 부분 여성에게 지워졌다.

죽음이 만연한 가운데 한국에 파견된 선교사들, 특히 의료선교 활동을 하는 선교사들은 육체와 정신의 건강을 지키는 방법에 대해 고민했다. 1895년 서울 지역에서 선교하던 캐나다 장로교회의 선교사 윌리엄 존 맥켄지(William John McKenzie)가 자살을 한 사건이 있었다. 이 사건은 선교사 사회에 큰 충격을 안겨주었고, 릴리아스 언더우드(Lillias Underwood) 의사는 그의 죽음의 원인을 한국인들과 함께 거주했던 것에서 찾았다. 한국에서의 외국인 선교사의 활동을 연구한 윌리엄 유(William Yoo)에 의하면 1880년대 한국 주재 미국인 선교사의 생활상에 대해 영국 등 해외 언론의 비판이 가해졌었다. 미국인 선교사들의 현지에서의 생활 방식이 한국 상류층의 생활 수준이며, 그들이 복음을 전파하고자 하는 대다수의 한국인들의 생활과 너무나 동떨어져 있다는 것이었다. 장로교회 측에서 선교사들을 옹호하는 항변을 했고, 이러한 생활 수준 및 방식의 유지는 선교사의 신체적·정신적 복지를 위해 필수적이라고 설명했다. 미국 본토 수준과 유사한 물질적 측면의 환경이 만족되어야 선교사의 건강이 유지될 수 있다는 논리였다. 릴리아스 언더우드가 맥켄지의 자살 원인에 대

51 Sandra C. Taylor, "The Sisterhood of Salvation and the Sunrise Kingdom: Congregational Women Missionaries in Meiji Japan", *Pacific Historical Review 48,* 1979, pp. 33–38.

해 분석한 것도 이와 맥락을 같이했다. 언더우드는 그가 한국인들과 동일한 환경 속에서 몇 개월을 지내는 동안 그의 육체 건강이 나빠지게 되어 정신적 상태에도 영향을 미치게 되었다고 주장했다.[52]

홀 여사는 에디스의 죽음의 원인을 한국의 위생 환경이나 한국인에게 돌리지는 않았다. 그러나 아이의 건강을 지키기 위해 필요한 환경을 조성해주지 못했던 자신의 잘못을 후회했다. 그녀는 아이를 데리고 1898년 한국으로 온 후 서울에서 공동 주거 생활을 하며 아이를 잘 돌볼 수 없었던 자신의 상황을 회고했다. 그녀는 에디스가 조금 허약해진 걸 알았지만 "에디스가 우리 세 사람이 지낼 수 있는 집에 살면서 엄마와 같이 식탁에 앉아 먹을 수 있다면, 그래서 엄마가 음식을 좀 더 잘 조절해줄 수 있다면 다시 건강하고 튼튼해 질 거라고 생각했다. 그러나 어찌하랴!"라며 자신의 부주의함을 탓했다.[53]

에디스를 구하지는 못했지만, 셔우드와 에디스의 질병 및 치료 기록을 볼 때 아동 질병 치료를 전문으로 하는 의사가 어머니였다는 것은 아이들의 건강 유지에 대체로 긍정적인 영향을 주었음을 알 수 있다. 의료 현장은 때때로 아이들에게 위험했다. 홀 가족의 거처는 홀 여사가 일하는 병원에서 그리 멀지 않았고, 그녀는 집에도 의약품을 보관했다. 세 살배기 에디스는 이러한 약품이나 알약을 발견하고 쏟거나 맛을 보기도 했다.[54] 그러나 아동 질병 치료를 전문으로 하는 홀 여사는 대부분의 경우 아이들이 아프거나 사고를 당했을 때 적절한 조치를 할 수 있었다. 홀 여사는 맥박, 체온, 호흡수 등 기본적 생명

---

52 William Yoo, *American Missionaries, Korean Protestants, and the Changing Shape of World Christianity,* New York: Routledge, 2017, pp. 40-42.

53 로제타 셔우드 홀, 『로제타 홀 일기 6: 에디스 마가렛 홀 육아일기』, 136, 279쪽.

54 로제타 셔우드 홀, 『로제타 홀 일기 6: 에디스 마가렛 홀 육아일기』, 103, 255쪽.

징후와 병의 증상 및 경과에 대해 별도의 상세한 진료 기록을 남겼고, 에디스의 마지막 투병 기간 동안은 생명 징후를 그래프로 정리하기도 했다. 이외에도 홀 여사의 주변에는 항상 동료 의료선교사들이 있어서, 아이들이 병이 났을 때 협진이 가능했다.

더불어 의약품 공급이 다소 어려울 수 있는 한국에서도 치료에 필요한 약품을 구하는 데 그리 큰 어려움이 없었고, 어설프기는 했지만 본인이 셔우드의 충치도 치료했다.[55] 해외여성선교회에서는 홀 여사에게 약품과 의료기기 구매에 필요한 금액을 별도로 지급했고, 미국에 주문한 약품은 샌프란시스코항을 통해 한국으로 배달되었다. 홀 여사의 육아 기록에서 한 가지 의문스러운 점은 아이들의 우두(牛痘) 백신 접종 기록이 없다는 점이다. 앞서 언급한 육아 지침서의 저자 홀트 박사는 3~6개월 사이에 반드시 우두를 접종할 것을 권장했다. 미국에서 취학 전 아동은 의무 백신 접종 대상이 아니었지만 육아 및 육아 기록에서 중요하게 다루어졌던 부분이고, 의사인 홀 여사가 그것을 놓쳤을 리는 없을 것 같다. 개별 선교부의 백신 관련 정책에 대한 상세한 정보는 아직 알기 어렵지만, 대체로 19세기 말에서 1910년대 초까지 감리교회 해외선교부와 WFMS 등에서는 선교사의 우두 접종을 의무화했다. 홀 여사도 선교사로 한국에 파견되기 전에 우두 접종을 받았다. 한편 선교사 가족의 경우 적어도 1940년도까지는 우두 접종이 의무화되었다. 그리고 홀 여사가 어린 자녀를 양육하던 19세기 말에서 20세기 초에 원한다면 미국, 일본, 한국에서 우두 접종이 가능한 상태였다. 이러한 상황에도 불구하고 자녀의 우두 접종 기록이 없다는 사실은 (단순 누락일 수도 있으나) 당시 미국 사회를 시

55 로제타 셔우드 홀, 『로제타 홀 일기 5: 셔우드 홀 육아일기』, 158, 369쪽.

끄럽게 했던 백신 부작용 사례와 백신 반대 운동의 영향으로 홀 여사가 자녀의 건강과 안전을 고려해 백신 접종을 미뤘을 가능성을 조심스럽게 추정해보게 한다.[56]

1899년 1월 18일 살아 있었으면 4세 생일을 맞이했을 에디스의 육아일기에 홀 여사는 에디스가 아픈 어린이들에게 얼마나 관심이 많았는지, 그리고 어떻게 환자를 위해 기도하고, 자신이 내보내지 않는 한 곁에서 꿋꿋하게 이를 뽑거나 종기를 치료하는 것을 지켜보고 있었는지를 회상했다. 그리고 분주하게 수술하는 중에 얼굴에 피가 튀자 언제 곁에 와 있었는지 모르게 수건을 구해와서 높은 의자를 놓고 올라가 자신의 얼굴에 묻은 피를 닦아주었던 에디스를 기억했다. 그리곤 이 아이도 언젠가 의사가 될 것이라고 생각했던 기억을 되새겼다. 에디스가 남긴 지갑에는 금화 2달러와 12.5센트가 남아 있었고, 홀 여사는 에디스를 위해 저축해놓았던 25달러를 에디스를 기념하는 어린이 병동 건립에 쓰기로 결심했다. 셔우드도 병원 건립에 돈을 보탰고, 고향 리버티의 친구들도 금화 150달러를 보내왔다.[57] 생존했다면 에디스가 5세가 되었을 1900년 1월 18일에도 홀 여사는 에디스의 육아일기를 썼다. 홀 여사는 평양의 에디스 마가렛 어린이 병동이 거의 완성 단계에 도달했다는 소식과 이 병원이 에디스

56 로제타 셔우드 홀, 『로제타 홀 일기 1: Diary of Rosetta S. Hall 1890.8.21-9.24』, 김현수·강현희 옮김, 서울: 홍성사, 2015, pp. 22, 24; Michael Willrich, *Pox: An American History,* New York: Penguin Books, 2011, pp. 246-284; 이현주, 「미국에서의 백신 반대 운동」, 『미국사연구』 47호, 2018, 11-16쪽; Hyon Ju Lee, "The Gospel through Healthy Bodies: Vaccinations and American Foreign Missionaries to Korea in the Late Nineteenth Century to the Mid-Twentith Century", *Journal of American Studies 51*(3), 2019, pp. 231-232.

57 로제타 셔우드 홀, 『로제타 홀 일기 6: 에디스 마가렛 홀 육아일기』, 136-138, 281-282쪽.

의 초상화와 장난감들로 장식되었다는 사실, 그리고 그곳에서 아이들을 초대해 파티를 열 것이라는 이야기를 마치 에디스에게 들려주듯이 적으며, "올 겨울에 엄마는 유난히 더 에디스를 그리워하고 있다. …… 에디스가 없는 삶은 너무 힘든 것 같다"라고 자신의 마음을 표현했다.[58]

딸 에디스의 사망 이후 홀 여사는 더욱 일에 열중했고, 형제를 잃은 셔우드도 어려운 시간을 보냈다. 홀 여사는 1899년 가을 에디스 마가렛을 추모하는 병동 건립 때문에 셔우드가 어떤 말과 행동을 하는지 많은 관심을 쏟을 수 없었고, 아이가 흥미로운 일에 대해 이야기해도 곧 잊어버리고 말았다.[59] 그렇게 1901년 에디스 기념 어린이 병동이 드디어 완공되었다. 여성병원의 기초가 설립되었고, 그녀를 도와줄 박에스더도 공부를 마치고 한국으로 무사히 귀국했다. 아무런 "나쁠 것이 없는데", 홀 여사는 중국으로 다녀온 봄 휴가 이후 자신이 한계를 넘어선 것을 스스로도 자각하지 못하고 있었음을 깨달았다. 신경쇠약에 걸렸고, 홀 여사는 요양이 필요하다고 판단해 3월 셔우드가 다니는 평양학교의 교사 오길비에게 셔우드를 맡기며 당분간 집을 돌보면서 셔우드와 등하교를 함께 해달라고 부탁한 후 건강을 회복하기 위해 서울로 내려갔다. 그때까지도 홀 여사는 자신이 곧 회복해 평양으로 돌아갈 수 있을 것이라 생각했지만, 그녀의 상태에 대한 선교부의 결정은 달랐다. 서울 정기총회 마지막 날, 해외여성선교회는 홀 여사를 위해 미국에서의 장기 휴가를 결정했다. 홀 여사는 급히 셔우드를 평양에서 데려와 미국으로 귀향길에 올랐다.[60]

---

58 로제타 셔우드 홀, 『로제타 홀 일기 6: 에디스 마가렛 홀 육아일기』, 146-148, 289-291쪽.
59 로제타 셔우드 홀, 『로제타 홀 일기 5: 셔우드 홀 육아일기』, 146, 161, 352, 372쪽.
60 로제타 셔우드 홀, 『로제타 홀 일기 5: 셔우드 홀 육아일기』, 171, 384-385쪽.

그러나 1901년 7월 7일 미국 샌프란시스코에 도착한 모자는 함께 지낼 수 없었다. 홀 여사는 친정어머니가 돌아가셔서 집으로 돌아가는 기분을 예전처럼 느낄 수 없었다고 적고 있다. 샌프란시스코에 머무는 2주 동안 프랭크 외삼촌이 샌프란시스코에 와서, 뉴욕 캐스틸에 있는 찰리 외삼촌 집으로 가 외삼촌이 서부 여행을 마칠 때까지 지내라고 조언해줬다. 여행 후 셔우드는 프랭크 외삼촌 집에 맡기고 홀 여사는 캐스틸이나 클리프터 스프링스에 있는 요양원에 들어갈 예정이었다. 셔우드는 친척 가정에 맡겨진 채 홀 여사와 8개월을 떨어져 지냈다. 그 사이 10월에, 로제타가 뉴욕 지부 정기총회를 마치고 요양원으로 돌아가는 길에 겨울 옷가지를 챙겨가려고 열흘간 프랭크 외삼촌 집을 방문했을 때 모자는 한 번 재회할 수 있었다. 이 어려운 시기 동안 홀 여사는 "1900년 11월 10일 이후 1902년 11월 10일까지 일기장에 손도 대지 않았다."[61] 마음과 몸을 추스른 홀 여사는 이제 9세가 된 아들과 함께 1902년 8월 14일 다시 고향 리버티를 떠나 한국으로 향했다.[62]

* * *

선교부에서 요구하는 선교사의 중요한 자격 요건은 신앙심과 어디에서든 봉사하려는 마음가짐 그리고 건강이었다. 나쁜 건강 상태는 본국 귀환의 타당한 이유로 받아들여졌다. 자연 및 도시 환경, 기후, 문화 면에서 매우 다른 지역에서 활동하는 선교사들에게 육체적

61 로제타 셔우드 홀, 『로제타 홀 일기 5: 셔우드 홀 육아일기』, 175, 178, 180[별지], 388-390, 392쪽.

62 로제타 셔우드 홀, 『로제타 홀 일기 5: 셔우드 홀 육아일기』, 183-185, 396-399쪽.

질병뿐 아니라 정신적 질병의 위협은 만연해 있었고, 동료나 가족의 죽음은 익숙해져야만 하는 드물지 않은 사건이었다.

19세기 말에서 20세기 초, 건강을 유지하기 위해 위생적인 개인 생활 방식과 습관 및 환경, 그리고 적절한 수준의 물질적 지원(식품, 가옥, 의복, 적절한 의료 서비스)이 이루어져야 하고, 이러한 건강 유지에 가장 중요한 공간이 가정이라는 생각은 미국 중상류층에서 널리 공유된 믿음이었다. 바람직한 가정은 어머니의 사랑과 도덕성 같은 정신적 요건들을 넘어, 적절한 물질적 자원의 투자가 함께할 때 이루어질 수 있는 것이었다. 선교사라는 직업으로 인해 해외 선교지에서 이들의 생활 방식이 시험대에 오르기도 했지만, 종교인이기 이전에 시대상을 공유하는 사회인으로서 해외 선교 사역자들도 정신건강뿐 아니라 물질적 측면의 건강, 그리고 물리적 환경이 가지는 중요성을 배제하지 않았다.

이러한 생각은 선교사 자녀의 건강 문제에도 적용되었다. 19세기 말 이후 가정에서 아동이라는 존재는 노동력이나 경제적 관점에서 계산할 수 없는 가치를 가지게 되었다. 이들의 발달과 성장 과정을 과학적으로 모니터링할 수 있는 데이터가 축적되었고, 아동에게 적합한 식품, 의복, 생활환경 등에 대한 전문가의 조언이 일상의 육아에 스며들었다. 선교지에서의 아동 양육은 본국과는 다른 많은 부분에서의 제약과 도전이 따랐지만, 19세기 말에서 20세기 초 선교사 부모들은 정신과 물질의 부분에 있어 과학적 양육 방식을 통해 아이의 건강과 생명을 지키고자 했다.

역사 사료를 직접 남기기 어려운 아동의 경우 그동안 선교의 역사에서 역사가들의 주목을 거의 받지 못했다. 그러나 이들의 삶과 건강, 질병, 죽음의 기록에 대한 이해가 없이 19세기 말에서 20세기 초의 실질적인 선교의 경험을 역사적으로 복원하기란 어려울 듯하다. 선교사 부모들에게 어린 자녀들은 타지에서 심리적 안정을 안겨주는 존재였다. 하지만 부모를 따라 낯선 환경에 적응해야 했던 자녀들의 나쁜 건강 상태와 죽음은 선교사 부모들에게 무거운 죄책감을 안겨줬다. 특히 의료선교사의 경우 선교지의 원주민 또는 복음선교사들에 비해 자녀의 건강과 질병을 더 잘 돌볼 수 있는 인적·물적 의료자원을 가지고 있었음에도, 상실의 슬픔은 그들의 삶을 흔들고 신념과 신앙을 시험하는 계기가 되었다. 에디스 사망 후에도 몇 년 동안 계속된 홀 여사의 에디스 육아일기의 마지막 부분은 남편과 자식을 선교지에서 잃은 메울 수 없는 상실감과 인간적 고통으로 가득 차 있다.

홀 여사의 육아 기록을 통해 본 선교사 자녀들의 건강, 질병, 죽음의 경험은 역사가가 19세기에서 20세기 선교의 역사를 새로운 시각에서 바라보는 눈을 뜨게 해준다. 선교사 자녀들은 그 부모의 삶과 선교 여정에 함께한 동반자였고, 부모가 삶을 지탱하는 이유이기도 했다. 관련 기록의 부족으로 당대 사료와 역사가가 재구성한 역사에서 이들의 존재는 미약해 보였으나, 이들의 삶과 죽음에 대한 이해야말로 19세기 말에서 20세기 초 해외 선교의 역사를 복원하는 데 있어 중요한 열쇠가 아닐까 한다. 이는 또한 역사가가 과거 인간 삶의 역사에 더 가깝게 다가가기 위해 아동의 건강과 삶, 죽음의 역사에도 주목해야 하는 이유라고 하겠다.

3부

국가의 질병 관리와 통제

7장 식민지기 한센병 환자를 둘러싼 죽음과 생존[1]

| 김재형 |

이 장은 일본을 통해 식민지 조선에 이식된 근대 한센병 관리 정책과, 이로 인하여 변화한 조선 사회를 한센병 환자가 어떻게 경험했는지 밝히는 것을 목적으로 하고 있다.[2] 그리고 한센병 환자가 겪은 낙인과 차별의 경험을 그들을 둘러싼 죽음을 중심으로 드러냄으로써 식민지기 소록도(小鹿島)를 정점으로 사회와 말단의 가족까지 한센병 환자를 체계적으로 절멸시키는 시스템이 형성되었음을 밝히고

---

1 이 글은 『의사학』 28-2(2019)에 실린 저자의 논문 「식민지기 한센병 환자를 둘러싼 죽음과 생존」을 수정한 것이다.

2 한센병(Hansen's disease)이라는 단어는 과거 문둥병과 나병이라는 병명이 낙인과 차별에 오염되었다는 지적에 따라 2000년 1월 12일 개정된 「전염병예방법」에서 공식적인 이름으로 사용되기 시작했다. 현재 이 질병에 걸린 것으로 진단된 환자는 한센병 환자(Hansen's disease patient)라고 부르며, 한센병 환자와 한센병에서 완치되었지만 이 질병에 부착된 낙인과 차별의 영향을 받는 사람들을 모두 포함하여 한센인(people affected by Hansen's disease)이라 부른다. 여기서는 현재 공식적인 병명인 한센병과 환자를 지칭하는 한센병 환자를 사용한다.

자 한다. 선행 연구는 주로 일본을 통해서 조선에 이식된 한센병에 대한 근대 지식, 그리고 조선총독부에 의해 설립된 소록도자혜의원(小鹿島慈惠醫院)의 영향으로 한센병 환자에 대한 낙인과 차별이 강화되었다는 시각을 공유하고 있다. 조선총독부가 1916년 소록도자혜의원을 설립하고, 1917년부터 부랑하는 한센병 환자를 단속하여 소록도에 수용하기 시작하면서부터 한반도에서 한센병 환자에 대한 낙인과 차별이 강화됐다는 것이다.[3] 반면 서양 선교사들이 설립한 나병원(한센병 전문병원)은 상대적으로 입원과 퇴원이 자유로웠기 때문에 낙인과 차별 강화의 책임에 자유롭다는 주장도 있다.[4] 하지만 사회 통제라는 측면에서 격리 제도와 시설이 낙인과 차별의 강화에 책임이 있다는 것은 부정할 수 없다.[5] 예를 들어 서양나병원이었던 여수애양원에서는 소록도보다 앞서 한센병 환자에 대한 단종 수술을 실시했다.[6]

선행 연구들이 주로 나시설을 중심으로 한센병 환자에 대한 낙인과 차별을 설명하려 했다면 서기재[7]는 한센병 환자에 대한 낙인과 차별의 강화 현상을 '제국의학'이 미디어를 통해 대중을 동원한 결과로 보았다. 그리고 김미정[8]은 신문기사 분석을 통해 당시 조선 사회

3 정근식, 「한국에서 근대적 나(癩)구료의 형성」, 『보건과 사회과학』 1-1, 1997; 정근식, 「식민지적 근대와 신체의 정치」, 『사회와 역사』 51, 1997.

4 최병택, 「남장로회선교부 한센병 환자 수용정책의 성격(1909-1950): 여수 애양원을 중심으로」, 『한국기독교와 역사』, 32권, 2010.

5 최정기, 「일제하 조선의 나환자 통제에 대한 일연구」, 전남대학교대학원 석사학위논문. 1994; 정근식, 「한국에서 근대적 나(癩)구료의 형성」.

6 김재형·오하나, 「한센인 수용시설에서의 강제적 단종·낙태에 대한 사법적 해결과 역사적 연원」, 『민주주의와 인권』 16-4, 2016.

7 서기재, 「한센병을 둘러싼 제국의학의 근대사: 일본어 미디어를 통해 본 대중관리 전략」, 『의사학』 26-3, 2017.

에 한센병 환자에 대한 부정적 인식이 있었음을 보여주었다. 이 두 연구는 모두 사회에서의 한센병 환자에 대한 낙인을 주목했다는 점에서 가치가 있지만, 1930년경 이후의 신문기사와 자료를 분석함으로써 시설과 제도의 도입 이후 1920년대에 이미 조선 사회에 뿌리내리고 있던 한센병 환자에 대한 낙인과 차별을 간과하고 있는 한계가 있다. 이 한계는 시설과 제도가 만들어내는 사회적 효과와 결과 그리고 그 과정에 관해 설명하지 못한다는 문제로 이어진다. 즉 한센병 환자에 대한 낙인과 차별은 총독부가 일방적으로 이식하고 강화시켰던 것인가, 사회는 그러한 과정에서 어떠한 역할을 했는가, 그리고 시설 외부의 환자들은 제도로 인해 변한 자신에 대한 사회의 대응을 어떻게 경험하고 있었는가에 대한 질문에 대해서 답하지 못하고 있다는 것이다.

이러한 연유로 식민지기 한센병 환자가 낙인과 차별을 실제 어떠한 방식으로 경험했는가에 관한 연구는 많지 않다. 한센병 환자의 차별 경험은 주로 나시설을 중심으로 서술되는데 그 이유는 시설에서의 자료와 증언이 더 잘 남아 있기 때문이다.[9] 식민지기 한센병 환자의 차별 경험은 『한센인 인권실태 조사』[10]에 일부 포함되었다. 그리고 『한센병 고통의 기억과 질병정책』[11], 『국립소록도병원 100년 구술사료집 1: 또 하나의 고향, 우리들의 풍경』, 『국립소록도병원 100년 구술사료집 2: 자유를 향한 여정, 세상에 내딛는 발걸음』 등의 구

8 김미정, 「나환자에 대한 일반대중의 인식과 조선총독부의 나병정책: 1930~40년대 소록도갱생원을 중심으로」, 『지방사와 지방문화』 15, 2012.

9 정근식, 「한국에서 근대적 나(癩)구료의 형성」; 정근식, 「식민지적 근대와 신체의 정치」.

10 서울대학교 사회발전연구소, 『한센인 인권실태 조사』, 서울: 국가인권위원회, 2006.

11 국사편찬위원회, 『한센병 고통의 기억과 질병정책』, 과천: 국사편찬위원회, 2005.

술 작업에 보다 자세히 기록되어 있다. 차별 경험에 대한 자료가 주로 구술에 의존하고 있는 이유는 자료의 한계 때문이다. 그러나 이들 구술 작업에서 주목하고 있는 것은 소록도라는 공간이었기 때문에 이들이 가족과 사회에서 경험한 차별은 단편적으로 드러나고 있을 뿐이다. 한편 자료의 한계를 극복하고 차별과 고통의 경험을 드러내기 위해 연구자들은 한센인이 저술한 문학작품에 주목했다.[12] 한센인이 저술한 문학작품 속 등장인물의 차별 경험은 저자가 자신의 경험에 바탕을 둔 것이라는 점에서 연구적 가치가 있지만, 이 경험들은 분산되어 있으며 동시에 개인적인 것이어서 보편성을 갖는다고 보기 힘들다.

이 장에서는 식민지기 신문기사 등의 자료를 통하여 한센병 환자의 차별 경험을 가족과 사회, 그리고 나시설로 구분해 살펴보고자 한다. 식민지 조선에서는 한센병에 대한 엄청난 수의 기사가 쏟아졌지만 한센병 환자에 대한 일상적인 무시, 모욕, 비난 등의 차별 행위는 잘 기록되지 않았다. 반면 한센병 환자를 둘러싼 죽음은 신문지상에 자주 보도되었는데, 죽음의 기록에는 일상적 차별 행위 등이 배경으로 드러난다. 이러한 이유에서 이 장에서는 식민지기 한센병 환자를 둘러싼 죽음에 주목하여 이들이 겪었던 낙인과 차별을 드러내고자

---

12 김학균, 「『당신들의 천국』에 나타난 한센병의 은유 고찰」, 『한국현대문학연구』 35, 2011; 정근식, 「사회적 타자의 자전문학과 몸: 심숭의 "나문학"을 중심으로」, 『현대문학이론연구』 23, 2004; 최명표, 「한하운 시의 정치시학적 연구」, 『현대문학이론연구』 26, 2005; 한순미, 「고독의 위치: 폭력과 저항의 유착(癒着): 한센인 노석현에 기대어」, 『상허학보』 46, 2016; 한순미, 「나환의 기억과 서사적 욕망: 맥락과 징후」, 『국어국문학』 155, 2010; 한순미, 「상처는 왜 쓰는가: 한국 나환자 심숭의 자전문학과 치유서사의 역사적 맥락」, 『인문과학연구』 34, 2012; 한순미, 「'서러움'의 정치적 무의식: 역사적 신체로서 한하운의 자전(自傳)」, 『사회와 역사』 94, 2012.

한다. 또한 일상적인 죽음의 위협을 피하기 위한 한센병 환자들의 노력에도 주목한다. 한센병 환자는 죽음의 위협을 피해 살기 위하여 가족-사회-나시설로 긴 여정을 떠난다. 그러나 그들이 최종적으로 도착한 한센병 시설은 궁극적인 죽음의 공간이었다. 식민지 조선에서 그들이 마음 놓고 살 수 있는 공간은 그 어디에도 없었다.

1. 한센병으로 인한 가족 관계의 해체: 자살과 살해

한센병 환자의 자살

1916년 2월 24일 조선총독부는 소록도자혜의원 설립을 공포했고, 1917년부터는 「나환자수용에 관한 건(癩患者收容関スル件)」에 의거하여 "노상이나 시장 등에서 배회하는 병독 전파의 우려가 있는" 부랑 한센병 환자를 수용하기 시작했다.[13] 그러나 강제 격리 법의 실시 이후 1920년대 초반에는 오히려 부랑 한센병 환자 수가 급증하고 이들에 대한 공포심이 강화됐다. 직업을 구할 수 없어 구걸 등으로 생계를 유지하는 도시의 한센병 환자는 위생과 치안이라는 2중의 사회문제가 되었다. 이에 따라 1924년경부터 도시민들은 관련 기관에 한센병 환자를 도시에서 추방해달라고 요구하기 시작했다.[14] 1920년 중반에 이르러 조선 사회에서 한센병 환자는 위생뿐만 아니라 치안에도 문제가 되는 집단이 되었다. 부랑 한센병 환자가 급증하게 된

13 국립소록도병원, 『한센병 그리고 사람, 백년의 성찰: 역사편』, 고흥: 국립소록도병원, 2017, 35, 38-39쪽.

14 김재형, 「부랑나환자 문제를 둘러싼 조선총독부와 조선 사회의 경쟁과 협력」, 『민주주의와 인권』 19-1, 2019, 134쪽.

이유는, 첫째, 도시에 있는 서양나병원에 치료를 위해 환자들이 몰렸기 때문이며, 둘째, 1920년대 조선총독부의 농업 수탈 결과 농촌 빈민이 도시로 대거 이주하는 과정 중에 경제 활동에서 배제된 한센병 환자들 역시 구걸 등을 위해 도시로 흘러 들어갔고, 셋째, 한센병 환자에 대한 낙인 때문에 환자들이 더는 집에 머무를 수 없었기 때문이다.[15] 그렇다면 부랑하지 못하고 집에 남았던 한센병 환자는 어떠한 경험을 했을까?

부랑 한센병 환자 수가 급증하기 시작하고 몇 년 지난 1920년대 중반부터 한센병 환자의 자살 사건이 신문기사에 소개되기 시작했다. 신문지상에 최초로 등장하는 한센병 환자의 자살 사건은 1926년 8월 13일 동아일보에 실린 「나병여자자살」이라는 제목의 기사에서 확인할 수 있다. 이 기사에 의하면 동래군에서 한센병에 걸린 한 30대 초반의 여성이 갑자기 사망한 사건이 발생했다.[16] 지역 주민들은 처음에 이 여성의 죽음을 남편 등 가족에 의한 타살로 의심했으나, 의사들의 검시 결과 알코올중독자로 판명되어 자살로 결론 내려졌다. 알코올중독과 자살 사이에 어떠한 인과관계가 있는지 현재로선 알 수 없지만, 당시 한센병에 관한 사회적 인식이 어떠했는지는 짐작 가능하다. 즉 지역 주민들이 이 사건을 접하고 바로 이 여성의 사인을 가족에 의한 타살로 의심했던 것을 보았을 때, 1920년대 중반 한센병에 걸린다는 것은 가족에 의해 살해당할 상황으로 인식되고 있었음을 알 수 있다. 이 기사를 시작으로 한센병 환자의 자살 사건을 다룬 기사가 점차 증가했다. 같은 해인 1926년 11월경 충남 모산역(毛山驛,

15 김재형, 「부랑나환자 문제를 둘러싼 조선총독부와 조선 사회의 경쟁과 협력」, 137-138쪽.

16 「나병여자자살」, 『동아일보』, 1926. 8. 13.

현 배방역) 근처에서도 한센병 환자 자살 사건이 일어났다.[17] 이 한센병 환자는 집에서 치료도 해주지 않고 오히려 자신을 쫓아내자 이를 비관하고 달리는 열차에 뛰어들어 자살을 감행했다.

1927년 8월에는 광주 양림동에 위치한 나병원 앞에서 30세의 남성이 소나무 숲속에서 목을 매고 자살했다.[18] 이 청년은 1920년경 한센병이 발병하자마자 광주나병원에 입원해 7년여간 치료를 받고 1927년 6월에 완쾌 판정을 받아 고향인 고흥의 집으로 돌아갔다. 그런데 계모를 비롯하여 동생들까지 접근을 피하며 냉대했고, 이에 다시 나병원으로 돌아가려 했다. 하지만 당시 광주나병원은 한센병 환자에 대한 거부감이 강했던 지역사회의 요구로 여수로 이전 중에 있었고, 이러한 이유로 입원을 거절당하자 그는 며칠간 병원 근처를 배회하다가 갈 곳이 없어 생을 비관하고 자살한 것이다. 이 청년에 대하여 다른 가족들이 접촉을 피한 것을 보아 낙인과 차별의 주요 원인은 전염성 때문임을 알 수 있다. 심지어 병원에서 완치 판정을 받았음에도 가족 구성원이 피한 것은 이 질병이 불치의 질병이라는 인식 때문인 것도 있었을 것으로 추정할 수 있다. 같은 해 4월 경남 산청군 단성면에서도 30세의 남성이 한센병에 걸려 고통스러운 가운데 넉넉하지 못한 가정 형편으로 치료를 제대로 받지 못하자 이를 비관하여 목을 매고 자살했다.[19]

〈표 7-1〉은 식민지기 신문지상에 소개된 한센병 환자 자살 사건의 기사를 기사 게재일, 성별, 나이, 자살 장소 및 방법, 그리고 자살 이유로 정리한 것이다. 식민지기 한센병 환자의 자살은 19건이 기록

17 「나병환자의 철도자살」, 『중외일보』, 1926. 11. 30.
18 「가족까지 냉대, 나병환자 자살」, 『동아일보』, 1927. 8. 26.
19 「나병자액사 병으로 고통」, 『동아일보』, 1927. 5. 9.

〈표 7-1〉 식민지 시기 신문기사에 등장하는 한센병 환자 자살 사건

번호	기사 게재일	성별(나이)	자살 장소 및 방법	자살 이유	신문명
1	1926. 8.13.	여성(32)	집 (미상)	가족의 냉대	동아일보
2	1926.11.30.	남성(불명)	철로 투신	가족의 냉대	중외일보
3	1927. 5. 9.	남성(30)	집에서 목을 매고 자살	병으로 인한 가계 부담	동아일보
4	1927. 8.26.	남성(30)	나병원 근처에서 목을 매고 자살	가족의 냉대	동아일보
5	1931. 5.30.	남성(23)	철로 투신	병이 심해짐	동아일보
6	1931.12. 8.	여성(불명)	바다 투신	가족에 대한 미안함	중앙일보
7	1932. 6. 3.	남성(40대)	철로 투신	염세	동아일보
8	1932. 7.26.	여성(30세)	바다 투신	구걸 등 비관	매일신보
9	1932.12.13.	남성(50대)	철로 투신	구걸 등 비관	매일신보
10	1933. 3.30.	남성(22)	철로 투신	병에 대한 비관	동아일보
11	1933. 5. 5.	남성(26)	철로 투신	가족에 대한 부담	조선중앙일보
12	1933. 7. 7.	여성(22)	강물 투신	병으로 인한 이혼	동아일보
13	1933. 7.20.	여성(19)	집에서 음독 자살	재발 및 낫지 못하는 병을 비관	조선중앙일보
14	1935. 2. 7.	남성(25)	철로 투신	병에 대한 비관	동아일보
15	1935. 7.13.	여성(24)	집 근처에서 목을 매고 자살	병에 대한 비관	동아일보
16	1936. 4.21.	남성(23)	집 근처에서 목을 매고 자살	처자가 전염될 것에 대한 두려움	매일신보
17	1937.11.15.	남성(29)	집 근처에서 칼로 자살	병으로 인한 이혼	매일신보
18	1939. 4.28.	여성(40)	외딴 곳에서 목을 매고 자살	병에 대한 비관	매일신보
19	1939. 6.28.	여성(38)	철로 투신	병에 대한 비관	동아일보

되어 있다. 총 19명의 한센병 환자 자살자 중 11명이 남성이고 8명이 여성으로 남성 자살자가 조금 더 많다. 그러나 한센병이 여성보다는 주로 남성에게 발병하는 것을 보았을 때, 여성 한센병 환자의 자살률은 남성에 비해 훨씬 높았다고 볼 수 있다.[20]

다음으로 자살자의 연령을 보면 불명인 2명을 제외한 17명 중 10대 1명, 20대가 8명, 30대가 5명, 40대 2명, 50대 1명으로 주로 젊은 층의 자살자가 많음을 알 수 있다. 자살 장소 및 방법은 성별로 구분했을 때 매우 특이한데, 남성의 경우는 주로 달리는 기차에 몸을 던져 자살하는 방법을 선택하고(6건), 여성의 경우는 주로 목을 매거나 물에 뛰어들어 자살하는 방법(6건)을 선택하고 있다. 자살의 주된 이유는 병으로 인하여 가족과의 관계가 악화됐기 때문으로 보인다. 가족이 냉대하거나, 이혼당하거나, 또는 가족에게 부담을 주기 싫어 자살한 사례가 총 10건으로 가장 많은 이유를 차지한다. 즉 한센병 환자에 대한 사회의 낙인과 차별은 환자와 가족의 관계를 해체하고 있었다. 한센병에 걸린다는 것은 생산 활동에서 배제되는 것을 의미했기 때문에 가족에게 경제적으로 부담을 주는 것이었다. 이러한 이유로 가족에게 부담이 되기 싫어 자살을 선택하는 사람도 있었다. 1931년 11월 3일 북청군 신창항에서 한 여성이 바다에 투신 자살한 사건이 발생했다. 신창면사무소에서 이 여성의 신원과 자살 원인을 조사한 결과 이 여성은 북청공립보통학교 교원의 장녀로 혼인 생활 중에 한센병에 걸리자 남편과 친정아버지에게 피해를 줄까 걱정하고 유서를 남기고 자살을 선택한 것이다.[21]

더군다나 이 질병이 치료 불가능하다는 인식에 더해 상황이 개선될 것이라는 전망을 할 수 없다는 것 역시 극단적인 방법을 선택하게

---

20 1935년 8월에 소록도갱생원에서 조사된 2천 693명의 한센병 환자 중 남성은 2천 17명, 여성은 676명으로 남성이 약 75%, 여성이 약 25%를 차지했다. 이러한 불균등한 성비는 식민지 내내 비슷하게 지속하는데, 실제로 한센병은 여성보다는 남성에게 훨씬 더 많이 발병하는 경향이 있다.

21 「문둥병든 여자가 바다에 투신 자살 병이 낫지 못할 것을 비관하고 북청신창항구의 비극」, 『중앙일보』, 1931. 12. 8.

하는 요인으로 작용했다. 이 질병이 치료되지 않는다는 막막함 때문에 비관해서 자살한 사건은 전체 19건 중 6건이나 있었다. 당시 서양 나병원에서는 대풍자유 치료제의 사용으로 완치 환자가 나왔지만 언론에는 소개되지 않았고, 오히려 한센병은 치료할 수 없는 질병으로 묘사되었기 때문이다.[22] 또한 부랑 생활이 오래되면서 신변을 비관하고 자살하는 사례도 있었다. 1932년 7월 26일 군산 바다에서 한 여성의 시신이 발견되었는데, 조사 결과 이 여성은 군산부를 방황하며 "걸식하는 여자"로, 비관 자살을 한 것으로 판명되었다.[23]

그리고 시간이 지나 낙인과 차별이 더 강해지면서 비한센병 환자인 다른 가족이 자살한 사건도 2건 있었다. 그만큼 한센병 환자에 대한 낙인과 차별은 심각한 것이었다. 1937년 9월 4일 경남 하동에서 젊은 여성이 섬진강에 투신 자살한 사건이 발생했다. 이 여성은 자신의 오빠가 한센병에 걸려 사람들에게 불쾌감을 주는 것을 참지 못하고 자살을 선택한 것으로 조사 결과 밝혀졌다.[24] 한편 가족 구성원 중에 한센병 환자가 있다는 것은 가족 전체가 낙인찍히고 공동체에서 배제당하는 것을 의미하기도 했다.[25] 박선주(가명)는 13세가 되던 해

---

22 김재형, 「한센병 치료제의 발전과 관리정책의 변화」, 『의료사회사연구』 3, 2019.

23 「나병환걸녀 비관코 자살」, 『매일신보』, 1932. 7. 26.

24 「오빠병을 비관코 묘령부 투신 자살」, 『동아일보』, 1937. 9. 4.

25 질병에 걸린 환자의 자살은 식민지기 신문에 종종 소개되는 기사 내용이었다. 자살 원인은 주로 질병으로 인한 경제적 어려움과 치료의 불가능성이었다. 예를 들어 결핵 감염에 따른 경제적 곤란으로 치료를 받지 못한 환자의 자살 기사도 자주 소개됐다(박윤재, 「조선총독부의 결핵 인식과 대책」, 『한국근현대사연구』 47, 216-234, 216쪽). 한편 간질 환자 역시 질병으로 인한 경제적 어려움 때문에 자살을 선택하기도 했다(「간질환자 철도자살, 빈고와병으로 죽어」, 『매일신보』, 1927. 11. 24.; 「간질환자 자살」, 『조선중앙일보』, 1935. 9. 19.). 매독 환자의 경우는 주로 치료 불가능성 때문에 자살하는 사례가 많았다(「대동교에 무주복, 매독병 환자가 투신 자살한 것」, 『매일신보』, 1924. 11.

인 1941년 한센병이 발병한 것이 마을에 알려지자 겪었던 경험을 다음과 같이 증언했다.[26]

> 전라도는 유독 더 그러잖아, 딴 데보다도 전라도는 유독히 병을 많이 꺼려요. 그러기 때문에 동네에서는 동네 샘물도 못 먹게 하제, 동네 놀러도 못 가게 하제, 그러니까 집에서 꽉 들어앉어 있는 거제, 한 1년 동안. …… 그 이듬해 1942년도에 결국은 지금은 경찰, 그때는 순사라고 그랬죠, 순사한테 고발을 해가지고 순사가 강제로 끌고 소록도로 넌 것이지요. 마을 사람들이 신고를 한 거여.

즉 가족 내에 한센병 환자가 있으면 동네 우물도 사용하지 못하는 등 마을에서 집단적인 따돌림을 겪게 되고, 종국에는 신고당해 경찰에 의해 소록도로 끌려가게 되는 것이다. 이러한 경험은 식민지기 한센병 환자에게 일반적인 것이었다. 한편 1920년대부터 한센병 환자들이 가족과 고향을 떠나 병을 치료하기 위하여 도시로 몰리는 현상이 발생한 것을 보면, 자살자들은 차마 집과 고향을 떠나지 못하여 목숨을 끊은 것으로 보인다.

23.; 「매독환자자살」, 『매일신보』, 1927. 7. 24.). 그러나 다른 질병에 걸린 환자의 자살 기사보다 한센병 환자의 자살을 소개한 기사 수가 훨씬 많은 데다가, 다른 환자들과 달리 이들의 자살 이유는 낙인과 차별의 결과로서 가족과의 관계 단절이라는 것이 중요한 지점이었다.

26 국립소록도병원, 『국립소록도병원 100년 구술 사료집 1: 또 하나의 고향, 우리들의 풍경』, 고흥: 국립소록도병원, 2011, 40쪽. 박선주(가명)는 전라남도 승주군 출신으로 1930년생이다. 13세에 발병 후 주민의 신고로 소록도에 입소해 식민지기 소록도를 경험했다.

가족에 의한 한센병 환자 살해

그렇다면 한센병에 걸려 집을 떠나거나 자살하지 않은 한센병 환자는 가족 내에서 어떠한 경험을 하게 되는가? 1930년부터 한센병에 걸린 환자를 가족이 살해하는 사건이 신문기사에 등장하기 시작했다. 1930년 10월 전남 함평군에서는 한 50세 남성이 부랑하던 25세 여성과 우연히 만나 결혼을 했는데 아내에게 한센병이 발병했고, 처음에는 치료를 위하여 노력했으나 차도가 없자 함평천에 빠트려 죽였다가 체포되는 사건이 발생했다.[27] 1931년 9월 경남 고성군에서는 친척 관계인 64세와 32세의 두 남성이 그들의 친척 여성(49세)을 불에 태워 죽였다.[28] 경찰 조사 결과 살해당한 여성은 한센병 환자로, 이 남성들은 환자인 여성의 어머니가 사망하여 장사를 지내던 중 고인의 의복 등을 불에 태울 때 환자를 그 불 속에 던져 살해한 것이었다. 살해 이유는 기사에 나오지 않지만 가해자들은 한센병 환자인 친척 여성을 매우 부담스러워한 것으로 보인다.

다음해인 1932년에도 경남 함안군에서 한센병에 걸렸다는 이유로 남편에게 쫓겨나 친정으로 돌아온 자신의 딸을 그 부모가 부자를 먹이고 물에 빠트려 살해한 사건이 있었다.[29] 1935년에는 8년 전 한센병에 걸린 숙모를 조카가 병원에 데려간다고 속이고 함께 집을 나선 뒤 강물에 빠트려 죽인 사건이 밝혀졌다.[30] 이처럼 식민지기 한센

---

27 「나병에 걸린 걸처를 살해」, 『매일신보』, 1930. 10. 30.

28 「나병친척을 소살한 2명」, 『동아일보』, 1931. 1. 18.

29 「지중에 의문의 여시, 혐의자 잡아 취조한 결과 '한센병녀라 부자로 독살」, 『동아일보』, 1932. 6. 9.; 「문동병 걸린 딸 독살한 부모, 남편에게 이혼당하고 와 있던 중, 각 오년 징역 구형」, 『동아일보』, 1933. 5. 5.

30 「나병 걸린 숙모를 양화에 투해, 병 치료하러 간다고 꼬여 갖고, 8년 전 살인범 검거」, 『동아일보』, 1935. 4. 5.

병 환자가 살해되는 사건은 모두 가족 구성원에 의하여 벌어졌다. 가족 내에서 벌어지는 한센병 환자에 대한 살해 사건 수 자체는 많지 않지만, 환자에 대한 낙인과 차별의 강도가 그만큼 심각했음을 보여준다. 가족 내 한센병 환자는 살해해야 할 만큼 다른 구성원에게는 큰 부담이었다. 그러나 피해자는 모두 가족 내에서 힘이 약하고 가장 지위가 낮은 여성이었다. 즉 가부장제 질서가 강한 식민지 조선 시대에 여성에게 한센병에 걸린다는 것은 가족으로부터 죽임을 당할 수도 있는 위험한 사건이었다.

한편 사회적 낙인과 차별이 자신의 자식에게 이어질지도 모른다는 두려움은 한센병 환자의 자식 살해로 이어지기도 했다. 1916년 경기도 양주군에 사는 33세의 한 여성은 자신의 남편이 한센병으로 사망한 직후 딸을 낳았으나 다른 사람들이 "문둥이 자식이라고 조소를 하며 배척을 할 터이니 아이를 살려두었다가는 남부끄럽기만 하다"고 생각하여 아이를 살해한 후 밭에 버렸다가 발각되었다.[31] 비슷한 일이 1931년 12월에도 벌어졌다. 경북 의성군 다인면에 사는 41세의 여성이 딸을 출산했는데, 자기 남편이 "문둥병으로 고민하는 것을 보고 자식의 장래를 생각하고 눈물을 흘리면서도 눌러 암살을 시킨" 것이 드러나 검거되었다.[32] 1933년에도 경남 합천군의 27세 남성 한센병 환자가 생활고에 시달리다가 자신의 아들이 "병신의 자식으로 태어나서 장래에 행복은 고사하고 강보에서부터 이다지 불행하게" 된 것을 비관하여 목을 잘라 살해했다.[33] 즉 이 세 사건은 한센병

31 「차아가 장성하면 조소를 받겠다」, 『매일신보』, 1916. 10. 4.

32 「나병자의 혈정, 그 모가 압살」, 『매일신보』, 1932. 10. 11.

33 「나병환자 내부의 내자 살해사건, 검사의 무기구형에 이년역을 언도」, 『중앙일보』, 1933. 1. 25.

에 걸리지 않은 자식일지라도 부모가 한센병 환자일 경우 부모에 대한 낙인과 차별을 같이 받게 된다는 것을 보여준다. 자신이 받는 낙인과 차별을 자식이 경험할지도 모른다는 것은 한센병 환자들에게 또 다른 고통이었을 것이다.

그러나 가족 내에서의 한센병 환자를 둘러싼 살인은 모든 가족 구성원에 의해 동일하게 자행되는 것은 아니었다. 일반적으로 가족 내 연장자가 연소자를 살해하는 경향을 보이며, 피해자는 모두 여성이었다. 즉 유교적 질서가 강한 가부장제 사회에서 한센병 환자에 대한 낙인과 차별은 가족 내에서 지위가 더 낮은 연소자나 여성에게 더 강하게 영향을 미쳤다. 한센병 환자에 대한 사회적 배제는 그들 가족에게까지 확장되었고, 그 결과는 한센병 환자의 가족 내에서의 배제로 이어졌다. 한센병 환자는 사회에서뿐만 아니라 가족 내에서도 받아들일 수 없는 존재가 된 것이다. 이러한 상황에서 한센병 환자가 선택할 수 있는 방법은 제한적이었을 것이다. 첫째, 가족의 이해를 받고 집에 숨어 있거나, 둘째, 가족의 양해를 구하지 못하면 집을 떠나 부랑 생활을 해야만 했다.[34] 그리고 셋째, 양해를 구하지 못했으나 집을 떠나 부랑 생활을 하지 못한 사람들이 취할 수 있는 또 하나의 선택지는 스스로 목숨을 끊는 것이었다. 마지막으로 스스로 목숨을 끊지 못하고 가족 내 위계질서에서 하층에 있는 아이들이나 여성은 다른 가족 구성원에 의하여 살해당하기도 했다. 식민지 조선에서 한센병에 걸린다는 것은 이렇듯 환자들에게 절망적인 상황에 놓였다는 것을 의미했다.

34 경제적 여유가 있는 가족의 경우 남성 한센병 환자는 집에 머무를 가능성이 커진다. 다른 이들과 격리될 수 있는 공간이 있으며, 별다른 생산 활동을 하지 않아도 생계를 걱정하지 않을 수 있는 집의 경우 한센병에 걸린 식구를 마을 사람들에게 들키지 않고 집 안에 숨길 수 있기 때문이다.

2. 생존을 위한 노력과 죽음: 인육 섭취

식민지 조선에서 한센병에 걸린다는 것은 사회뿐만 아니라 가족 내에서도 배제되는 것을 의미하게 되었다. 즉 한센병 환자는 극한의 절망적인 상황에 놓이게 되는 것이며, 이러한 절망에서 벗어날 방법은 완치뿐이었다. 그리고 질병을 치료하기 위하여 환자들이 선택할 수 있는 방법의 하나는 서양 선교사들이 세운 나병원이나 소록도에 입원하는 것이었다. 식민지기 서양나병원과 소록도 모두 한센병의 치료제로 대풍자유를 사용했는데, 초기 환자의 경우 대풍자유는 어느 정도의 치료 효과가 있었다.[35] 그러나 서양나병원과 소록도는 항상 환자로 가득 차 있었기 때문에 입원하지 못하고 도시를 배회하는 환자들이 훨씬 더 많았다.[36] 또한 사회에서 서양나병원과 소록도에서 사용하는 대풍자유의 효과는 전혀 알려지지 않았기 때문에 한센병은 치료 불가능한 천형병으로 여겨졌다.[37]

사회적으로 철저히 배제된 한센병 환자들이 절망적인 상황에서 벗어날 수 있는 유일한 방법은 병에서 치료되는 것뿐이었다. 그러나 병원에 입원할 수도 없고, 더군다나 효과적인 치료제의 존재조차 모르거나 그것을 구할 수도 없는 상황에서 환자들이 선택할 수 있는 방법은 구전으로 전해지는 미신을 따르는 것이었다. 미신은 절박한 환자들에게 더욱 강력한 영향을 미쳤다. 일본은 한일병합 이후 원활한 식민통치와 지배의 정당성을 획득하기 위하여 다양한 사회조사를 실시했는데, 이러한 사회조사의 결과물 중 하나가 1915년 출판된

---

35 김재형, 「한센병 치료제의 발전과 관리정책의 변화」.

36 김재형, 「부랑나환자 문제를 둘러싼 조선총독부와 조선 사회의 경쟁과 협력」.

37 김재형, 「한센병 치료제의 발전과 관리정책의 변화」.

『조선위생풍습록』이다. 이 책에는 민간치료에 관한 다양한 속설이 정리되어 있는데 한센병과 관련된 속설도 다음과 같이 포함되어 있었다.[38]

- 나병에는 4~5세 남자아이의 음경이 효과가 좋다고 믿어 그 병을 고치기 위해 어린아이를 죽이는 일도 있었다. (경기)
- 나병에 걸렸을 때는 뱀을 병 속에 넣은 뒤 질식시켜 부패한 즙을 복용한다. 이 뱀은 꽃뱀이어야 하고 특히 암수를 동시에 먹으면 한층 더 효과가 있다고 한다.
- 나병에 걸렸을 때는 소아의 생간을 먹는다.
- 나병에 걸렸을 때는 인육을 먹는다.
- 나병에 걸렸을 때는 등은 검고 배는 흰색을 띈 뱀의 생고기를 간장에 담가서 먹는다.
- 나병에 걸렸을 때는 아동의 사체를 먹는다.
- 나병에는 사람의 심장이 특효약이라고 하여 갓 죽은 어린아이의 무덤을 발굴하는 풍습이 있다. (전북)

민간의 속설에 한센병 치료에는 두 가지의 재료가 사용되는 것으로 기록되어 있는데, 하나는 뱀이고 또 다른 하나는 인육(人肉)이었다. 한센병의 치료제로 뱀으로 만든 백화사환(白花蛇丸)이나 백화사주(白花蛇酒)를 사용하는 것은 『동의보감(東醫寶鑑)』에도 등장하는 치료법이다.[39] 물론 『동의보감』에서 뱀을 치료제로 사용하는 방법은 민

---

38 조선총독부, 『민간의 질병인식과 치료행위에 관한 의료민속학적 연구』, 신종원·한지원 옮김, 서울: 민속원, 1915, 171-172쪽.

39 『동의보감』에는 한센병(大風瘡)의 치료제로 다양한 약재가 소개되어 있다. 이 중 백화

간의 속설과는 차이가 있다. 그러나 한센병의 치료제로 인육을 섭취하는 것은 동의보감을 비롯한 어떠한 의학서에도 등장하지 않는 치료법이었다.

조선시대에 한센병 환자가 인육을 먹은 기록은 아직 발견되지 않았기 때문에 언제부터 한센병 치료제로 인육이 사용되었는지 알 수는 없다. 최초의 사건은 전라남도 남원 군수였던 권직상(權直相)이 1900년 11월에 남생면에서 발생한 한 살인사건을 조사하여 작성한 보고서에 기록되어 있다.[40] 이 살인사건 사망자는 6세 남자아이 하나와 성인 남성 3명으로 총 4명이었다. 남자아이의 시체는 배가 갈라져 간이 적출되어 있었다. 또 다른 피해자인 성인 남성들 중 1명은 배가 칼로 갈라져 사망했으며, 다른 2명은 목을 맨 채 사망해 있었다. 그는 총 3번의 심문 끝에 사건의 진상을 파악했다. 피해자인 6세 남자아이가 친구와 놀려고 집을 나섰는데, 같은 마을에 살던 3명의 성인 남성이 사탕을 사준다고 꾀어 외딴 곳으로 데려가 살해한 것이다. 이 3명의 남성은 모두 대풍창(한센병)에 걸려 있었는데 어린아이의 간을 먹으면 병이 낫는다는 말을 듣고 이 아이를 살해하여 간을 적출해 먹은 것이다. 이 사실을 뒤늦게 안 아이의 아버지가 범행을 저지른 환자들을 추적하여 잡은 후 결박했고, 1명을 칼로 배를 갈라 살해했으며, 나머지 2명은 모두 목을 맨 채 죽었다.

질병의 치료를 위하여 인육을 섭취하는 것은 식민지 조선 시대에,

사(白花蛇) 등 뱀을 사용한 여러 방법이 소개되어 있다. 白花蛇丸: 治癩風, 白屑瘡痒, 皮膚皴燥. 白花蛇 一條, 當歸 二兩, 川芎·白芷·生地黃·防風·荊芥·(酒)芩·連翹·胡麻子·何首烏·升麻·羌活·桔梗 各一兩.(入門).

40 南原郡(朝鮮) 編, 「南原郡南生面致死男人金判述子六歲兒及李汝光李君必李判用查案」, 1901. 2.

최소한 특정한 시기에는 사회현상이 될 정도로 자주 발생했다.[41] 질병의 치료를 위하여 타인의 장기를 섭취하는 행위는 조선 명종(明宗)과 선조(宣祖) 대에 사회적으로 문제가 되었다. 명종(明宗) 21년(1566년) 기사에 따르면 주색을 좋아하다가 음창(陰瘡, 성병의 일종)에 걸린 자들이 '사람의 쓸개를 가지고 치료하면 그 병이 즉시 낫는다'는 한 의관의 말을 믿고 길거리의 걸인들을 죽여 쓸개를 취하는 일이 점차 증가했다.[42] 쓸개 섭취 사례가 얼마나 많았던지 결국 길거리에서 걸인들이 모두 사라지기에 이르렀다. 걸인이 사라지자 환자들은 이제 민가에 있는 아이들을 잡았다. 이로 인해 당시 아이를 잃은 집이 많았다고 한다. 이러한 현상은 선조(宣祖) 9년인 1576년에도 기록되는데 창질(瘡疾, 매독)을 치료하는 약으로 사람의 간과 쓸개가 효험이 있다는 소문 때문에 심지어 성인 남녀도 혼자 길을 가면 살해당하기 일쑤였다고 한다.[43] 이에 선조의 명에 의해 법을 만들어 현상금을 걸

---

41 기근이 들어 생존을 위하여 죽은 사람의 인육을 먹었다는 기록은 삼국시대부터 존재하는 등 오래되었다. 한편 인육을 질병의 치료에 사용하는 것 역시 역사가 오래된 것이지만, 특히 조선 전기에 이러한 기록이 급증했다. 이경록(2019)은 인육 치료에 대한 기록이 조선 전기에 증가하는데, 이는 유교적 질서를 바로 세우기 위하여 의도적으로 조장되었다는 것을 보여주었다(이경록, 「몸의 소비: 조선전기의 인육치료」, 『환자를 둘러싼 의료의 사회사 「의료사회사연구」 창간 1주년 기념 학술대회 발표문』 2019. 5. 18.). 문제는 인육 치료를 효행의 모범 사례로 기록하면서 치료 효과가 강조되었다는 점이다. 정부의 조장으로 인하여 단지할고(斷指割股)는 이 시기에 증가한다. 단지할고로 병든 부모를 살렸다는 내용의 기록들이, 인육을 먹는 것이 실제 치료에 효과가 있는 것처럼 사람들이 오해하도록 만들었던 것이다. 그러나 그 결과 조선 중기에 이르면 단지할고의 교훈에서 유교적 가치는 사라지고 인육 치료의 효과만 남게 된 것으로 보인다.

42 "是時士庶, 崇飮好色, 多得淫瘡, 有一醫官敎之曰: '若得人膽而治之, 其疾立愈.' 故以重賂募人, 殺人取膽. 先是, 京中東活人署、普濟院、弘濟院及鍾樓等處, 丐乞之人多聚焉. 衣破衣持瓢子, 乞食於街路者, 纍纍有焉. 四五年來, 路中頓無一人, 蓋盡爲取膽者所殺也." 『명종실록』 권31, 1191(명종 21년). 2. 29.

43 "京外人治瘡疾以人肉及肝膽爲藥, 凶惡之徒, 誘致小兒於無人處, 雖壯男女, 若孤單行路, 則

기에 이르렀다.

조선시대 성병 환자의 인육 섭취 행위는 기록되어 있으나 한센병 환자의 인육 섭취에 대해서는 20세기 들어와 기록되기 시작했다. 신문지상에 기록된 최초의 한센병 환자 인육 섭취 사건은 1908년 경상북도 양산군에서 벌어진 일이다.[44] 양산군 읍내 삼거리에 사는 23세의 여성이 남편이 대풍창으로 생명이 위독해지자 밤낮으로 기도를 했는데도 상태가 좋아지지 않았으므로, 결국 자신의 허벅지 살을 베어 회를 만들어서 남편에게 먹였다. 이 사건을 소개한 기사에 의하면 환자였던 남편은 아내의 인육을 섭취하고 병이 치료되었다고 한다. 기사에 따르면 이 여성의 희생은 주변 사람들에게 칭송받았다. 인육이 한센병 치료에 도움이 된다는 지식은 전통의학에 존재하지 않지만, 자신의 신체를 희생하여 부모나 남편의 목숨을 구하는 것은 유교적 질서에서 낯선 일이 아니었던 것으로 보인다.

가족 구성원 중 한센병에 걸린 사람의 치료를 위하여 자신의 인육을 제공하는 사건은 1908년부터 1940년 사이에 총 8건이 신문에 기록되어 있다.[45] 이 중 아내가 병든 남편을 위하여 자신을 희생한 사건

剠掠, 竝剳腹取膽, 因以轉賣, 必獲重價."『선조실록』 권10, 1576(선조 9년). 6. 26.

44 「전부할고, 김씨성심」, 『대한매일신보』, 1908. 11. 14.

45 조선총독부가 한센병 환자에 대한 강제 격리의 정당화를 목적으로 이들에 대한 부정적 이미지를 만들기 위하여 의도적으로 인육 섭취라는 부정적인 기사를 쓰도록 했다고 생각할 수도 있다. 하지만 조선총독부 입장에서는, 1920년대에 이미 조선 사회에서 한센병 환자는 충분히 부정적으로 낙인이 찍혔기 때문에 굳이 거짓 뉴스를 만들 필요가 없었다. 또한 조선총독부에 있어서 부랑 한센병 환자의 증가와 이들이 만들어내는 여러 사회문제는 모두 통치의 정당성을 훼손하는 것이었고, 실제로 불필요한 혼란과 통치자에 대한 불신 및 불만이 증가하는 원인이 되었기 때문에 이러한 종류의 신문기사는 장려할 만한 것이 못 되었다. 심지어 조선총독부는 소록도갱생원 확장 공사가 마무리되고 나서는 한센병 환자에 대한 기사를 내보내는 것을 제한한 것으로 보인다.

이 6건, 동생이 형을 위해 희생한 사건이 1건, 그리고 딸이 아버지를 위해 희생한 사건이 1건이었다.[46] 1908년 경남 양산군 읍내에서 23세의 여성이 아버지가 대풍창으로 죽을 지경에 이르자 밤낮으로 치성을 드리다가 결국 허벅지 살을 잘라 아버지에게 먹였다. 이 소식을 전한 기사에 따르면 이를 먹은 아버지의 병은 쾌차했다고 한다.[47] 「희세의 열부, 남편의 문둥병에 자기 살을 베어 먹어」(매일신보, 1925. 6. 29.), 「병부에 할고공궤」(동아일보, 1926. 1. 16.), 「박씨부인의 애열」(매일신보, 1926. 9. 19.), 「부친의 나병 고치려 할고공궤한 소녀, 동리에 전하는 미신을 믿고 살을 듬뿍 베어 부친을 먹여, 육친에 대한 효성일념」(매일신보, 1928. 2. 28.), 「남편 나병 고치고자 할육투제한 열부」(매일신보, 1930. 4. 9.)와 같은 기사의 제목은 인육을 먹는 행위의 야만성에 대하여 비판하면서도, 자신의 몸을 제공한 사람들에 대한 희생정신을 높게 사고 있다.

환자에게 자신의 몸을 제공한 사람들은 모두 가족 내 서열이 환자보다 낮은 사람들이었다는 데 공통점이 있다. 즉 장유유서라고 하는 유교적 질서는, 한센병에 걸린 가족 내 아랫사람을 돌보기보다는 그를 위한 희생을 요구하는 방식으로 작동하고 있었음을 보여준다. 특히 남편이나 아버지가 병에 걸렸을 때 여성이 자신을 희생하는 모습

---

46 「전부할고」, 『대한매일신보』, 1908. 11. 14.; 「형의 병에 할고한 제」, 『동아일보』, 1923. 2. 14.; 「희세의 열부, 남편의 문둥병에 자기 살을 베어 먹어」, 『매일신보』, 1925. 6. 29.; 「병부에 할고 공궤」, 『동아일보』, 1926. 1. 16.; 「박씨부인의 애열」, 『대한매일신보』, 1926. 9. 19.; 「부친의 한센병 고치려 할고 공궤한 소녀」, 『매일신보』, 1928. 2. 28.; 「남편 한센병 고치고자 할육투제한 열부」, 『매일신보』, 1930. 4. 9.; 「남편의 한센병 고치려고 할기공궤한 삼척 열부, 두근 가량의 살을 비혀 먹어」, 『매일신보』, 1931. 1. 20.; 「자기 살을 베어서 남편의 중병을 치료」, 『동아일보』, 1940. 2. 20.

47 「전부할고」, 『대한매일신보』, 1908. 11. 14.

은, 가족 내 여성이 질병에 걸렸을 때 살해당하는 것과 대비된다.

하지만 한센병 환자의 인육 섭취는 가족 내에서 이루어지는 것보다 가족 바깥에서 타인의 목숨을 해쳐서 얻는 방식이 더욱 많았다. 신문기사에 최초로 기록된 인육 섭취 미수 사건은 1910년의 일이다. 1910년 5월경 진주군 봉곡면 보리밭 가운데서 빨래를 하던 한 여성이 갑자기 근처에서 아이의 찢어지는 듯한 비명을 들었다.[48] 황급히 뛰어갔더니 자신의 여섯 살배기 아이가 대풍병자 4명에게 둘러싸여 있었다. 이들 중 3명이 아이를 잡고 나머지 1명이 칼로 아이의 살을 베려던 찰나에 다행히 어머니가 뛰어들어 아이를 구출한 것이다.

이후 식민지 시기 내내 한센병 환자의 인육 섭취 사건은 신문지상에 매년 몇 차례 소개되었고, 조선 사회를 공포에 휩싸이게 했다. 최초로 한센병 환자에게 아이가 살해당한 사건이 신문지상에 소개된 것은 1913년이다. 1913년 1월 16일 오후 7시에 동대문 성벽 밑을 지나가던 행인이 5세에서 6세가량으로 보이는 남자아이가 하체에 피를 흘리며 누워서 울고 있는 것을 발견했다. 이 행인은 곧바로 동대문 경찰 분서로 가서 사건 소식을 전했고, 이에 순사가 급히 사건 현장으로 뛰어갔으나 이미 아이는 거의 숨을 쉬지 않는 상태였다고 한다. 순사가 몸을 살펴보니 성기가 베여 사라졌으므로 아이를 조선총독부 의원으로 데리고 갔다. 그리고 사건을 조사한 결과 근처의 한센병 환자가 아이를 꾀어 수구문(水口門, 현재 광희문) 바깥의 사산(砂山) 근처로 데리고 가서 성기를 베어서 날로 먹었다는 것이 밝혀졌다. 이 사건을 소개한 신문기사는 "몰지각한 자가 허무맹랑한 미신으로 칼로써 이와 같이 흉이불측한 일을 감히 행했다"라고 비판했다.

---

48 「만풍가해」, 『황성신문』, 1910. 5. 13.

타인의 목숨을 앗아 인육을 섭취한 사건을 소개하는 기사는 1920년을 전후로 급증하기 시작했다. 1919년 11월 10일 경북 예천군 감천면 서동에 살던 31세의 한 남성은 사촌 형에게 억지로 술을 먹인 후 밭 가운데로 데리고 가서 살해하고 시체를 그곳에 묻었다가 발각되었다. 이 남성에게는 한센병에 걸린 아내가 있었는데 사람의 피를 마시면 병이 낫는다는 이야기를 어디선가 듣고 자신의 사촌 형을 살해한 것이다. 이와 같은 사건이 1920년에 전국에서 발생했다. 동아일보는 1920년 8월 13일 「미신은 망국의 화원, 문둥이는 음경을 먹어도 결단코 병을 낫지 않는다」라는 제목의 기사에서 한센병 환자의 이러한 행태를 망국의 근원인 미신이라고 강하게 비판하면서, 8월에만도 전국적으로 비슷한 사건이 4건이나 발생했다고 기록했다. 4건 모두 피해자는 남성으로 성기가 잘려 죽거나 장애를 입었다.

한센병 환자의 인육 섭취 사건과 관련한 기사는 매년 점차 증가하여 1928년에는 22개의 기사가 신문에 실렸다. 이러한 사건 중 일부는 성인을 대상으로 하고 있었지만 대부분 사건의 피해자는 아이들이었다. 신체의 부위도 처음에는 남자아이의 성기가 주로 대상이 되었다가, 시간이 지날수록 대상 부위는 간이나 콩팥과 같은 장기로 옮겨갔다. 남자아이의 성기에서 장기로 섭취의 대상이 변화하면서 살인의 대상도 남자아이뿐만 아니라 여자아이를 포함하게 되었다. 그리고 살아 있는 사람을 구하기 힘들 경우 시체가 그 대상이 되었고, 이 경우는 살이나 장기보다는 뼈가 섭취의 대상이 되었다. 이것은 가족 내에서 인육을 제공할 때 부위가 허벅지 살이었다는 것과 비교가 된다. 가족 내에서는 자신의 생존도 고려해야 했기 때문에 살이 많으면서 떼어내도 치명적이지 않은 허벅지를 선택한 반면, 타인의 경우는 치명적인 부위가 선택된 것으로 보인다.

살인과 식인 자체도 경악의 대상이었지만, 그 대상이 아이들이었다는 점은 일반인에게 충격적인 일이었다. 도시를 중심으로 부랑하던 한센병 환자들에 대한 도시민들의 불만은 주로 위생의 문제와 이들이 일으키는 경범죄였지만, 아이를 상대로 한 식인 행위는 도시민의 분노와 공포를 불러일으켰다. 특히 시간이 지나면서 비슷한 사건을 소개하는 신문기사들이 증가하자 이러한 공포 역시 더욱 커져만 갔다. 한센병 환자에 의한 식육 문제가 도시민에게 불러일으킨 공포를 가장 극명하게 보여주는 사회현상은 1936년에 나타났다.

> 요사이 충남 천안 예산 방면에는 문둥병 환자가 돌아다니면서 어린 아이의 생간을 취하여 먹는다는 무근유어가 전파되어 있음으로 학교에 다니는 아이들은 단독으로 학교에 가기를 무서워하여 보호자를 대동하고 통학하는 자도 있으며 더욱 심한 자는 결석까지 한다.[49]

한센병 환자의 어린아이 생간 취식은 전국적으로 흉흉한 소문을 낳았고, 그 결과 어린 학생이 혼자 통학하는 것도 어려울 정도로 한센병 환자에 대한 공포심이 발생했다. 한센병 환자에 대한 공포심은 학교 이전 문제에도 영향을 미쳤다. 1936년 대구 남욱정(南旭町)의 보통학교를 칠성정으로부터 부외 비산동에 이전하기 위한 계획이 수립되고 부지 매립이 추진되었는데, 이 이전 사업에 대해서 학부모들이 강력하게 반대했다. 학부모 측은 10월 9일 학교 강당에서 학부모 모임을 소집했는데 약 500명이 참석했다. 이들은 대구부윤을 방문하

49 「한센병 환자 생간 취식설 유포로 천안, 예산방면 아동들 단독통학 불능상태」, 『매일신보』, 1936. 6. 12.

고 결의문을 수교한 다음 경북도 당국을 방문하여 이전 계획의 반대 의견을 전달했다. 반대 의견의 근거 중 가장 중요한 것은 이전 지역으로 선정된 비산동이 비위생지대라는 것이었는데, 그 이유는 부근에 한센병 환자가 배회하기 때문에 아동 보호상 심대한 위험을 준다는 것이었다.[50]

이러한 상황은 여러 지역에서 비슷하게 발생한 것으로 보인다. 또한 한센병 환자가 실제로 지역의 아이를 살해하여 잡아먹었다는 소문이 퍼져 지역의 인심은 점점 흉흉해져갔다. 아이들의 등하교라는 일상생활까지 힘들어지는 상황이 오자 당국은 다양한 대책을 내기 시작했다. 먼저 한센병 환자가 아이들을 잡아먹는다는 것은 사실무근의 유언비어임을 강조하면서도, 경찰을 총동원하여 읍내와 역전 사이의 중요 지역마다 비상경계망을 설치한 후 부랑 한센병 환자의 단속에 힘썼다. 또한 각 가정을 방문하면서 어린이들을 잘 단속하도록 주의시키는 활동을 펼쳤다.[51] 실제로 한센병 환자가 어린이의 생간을 먹었다는 유언비어를 유포한 사람이 경찰에 체포되기도 했다.[52] 이렇게 경찰은 한센병 환자에 관한 소문의 확산을 막기 위하여 노력함과 동시에 부랑 한센병 환자를 단속하여 소록도갱생원(小鹿島更生院)에 격리시켰다.[53]

---

50 「나병환자 집합지에 아동 통학은 위험」, 『매일신보』, 1936. 10. 13.

51 「문둥이가 아이들을 꾀여갔다는 것은 허설」, 『매일신보』, 1936. 6. 16.; 「문둥이 소동, 철원에도 비화」, 『매일신보』, 1936. 6. 17.; 「문둥이 소동은 낭설, 두려워할 것은 없다」, 『매일신보』, 1936. 6. 18.; 「문둥이 소동으로 통학아동 공포, 경찰에 단속 요망」, 『조선중앙일보』, 1936. 6. 21.

52 「유언비어선포하고 유치장행, 문둥이가 생간 취식이라고 날조」, 『대한매일신보』, 1936. 6. 22.

53 「상주지방에도 문둥이 유언비어」, 『매일신보』, 1936. 7. 3.; 「대동군 하에 문둥이 유언」,

한센병 환자에 대한 일상의 낙인과 차별은 한센병 환자를 향한 다양한 폭력이나 가족에 의한 살인으로 이어졌다. 환자에게 놓인 극단적인 상황을 더욱 극단으로 몰아넣는 요인 중의 하나는 한센병이 불치라는 세상의 인식이었다.[54] 소록도와 서양나병원에서 사용했던 대풍자유는 초기 한센병 환자에게 상당한 효과를 가져왔음에도 불구하고 언론에서 한센병은 치료가 불가능한 불치의 병으로 묘사됐다. 이렇게 형성된, 한센병에 걸리면 어떠한 치료에도 완치가 되지 않는다는 인식은 이들 중 일부에게 미래에 대한 희망을 가질 수 없도록 했다. 이러한 인식에도 불구하고 많은 환자는 일말의 기대를 가지고 서양나병원이나 소록도를 찾아갔지만, 일부는 극단적인 미신에 의존하게 되었다. 즉 당시 한센병은 타인의 생명을 앗아 인륜을 어기는 식인을 해서라도 반드시 치료되어야만 하는 질병이었다.[55]

〈그림 7-1〉의 (a)는 소록도자혜의원(갱생원)의 수용 인원수 증감률과 한센병 관련 기사 건수를 비교한 것이다.[56] 이 그림은 소록도 수용

『매일신보』, 1936. 7. 8.; 「평남에서도 문둥이 소동 경찰의 유언취체」, 『조선중앙일보』, 1936. 7. 9.; 「김제 지방에도 문둥이 소동」, 『조선중앙일보』, 1936. 7. 22.

54 김재형, 「한센병 치료제의 발전과 관리정책의 변화」.

55 필자의 인터뷰에 의하면 식인을 하는 한센병 환자는 주로 부랑하거나 홀로 고립된 이들이었다고 한다. 집단을 이루거나 단체에 소속된 한센병 환자는 치료제에 대한 소식에 밝고, 사회적으로 문제가 생기면 환자 전체가 경찰의 단속 대상이 되고 시민들에게 구걸하기 힘들어지기 때문에 이러한 극단적인 행위를 삼갔다. 그리고 환자 단체 내에는 위계적인 질서와 규율이 있었고 이를 어길 시 강력한 처벌이 뒤따랐기 때문에 식인과 같은 일은 발생하기 힘들었다.

56 국립중앙도서관의 대한민국 신문 아카이브에서 '문둥', '나병', '뢰병', '대풍', '나창'의 단어로 검색한 결과 중에서 중복을 제외한 1910년부터 1945년 8월까지의 1천 41건의 기사를 분석 대상으로 삼았다. 분석 대상에 포함되는 기사를 생산한 언론사로는 황성신문, 매일신보, 동아일보, 시대일보, 조선신문, 중외일보, 신한민보, 중앙일보, 조선중앙일보가 있다.

인원수가 급격히 증가하기 직전 한센병 관련 기사 건수가 급증했음을 보여준다. 특히 소록도 수용 인원수가 1927년 270명에서 1928년 490명으로 81.4% 증가하기 직전인 1927년에는 지난해보다 한센병 관련 기사 건수가 급증했다. 비슷한 현상은 1934년 무렵에도 볼 수 있는데 1933년에 비해 1934년은 수용 인원수가 148%나 증가했고, 한센병 관련한 기사가 1932년에는 165건, 1933년에도 138건으로 급증했다. 이러한 현상은 소록도자혜의원(갱생원)의 수용 환자수를 증가시켜 시설 확충 공사에 필요한 예산을 마련하기 위하여 총독부가 언론을 통해 모금을 독려했기 때문이다.

〈그림 7-1〉의 (b)는 한센병 관련 기사 건수의 변화와 인육 섭취 사건 수의 변화를 보여준다. 한센병 관련 기사의 건수가 급증한 1927년 이후, 그리고 1932년과 1933년 이후 인육 섭취 사건 수 역시 급증했다. 그러나 1927년과 1932~1933년 이 두 시기의 한센병 관련 기사들은 그 내용 면에서 차이가 있다. 1927년경 언론에 주로 등장한 한센병 관련 기사는 한센병 환자가 사회에서 일으키는 문제와 그로 인한 도시의 혼란이 주 내용이었던 반면, 1932~1933년 기사의 주요 내용은 소록도갱생원의 확장 공사를 위한 모금의 독려에 관한 것이었다. 이러한 차이에도 불구하고 한센병과 관련된 기사에서 한센병 환자는 무서운 전염원이자 치안의 문제를 일으키는 집단으로 묘사되었고, 이러한 묘사는 한센병 환자 격리의 정당성을 뒷받침하는 근거로 사용됐다.

그렇다면 수용 환자 수의 증가, 한센병에 관한 기사 수의 증가, 그리고 인육 섭취 사건 수의 증가 사이의 관계는 무엇일까? 이 두 그림은 소록도라고 하는 격리시설의 확장을 전후로 한센병 환자에 대한 부정적 인식의 강도에 변화가 있었음을 시사한다. 즉 격리시설 확장

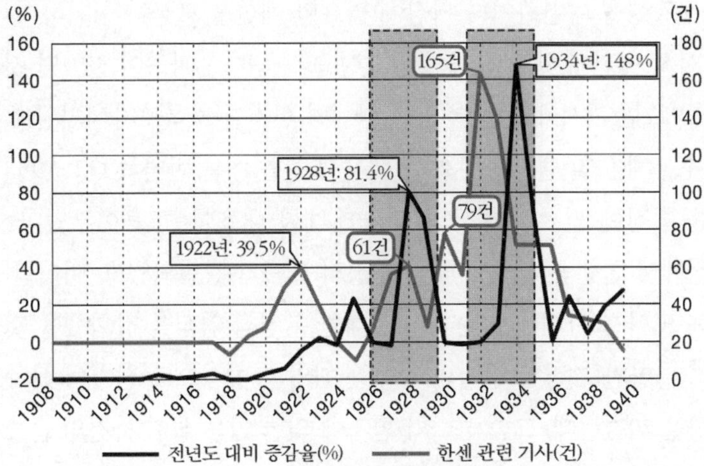

(a)

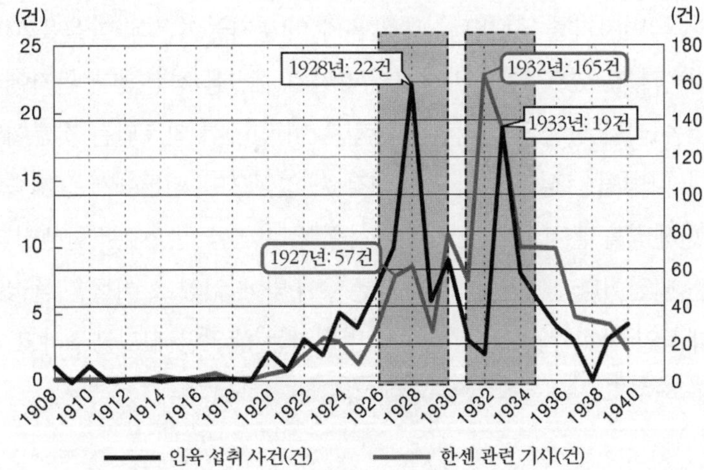

(b)

〈그림 7-1〉 소록도 수용 인원수 증감률 및 한센병 관련 기사 건수 변화(a)와 한센병 관련 기사 건수 변화 및 인육 섭취 사건 건수 변화(b)

출처: 국립소록도병원, 『한센병 그리고 사람, 백년의 성찰: 역사편』, 2017, 통계자료 및 국립중앙도서관 대한민국 신문 아카이브 검색 자료 재구성.

의 정당성을 마련하거나 확장에 필요한 예산을 모금하기 위하여, 공사 시작 이전에 확장 공사의 필요성을 설득하는 과정이 있었던 것이다. 1927년 기사에서는 더 많은 한센병 환자를 소록도자혜의원에 강제 수용해야 할 필요성에 대한 내용이 주를 이룬 반면, 1932~1933년에는 확장에 필요한 예산의 모금에 대한 내용이 주를 이루었다. 이 과정에서 한센병 환자에 대한 부정적 묘사가 강화되었고, 이러한 강화는 또다시 사회에서의 환자에 대한 부정적 인식을 강화했을 것이다.[57] 나아가 부정적 인식의 강화는 다양한 방식으로 환자의 삶에도 영향을 끼쳤는데, 그중 하나가 환자에 의한 인육 섭취 사건의 급증이었다.

환자에 대한 부정적 인식, 즉 낙인의 강화는 차별의 강화로 이어졌다. 식민지기를 지나면서 더 많은 수의 환자들이 집과 마을을 떠나 부랑 생활을 했으며, 이 과정에서 갖가지 차별을 경험했다. 환자에게 있어 이러한 상황을 타개하는 방법은 이 병에서 치료되는 것뿐이었으나, 나병원은 정원 초과로 들어갈 수 없었으며, 언론에서는 계속해서 한센병을 불치의 질병으로 묘사했다. 이러한 상황에서 한센병 환자는 미신이나 잘못된 속설에 의존할 수밖에 없었고, 이들을 둘러싼 적대적인 사회 환경은 인륜에서 벗어나는 행위임에도 불구하고 타인을 해치고 인육을 먹을 수밖에 없도록 만들었다.

57 「불쌍한 나병환자 무서운 나병독균」, 『동아일보』, 1931. 9. 10.; 「나병의 예방과 퇴치로 사회의 불행을 구하자」, 『매일신보』, 1932. 11. 23.; 「환자 은닉만 안 하면 나병은 불원 절멸」, 『동아일보』, 1932. 11. 23.

3. 한센병 환자의 조직화와 한센병 시설에서의 죽음

생존을 위한 몸부림: 한센병 환자의 조직화

한센병 환자들은 부랑 생활 중 겪는 다양한 어려움에 공동으로 대처하기 위하여 점차 집단화하기 시작했다. 한센병 환자의 집단화가 처음 기록된 것은 1914년 6월 25일자 매일신보의 「나병단장, 회원은 문둥이 삼십여명」이라는 제목의 기사이다. 신문은 진주군 반성면 답천리의 한 마을에 35명가량의 한센병 환자 단체가 결성되어 여름에는 마을들을 돌아다니며 구걸을 하고 겨울에는 모여 지낸다는 내용을 소개했다. 이 단체의 회장인 조인화(趙仁化)는 40세가량의 건강인으로, 근처 마을들에서 상당한 신용도 있었고, 자신들이 평소에 사람들의 신세를 많이 진다며 부근 사람들을 불러 큰 잔치를 베풀기도 했다. 기사는 이 단체에 대하여 "사람인데도 완전한 사람의 행세를 못하고 평생 고질에 신고하는 문둥이 병자의 회라 함은 말만 들어도 진정으로 불쌍한 일이오, 또한 이전에 듣지 못한 이상한 일이더라"고 평가했다. 즉 1910년대 중반만 해도 한센병 환자 단체에 대하여 사회적 평가는 동정적이었으며, 또한 흔치 않은 일로 여겨졌다.

본격적인 한센병 환자 단체는 1923년경부터 만들어지기 시작했다. 1920년대는 부랑 한센병 환자가 점차 도시에 있는 나병원으로 집중되면서, 나병원에 수용되지 못한 한센병 환자들이 도시를 부랑하는 일이 잦아지는 시기였다. 부랑 한센병 환자의 증가 속도가 나병원의 수용 능력을 훨씬 넘어서자 부랑 한센병 환자들은 입원을 기다리고, 생존을 위해 구걸을 하면서 도시에 거주했다. 점차 이들의 수가 많아지자 도시민들의 이들에 대한 불만은 점차 커졌고 당국의 대응을 요구하는 목소리도 높아져갔다.[58] 적대적인 도시의 분위기 속에서 생존하기 위하여 한센병 환자들은 단체를 만들기 시작한 것이다. 먼저 1923년 12월경에 경북 달성군에 대구나병환자상조회가 결성됐다.[59] 이 기사는 "조선에는 이만여 명의 문동병 환자가 있"는데 나병환자수용소 세 곳과 소록도의 수용소에 "일천여 명의 환자를 수용하고 그 외 일만구천여 명의 환자는 어찌할 길이 없어서 …… 이에 문동병 환자들은 자기들이 자기들끼리 단결하여 살길을 찾고자 요사이 대구라병환자상조회라는 것을 설립했다"고 이 단체의 설립 이유를 설명하고 있다.

이 단체의 활동은, 첫째, 돈을 모아 치료제를 구매하여 병을 치료하는 데 힘쓰고, 둘째, 행동을 삼가 타인에게 전염되지 않도록 예방하는 것이었다. 이들은 대구나병원 인근에 모여 살면서 단체를 설립했기 때문에 병원에서 사용하는 치료제를 구매할 수 있었을 것이다. 치료제를 구하기 위하여 이 단체는 대구의 관계 관청과 총독부에까지 치료제를 지원해달라는 내용의 진정서를 제출하기도 했다.[60] 한편 이들은 자신을 질병의 매개체로 비난하는 사회의 시선을 잘 알고 있었기 때문에 이러한 낙인을 경감시키기 위하여 스스로 규칙을 만들어 극복하고자 했다. 이 단체의 설립에 대하여 다양한 사회의 반응이 있었지만, 통영해동병원의 김상용 원장은 동아일보에 "병자가 병자를 구제하며 위로하며 구호코저하며 또 자신의 병독의 전염을 염려하며 예방코저 상조회를 조직했음을 구주에서도 상금미문했노라"고 이 환자 단체의 설립을 축하했다.[61] 질병의 전염을 방지하기 위하여

58 김재형, 「부랑나환자 문제를 둘러싼 조선총독부와 조선 사회의 경쟁과 협력」.

59 「경북달성에 나병환자상조회」, 『동아일보』, 1923. 12. 31.

60 「180명의 나병환자들이 진정, 의지할 곳 없는 병자 각 관청에 진정했다」, 『시대일보』, 1924. 12. 7.

한센병 환자가 스스로 노력한다는 소식은 일반인들에게도 큰 감명을 준 것으로 보인다. 김상용 원장은 1927년에 대구나병환자상조회에 이천원을 기부하기도 했다.[62]

대구나병환자상조회는 1927년 1월에 총독부에 진정서를 제출했는데 내용은 총독부의원에서 주사약의 "은혜"을 내려준 데 대하여 감사하다는 것과, 대구에서 구걸로 생활을 이어가는 한센병 환자들을 대상으로 한 경찰의 단속이 너무 심하다는 것이었다. 대구나병환자상조회는 진정서에서 경찰은 인명 보호의 책임이 있으나 자신들을 "축생동양"처럼 단속하여 생존을 위협하고 있다고 불만을 제기했다.[63] 같은 해 3월에는 경북도평의회에 진정서와 탄원서를 제출하여 총독부에서 제공하는 주사약으로 간신히 지탱하고 있지만 의식주가 부족하다고 하며 이에 대한 지원을 요구했다.[64] 또한 의식주가 부족하므로 구걸을 할 수밖에 없는 상황에 있지만, 민간에서도 추방하고 경찰도 심하게 단속하기 때문에 이에 대하여 구제의 방책을 강구해달라고 요구했다. 즉 대구나병환자상조회는 처음에는 당국에 치료제를 요구했으나 시간이 지나면서 구걸을 지나치게 단속하는 경찰 활동을 완화해줄 것과 의식주에 대한 지원까지 그 요구의 범위를 확대했다.

대구나병환자상조회의 활동은 다른 지역의 한센병 환자 단체가 만들어지는 데 영향을 주었다. 1925년에는 동래군 서면 호곡리에서 나병환자상조회가 만들어졌다.[65] 상조회가 만들어진 호곡리에서 얼

---

61 「나병자상조회창립을 듣고」, 『동아일보』, 1924. 3. 24.

62 「통영해동의원장 김상용씨의 특지, 대구나병자 상조회에 자진하야 이천원 기증」, 『매일신보』, 1927. 1. 29.; 「한센병회 사업에 찬동기부」, 『중외일보』, 1927. 1. 29.

63 「癩病者會總督に嘆願」, 『朝鮮新聞』, 1927. 1. 16.

64 「나병자상조회 구제방을 진정, 도평의회에」, 『매일신보』, 1927. 3. 3.

65 「나병자상조회 인가 신청 중」, 『시대일보』, 1926. 7. 4.

마 떨어지지 않은 곳에 부산나병원이 있었는데, 상조회를 만든 이들은 부산나병원에 입원을 희망했으나 정원 때문에 거부당한 한센병 환자들이었다. 이 단체에 가입하는 환자 수는 점차 증가하여 1926년 7월경에는 회원 수가 무려 300명 이상에 달했다고 한다. 이 단체의 활동 역시 대구나병환자상조회와 마찬가지로 병의 치료에 전념하고 전염을 예방하는 데 목표가 있었다. 대구나병환자상조회와 달리 동래의 나병환자상조회는 부산나병원 등으로부터 치료제를 지원받았다. 부산나병원을 설립한 어을빈(C. H. irvin) 선교사는 나병환자상조회에 매일 칠팔 원 가격의 약품을 제공했고, 환자 중 일부는 일인당 오십 원을 지원하여 부산나병원에 입원시켰다.[66] 여수나병원 근처에서 생활하던 한센병 환자들도 1930년 조선나병환자공제회라는 이름으로 환자 단체를 조직했다.[67]

1930년부터 대구, 부산, 여수의 한센병 환자 단체는 전국 단위로 활동하기 시작했다. 1930년 5월에는 각지의 한센병 환자 단체 이름으로 충북도지사에게 진정서를 제출했다.[68] 이 진정서에서 한센병 환자 단체들은 전국 촌락과 도시에 유리걸식하는 한센병 환자들을 사회에서 "위생상 방독이라고 방축"만 하지 말고 다 같이 사회에서 "구제"하여 살려달라고 간청했다. 또한 진정서에 4개의 요구사항을 제시했는데, 첫째, 충청북도에서 유리걸식하는 한센병 환자들에게 대풍자유를 제공하고, 둘째, 충청북도 내에 한센병 환자가 입원할 수

66 「영남지방, 나병자상조회」, 『동아일보』, 1927. 11. 12.

67 「가련한 천형병자 여수나병원에 집중, 입원거절을 당하고 공제회 조직, 경찰부에 주사약 청구」, 『매일신보』, 1930. 5. 10.

68 「나병환자대표의 격리장 지정 요망, 네곳 병원은 받지 않고 가라고만 해, 충북도 당국에 애원」, 『매일신보』, 1930. 5. 6.

있는 시설을 설치하며, 셋째, 격리된 환자에게는 구제금을 제공하고, 마지막으로 조선 각지에서 쫓겨다니는 환자들을 모두 입원시켜달라는 것이었다. 흥미로운 것은 한센병 환자들이 오히려 먼저 자신들을 소록도를 비롯한 한센병원에 입원시켜달라고 요구한 것이다. 일반적으로 식민지기 일제의 강제 격리 정책에 의하여 환자들이 강제로 격리당했다는 인식이 강하지만, 실제로는 사회에서의 낙인과 차별이 너무 강하기 때문에 병의 치료뿐만 아니라 의식주의 문제로 인하여 생존을 위협받던 환자들에게 나시설은 생존을 위한 또 하나의 선택지였던 것으로 보인다.

1931년에는 여수 조선나병환자공제회의 주도로 전조선 민간 인사들을 망라하는 조선나병근절책연구회가 조직되었다.[69] 이들이 밝힌 구제연구회의 목적은, 첫째, 한센병 환자에 대한 적극적인 구제와, 둘째, 이들에 대한 치료 보조, 셋째, 보균자의 격리였다. 즉 1930년대가 되면 환자들이 먼저 나서서 자신에 대한 격리 정책을 총독부에 요구했다. 사회에서의 삶이 너무 비참하고, 삶을 이어나가는 것이 힘들었기 때문에 사회에서의 전염 예방이라는 명목으로 자신들을 병원에 격리해달라고 요구한 것이다. 전국의 한센병 환자 단체는 1933년에도 연합대회를 갖고 총독부에 진정서를 제출했다. 진정의 내용은, 첫째, 무의무탁한 중환자를 먼저 수용할 것이며, 둘째, 환자 수용 모집을 나단체에 맡기고, 셋째, 미수용된 환자를 위하여 임시 구제와 치료를 제공하고, 넷째, 환자 간호에는 환자를 사용할 것이며, 다섯째, 건강한 소아는 특별 보호를 하고, 여섯째, 가정생활 환자와 독신

69 「나병환자구제회의 발기」, 『동아일보』, 1931. 9. 9. 나병환자구제연구회는 설립 초기 다양한 이름으로 불렸다가, 이후 조선나병근절책연구회로 명칭이 변경되었다(김재형, 「부랑나환자 문제를 둘러싼 조선총독부와 조선 사회의 경쟁과 협력」, 147쪽).

생활 환자를 구별 수용할 것을 요구하는 것이었다.

한편 소록도갱생원의 확장이 발표된 1933년도부터는 시설에의 수용을 요구하는 환자들의 활동이 격렬해졌다.[70] 1933년 8월 14일에는 광주군 효천면 방림리에 거주하는 50여 명의 한센병 환자 중 10여 명이 광주경찰서에 몰려가 자신들을 바로 소록도에 수용해달라고 요구했다.[71] 이들은 요구가 받아들여지지 않자 9월 2일 다시 광주경찰서에 몰려가 항의했으며, 다음 해인 1934년 5월에도 같은 일이 벌어졌다.[72] 비슷한 시기에 부산의 한센병 환자들도 부산경찰서에 매일 20~30명씩 몰려들어 자신들을 소록도에 보내달라고 요구했다.[73] 1934년 9월 10일에도 한센병 환자 60여 명이 경기도 위생과를 방문하여 "우리들의 낙천지 소록도"로 보내달라고 요구하다 한강 백사장으로 쫓겨났다.[74] 이렇듯 1930년대에 이르면 한센병 환자들은 사회의 학대로 치료는커녕 굶어 죽을 위기에 봉착했기 때문에 자신들이 생존할 수 있는 공간은 전조선에 소록도밖에 없다고 인식했다. 이러한 이유에서 한센병 환자들이 소록도에서의 격리를 요구하며 관련된 기관에 가서 항의하는 일은 지속해서 벌어졌다.[75]

---

70 정근식, 「식민지적 근대와 신체의 정치」, 219쪽.

71 「나병환자일군이 대거 광주에 쇄도, 소록도 보내달라고」, 『조선중앙일보』, 1933. 8. 18.; 「이십여명 나병환자 전남도청에 쇄도, 속히 소록도에 보내달라고 탄원, 색다른 진정에 도청도 두통」, 『동아일보』, 1934. 5. 28.

72 「나병자성군 경찰에 또 진정, 어서 소록도에 보내달라고 광주서 일대두통」, 『동아일보』, 1933. 9. 5.

73 「매일 이십 나병환자 경찰에 애원, 살 수 없으니 수용해 달라고 소록도행을 지원」, 『동아일보』, 1933. 9. 10.

74 「우리의 낙천지인 소록도로 보내주」, 『조선중앙일보』, 1934. 9. 11.

75 「문둥이 작대하여 종로서에 출두진정」, 『동아일보』, 1936. 6. 15.; 「경남나병자상조회 무료시료를 요망, 종전대로 시료 진정」, 『동아일보』, 1939. 3. 24.

소록도라고 하는 격리시설의 설립과 한센병 환자에 대한 강제 격리 정책은 식민지 조선에서의 한센병 환자에 대한 낙인과 차별을 강화했고, 그 결과 모순되게도 환자들 스스로 강제 격리를 요구하게 됐다. 강제 격리라고 하는 제도는 한센병 환자를 전염원이자 치안의 문제가 되는 위험한 존재로 만들었고, 그 결과는 이들에 대한 철저한 사회적 배제였다. 일상적인 폭력과 죽음에 대한 공포, 매끼를 구걸로 이어가야 하는 절박함, 그리고 주기적으로 이루어지는 경찰의 단속과 추방은 환자들이 소록도라고 하는 격리시설을 받아들일 수밖에 없도록 만들었다. 이러한 이유에서 환자들의 강제 격리 요구가 이들이 강제 격리를 환영했다는 것을 의미하는 것은 아니었다. 1917년부랑 한센병 환자에 대한 강제 격리 정책 실시 이후 1920년대에 강화되었던 사회의 낙인과 차별로 인하여, 환자들은 1930년대에 이르면 사회에서 삶의 가능성을 포기하고 자진해서 시설로 들어가기를 요구했다. 환자들의 입소 요구는 역설적이게도 강제 격리 제도의 사회적 영향이 그만큼 강했다는 것을 보여준다.

'별천지' 소록도에서의 한센병 환자의 죽음

가족에게서 버림받고 사회에서 내몰린 조선의 한센병 환자들이 생존을 위하여 최종적으로 선택한 공간은 소록도였다. 소록도에 한 번 입소한 한센병 환자는 퇴원이 힘들어서 소록도의 상황은 외부에 잘 알려지지 않았다. 반면 언론에서 묘사된 소록도의 모습은 한센병 환자에게 이상적인 공간이었다. 1917년 소록도자혜의원이 문을 열자 매일신보는 「소록도의 별천지, 문둥병환자를 수용하는 곳」이라는 기사에서 한센병 환자들이 소록도자혜의원에서 기쁘게 생활하고 있다고 소개했다.[76] 또한 소록도에서 사회로부터 단절되어 외로움을 느끼는 한센병 환자를 위로하기 위한 다양한 활동들이 이루어지고 있는 것처럼 묘사됐다.[77] 더욱 중요한 것은 소록도에서 한센병 환자는 적절한 치료를 받고 있다는 내용이었다.[78] 언론에서 소개된 소록도는 한센병 환자의 '별천지', '이상향', '낙원', '별곤건'으로 묘사되었다.[79] 이러한 상황에서 가족과 사회로부터 모두 배척받고 항상 생존의 위협에 시달렸던 환자들은 소록도를 생존을 위한 마지막 선택지라고 생각했을 것이다.

그러나 소록도 바깥에서 인식되었던 소록도의 모습과 소록도 내부의 실상은 매우 다른 것이었다. 특히 한센병 환자들이 소록도갱생원 입소를 강력하게 요구했던 1933년은 갱생원이 확장 공사를 시작했던 시기와 겹친다. 이 시기 소록도갱생원은 더 많은 인원을 수용하기 위하여 시설을 확장하는데, 이 공사를 위한 노동력을 모두 수용환자로 동원했다. 신체적으로 쇠약해진 한센병 환자들을 극한의 노동에 동원하게 되자 소록도갱생원의 재원 환자 사망률이 증가하게 되었다. 더군다나 소록도갱생원의 일인당 의약비와 생활비 역시 줄

76 「소록도의 별천지, 문둥병환자를 수용하는 곳」, 『매일신보』, 1917. 5. 30.

77 「소록도자혜의원 나병환자위안회 신조직보규칙 발표」, 『매일신보』, 1926. 6. 21.; 「나병환자, 위안회를 보고」, 『동아일보』, 1926. 7. 1.

78 「남해별천지 소록도자혜의원 이백여 명의 천형병 환자 참담한 생활 중에도 일조의 광명을 바라」, 『매일신보』, 1926. 8. 6.

79 「소록도의 별천지, 문둥병환자를 수용하는 곳, 90명의 환자들은 이 부락생활을 즐긴다」, 『매일신보』, 1917. 5. 30.; 「남해별천지 소록도자혜의원」, 『매일신보』, 1926. 8. 9.; 「나병환자의 이상향 소록도의 근황」, 『매일신보』, 1928. 6. 6.; 「문동병자의 낙원 소록도에 설비완성」, 『매일신보』, 1928. 12. 20.; 「소록도로 소록도로 나병환자의 낙원」, 『조선중앙일보』, 1934. 10. 11.; 「발전소까지 완성되어 갱생원 시설 충실, 삼천 명의 문둥병자를 수용 중 광명 비친 소록도」, 『매일신보』, 1935. 4. 17.; 「자급자족의 별건곤」, 『동아일보』, 1935. 10. 25.; 「확장되는 소록낙원」, 『동아일보』, 1936. 2. 20.

어들면서 재원 환자의 상황은 더욱 악화되었다. 〈그림 7-2〉의 (a)는 식민지기 소록도갱생원의 재원 환자 수와 사망자 수의 변화를 나타내고 있다. 소록도자혜의원이 처음으로 환자를 받았던 1917년 사망자가 26명에 달했던 것을 제외하고 1927년까지 사망자 수는 10명을 넘지 않았다.

그러다가 1927년 270명이었던 환자가 1928년 490명으로 220명이 증가하게 되자 사망자 수는 7명에서 15명으로 2배 이상 증가하게 된다. 그리고 1929년 수용 환자 수가 다시 811명으로 321명 증가하게 되자 사망자 수 역시 15명에서 21명으로 증가했다. 이후 1933년까지 수용 환자 수가 810명 전후로 유지되는 동안 사망자 수도 안정되었다. 〈그림 7-2〉의 (b)는 사망률의 변화를 나타내고 있다. 사망률 역시 1917년 소록도자혜의원이 개원한 직후 26.3%였던 것에서 차츰 감소하여 1922년과 1927년 사이에는 1.1~2.6% 수준을 유지하다가, 환자가 급격히 증가한 1928년에는 3%까지 증가했다. 이후 다시 안정되었던 수용 환자 사망률은 제1차 소록도갱생원 확장 공사가 완료된 후 1936년에 3.6%로 증가했고, 잇따른 확장 공사의 결과 수용 환자 수가 급증하자 1939년에는 4.7%, 그리고 1941년에는 7.2%까지 치솟았다.[80] 즉 소록도의 수용 환자 수가 증가하면 사망자 수와 사망률 역시 증가했음을 알 수 있다.

나시설인 소록도는 자급자족할 수 없는 공간이었다. 적은 배급 때문에 직접 어획을 하거나 밭에서 채소를 일구는 등의 활동을 했지만, 몇 천 명에 이르는 환자를 먹여 살리기는 애초에 불가능한 것이었다. 소록도는 대부분의 의약품 및 식량을 외부 지원에 의존할 수밖에 없

80 국립소록도병원, 『한센병 그리고 사람, 백년의 성찰: 역사편』, 2017, 72, 119, 132쪽.

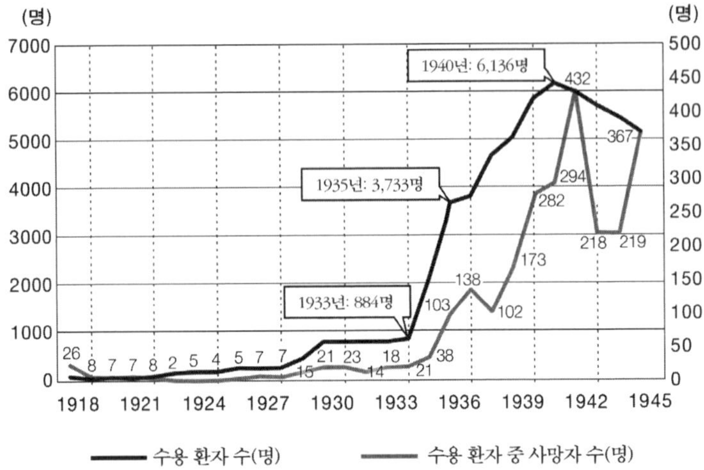

(a)

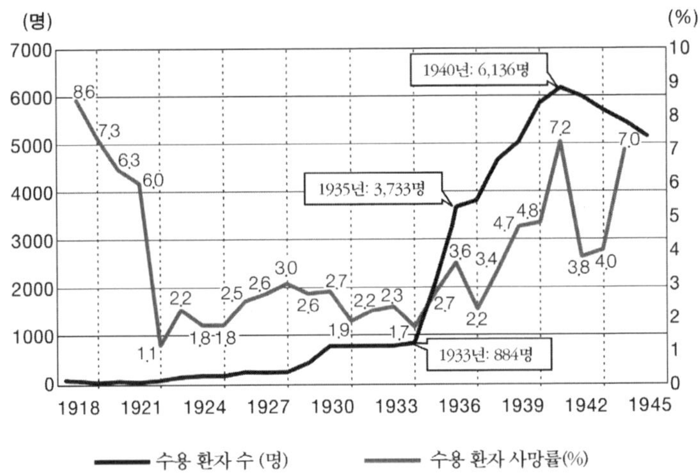

(b)

〈그림 7-2〉 소록도 수용 환자 수 및 사망자 수 변화(a)와
소록도 수용 환자 수 및 사망률 변화(b)

출처: 국립소록도병원, 『한센병 그리고 사람, 백년의 성찰: 역사편』, 2017, 통계자료 재구성.

었다. 이로 인해서 수용 환자 수에 따른 의약품 및 식량의 지원이 급감하면 소록도 내부의 사정은 급격히 악화했다. 이것은 애초에 시설이 갖는 치명적인 약점이다. 더군다나 적절한 예산 증가 없이 수용 환자 수가 증가했기 때문에 수용 환자 수가 늘어날수록 환자들의 상황은 악화했고 그 결과 사망자 수와 사망률이 증가하게 된 것이다.

더군다나 1938년 4월에 「국가총동원법」이 제정되고 5월에는 「국가총동원법을 조선·대만 및 화태에 시행하는 건」이 시행되자 소록도의 한센병 환자들도 전쟁 물자 생산에 동원되었다.[81] 또한 1938년 2월 11일 기원절을 기점으로 관급 음식물을 감량하여 주식물 중 1인 1일 5작을 감했고, 1년간의 식비 중 약 1~2만원을 절감하기로 했다. 심지어 1938년에는 수용 환자로부터 국방헌금으로 217엔, 장병위문금으로 49엔이 염출되었다. 이후 국방헌금이나 장병위문금은 헌납하는 방식으로 여러 차례 환자로부터 거둬들여졌다. 적절한 예산의 증가 없이 이루어진 소록도갱생원 수용 환자 수의 증가, 소록도갱생원 확장 공사에의 강제 노동, 그리고 식량 배급의 감소와 헌금이라는 명목으로 이루어진 갈취는 소록도 내부의 상황을 걷잡을 수 없이 어렵게 만들었고, 그 결과 소록도의 사망자 수는 급증하게 되었다. 수용 인원의 급격한 증가로 인하여 사망자 수가 늘어난다는 것은 1928년의 경험을 통해서도 충분히 예측 가능한 것이었지만, 총독부와 소록도는 아랑곳하지 않고 수용 인원을 훨씬 큰 규모로 증가시켰고, 그 결과 매년 엄청난 수의 환자들이 소록도에서 죽음을 맞이했다. 즉 이 시기 소록도에서는 한센병 환자에 대한 대규모의 학살이 이루어진 것이다.[82]

---

81 국립소록도병원, 『한센병 그리고 사람, 백년의 성찰: 역사편』, 124-126쪽.

82 소록도에서의 엄청난 수의 죽음은 지금까지 큰 주목을 받지 못했다. 그 이유는 죽은 환자가 자신의 차별을 증언할 수 없었기 때문이며, 소록도 연보에 그들의 사인은 아사가

소록도에서의 죽음은 한센병 환자로부터 그 자식 세대의 절멸로 확장되었다. 1차 확장 공사가 마무리된 1935년의 다음 해인 1936년부터 소록도에서 환자들에 대한 단종 수술이 시작되었으며, 임신한 환자에 대해서는 낙태 수술이 이루어졌다.[83] 즉 환자뿐만 아니라 환자 자녀의 생명 역시 소록도는 인정하지 않은 것이다. 환자에 대한 단종과 낙태는 당시 유행했던 우생학적 사회 분위기 속에서 시설 내 다수의 환자를 효과적으로 관리하기 위한 것이었다. 환자에 대한 단종과 낙태 수술은 서양나병원에서도 이루어졌다. 여수애양원 원장이었던 로버트 윌슨(Robert Wilson)은 1933년 단종을 조건으로 환자의 부부생활을 허락했다. 한센병 환자의 자녀를 허락하지 않았다는 점에서 일제의 소록도와 서양나병원 사이에는 차이가 없었다. 한편 엄격한 규율이 존재했지만 소록도와 같이 극한의 강제 노동은 존재하지 않았던 서양나병원은 태평양전쟁 중에 문을 닫거나 총독부에 편입되었다. 부산나병원의 제임스 노블 맥켄지(James Nobel Mackenzie) 원장은 총독부의 압력에 은퇴했고 병원은 1940년 폐쇄되었다. 여수애양원(愛養園)의 윌슨 원장은 1941년 미국으로 돌아갔고 병원은 조선경찰협회 도지부후원회로 이관됐다. 대구애락원(愛樂園) 역시 1942년 아치볼드 그래이 플레처(Archibald Gray Fletcher) 원장이 추방당하고 폐쇄됐다.[84] 즉 단종과 낙태라는 측면에서 서양나병원 역시 한센병 절멸 시스템의 일부였으며, 1940년대에 들어서는 폐쇄되거

아니라 병으로 인한 쇠약 때문인 것으로 기록되었기 때문이다. 충분히 예측 가능함에도 불구하고 좁은 공간에 대규모의 사람들을 이주시킨 후 제대로 된 배급을 하지 않아 대량의 사망자를 발생시킨 것은 학살이며 범죄 행위라 할 수 있다.

83 정근식, 「동아시아 한센병사 연구를 위하여」, 『보건과 사회과학』 12, 2002; 김재형·오하나, 「한센인 수용시설에서의 강제적 단종·낙태에 대한 사법적 해결과 역사적 연원」.

84 국립소록도병원, 『한센병 그리고 사람, 백년의 성찰: 역사편』, 134-135쪽.

나 소록도 체제에 완전히 편입되었다.

이러한 소록도 당국의 처사에 한센병 환자들의 불만과 저항 역시 점차 강해지기 시작했다. 대부분의 한센병 환자는 적극적인 저항을 하지 못했으나, 일부는 소록도의 상황을 견디지 못하고 탈출을 감행했다.[85] 1933년 이전까지는 거의 기록되지 않았던 도주자가 1934년 9명 발생했다가 1935년에는 67명으로 급증하게 되었다. 도주자의 수는 증감을 거듭하다가 1941년에는 86명까지 늘어났다. 소록도로부터의 탈출이라는 소극적인 저항뿐만 아니라 적극적인 저항 행위도 점차 등장하기 시작했다. 자신의 목소리를 낼 수 없는 극단적인 억압 상태에서 환자들이 취할 수 있는 저항 행위는 자신을 관리하는 직원을 살해하는 것이었다. 최초의 직원 살해 시도는 1937년에 벌어졌다. 평소 환자들을 괴롭혔던 한국인 직원에게 앙심을 품은 환자 김병환, 손재현, 박흥주, 김계슬 등이 매복해 있다가 지나가는 이 직원을 습격하여 구타했다. 직원은 겨우 도망쳤고 여기에 가담한 환자들은 모두 체포되어 소록도형무소에서 3~6개월간 복역했다.[86]

1941년에는 환자가 다른 환자를 살해하는 일이 발생했다. 1941년 6월 1일 소록도의 강제 노동을 적극적으로 지지하여 환자들의 원성을 샀던 친일 성향의 박순주 환자 고문이 다른 환자였던 이길용에게 살해당하는 사건이 발생한 것이다.[87] 이길용은 사건 직후 자수했는데, 재판 과정에서 자신이 박순주를 살해한 이유를 "피살자가 상관에게 붙어 환자들에게 강제 노동을 시켜 그로 인해 죽어간 환자가 수도

---

85 정근식, 「식민지적 근대와 신체의 정치」, 220쪽.

86 국립소록도병원, 『소록도 80년사』, 고흥: 국립소록도병원, 1996, 64-65쪽.

87 정근식, 「일제 말기 소록도갱생원의 실태와 이춘상 사건」, 『역사비평』 72, 2005, 340-341쪽.

없이 많았”기 때문에 “6천여 환우의 원한을 풀기 위한 것이라” 주장했다.[88] 이길용은 사형을 선고받고 소록도에 위치한 광주형무소 지소에 수감되었는데, 이 과정에서 스스로 목숨을 끊었다. 이러한 사건에도 불구하고 소록도갱생원 내 한센병 환자의 상황은 별반 나아지지 않았다.

1942년 6월 20일에는 소록도갱생원 스오 마사스에(周防正季) 원장의 보은감사일에 환자였던 이춘상이 원장을 칼로 살해한 사건이 발생했다.[89] 매달 20일이던 스오 원장의 보은감사일에 모든 환자들이 원장 동상에 참배하고 원장의 훈시를 듣기 위해 공원에 모였는데, 갑자기 후열에 있던 이춘상이 칼을 들고 뛰어들어 원장의 가슴을 찌른 것이다. 스오 원장은 차로 관사에 옮겨졌으나 곧바로 사망했고, 이춘상은 사건 즉시 체포되어 소록도갱생원에서 재판을 받게 되었다. 이춘상은 1942년 8월 20일 사형 판결을 받았으며, 같은 해 10월 2일 대구복심법원에서도 사형 판결을 받았다. 그는 다시 고등법원에 상고했지만 바로 기각되어 사형이 확정되었고, 1943년 2월 19일 대구형무소에서 사형이 집행되었다. 환자들은 죽음의 공간에서 생존을 위하여 저항했지만, 절멸의 수용소에서 그들에게 돌아온 것은 죽음뿐이었다.

* * *

1916년 소록도자혜의원의 설립, 그리고 1917년 강제 격리 정책의 실시 이후 조선 사회에서 한센병 환자의 삶은 급격히 악화됐다. 언론

---

88 국립소록도병원, 『한센병 그리고 사람, 백년의 성찰: 역사편』, 142-143쪽.

89 정근식, 「일제 말기 소록도갱생원의 실태와 이춘상 사건」, 342-345쪽.

을 통하여 환자들은 무서운 질병의 전염원, 그리고 도시에서 발생한 다양한 범죄의 원인으로 지목되었고, 이러한 이유에서 격리되어야 하는 존재로 점차 낙인찍혀갔다. 한번 사회에서 형성된 한센병 환자에 대한 낙인은 그들을 사회로부터 주변화시켰으며, 주변화된 환자들은 사회에서 더 많은 문제를 발생시켰고, 그 결과 낙인과 차별은 정당화되고 강화되었다. 이러한 낙인-차별-주변화-낙인으로 이어지는 악순환은 식민지기 내내 반복되었다.

그 결과 식민지기 한센병에 걸린 사람들의 삶은 매우 고달팠으며, 이들 주변 곳곳에는 항상 죽음이 도사리고 있었다. 한센병에 걸린다는 것은 사회적 죽음을 의미했다. 한센병에 대한 낙인은 환자의 가족에게까지 전염되어 가족들 역시 이들을 배척했다. 또한 한센병에 걸린 사람들은 자신의 가족에게 병을 전염시킬 수 있었기 때문에 가족들은 이들에 대하여 두려움을 갖고 있기도 했다. 더군다나 한센병이 심해지면 노동력을 상실하는 데다가, 노동력을 갖고 있어도 직업을 가질 수 없으며, 이들이 재배한 농산물은 판매할 수도 없었다. 이 때문에 한센병에 걸린 사람들은 가족의 배려가 있는 경우 집에서 숨어 지내야만 했고, 그렇지 못하면 집을 떠나 부랑 생활을 하거나 자살로 생을 마감해야 했다. 차마 부랑 생활을 하지 못하고 집에 있었던 사람은 가족들로부터 살해당하기도 했다.

집을 떠나 부랑 생활을 시작해도 사회의 냉대와 폭력에 시달려야만 했다. 또한 구걸 생활 중에 제대로 못 먹거나 적절한 치료를 받지 못한 사람들은 객사를 면치 못했다. 부랑 생활 중에 겪는 다양한 문제에 대처하기 위하여 한센병에 걸린 사람들은 점차 집단화하기 시작했다. 집단으로 부랑 생활을 하는 사람들도 있었지만 대구, 부산, 여수에 위치해 있던 서양나병원 근처에서 기거하던 사람들은 한센병 환자 상조회 등의 조직화를 꾀했다. 이 환자 조직들은 처음에는 치료와 전염 예방에 힘썼으나 시간이 지나면서 총독부에 자신들을 나시설에 수용해달라고 요구하기 시작했다. 이들은 당시 신문지상에서 낙원으로 묘사된 소록도가 참혹한 말로가 예견되는 사회보다 더 나을 것으로 생각했다. 1930년대 중반부터 시작된 소록도갱생원의 확장에 따라 더 많은 사람들이 소록도에 수용되었다.

소록도갱생원의 상황은 신문기사에서 묘사한 낙원과는 전혀 반대되는 지옥 같은 곳이었다. 제대로 된 지원 없이 수용자 수를 늘리면서 수용된 사람들의 상황은 점차 악화되었다. 게다가 소록도갱생원의 확장 공사에 동원되면서 질병 때문에 몸이 약해진 수용자들의 상황은 더욱 나빠졌다. 더군다나 중일전쟁이 발발하고 총동원 체제가 시작되자, 수용자들은 또 다른 강제 노동에 동원되었고 식량 배급 역시 줄어들었다. 또한 헌금이라는 명목으로 끊임없이 갈취를 당하자 소록도 수용자들의 불만은 점차 쌓여만 갔다. 처음에는 소록도갱생원의 악화되는 상황에 못 이겨 도망자들이 증가하다가, 1941년에는 병원 당국에 적극적으로 가담했던 환자가 다른 환자에게 살해당했으며, 1942년에는 소록도갱생원 원장이 환자에게 살해당했다.

식민지 조선에서 한센병에 걸린 사람이 마음 편하게 지낼 수 있는 공간은 그 어디에도 없었다. 한센병에 걸리면 가족에게서 버림받고 부랑 생활을 해야 했으며, 운 좋게 치료받을 수 있는 소록도에 입소하더라도 강제 노동 등으로 힘든 생활을 해야만 했다. 이 과정에서 수많은 환자들이 죽어갔다. 식민지기 한센병 환자를 의도적으로 죽이는 법이나 정책은 존재하지 않았다. 오히려 조선총독부는 환자의 치료와 전염 예방을 위하여 소록도에 나시설을 설치했다. 그러나 한센병이 환자를 매개로 한 전염병이라는 것이 점차 대중에게 알려지고, 그 전염성이 지나치게 과장되고 강조되면서 한센병 환자에 대한 사회의 낙인과 차별은 점차 강화되었다.

식민지 조선 사회는 한센병 환자 문제를 해결할 수 있는 유일한 방법은 한센병 환자를 소록도 등의 시설에 격리시키는 방법밖에 없다고 생각했다. 심지어 1930년대의 한센병 환자들 역시 자신이 살 수 있는 공간은 나시설밖에 없다고 생각하기 시작했다. 그러나 나시설 역시 그들을 위한 공간이 아니었다. 소록도는 더 많은 환자를 수용하기 위하여 노력했을 뿐 수용된 이의 삶의 질에 대해서는 고려하지 않았다. 부족한 식량 배급과 지나친 강제 노동은 수많은 환자를 죽음으로 몰아넣었다. 결과적으로 식민지 조선에서는 소록도갱생원을 정점으로 사회 그리고 가장 말단 단위의 가족에 이르기까지 한센병 환자를 체계적으로 절멸시키는 시스템이 만들어졌다고 할 수 있다. 한센병 환자들은 생존을 위하여 끊임없이 장소를 이동하며 버텼지만 결국 그들을 기다리고 있는 곳은 한센병 환자의 천국이 아닌 그들을 위해 마련되어 있는 절멸의 공간 소록도갱생원이었던 것이다.

8장 식민지 노동자의 건강과 질병: 조선총독부 체신국의 사례 검증[1]

| 임채성 |

서구 국가들은 근대화를 달성하면서 아메리카와 아프리카 그리고 아시아에 진출해 식민지 사업을 전개하여 제국을 건설했다. 이러한 과정에서 공간적 격차에도 불구하고 본국과 식민지를 통합하여 제국을 유지할 수 있게 하는 기반이 되었던 것이 제국주의의 '촉수'라 불렸던 철도와 통신 기술이었다.[2] 수송을 통하여 공간적 거리를 극복한 것이 철도와 기선이었다고 한다면, 이에 앞서 정보 전달을 담당한 것이 통신이었다. 이를 위해 서구의 선진 공업국에서는 민간 회사가 그 역할을 담당했지만, 동아시아 유일의 후발 공업국으로서 근대화를 달성한 일본에서는 국가기구 스스로가 통신 사업을 장악해 그 운

1 이 글은 Chaisung Lim, "Health and Diseases of Laborers in Colonial Korea: Focusing on the Cases of the Bureau of Posts and Telecommunications, the Japanese Government General of Korea", *The Review of Korean Studies 19*(1), 2016, pp. 75-110의 내용을 번역·수정한 것이다.

2 Daniel R. Headrick, *The Tools of Empire: Technology and European Imperialism in the Nineteenth Century*, New York: Oxford University Press, 1981.

영에 임했다.

물론 조선 정부에서도 그 중요성을 감지했다. 당시 이미 공무아문 역체국(→ 농상공부통신국 → 통신원)이 중심이 되어 체신 업무를 개시하고 있었다. 그러한 만큼 통신 부문에서 식민지화의 제일보는 기존 조선인 노동자를 쫓아내고 일본인을 중심으로 하는 계층 조직을 창출하는 것이었다. 이후 조선총독부 체신국이 설치되고 식민지적 고용 구조가 정착되면서 조선인을 하층 노동력으로 채용하여 통신 사업의 확대를 꾀했다. 그 노동력 대부분이 조선의 각 지역에서 매일 우편물의 집배를 담당하고 전신·전화를 통한 정보 전달에 임했기 때문에 그들의 근무 여하는 식민지에서의 일상생활뿐만 아니라 군사 작전과 경제 운영에도 영향을 미쳤다. 따라서 매년 발간된 체신연보와 통계요람에 '직원 위생'이라는 항목이 설정되었을 정도로 체신 노동자의 건강에 많은 주의가 기울여졌다. 이러한 점에서 조선총독부 체신국 노동자의 건강 상태와 질병 관리 방식을 분석하여 식민지 노동 위생 실태의 한 측면을 밝힐 필요가 있다.

그러나 식민지 조선의 체신업에 관한 기존 연구를 보면, 그 대부분이 통신 정책의 전개와 그 네트워크 형성을 분석하는 것이었다.[3] 이 중 박이택[4]은 총독부 정책뿐만 아니라 고용 구조에 대해서도 분석했다. 그는 조선의 통신기관이 일본에 의해 장악된 다음, 일본의 인사 관리 제도가 도입되어 식민지적 고용 구조가 정착되었다고 보

3 박이택, 『한국통신산업에 있어서 지배구조와 고용구조 1876-1945』, 서울: 한국학술정보, 2008; 李昌玟, 「植民地朝鮮における電信政策と電信架設運動」, 『歴史と經濟』 202, 2009; 李昌玟, 「植民地朝鮮における情報化: 1906-1919年の電信·電話ネットワークを中心に」, 『日本植民地研究』 21, 2009.

4 박이택, 『한국통신산업에 있어서 지배구조와 고용구조 1876-1945』.

았다. 일본인은 상급 관리자, 조선인은 하급 노동자로서 위치지어졌으며, 채용, 임금, 승진, 교육 면에서도 민족적 차별이 있었다. 그럼에도 불구하고 현업중심주의에 기반한 현업 노동자의 작업 환경과 대우 개선이 이루어졌고, 이로 인해 조선인의 성장이 가능했다고 결론지었다. 필자가 '조선인의 성장'을 가능하게 하는 요인으로 파악한 식민지적 차별 구조의 취약성과 조선인의 자기개발에 대해서는 동의할 수 없는 부분이 있다. 어찌되었든 그의 연구에서는 노동자의 건강 문제에 대한 검토는 이루어지지 않았다.

'움직이는' 인간의 건강에 대한 관심은 종래의 국내 위생사 연구에서도 거의 보이지 않는다. 많은 연구에서 식민지기 위생 정책의 기만성만이 강조된 나머지, 그동안 위생 대책에 의한 노동 환경의 개선과 그 가운데서의 왜곡 구조라는 측면은 누락되어 있었다.[5] 이에 대하여 필자는 철도업을 소재로 삼아 일본인 직원에 대한 위생 조치가 우선적으로 이루어졌음에도 불구하고, 그들의 근무 형태와 공동 생활이 오히려 그들의 건강에 이롭지 못했다는 점을 지적한 바 있다.[6] 바꾸어 말하면 열악한 근무 환경과 생활 조건에서도 조선인의 신체는 상대적으로 양호한 상태였다. 과연 이 결과가 보편적인 것인지에 관해 의문을 갖지 않을 수 없다.

---

5 신동원, 『한국근대보건의료사』, 서울: 한울, 1997; 정근식, 「'식민지적근대'와 신체의 정치: 일제하 나요양원을 중심으로」, 『한국사회사학회논문집』 51, 1997; 조형근, 「식민지 체제와 의료적 규율화」, 『근대주체와 식민지규율권력』, 서울: 문학과지성사, 1997; 松本武祝, 「植民地期朝鮮農村における衛生·醫療事業の展開」, 『商經論叢』 34-4, 1999; 박윤재, 『한국근대의학의 기원』, 서울: 혜안, 2005.

6 Chaisung Lim, "The Development of Labor Hygiene in Colonial Korea, 1910-1945: The Health Conditions of Korea National Railways (KNR) Employees", *Seoul Journal of Korean Studies*, *vol. 24*, no. 1, 2011. 6.

이에 이 장은 순환 및 교대 근무의 형태가 많은 철도업보다는 그 근무자의 대부분이 일근으로 우편물의 집배 업무에 종사하며, 그 일부가 전기통신 업무에 관여하는 체신업을 검토함으로써 식민지 시대 노동자의 건강과 질병의 실태를 밝히고자 한다. 1절에서는 통신업의 전개에 따른 체신 노동자의 채용 상황과 노동력 구성의 변용을 신분별·민족별로 고찰한 다음, 2절에서 이들 노동자의 건강 상태를 현존 통계자료를 가지고 분석한다. 그리고 3절에서는 이러한 건강 상태에 대하여 어떠한 위생 대책이 실시되었는가를 검토한다.

1. 체신업의 전개와 노동력 구성의 변용

체신업의 전개

1904년 한국 정부와 일본 정부 간에 한일의 정서가 교환되어, 우선 한국 통신기관 전체를 일본 측이 관리하게 되었다. 이후 한국 통신기관의 위탁에 관한 약정서의 강제조인(1905)이 이루어져 1906년에 이르러 통감부 통신 관서 관제가 공포되었다. 그 후 조선의 식민지화에 따라 통감부 통신관리국은 조선총독부 통신국이 되었고, 통신 업무뿐만 아니라 항로표식, 기상관측 및 전기 사업의 감독도 담당하게 되어 서울, 부산, 원산, 평양의 각국을 관리사무분장우편국으로 삼고, 후에 이를 조선총독부 체신분장국으로 개칭했다. 이외에도 우편저금관리사무와 해사행정(항로, 선박, 해원)을 담당하게 되면서 통신국은 체신국(1912)으로 개칭되었다. 1913년에는 전신국 및 전화국의 설치를 맡게 되었고 1927년에는 항공 업무를 체신국이 관장하게 되었으며, 1929년에는 조선 간이 생명보험 업무를 개시했다. 그렇지만 노동자의 배치 등으로 판단하건대, 체신국은 어디까지나 우편, 전신, 전화라는 통신 업무를 중심으로 하는 현업 기관이었다.

통신 업무를 중심으로 한 체신국의 사업 전개에 대해 고찰해보면 〈그림 8-1〉과 같다. 우편의 경우 경기 변동 등의 영향을 받으면서도 국내 우편은 비교적 일관되게 증가한 것에 비하여, 상대적으로 통수가 적었던 국제 우편은 경기 변동의 영향을 크게 입어 1920년대의 정체를 거쳐 세계대공황 이후 경기 회복에 따라 다시 증가하는 경향을 보였다. 국내 우편의 정점은 1943년의 4억 4천 976만 7천 통이었다. 전화는 시외전화의 요금이 높았기 때문에 대부분이 시내전화였고, 우편과 달리 1910년대까지는 그 증가세가 완만했지만 1920년대에 들어 급격히 증가하여 1944년에는 4억 351만 4천 도수에 달했다. 이에 대하여 경기 변동의 영향을 확연하게 받았던 것이 무역과 금융 그리고 도매 거래에 사용되었던 전신이다. 전신 사용량은 제1차 세

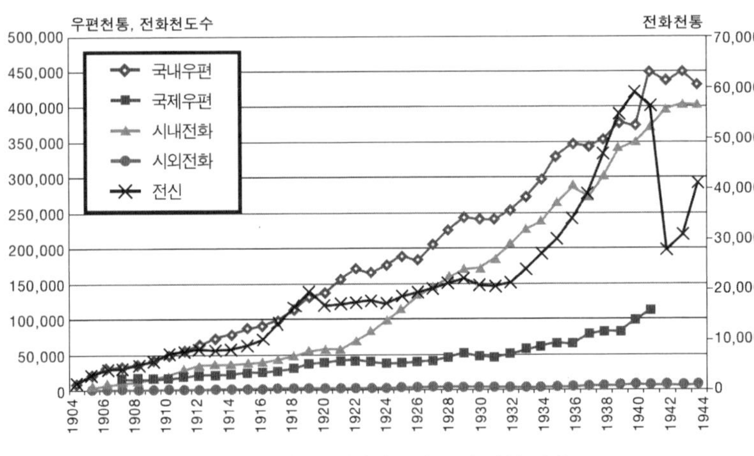

〈그림 8-1〉 조선체신국의 통신 사업 전개

출처: 조선총독부체신국, 『조선체신 통계요람』, 각년도판;
조선총독부체신국, 『조선총독부 체신연보』, 각년도판.

계대전 중의 호황기와 쇼와공황 후의 회복기에 급격히 증가하여, 1940년에는 정점인 5천 903만 3천 통에 달했다. 우편과 전화는 전시기에 들어 사용 제한 등으로 인해 정체 경향을 보였다면, 전신의 경우는 통제경제의 진전으로 개별 경제주체 간의 통신 연락이 줄어들어 전신량의 급강하를 보였다.

노동력 구성의 변용과 인적 관리

이러한 통신량의 증가에 따라 대량의 노동력이 필요했음은 물론이다. 〈그림 8-2〉에 의하면 통신량이 급증한 제1차 세계대전기와 중

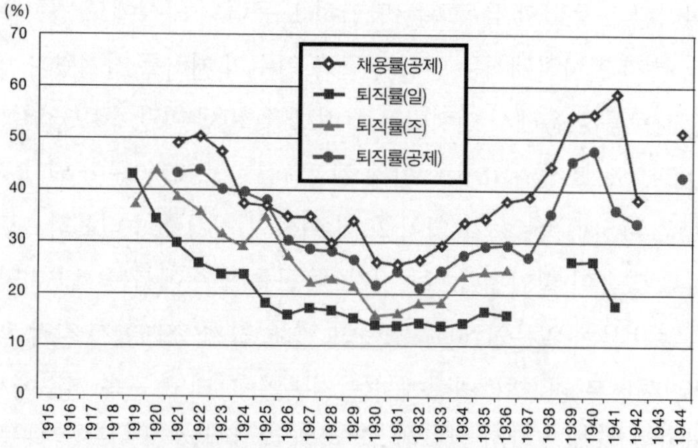

〈그림 8-2〉 조선체신국 노동자의 채용률과 퇴직률

출처: 조선총독부체신국, 『조선체신 통계요람』, 각년도판;
조선총독부체신국, 『조선총독부 체신연보』, 각년도판;
조선총독부체신국, 『조선체신부 내 직원급 용인 위생 통계』, 각년도판;
조선총독부체신국, 『조선체신부 내 직원 위생 통계』, 각년도판;
조선총독부체신국, 『조선총독부 체신 관서 현업원 공제조합 사업 개요』, 각년도판;
대한민국체신부, 『조선체신요람 1944년도』, 1948.
* 공제조합의 채용률과 퇴직률은 공제조합 관련 통계에서 추계하고
민족별 퇴직률은 조선체신국 전체 통계에서 추계함.

일전쟁 이후에는 채용률이 전체의 50%를 넘고 있다. 이러한 움직임은 퇴직률에서도 보이지만, 일부 연도를 제외하고는 퇴직률이 채용률을 밑돌아 전체 노동자 수는 증가했다. 노동자 수는 1910년에 5천 22명이었지만 그 후 1920년 9천 642명, 1930년 1만 3천 952명, 1940년 2만 6천 777명으로 증가했고, 1943년에 3만 2천 835명에 달한 이후, 퇴직률이 채용률을 웃돌면서 1944년에는 3만 514명으로 감소했다. 특히 민족별로는 조선인의 퇴직률이 높아 노동력의 유동화가 발생했다. 조선인의 비율은 1910년 31%(1천 569명)에서 1944년 80%(2만 4천 495명)로 늘었기 때문에 조선인의 채용률이 컸음을 알 수 있다.

이러한 노동력의 유동화는 당연히 노동력의 구성에도 영향을 미쳤다. 특히 전시하에서는 연령과 근속 연수의 저하를 가져왔다. 공제조합 자료를 이용해서 연령별로 살펴보면, 20세 미만이 1933년에 일본인 24.7%, 조선인 18.5%, 합계 21.2%였지만, 1940년이 되자 각각 39.1%, 34.5%, 35.5%가 되어 20세 이상의 연령층이 비율적으로 줄어들고 있음이 확인된다.[7] 동 기간 중 근속 연수에서는 3년 미만 근무자의 비율이 일본인 50%, 조선인 55%, 합계 53%에서 각각 59%, 77%, 73%로 커졌다. 연령에서는 일본인, 그리고 근속 연수에서는 조선인의 저하 경향이 심각했다.[8] 이에 대하여 체신 당국은 내부 교육을 통해 가능한 한 노동력의 질적 저하를 억제하고자 했다.

---

7 조선총독부체신국, 『조선총독부 체신 관서 현업원 공제조합 사업 개요』, 각년도판.

8 이에 관해서는 다음과 같은 기록이 남아 있다. "체신부는 뭐라 해도 많은 인원을 채용하고 있는 만큼, 전쟁으로 인한 인원 부족은 상당히 심각한 것이었다. 이러한 보충난 때문에 당연하게 노동자의 소질 저하를 피할 수 없게 되었다는 것도 충분히 헤아려진다." 鈴木實, 「時局に對應する人員充實策に就て」, 『朝鮮遞信』, 1940. 1., 53-54쪽.

노동력 구성의 변화에 따라 체신국 내부에서 어떠한 인적 운용이 이루어졌는가를 고찰해보자. 그 실마리가 되는 것이 〈표 8-1〉과 〈표 8-2〉이다. 우선 신분별로 보면 일본인은 주로 상층부, 조선인은 하층부를 구성했지만, 조선인의 경우에는 1920년대에서 1930년대에 걸쳐 용인 비율의 저하와 고원 비율의 상승이라는 신분 상승이 일어났고, 전시기에 들어서도 그 현상이 가속화되었으며, 판임관과 통신수의 비율도 1943년에는 각각 4%, 2%에 달했다. 그 때문에 각 신분별 점유율에서는 용인뿐만 아니라 고원과 통신수에서도 조선인이 압도

〈표 8-1〉 조선체신국철 노동자의 신분별 점유율과 배치율(단위: %)

구분	1911		1916		1921		1926		1931		1936		1941		1943	
	일	조	일	조	일	조	일	조	일	조	일	조	일	조	일	조
	점유율															
고등관	100	0	100	0	100	0	100	0	100	0	99	1	97	3	94	6
판임관	100	0	99	1	99	1	97	3	95	5	92	8	85	15	81	19
통신수											16	84	8	92	10	90
촉탁	89	11	50	50	91	9	82	18	91	9	90	10	83	17	74	26
고원	88	12	86	14	67	33	67	33	63	37	60	40	31	69	21	79
용인	36	64	29	71	22	78	23	77	23	77	21	79	6	94	4	96
합계	65	35	60	40	52	48	54	46	53	47	50	50	30	70	24	76
구분	배치율															
고등관	1	0	1	0	1	0	1	0	1	0	1	0	1	0	1	0
판임관	26	0	24	0	29	0	28	1	28	2	28	3	43	3	50	4
통신수	0	0	0	0	0	0	0	0	0	0	1	4	0	2	1	2
촉탁	0	0	0	0	0	0	0	0	0	0	0	0	1	0	1	0
고원	47	12	52	13	51	27	54	32	54	36	54	36	47	46	42	48
용인	26	88	24	87	19	72	17	67	17	63	15	58	8	48	6	46
합계	100	100	100	100	100	100	100	100	100	100	100	100	100	100	100	100

출처: 조선총독부체신국, 『조선총독부 체신연보』, 각년도판.

〈표 8-2〉 조선체신국 노동자의 업무 계통별 배치율 및 점유율(단위: %)

구분	1911		1916		1921		1926		1931		1936		1941	
	일	조	일	조	일	조	일	조	일	조	일	조	일	조
	점유율													
체신국 · 지방체신국	99	1	95	5	85	15	84	16	85	15	78	22	61	39
해사서 · 해사서출장소	55	45	74	26	61	39	86	14	81	19	80	20	60	40
항로표식	92	8	89	11	73	27	70	30	72	28	74	26	70	30
저금관리소	100		100		92	8	87	13	88	12	86	14	41	59
비행장									95	5	96	4	79	21
우편국 (특정 우편국 제외)	65	35	64	36	59	41	67	33	67	33	61	39	32	68
전신국							81	19	82	18	88	12	62	38
전화국							91	9	93	7	88	12	29	71
특정 우편국	51	49	40	60	28	72	25	75	23	77	18	82	9	91
합계	65	35	60	40	52	48	53	47	53	47	50	50	30	70
구분	배치율													
체신국 · 지방체신국	8	0	9	1	8	1	8	2	10	2	27	8	36	10
해사서 · 해사서출장소	2	3	2	1	2	1	1	0	1	0	1	0	1	0
항로표식	5	1	3	1	2	1	2	1	1	1	1	0	1	0
저금관리소	3	0	4	0	5	1	4	1	6	1	5	1	4	2
비행장									0	0	0	0	0	0
우편국 (특정 우편국 제외)	64	65	63	54	66	49	61	35	58	31	46	29	38	35
전신국							0	0	1	0	1	0	6	2
전화국							6	1	5	0	4	1	2	2
특정 우편국	17	31	19	44	17	47	18	61	17	64	14	61	11	48
합계	100	100	100	100	100	100	100	100	100	100	100	100	100	100

출처: 조선총독부체신국, 『조선총독부 체신연보』, 각년도판.

* 해사서·해사서출장소는 관측소(1912년까지), Kosaimaru(廣濟丸 ship, 1923년까지)를 포함한다. 다만 1911년에는 항로표식에 해사서·해사서출장소가 포함되었기 때문에 1911년 해사서·해사서출장소는 관측소와 Kosaimaru의 것이다. 1936년의 특정 우편국과 전신국은 각각 우편취인소와 전신전화취인소를 포함한다.

적인 비율을 점했다. 그 반면 일본인은 전시기에 들어가기 전에는 큰 변화가 없었지만, 전시하에서는 그 절반이 판임관이 되는 등 격심한 신분 상승이 동반되었다. 즉 일본인의 확보가 어렵게 됨에 따라 일본인을 종래보다 높은 신분층에 집중적으로 배치한 것이다.

다음으로 업무 계통별로는 전체적으로 노동력을 현업 부문인 우편국·특정우편국을 중심으로 배치했지만, 전시하에서는 이를 줄이고 체신국·지방체신국의 관리 부문을 강화했다. 민족별로 일본인은 현업 기관에의 배치를 줄이고 상위 감독 기관에 집중적으로 배치한 패턴이 보인다. 그 때문에 조선인은 그 공백을 채우고 우편국, 특정우편국, 전화국, 저금관리소의 현업 노동자가 주력이 되었다. 이상과 같은 신분별, 업무 계통별 배치를 합쳐 생각하면 현업 기관의 중·상층부까지는 일본인이 점했지만, 전시하에서 노동력의 부족 현상이 현저해짐에 따라 업무 계통별로는 감독 기관 및 현업 기관의 상층부에 집중 배치하고, 이를 대신하여 조선인을 현업 기관의 하층부·중층부, 감독 기관의 하층부에 배치함으로써 통신기관 운영의 이니셔티브를 유지하고자 했던 것이다.

민족별 임금과 가계수지

이러한 식민지적 노동 분업 가운데 노동자들의 생활 형편은 어떠했는가? 일본인의 경우 식민지인 '외지'에 근무한다면 본봉 이외에도 가봉이 지급되었다. 박이택[9]에 의하면 고원은 관리가 아니어서 가봉이 지급되지는 않았지만, 이에 상당하는 높은 수준의 초봉이 책정되

9 박이택, 『한국통신산업에 있어서 지배구조와 고용구조 1876-1945』, 382-395, 446-451쪽.

었다. 그뿐만 아니라 초봉이 높았기 때문에 일본인은 동일한 학력이더라도 판임관 승격 기준이 되는 일정의 급여액에 빨리 도달할 수 있어, 조선인보다 짧은 기간 내 승격이 가능했다. 그렇지만 전체적으로 어느 정도의 금액을 받았는가는 알기 어렵다. 자료에 평균급 등이 제시되지 않았던 것이다. 그럼에도 불구하고 임금 수준을 파악하는 것은 체신 노동자의 생활 실태를 고찰하는 데 중요한 논점이 된다.

1936년 2월부터 7월까지 6개월간 실시된 체신국 최초의 가계 조사를 살펴보자(〈표 8-3〉 참조). 가계부 기입자의 범위는 계급별로 기준을 만들어 체신서기, 체신서기보(판임관), 사무원(고원), 집배수(용

〈표 8-3〉 조선총독부 체신 노동자의 (1개월 평균) 가계수지

구분			서기·서기보		사무원		집배수		합계		
			일	조	일	조	일	조	일	조	계
세대 총수			60	18	23	11	26	20	109	49	158
1세대 평균 인원(인)			4.3	5.8	3.6	4.4	3.9	3.7	4.0	4.6	4.2
실수입(엔)	계		128.7	77.9	73.5	53.4	64.6	44.5	101.8	58.7	88.4
	근로수입	전액	119.7	69.4	65.2	47.8	58.7	38.6	93.7	52.0	80.7
		세대주 본 수입	119.1	67.4	64.2	47.8	56.0	37.8	92.4	50.9	79.6
	근로 외 수입		9.0	8.5	8.3	5.7	5.9	5.8	8.1	6.8	7.7
실지출(엔)	계		121.2	77.6	73.0	54.3	63.1	40.7	97.2	57.3	84.8
	내역, 음식물비(%)		28.9	39.2	34.2	39.6	41.4	47.1	31.7	41.6	33.8
	주거비(%)		14.7	13.1	17.0	15.0	16.3	13.5	15.3	13.6	15.0
	광열비(%)		5.9	9.2	7.5	10.1	7.7	10.9	6.5	9.9	7.2
	피복비(%)		9.7	8.5	9.7	7.5	7.2	7.7	9.3	8.1	9.1
	기타 비용(%)		40.8	30.0	31.7	27.8	27.4	20.8	37.2	26.8	35.1
가계수지(엔)			7.5	0.3	0.5	−0.8	1.6	3.8	4.6	1.5	3.6
실지출에 대한 근로 수입 비율(%)			106.1	100.3	100.7	98.5	102.5	109.3	104.7	102.5	104.3

출처: 朝鮮總督府遞信局庶務課統計係, 「遞信從業員の家計調査に就て」, 『朝鮮遞信』, 1937. 1.

* 세대주의 본 수입에는 본봉·본급뿐만 아니라 여비, 수당, 가봉 등 전부가 포함되어 있음.

인)라는 여러 직급에 걸쳐서 체신분장국(→ 지방체신국)별로 50세대, 총 200세대를 조사한 것이다. 물론 전체 노동자를 포괄하지 않았기 때문에 표본추출 여하에 따라 임금 수준은 변할 수 있겠지만, 전국적으로 선별한 인원을 대상으로 작성되었다는 점에서 대표성을 갖는다.

당연히 직급별로는 상위의 신분일수록 높은 임금을 받아 지출 면에서도 문화활동비, 의료비 등 '기타 제비용'이 커지고 엥겔지수는 낮아진다. 또한 주의해야 할 점은 같은 신분이라고 하더라도 민족 간 격차가 컸다는 점이다. 같은 직분 내지 신분의 일본인에 대한 조선인의 임금(세대주 본 수입)은 서기·서기보에서는 57%에 지나지 않았고, 사무원과 집배수에서는 각각 74%, 68%로 약간 높아지지만 전체적으로는 55%에 지나지 않았다. 이러한 55%의 임금 수준은 철도업에서 보이는 수준과 동일하다.[10] 즉 일본인은 내부 분업 가운데 상층 부서에 배치되었음은 물론, 생활 면에서도 높은 임금을 받았던 것이다.

이러한 노동 분업과 생활 조건 가운데 노동자의 건강 상태는 어떠했을까? 또한 민족별로는 어떠했을까?

2. 체신 노동자의 건강과 질병

체신 노동자의 이환율

조선체신국은 '직원 및 용인 위생 통계 보고 규정'(1919. 4.)을 제정하고 『조선총독부 체신연보』, 『조선총독부 체신 통계요람』 등에서

10 Chaisung Lim, "The Development of Labor Hygiene in Colonial Korea, 1910-1945."

'직원 위생'이라는 항목을 설정해 질병 결근 도수 및 일수와 질병 퇴직·사망자 수를 발표했다. 이것은 이후 1931년부터 『위생 통계』 시리즈로 독자적인 통계로서 발표되었다. 다만 1930년까지는 용인에 관한 위생 통계는 발간되지 않았다. 1931년 이후 용인을 넣은 이환율, 사망률과 이를 넣지 않은 수치를 비교해보면 용인을 넣은 경우에 약간 하락하지만, 전체 추이를 파악하는 데는 큰 지장이 없다. 그 외에도 『조선총독부 체신 관서 현업원 공제조합 사업 개요』에 게재된 급부금의 항목에서 질병과 사망 등의 통계를 얻을 수 있다. 공제조합의 경우 통신수 이하의 현업 노동자 후생복리를 위해 설립되었기 때문에 판임관층 이상과 비현업 고원을 포함하지 않는다. 그러나 비현업 노동자를 위한 을종 조합제도가 존재했으며, 전시하의 1941년에는 가입 범위가 판임관까지 확대되었다. 때문에 전체 노동자에 대한 현업 노동자의 비중은 공제조합의 설치 이래 80% 정도를 보였고, 1941년에는 97%에 달했다. 이러한 점에서 공제조합의 통계를 통해 노동자의 건강 상태를 파악할 수 있다.

이환율의 추이에서 노동자의 건강 여하를 보면(〈그림 8-3〉 참조), 1910년대 중반까지는 자료상 파악할 수 없지만 1917년에서 1918년에 걸쳐 급격히 상승한 것을 알 수 있다. 이는 스페인독감이 대유행하자 전국 집배망에서 일하고 있는 체신 노동자들이 다른 누구보다 타격을 받게 되었기 때문이다.[11] 스페인독감으로 인해 조선 내에서는 1918년에 755만 6천 693명의 환자가 발생해서 14만 527명이 사망했고, 그다음 해부터는 43만 586명이 감염되어 4만 4천 99명이 사망

11 Chaisung Lim, "The Pandemic of the Spanish Influenza in Colonial Korea", *Korea Journal, vol. 51*, no. 4, 2011. 12.

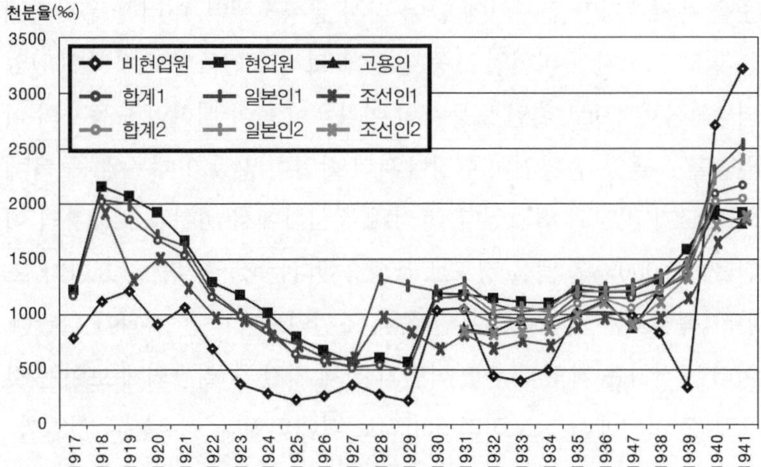

〈그림 8-3〉 조선체신국 노동자의 이환율

출처: 조선총독부체신국, 『조선체신 통계요람』, 각년도판;
조선총독부체신국, 『조선총독부 체신연보』, 각년도판.
* 이환율 = 질병결근도수/노동자수×1000. 비현업원과 현업원은 이원(吏員)에 한함.
합계 2, 일본인 2, 조선인 2만 이용인층의 이환율을 포함함.

했다. 그 외에도 법정 전염병에 의해 1919년 1만 3천 599명, 1920년 1만 8천 75명이 사망했다. 당시 체신국 내부에서도 스페인독감 때문에 각지에 체송인을 비롯한 환자가 속출해서 통신업이 마비 상태에 빠지게 되었다.[12] 1918년 9~10월 동안 환자의 연인원은 2천 29명, 결근 연일 수는 7천 259일로, 특히 10월의 결근 인원 비율은 총 인원의 26.9%에 달하게 되었다.

이와 같이 노동자의 이환율은 1910년 말에 일단 정점에 달한 다음 급속히 저하되다가 1920년대 말부터 약간 상승했고, 이후 그 수

12 志賀良三郎, 「流行感冒と通信事業」, 『朝鮮遞信協會雜誌』, 1918. 11., 3-7쪽; 朝鮮遞信協會, 「流行感冒に罹りし我が遞信界の人員と欠勤日數」, 『朝鮮遞信協會雜誌』, 1919. 1., 94-95쪽.

준을 유지했지만 전시기에 들어 다시 급상승했다. 이러한 움직임에는 현업 노동자와 비현업 노동자 간에, 그리고 민족별로 차이가 있었다. 즉 전체적으로 현업 노동자의 이환율이 높아 비현업 노동자의 이환율을 웃돌았다. 당연히 현장에서의 작업이 많았기 때문에, 즉 육체의 소모가 많았던 결과였다. 그러나 전시하에서 비현업 노동자의 이환율이 3,000‰을 넘을 정도로 급상승했다는 것은 설명을 요한다. 또한 민족별로는 의외로 일본인 쪽이 조선인보다 높은 결과가 나왔다. 이러한 격차는 거의 대부분 식민지 전체 기간 중 일관되게 보이는 것으로, 전시기에서는 오히려 500‰로 확대되었다. 이유는 무엇일까? 일본인이 분업상 중층부·상층부에 위치하여 안정적인 생활을 영위했으므로 일본인의 이환율이 낮았을 것으로 생각됨에도 불구하고 실제로는 '역의 현상'이 일어났고, 비현업 노동자의 경우에도 전시하에서 이환율이 급증하고 있었다. 이러한 실태가 발생하는 원인을 파악하기 위해서는 이환율을 질환별로 분류해서 검토할 필요가 있다.

증상이 경미한 '6일 이내 결근'을 제외하고 보았을 때 전체적으로 독감, 콜레라 등의 유행이 많았던 1919년도를 제외하고는 호흡기병이 가장 많았고, 다음으로 소화기병 > 신경계병 > 급성전염병의 순이었다(〈표 8-4〉 참조).[13] 특히 전시하에서는 만성전염병인 결핵성질환이 급성전염병보다 많았다. 이러한 질병에 일본인이 조선인보다 많이 걸렸던 것이다. 조선인의 이환율이 일본인보다 높았던 항목은 근무 등에 의한 외상이 가장 현저했고, 그 외에도 미미한 비율로 피부병, 화류병에 걸렸다. 1941년에 비현업 노동자의 이환율이 현업 노

13 질병에 의한 결근자를 기준으로 하기 때문에 공제조합의 질병급부 건수를 기준으로 추계한 임채성(Lim, 2011)의 조선국철 노동자 이환율보다 높게 추산된다. 만약 현업 노동자 공제조합의 급부 건수를 기준으로 한다면 1936년 이환율은 24.0‰가 된다.

〈표 8-4〉 조선체신국 노동자의 이환율(단위: ‰)

구분	1919		1921		1926		1931		1936		1941	
	일	조	일	조	일	조	일	조	일	조	일	조
급성전염병	129	75	17	13	10	5	18	6	14	5	12	10
신경계병	63	19	33	19	22	13	19	9	18	16	20	26
호흡기병	55	28	48	34	37	13	52	14	72	25	113	50
순환기병	3	2	4	-	4	1	3	2	5	3	5	3
소화기병	36	27	35	24	30	19	36	19	38	29	45	42
물질대사병	-	-	1	-	0	1	1	1	1	1	2	1
결핵성질환	4	-	2	5	6	4	11	5	9	4	20	8
필뇨기급	2	3	5	9	5	1	8	3	5	3	6	4
생식기병												
화류병	0	2	0	1	0	1	0	0	0	1	-	1
안질	3	-	3	1	2	3	2	2	3	1	4	2
이병	2	-	1	-	2	1	4	1	2	1	2	1
피부병	3	6	2	7	1	4	1	4	2	7	3	6
운동기병	3	-	7	-	2	2	1	2	3	5	5	2
외상 등 외과질환	2	1	4	8	3	8	6	16	10	21	8	25
기타 질병	-	-	2	1	1	-	2	3	1	2	1	5
6일이내 결근	1,685	1,146	1,439	1,140	439	515	1,055	738	998	966	2,170	1,684
합계	1,989	1,308	1,604	1,262	565	592	1,219	824	1,182	1,090	2,416	1,871
년말현재인원	3,779	898	4,369	1,388	5,222	1,780	7,471	6,689	9,456	9,495	9,327	21,467

출처: 조선총독부체신국, 『조선체신 통계요람』, 각년도판; 조선총독부체신국, 『조선총독부 체신연보』, 각년도판; 조선총독부체신국, 『조선체신부 내 직원급 용인 위생 통계』, 각년도판; 조선총독부체신국, 『조선체신부 내 직원 위생 통계』, 각년도판.

* 전 노동자 일인당 결근도수를 기초로 계산되었음. 1926년까지는 용인층을 포함하지 않음.

동자보다 높아지게 되었던 것도 그들의 '6일 이내 결근' 수가 1936년 2천 93도수에서 1941년 9천 342도수로 급증했기 때문이다. 건강 상태가 1910년대에 악화된 이후 1920년대에서 1930년대에 걸쳐 개선되었고, 다시 전시하에서 악화되는 가운데 일본인에게서 보다 극적인 변화가 나타난 것이다.

다음으로 신분별 이환율을 보자. 신분별 직무(1936년)에서, 판임관은 주로 체신서기, 서기보(補), 체신기수, 우편소장, 고원은 사무원, 집배수취체(集配手取締), 전화주사보(補), 전화사무원, 전화사무원견습, 공원, 기공(妓工)취체, 공수(工手)취체, 용인은 집배수, 자동차운전수, 자동차운전조수, 기공, 공수로서 근무하고 있었다. 직장에서의 현장업무가 고원과 용인에 의해 이루어지는 가운데 용인은 주로 육체노동에 종사하고, 고원은 실내에서 그들의 업무를 통제·관리하는 직무를 담당했다. 그 때문에 용인 쪽이 가장 이환율이 높고 그다음이 고원으로 예상된다. 그러나 이환율은 1936년에 판임관 이상이 749‰, 고원이 1,302‰, 용인이 1,121‰였다. 1941년에는 이환율이 상승해서 판임관 이상이 1,443‰, 고원이 2,396‰, 용인이 1,816‰가 되었다. 이 중 용인은 직무상 '외상, 손상, 종양 및 외과질환'이 가장 많았지만, 전체적으로 근무 조건과 급료 면에서 용인보다 양호했던 고원층의 이환율이 가장 높았다.[14] 즉 '고원에 있어서 다른 신분에 비해 다수의 환자를 내었다는 것은, 고원은 장시간 실내에서 근무하고, 항상 햇빛을 받지 않는 근무 여건에 있기 때문에 체신국 내부에서의 전염이 우려되며, 결국 영양, 운동 등의 관계에서 자연스럽게 더 많이 발병의 위험에 노출되었'기 때문으로 지적되었다.[15]

또한 "통신 방면의 종업원은 사무원의 성질상 비교적 먼지 등이 많은 비위생적인 환경에서 밤낮 바쁜 노무에 종사"하고 있다고 지적되었다.[16] 이러한 점에서 소속별 이환율을 보면 체신국 1,333‰, 해사출장소 457‰, 항로표식 166‰, 저금관리소 1,653‰, 비행장 432‰,

---

14 江村長市, 「従業員の衛生状態に就て」, 『朝鮮遞信』 1937. 9., 110-114쪽.

15 広瀨四郎, 「従業員の保健とスポーツに就て(其の二)」, 『朝鮮遞信協會雜誌』, 1933. 2., 50쪽.

16 平瀨四郎, 「従業員の保健衛生施設に就て 3」, 『朝鮮遞信』, 1935. 6., 33-44쪽.

체신분장국 697‰, 우편국 1,390‰, 전신국 492‰, 전화국 2,451‰, 우편소 863‰, 우편취급소 0‰, 전신전화취급소 231‰, 합계 1,136‰이다. 여성 전화교환사무원이 밀집되어 근무하는 전화국이 이환율이 가장 높았고, 그다음이 실내 업무가 집중되어 있는 저금관리소였다.[17] 전체 노동력의 38%가 집중되어 있는 우편국은 세 번째로 높았다. 우편국 다음으로 많은 37%의 노동자가 배치되었던 우편소는 현업 노동자가 적은 체신국보다는 이환율이 낮았다. 같은 현업 기관임에도 불구하고 우편국과 우편소(→ 특정 우편국)가 극히 다른 이환율을 보인 것은 1936년 평균 노동자 수가 각각 69.9명, 9.2명이었다는 점에서 알 수 있듯이 그 규모에서 크게 달랐으며, 근무 환경(도시부 혹은 농촌부)도 달랐다는 것을 의미한다. 또한 성별에서 여자는 전체 노동자의 15.5%밖에 점하지 못했지만, 실내 작업이 많았던 만큼 이환율은 1,755‰를 기록해서 1,023‰의 남자보다 높았다.[18] 밀집된 실내 공간에서 일하는 것이 옥외에서 신선한 공기 가운데 일하는 것보다 전염병을 비롯한 질병에 걸릴 가능성이 높았던 것이다.

체신 노동자의 사망률

그러나 질병에 걸렸다고 해서 모든 환자가 사망에 이르는 것은 아니었다. 우선 사망률에 주목해보면(〈그림 8-4〉 참조) 전체적으로 약간 저하하는 경향을 보이고 있다. 물론 전시기에 들어 상승하는 경향이 보인다고 해도 이환율에서 보는 것과 같은 극적인 변화는 보이지 않는다. 다음으로 사인을 근무 중 발생한 사고 내지 질병에 의한 공상

17 広瀬四郎, 「従業員の保健とスポーツに就て(其の二)」, 42쪽.

18 松本新三郎·松本正太郎, 「電話交換事務員の衛生時に就て」, 『朝鮮遞信協會雜誌』, 1931. 7., 65-69쪽.

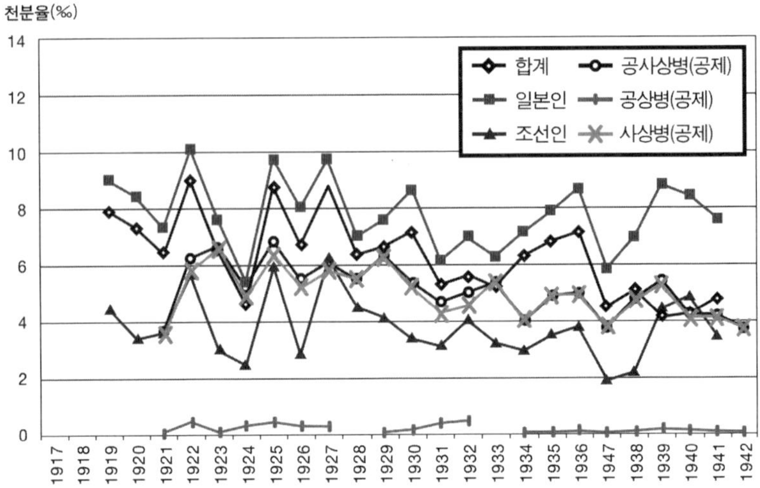

〈그림 8-4〉 조선총독부 체신 노동자의 사망률

출처: 조선총독부체신국, 『조선체신 통계요람』, 각년도판;
조선총독부체신국, 『조선총독부 체신연보』, 각년도판;
조선총독부체신국, 『조선체신부 내 직원급 용인 위생 통계』, 각년도판;
조선총독부체신국, 『조선체신부 내 직원 위생 통계』, 각년도판;
조선총독부체신국, 『조선총독부 체신 관서 현업원 공제조합 사업 개요』, 각년도판.
* 공제조합 관련 통계는 조선총독부체신국, 『조선체신부 내 직원 위생 통계』,
각년도판의 통계자료를 추계한 것.

병(公傷病)과 그렇지 않은 사상병(私傷病)으로 나누어보자. 공제조합 사업 통계를 이용해서 공상병에 의한 사망자 수를 순직 급부금의 건수에서 얻은 다음, 사망 급부금 건에서 그것을 빼게 되면 사상병에 의한 사망자 수를 얻을 수 있다. 물론 공제조합에는 비현업 노동자와 판임관 이상의 신분층이 포함되지 않기 때문에 사망자 수가 줄어들지만, 전체의 추이를 파악하는 데는 큰 오차가 없다. 그 결과 공상병에 의한 사망률은 0.5‰ 이하의 수준으로 떨어졌고, 연도에 따라서는 공상병에 의한 사망이 전혀 없었던 연도도 있다. 따라서 대부분의 사인이 사상병이었던 것이다. 나아가 이러한 사망률을 민족별로 보면, 일본인이 전체적으로 조선인보다 대단히 높은 사망률을 기록했다. 역시 일본인이 조선인보다 치명적인 질환에 노출되어 사망에 이르는 경우가 많았던 것이다.

이러한 점에서 사인 내역에 주목해보자. 〈표 8-5〉는 두 가지 시리즈의 통계로부터 작성된 것이다. 1919년은 용인을 포함하지 않는 이원(吏員)의 것이지만, 자료상 민족 구분이 되지 않는 교환수(남자 퇴직자 1명, 여자 퇴직자 52명, 사망자 6명)는 1919년 사망률이 일본인

〈표 8-5〉 조선총독부 체신 노동자의 질환별 사망률(단위: ‰)

구분		1919			1926			1931			1936			41
		일	조	계	일	조	계	일	조	계	일	조	계	계
공상병	상이								0.63	0.35		0.22	0.13	0.03
	질병								0.16	0.09				0.07
	합계								0.78	0.43		0.22	0.13	0.10
사상병	상이				0.72		0.32	0.20	0.94	0.61	0.46	0.54	0.51	0.27
	급성전염병	3.44	3.34	3.42	0.96	0.20	0.54	0.78	0.47	1.04	1.70	1.08	1.34	0.81
	결핵성질환	0.26		0.21	1.43	0.20	1.08	0.39	0.47	0.26	1.70	0.43	0.96	0.97
	신경계병	0.79		0.64	1.20	0.20	0.65	0.20	0.16	0.17	1.08		0.45	0.50
	호흡기병	2.12		1.71	1.43	0.59	0.65	1.76	0.63	1.13	0.77	0.54	0.64	0.91
	순환기병	0.79		0.64	0.24	0.39	0.32	0.20	0.16	0.17	0.15		0.06	0.03
	소화기병	1.32		1.07	0.96	0.98	0.97	0.59	0.16	0.35	1.08	0.76	0.89	0.50
	비뇨생식기병				0.48		0.22	0.78	0.16	0.43	0.15		0.06	0.03
	기타 질환	0.26		0.21		0.98	0.54	0.59	0.16	0.35				0.07
	합계	9.00	3.34	7.91	7.41	3.54	5.29	5.46	3.29	4.52	7.12	3.36	4.91	4.10
총계		9.00	3.34	7.91	7.41	3.54	5.29	5.46	4.07	4.95	7.12	3.58	5.04	4.20

출처: 조선총독부체신국, 『조선총독부 체신연보』, 각년도판; 대한민국체신부, 『조선체신요람 1944년도』, 1948.

* 1919년은 조선총독부체신국, 『조선총독부 체신연보』, 각년도판, 1926년 이후는 조선총독부체신국, 『조선총독부 체신 관서 현업원 공제조합 사업 개요』, 각년도판.

** 1926년의 '상이'와 '기타 질환'은 각각 '외상, 변사, 자살, 중독, 기타'와 '혈액운동기 및 물질대사병.'

9.0‰, 조선인 4.5‰이었기 때문에 일본인으로 계산했다. 그 결과 일본인은 같은 9.0‰였지만, 조선인은 3.3‰로 약간 과소평가되었다. 그렇지만 전체 추이를 파악하는 데 문제는 없다. 또한 1919년과 1926년의 경우에는 공상병과 사상병의 구분이 되지 않았다는 점에 주의할 필요가 있다. 1926~1941년의 사망률은 공제조합의 사망 급부금의 발생 원인에 의한 것이다. 때문에 1926~1941년의 사망률은 〈그림 8-4〉의 직원 전체 사망률에 비해서 약간 낮아진다. 이러한 점에서도 비현업 노동자 혹은 판임관 이상의 신분층은 현업 노동자보다 실내의 양호한 근무 환경에서 일했음에도 불구하고 그들의 사망률이 고원과 용인으로 구성된 공제조합원보다 높았다는 것을 알 수 있다.

이러한 통계에 의하면 조선인은 주로 공상병을 사인으로 한 사망이 많았고, 위험한 노동 환경에 놓여졌음을 알 수 있다. 그 신분도 주로 일반 용인이었다. 한편 사상병에 의한 사망률에서는 압도적으로 일본인 쪽이 높았다. 3대 사인은 1919년에 급성전염병 > 호흡기병 > 소화기병, 1926년에 결핵성질환 > 소화기병 > 호흡기병·신경계병, 1931년에 호흡병 > 전염병 > 상이, 1936년에는 급성전염병 > 결핵성질환 > 호흡기병, 1941년에는 결핵전염병 > 호흡기병 > 급성전염병이었다. 폐렴, 늑막염, 기관 카타르 등은 결핵에 의한 것이 많았기 때문에 실제로는 결핵성질환을 사인으로 하는 경우가 보다 많았을 것이다. '폐병은 공기에 의해 전염되는 것'으로, '호흡기의 입구 쪽에 병이 발생하여 무수한 균이 기침을 통해 퍼진다.' '체신국 내에 병균 보유자가 있을 경우 좁은 실내에 거의 종일토록 같이 지내기 때문에 전염의 위험률이 가장 높아지게 된다.'[19] '폐결핵과 연령의 관계'를 보아

19 広瀬四郎, 「従業員の保健とスポーツに就て(其の二)」, 50–51쪽.

도 1931년 12월 현재 21~25세의 환자가 가장 많고, 그다음이 26~30세, 20세 미만의 순이었다.

전시기에는 장시간 근무와 영양 부족을 피할 수 없었기 때문에 결핵성질환과 호흡기병에 의한 사망률은 상승할 수밖에 없었다. 이보다 어린 연령에서는 10대에 지나지 않았던 일본인 청소년의 경우 체신합숙소(=체신료)에서 공동 생활을 했고, 이에 따라 유병자로부터의 전염에 노출되었다.[20] 경성우편국에서는 1942년 초 전신인(電信人) '신채용자 80명 중 3년 이내의 질병 퇴직자는 24명에 달했고, 그중 불행하게도 사망한 자는 6명을 기록했다.'[21] 채용 시의 신체 상태를 보면 양호 9명, 보통 18명으로, 허약자는 3명에 지나지 않았지만, 채용된 지 얼마 되지 않아 결핵 등에 걸려 전신(電信) 사업장을 떠나게 된 것이다. 당시에는 '전신을 하면 폐병에 걸린다'고 일컬을 정도였다.

사망률(1936년도)에 관해서도 공제조합 통계를 이용해서 소속, 신분, 민족, 남녀의 차원에서 검토해보면, 소속별로는 체신국 4.5‰, 해사출장소 0.0‰, 저금관리소 8.1‰, 우편국 5.5‰, 전신국 11.4‰, 전화국 0.0‰, 우편소 4.7‰, 비행장 0.0‰, 합계 79명, 5.0‰였다. 신분별로는 통신수 4.7‰, 고원 5.2‰, 보통용인 4.0‰, 직공용인 10.0‰, 을종(비현업 노동자 일부) 0.0‰였다. 민족별·성별로는 일본인 남자 8.5‰, 일본인 여자 4.7‰, 조선인 남자 3.7‰, 조선인 여자 2.1‰였다. 노동자가 많이 배치되었던 우편국과 우편소에서 사망자가 많았지만, 사

---

20 藤澤生, 「遞信合宿所の誕生」, 『朝鮮遞信』, 1940. 5., 71-75쪽; 鶴田成男, 「寮生活を語る」, 『朝鮮遞信』, 1941. 2., 56-65쪽; 高橋正行, 「遞信療と寮生を思ふ」, 『朝鮮遞信』, 1941. 12., 28-29쪽; 朝鮮遞信協會, 「誕生した平壤遞信寮」, 『朝鮮遞信』, 1942. 2., 51쪽; 工藤貞, 「寮の一日」, 『朝鮮遞信』, 1942. 10., 41-44쪽.

21 浦登, 「電信人の体位に就いて(上)」, 『朝鮮遞信』 1942. 10., 10-17쪽.

망률에 있어서는 저금관리소 쪽이 높았다. 신분별로는 기공으로 구성된 직공 용인이 가장 높은 사망률을 보였으며, 집배수로 구성된 일반 용인보다 이러한 용인들을 관리하는 고원의 사망률이 높았다. 민족별로는 일본인 남자의 사망률이 압도적으로 높았다. 즉 양호한 작업 환경과 상위의 직무에 배치되었다고 생각되는 일본인 남자가 전염병 등에 노출되어 사망에 이를 위험성이 가장 높았던 것이다.

체신 노동자의 질병 퇴직률

그러나 주의할 점은 질병의 결과가 건강 회복과 사망이라는 두 가지 경우에만 국한되지는 않는다는 것이다. 즉 상이 혹은 질병에 의해 노동력이 상실된 경우 사망자를 크게 웃도는 규모로 퇴직이 이루어졌다. 질병 퇴직자 수에서 그 비율을 계산하면 〈그림 8-5〉와 같이 1910년대 말에 일본인을 중심으로 대단히 높았지만, 1920년대에 저하된 다음 1920년대 말에 약간 상승하고, 1930년대에 들어서 다시 저하되었으며, 1940년대에는 약간 상승하는 움직임이 확인된다. 1920년대 말의 상승은 이환율의 상승과는 정합적이지만, 전시하에서는 오히려 다른 경향을 보였다. 질병 퇴직률에서도 일본인과 현업 노동자의 비율이 각각 조선인과 비현업 노동자 비율보다 높았다.[22]

---

22 그 내역은 현재 자료상 1919년만 확인된다. 일본인, 조선인, 직원 전체의 질병 퇴직률을 보면 각각 급성전염병 3.2‰, 3.3‰, 3.2‰, 신경계질환 52.9‰, 11.1‰, 44.9‰, 호흡기질환 13.8‰, 3.3‰, 11.8‰, 순환기질환 4.0‰, 0.0‰, 3.2‰, 소화기질환 8.7‰, 4.5‰, 7.9‰, 결핵성질환 1.3‰, 0.0‰, 1.1‰, 비뇨기·생식기병 0.5‰, 1.1‰, 0.6‰, 화류병 0.0‰, 2.2‰, 0.4‰, 이병(耳病) 0.3‰, 0.0‰, 0.2‰, 비병(鼻病) 0.3‰, 0.0‰, 0.2‰, 안질 0.5‰, 0.0‰, 0.4‰, 운동기질환 0.5‰, 0.0‰, 0.4‰, 외상 등 2.1‰, 0.0‰, 1.7‰, 합계 88.1‰, 25.6‰, 76.1‰였다(조선총독부체신국, 『조선총독부 체신연보』, 각년도판). 이들 수치는 용인을 포함하지 않는다.

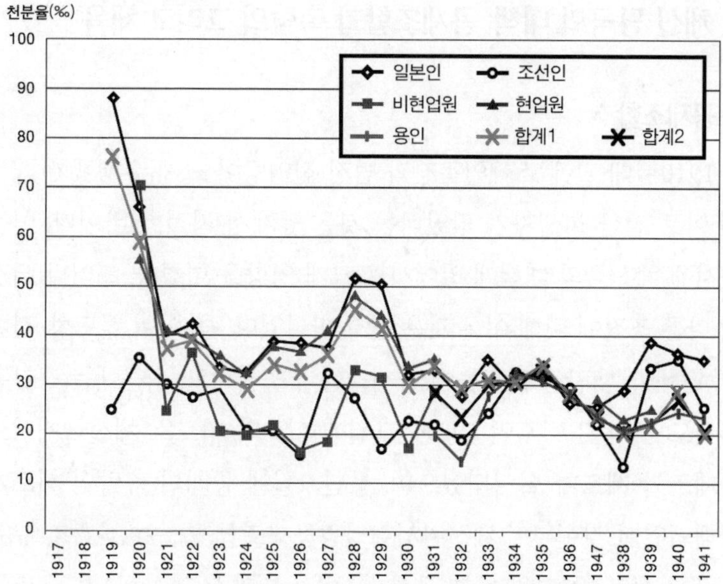

〈그림 8-5〉 조선총독부 체신 노동자의 질병 퇴직률

출처: 조선총독부체신국, 『조선체신 통계요람』, 각년도판;
조선총독부체신국, 『조선총독부 체신연보』, 각년도판;
조선총독부체신국, 『조선체신부 내 직원급 용인 위생 통계』, 각년도판;
조선총독부체신국, 『조선체신부 내 직원 위생 통계』, 각년도판.
* 비현업원, 현업원, 합계1은 용인을 포함하지 않고 일본인, 조선인, 합계2만 용인을 포함함.

이상과 같이 임금·승격에 있어 일본인이 우위에 있었음에도 불구하고 이환율, 사망률, 질병 퇴직률에서 볼 때 일본인의 건강은 조선인보다 열악했다. 이는 주로 실내에서 근무하고, 도시부에서 공동 생활을 하고 있어 전염병 등에 노출될 위험성이 높았기 때문인 것으로 간주된다.

3. 체신 당국의 대책: 공제조합과 촉탁의 그리고 체육

공제조합

1910년대 말에 스페인독감과 법정 전염병이 크게 유행했기 때문에 이로 인한 희생자가 많았다는 것은 앞에서 지적한 바이다. 이는 동시에 체신국의 대책에 있어서도 크게 영향을 미쳤다. 그러나 이것이 다른 조직에 비해 이른 것은 결코 아니었다. 즉 '이미 철도성, 전매국, 인쇄국, 대만철도부 등에 공제조합이 조직되고, 최근에는 경찰관에서도 조직'된 이후인 1921년 1월에 이르러 비로소 체신국에서도 공제조합 제도가 실시되었으며, 동년 9월에 종래의 촉탁의 제도가 확대되었던 것이다.[23] 체신관서현업원공제조합(遞信官署現業員共濟組合)의 창설로 인해, ① 재해 구제, ② 퇴직 후의 부조, ③ 근속 장려 등이 기대되었다.

〈그림 8-6〉에서 볼 수 있듯이, 정부의 보급금과 조합원의 부금을 원 자본(이외에는 이자, 잡수입)으로 삼아 고원 이하의 현업 노동자를 갑종조합원으로서 의무 가입하도록 하고, 기타 노동자에 대해서는 을종조합원으로서 임의 가입을 인정했다. 그리고 해당 조합원에 대해서 공제 급여금을 지급했다.[24] 자금 운영에서 볼 때 탈퇴 급여금은 조합원 부금 총액에 연 5부의 복리를 더한 금액으로 지급되었던 것에 대하여, 기타 급여금은 정부 보조금에 의해 조달되었다.[25] 처음에는 공상병자 혹은 사망자 등(순직, 상이, 질병, 요양, 사망, 탈퇴, 재해, 근

---

23 野村情次郎,「現業員共濟組合の成立に就て」,『朝鮮遞信協會雜誌』, 1921. 1., 15-19쪽.

24 조선총독부체신국,『조선의 체신사업』, 1929; 조선총독부체신국,『조선총독부 체신 관서 현업원 공제조합 사업 개요』, 각년도판.

25 一宮次郎,「共濟組合資金運用に就て」,『朝鮮遞信協會雜誌』, 1926. 11, 2-11쪽.

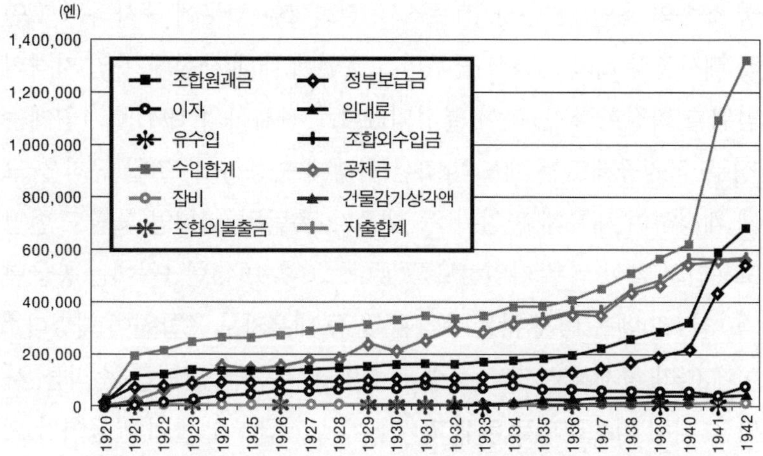

〈그림 8-6〉 조선총독부 체신 현업 노동자 공제조합의 경영수지

출처: 조선총독부체신국, 『조선총독부 체신 관서 현업원 공제조합 사업 개요』, 각년도판.

속[26])에 대해서 급여금을 제공했지만, 수차에 걸쳐 규정이 개정되어 1926년에는 사상병자에 대한 의료 급부금, 사망자에 대한 장제 급부금, 출산 시 산부 급부금을, 또 1927년에는 '조직 내로부터 결핵균을 쫓아낼 목적으로' '다른 각종 급여금과 더불어 1년 이상 근무자'에 한하여 결핵성질환에 의한 탈퇴자에 대한 특증(特症) 급부금을 지급했다.[27] 이로써 공제 급여금의 종류는 순직, 상이, 질병, 특증, 요양, 의료, 산부, 사망, 장제, 재해, 탈퇴, 근속 등 12종이 되었다.

비현업 노동자로부터는 현업 노동자와 같은 급여가 요구되었고, 가입 범위도 지속적으로 확대되었다.[28] 1927년 5월의 개정으로 '체신

26 조합원 가입 3년 경과 후 탈퇴하는 자에 대한 급여금으로 1923년에 제정되었다.

27 広瀬四郎, 「従業員の保健とスポーツに就て(其の二)」, 47쪽.

28 예를 들어 "지방국에 근무하는 전화 사무원과 순시 그리고 소사(小使)는 현업 노동자로 간주된 것에 반하여, 본국에 근무하는 자는 현업 노동자가 아니기 때문에 일반 현업 노

국 소속의 용인 및 순시, 전보조사, 전화교환 업무에 종사하는 고원 및 해사출장소, 항로표식 근무의 고용인에 대해 새롭게 가입 자격의 범위를 확장한다'는 것이 결정되었다.[29] 전시하의 1941년 4월에는 '정부-직원공제조합 제도의 조선 시행에 순응하여' '조합 규칙을 크게 개정하여 새롭게 판임관, 동 대우자, 촉탁원, 비현업 고원도 현업 고용인과 같이 의무 가입하도록 했다.' 그 후 1943년 3월에는 봉급년액 1천 820엔을 넘지 않는 주임관 및 동 대우자도 조합원이 되었다.[30] 이에 따라 공제 급부명도 공상금, 요양금, 특증금, 탈퇴금, 순직금, 사망금, 재해 위로금으로 바뀌고, 새롭게 보건급부의 틀이 만들어져 요양비, 상병수당금, 매장료, 분만비, 출산수당금이 지급되었다.[31] 공제조합의 경비를 보면(〈그림 8-6〉 참조) 1941년에는 가입 범위의 확장과 부금 및 정부 보급금의 인상으로 인해 수입이 증가했으며, 지출(그 대부분이 공제금)과의 격차가 커져서 경영의 건전성이 대폭 개선되었다.

이 밖에도 조합원으로부터 '가족의 질병 혹은 규정 이외의 재해를 만나 비참하게 될' 것에 대하여 '대부기관'의 설치가 요청되어, 1925년 4월에는 공제조합의 부속사업으로 저리대부금 제도가 설치되었다.[32] 또한 조합원의 복리 증진 시설로서 그들의 생활필수품 등을 공급하기 위해 1927년 9월에 구매조합이 조직되었다. 공제연금도 실

동자가 누려야 할 각종 은혜를 입을 수 없었고, 공제조합원의 자격 또한 주어지지 않았다." 濱澤大作, 「社會政策的見地より共濟組合制度の改正を論ず」, 『朝鮮遞信協會雜誌』, 1926. 7., 7-13쪽.

29 조선총독부체신국, 『조선총독부 체신연보』, 각년도판.

30 新田壽三郎, 「遞信官署共濟組合に就て」, 『朝鮮遞信』 1943. 8.

31 朝鮮遞信協會, 「遞信官署共濟組合の概要」, 『朝鮮遞信』 1942. 5., 2-9쪽.

32 有我喜代重, 「共濟組合に就て」, 『朝鮮遞信協會雜誌』, 1922. 2., 27쪽.

시되어 퇴직 후의 생활 안정을 보장했기 때문에 관리의 은급과 같이 '종신토록 매년 일정한 금액을 보상'했다.[33]

공제 급부 상황을 보면(〈그림 8-7〉 참조) 역시 1927년부터 건수와 금액의 양면에서 충실해졌고, 그 후 계속해서 확대되었다. 탈퇴금의 경우 건수와 금액이 대단히 크고 보건 관련 급여금이 확인되지 않기 때문에 그림에서는 탈퇴금을 제거했다.[34] 급부금의 총액이 정점에 달한 1939년을 기준으로 그 종목을 보면 큰 비율을 점한 것이 건수에서는 의료급여금(268건) > 사망금 = 장례급여금(117건) > 요양금(108건) > 특증금(76건) > 재해위문금(22건) > 공상금(11건) > 순직금(4건) > 산부급여금(2건)이었지만, 금액에서는 그 순위가 바뀌어 사망금(33,816엔) > 특증금(16,255엔) > 요양금(8,771엔) > 의료급여금(4,931엔) > 장례급여금(4,502엔) > 순직금(2,808엔) > 공상금(2,052엔) > 재해위문금(459엔) > 산부급여금(28엔)이었다. 이러한 순위의 차이는 건당 금액의 크기에 의한 것임은 물론이다. 요양과 의료의 건수가 일정한 수준을 유지했다는 점에서, 공제조합은 의료보험으로서의 역할을 수행했다는 것을 알 수 있다.

민족별로 어느 정도가 급부의 '혜택'을 받았을까? 임금에서 조선인은 일본인의 55%였는데, 과연 공제 급부에서도 같은 수준이었을까? 전시기에 들어가기 직전인 1936년을 기준으로 고찰해보자.[35] 민족별로는 일본인 2천 670건, 21만 3천 124엔, 조선인 3천 989건, 13만 7천 397엔이어서, 금액에서는 일본인, 건수에서는 조선인이 많았

33 조선총독부체신국, 『조선의 체신사업』, 1929.

34 탈퇴 급여금은 전체 급여금의 지급이 정점에 달했던 1939년에 급여금 1만 2천 646건의 86.9%와 46만 2천 348엔의 83.5%를 점했다.

35 조선총독부체신국, 『조선총독부 체신 관서 현업원 공제조합 사업 개요』, 각년도판.

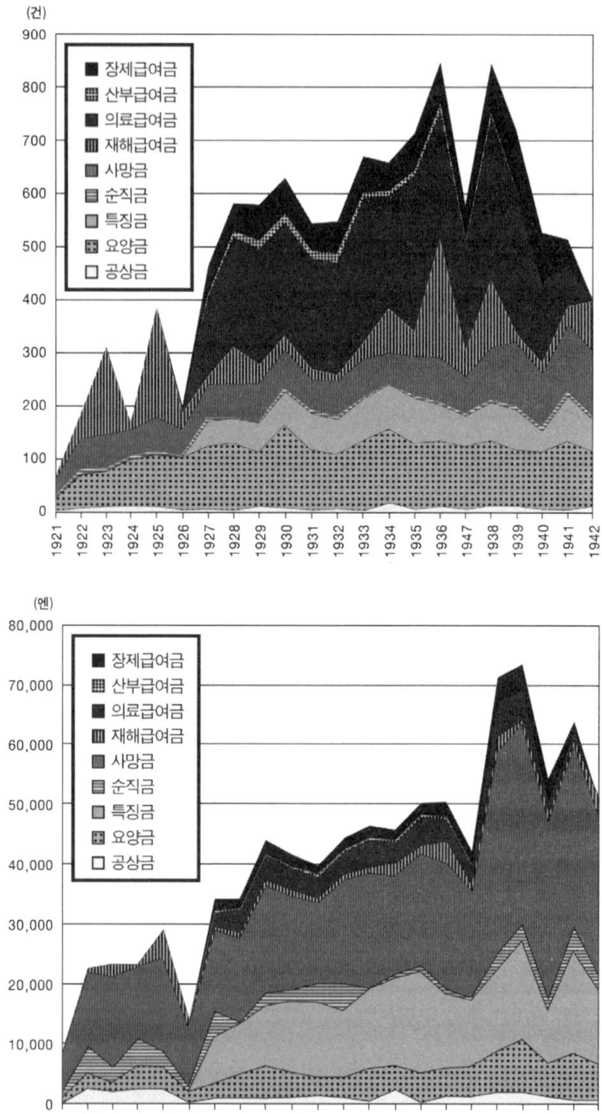

〈그림 8-7〉 조선총독부 체신 현업 노동자 공제조합의 급부 상황(탈퇴금 제외)

출처: 조선총독부체신국, 『조선총독부 체신 관서 현업원 공제조합 사업 개요』, 각년도판.
* 탈퇴금은 생략. 1941년도를 기준으로 제시함.

지만 그중 탈퇴금을 제외해보면 일본인이 1천 47건, 9만 7천 322엔, 조선인이 1천 208건, 5만 9천 433엔이었다. 이러한 수급자를 조합원 수로 나누어 수급 비율(탈퇴금 제외)을 계산해보면 일본인 16%, 조선인 13%였다.

〈그림 8-8〉은 종류별로 일인당 급부액을 보여준다. 상이의 경우 조선인 쪽이 일본인의 2배(193.7%)에 달하지만, 그것은 상이 정도가 심했다는 것을 나타낸다. 그 밖에 일본인에 대한 조선인의 급부액 비율은 특증 74.4%, 요양 94.0%, 의료 59.9%, 산부 72.1%, 사망 41.2%, 장례 51.5%, 재해 40.3%, 탈퇴 39.3%, 근속 59%, 합계 43.2%였다. 그중 탈퇴금을 제외해보면 조선인은 평균적으로 일본인의 52.9%를 받았다. 앞에서 언급한 임금 격차와 거의 유사한 수준이었다. 그러나 신체의 회복과 관련된 요양 및 의료에서의 민족 간 격차는 노동자의 건강 회복과 관계없는 급여의 경우보다는 작았다.

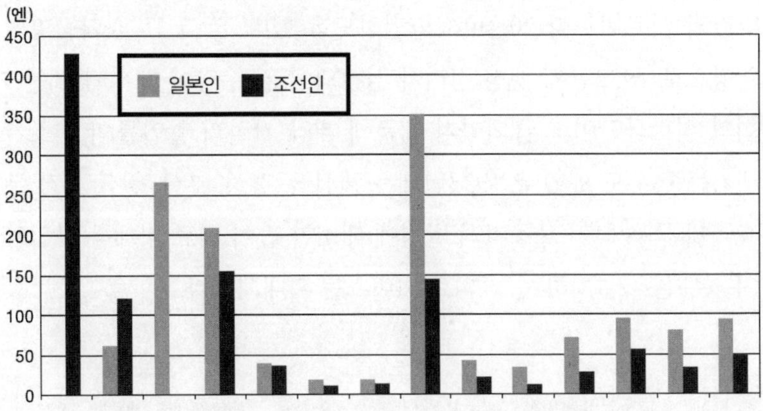

〈그림 8-8〉 조선체신국 내 민족별 공제 급부(1936년도)

출처: 조선총독부체신국, 『조선총독부 체신 관서 현업원 공제조합 사업 개요』, 각년도판.

* 계2는 탈퇴금을 제외한 것.

촉탁의와 체육

이와 같이 공제조합이 노동 위생 대책 가운데 중요한 위치를 점했던 만큼, 1920년 말 이러한 신제도의 도입이 예정되면서 노동자 측은 '왕년 악성 독감[스페인독감: 인용자] 유행 때의 우리들의 쓰라린 경험'을 언급하며 촉탁의(囑託醫)의 설치와 의료 서비스의 실비 제공을 일찍부터 요청했다.[36] 1910년 통감부 통신관서하에 개시된 촉탁의 제도는 이러한 요청을 반영하여 1921년 9월에 확대되었고, 1932년도 말에는 그 수가 전국적으로 28명(내과 20명, 외과 2명, 치과 3명, 비뇨기·피부과 1명, 안과 2명)에 달했다. 당국은 촉탁의를 개업의 가운데 선발해서 주요국(노동자 50명 이상)의 부내 직원 보건 및 의무를 담당하게 했다. 촉탁 사항은 ① 위생 설비에 대한 자문·지시, ② 이원(吏員) 및 용인의 건강 진단(연 2회 이상), ③ 고원, 용인 및 통신전습생의 채용 시 체격 검사, ④ 이원, 용인 및 그 가족의 치료 등이었다. 그 조건으로서 30~50엔의 월 수당을 지불하여 "각 의사회의 보수 규약의 약값과 치료비보다 20~30% 할인하도록 했다."[37] 그 후 쇼와공황의 영향으로 1932년에 행정 정리가 실시되어 월 수당이 폐지되고 연 1회의 위로금만이 지급되었기 때문에 계약 거절과 할인률의 축소가 생기는 경우도 있었다. 1933년에는 체신국, 경성, 부산, 원산의 각 분장국에 근무 중인 노동자의 발병에 대비한 간이 의료 기계를 구입하여 의무실을 설치하는 등 의료 서비스는 확대되었다.

---

36 朝鮮遞信協會, 「共濟組合の設立を喜び併而希望を述ぶ」, 『朝鮮遞信協會雜誌』, 1921. 4., 15-17쪽; 平瀨四郎, 1933.

37 平瀨四郎, 「従業員の保健衛生施設に就て 1」, 『朝鮮遞信』 1935. 4., 88-95쪽; 平瀨四郎, 「従業員の保健衛生施設に就て 2」, 『朝鮮遞信』, 1935. 5., 90-96쪽; 平瀨四郎, 「従業員の保健衛生施設に就て 3」, 『朝鮮遞信』, 1935. 6.

체신국은 1929년에 조선 간이 생명보험 사업을 실시하면서, 그 3년 후인 1932년에는 경성건강상담소(→간이보험진료소)를 설치하여 피보험자를 모두 무료로 진료했다.[38] 건강상담소는 경성뿐만 아니라 부산, 평양, 대구, 인천, 원산에도 설치되었다. 진료소는 체신 노동자로부터의 요청은 있었지만[39] 설치에는 이르지 못했고, 촉탁의 제도가 여전히 체신 노동자에 대한 의료 서비스를 제공하는 기본 틀이 되었다.[40]

직장 수준에서도 체신 당국은 보건위생 사상의 향상, 청소(매일 청소, 주1회 대청소, 춘추 2회의 임시 청소), 세탁 및 소독, 전염병 예방(식염수, 리졸액의 사용, 파리 잡기), 운동 장려(정구, 소풍, 수영) 등을 실시하여 노동자의 건강 증진을 꾀했다.[41] 특히 1929년 5월에는 체신체육협회를 설치함으로써 '체육 장려에 의해 회원의 심신연마를 꾀하고 강건한 기풍과 협동일치의 정신을 함양하고 회원의 친목을 도모하기로' 하여, 궁술부, 야구부, 정구부 등을 두었다. 이들 운동부는 체신국 내의 시합은 물론 타 기관 팀과도 시합을 실시하여 노동자의 건강 증진에 크게 기여했다.[42] 일상적인 근무 중에는 라디오 체조가 보급

38 田崎生, 「京城健康相談所の最近」, 『朝鮮遞信』, 1935. 5., 100-105쪽; 吉村藏, 「專用自動車に依る被保險者巡回健康相談を終へて」, 『朝鮮遞信』, 1936. 9., 75-86쪽; 倉敷生, 「馬山簡易保險診療所」, 『朝鮮遞信』, 1940. 2., 119-122쪽.

39 "육해군을 보라. 철도를 보라. 그들의 장대한 병원!! 기타 각종 시설을 통해 종사원에 대해 자애의 손을 내밀고 있지 않은가. 그 반면 우리 조선체신부 내의 시설은 빈약하기 그지없다." 広瀬四郎, 「従業員の保健とスポーツに就て(其の二)」, 60쪽.

40 池淸, 「共濟組合資金を運用して社會政策的施設へ」, 『朝鮮遞信協會雜誌』, 1926. 8., 2-8쪽; 平瀨四郎, 「従業員の保健衛生施設に就て 1」, 88-95쪽.

41 加藤俊茂, 「従事員の保健衛生に就て」, 『朝鮮遞信協會雜誌』, 1926. 5., 34-37쪽.

42 朝鮮遞信協會, 「遞信体育協會會則」, 『朝鮮遞信』, 1931. 12., 67-68쪽; 小岩一男, 「保險と經濟より見たるラヂオ体操」, 『朝鮮遞信』, 1935. 10., 196-201쪽.

되어 그 시행이 권장되었다. 이들 활동은 전시하에서 '일본주의' 및 '국민정신'과 결합되어, 미소기카이(禊会: 목욕재계), 교련, 사격 등과 더불어 '연성'의 수단이 되었다. 또한 '체신국원의 심신연성을 목적으로 하는 국우회(局友會)'가 1940년 11월에 설치되어 총동원의 대상으로서 체신 노동자의 신체가 주목받게 되었다.[43] 그리고 이들은 "지금이야말로 전국민 총동원", "후방의 강화는 우선 건강'이라는 강건함을 나타내기에 이르렀다."[44]

* * *

체신국에서는 일본인을 중심으로 하는 식민지적 분업 체제가 정비되어, 조선인은 주로 하층부에 배치되었고 일부만이 고원으로 신분 상승을 할 수 있었다. 전시하에서 일본인의 채용이 어려워지자 일본인을 관리 기관과 현업 기관의 상층부에 배치하고, 이로 인해 생기는 공백을 조선인이 메우도록 하면서 새로운 신분 상승의 기회가 주어졌다. 그러나 일본인의 절반이 판임관이 되었다는 것에서 민족 간 신분 격차는 보다 확대되었다는 점에 주의해야만 한다. 또한 임금에서도 조선인은 일본인의 절반 수준을 약간 웃돌았다. 이러한 점에서 '건강한 일본인과 덜 건강한 조선인'이라는 선입견이 존재했음을 추측할 수 있다.

그러나 실제로 조선인이 비교적 위험한 작업에 종사했다고는 하지만, 이환율, 사망률, 질병 퇴직률에서 보면 그 비율이 일본인보다

43 朝鮮遞信協會, 「京城地方遞信の練成」, 『朝鮮遞信』, 1942. 1., 28-33쪽.

44 朝鮮遞信協會, 「運動精神の身体に及ぼす影響」, 『朝鮮遞信』, 1941. 12., 2-6쪽.

낮았다. 즉 일본인의 사상병률이 더 높았던 것이다. 그 원인을 찾아보면, 일본인이 결핵을 포함한 전염병에 많이 걸려 사망하거나 퇴직하는 경우가 많았다. 철도업과 마찬가지로 일본인은 실내 근무와 도시부에서의 공동 생활을 하고 있어 보다 많은 전염병에 걸리기 쉬웠던 것이다. 그러나 이환율이 1930년대 중반 이후 급증했음에도 불구하고 이로 인한 사망률과 퇴직률은 그렇게 높아지지 않았다.

체신 당국의 건강한 신체 만들기는 질병의 감소가 아니라 오히려 그 증가를 수반하면서, 그에 적합한 대응책을 강구함으로써 질병에 의한 사망과 퇴직을 억제한 것이다. 바꾸어 말하면 '관리된 건강'이었다고 할 수 있다. 그것을 가능하게 한 제도적 기반이 바로 공제조합이었고, 촉탁의라는 의료 제도였다. 이들 제도에서도 일본인이 우선되었음은 물론이고, 일인당 공제금의 지출 또한 임금과 거의 같은 수준이었다. 그러나 그중 신체 회복에 관련된 급여금에 있어서는 민족 간 격차가 상대적으로 적었다.

철도업과 비교해서 주목할 만한 점은 내부에 체신병원과 진료소를 갖고 있지 않았고, 환자가 전염의 가능성이 있을 경우 특증 급여금 제도를 이용해서 조직 외부로 방출했다는 점이다.[45] 철도의 경우에는 병원, 진료소, 요양소라는 독자적인 의료 시스템을 구축하고 있었다. 정부의 입장에서 보면 철도 노동자는 격심한 노동과 근무 형태에 종사하고 있었고 높은 기능 수준을 갖고 있었기 때문에 기존 인력을 퇴직시키고 시장에서 새로운 노동력을 확보하여 그 기능을 향상시키는 데는 높은 비용이 들었다. 달리 말하자면 체신 업무는 그 특성

45 철도노동자의 노동위생에 관해서는 林采成, 『鐵島員と身体: 帝国の勞動衛生』, 京都: 京都大學學術出版會, 2019를 참조.

상 일근이 주된 근무 형태였으며, 기술적으로는 전신·전화의 일부를 제외하고는 높은 기술 수준을 요구하지 않아 내부에서의 치료보다는 조직 외부로의 방출이라는 '질병 퇴직'이 많았던 것이다. 이것이 전시하에서 요원 부족을 가속화시킨 원인 중 하나가 되었다.

9장

제국의 흔적 지우기: 패전 후 일본에서의 귀환자 검역[1]

| 김정란 |

일본의 패색이 짙어진 가운데, 1945년 7월 26일 미국, 영국, 중국은 대일공동선언(포츠담선언)을 발표하며 일본에 항복을 요구했다. 그러나 일본은 연합국의 항복 요구를 '묵살(默殺)'로 대응했고, 결국 8월 6일과 9일 두 차례의 원자폭탄이 본토에 투하되는 비극을 초래했다.[2] 그로부터 6일 후인 1945년 8월 15일 정오, 항복선언문인 '종전(終戰)의 조서(詔書)'를 읽는 천황 히로히토(裕仁)의 목소리가 NHK 라디오를 통해 흘러나왔다. 천황이 직접 읽어 녹음한 이 항복선언문은 일본 전역은 물론 조선, 대만, 만주, 중국 점령지, 그리고 남방의 여러

---

1 이 장은 2020년 1월 15, 16일 이화여자대학교에서 개최된 국제학술대회 "International Conference on the Social and Cultural History of Disease and Medicine in the East and the West"에서 발표한 내용을 수정·보완해서 집필한 것이다. 발표 당일 동료 연구자 선생님들로부터 받은 유익한 코멘트와 토론을 맡아주신 박지영 선생님의 통찰력 있는 문제 제기를 바탕으로 이 글을 완성할 수 있었다. 이 자리를 빌어 감사의 말씀을 전하고 싶다.

2 吉田裕, 『アジア·太平洋戦争』, 東京: 岩波新書, 2016, 214쪽.

지역에 전파되며 일본의 패전을 공식적으로 알렸다. 이후 일본은 1952년 샌프란시스코 강화조약이 발효될 때까지 연합국최고사령부(General Headquarters/Supreme Commander for the Allied Powers: SCAP)의 점령 통치하에 놓이게 된다.

일본이 항복을 선언한 시점에 약 690만 명의 일본군과 민간인이 일본의 식민지와 점령지, 그리고 전장(戰場)에 산재해 있었는데, 이는 당시 일본 인구(7천 191만 869명)의 약 10분의 1에 해당하는 수였다.[3] 뿐만 아니라 패전을 맞이한 일본에는 강제징용으로 끌려온 다수의 조선인들을 포함해 약 200만 명의 식민지 출신들이 있었다. 이에 더해 일본의 해외 영토 등지에 나가 있는 식민지 출신들도 다수 존재했다. 제2차 세계대전 말엽 미국은 일본의 패전을 상정하고 일본과 그 식민지를 어떻게 처리할 것인가에 대해 계획하고 준비했다.[4] 이와는 대조적으로 일본은 전후 처리는 물론이고 제국주의 팽창 과정에서 해외로 진출한 민간인과 군인들의 송환 문제에 대해서 구체적인 계획을 갖고 있지 않았다.[5] 따라서 수백만 명에 달하는 해외 소재의 일본인과 일본의 식민지 출신들을 신속하고 질서 있게 본국으로 송환하는 것이 일본을 점령 통치하게 된 SCAP에 시급한 임무가 되었다. 구(舊) 제국 일본 내의 대규모 인구 이동 과정에서 SCAP가 특히 우려했던 점은 귀환자들에 의한 감염병의 유입과 전파였다. 왜냐하면 전

---

3 The Supreme Commander for the Allied Powers(SCAP), "Summation of Non-Military Activities in Japan and Korea, no. 3", Tokyo: General Headquarters, SCAP, 1945.

4 Seung-Ook Lee, Trevor Barnes, & Joel Wainwright, "Mapping Human Terrain in the Joint Army-Navy Intelligence Study of Korea(1945)", *The Professional Geographer 67-4*, 2015, pp. 663-675.

5 Lori Watt, *When Empire Comes Home: Repatriation and Reintegration in Postwar Japan,* Cambridge and London: Harvard University Press, 2009.

쟁의 여파로 곳곳이 폐허로 변한 일본에 감염병이 대유행하게 되면 사회적 혼란이 야기되는 것은 물론이고 점령군의 안전까지 위협받을 수 있기 때문이었다. 따라서 미군은 귀환자에 대한 검역을 통해 감염원의 유입을 차단하기에 이른다.

최근 들어 패전 직후 일본의 탈제국화(de-imperialization) 과정에서 본국으로 돌아온 일본인 귀환자들에 관한 연구가 활발하게 이루어지고 있다. 가장 대표적인 것으로 로리 와트(Lori Watt)의 연구를 들 수 있는데, 와트는 경성에서 패전을 맞은 일본인 지식인들이 본국으로 귀환하기 전에 '위대한 제국 일본의 국민'에서 '패전국의 국민'으로 자신들의 정체성(identity)을 재정립해가는 과정에 주목한다.[6] 그녀의 대표 저서인 *When Empire Comes Home*에서는 전후 일본인 귀환자들이 본국으로 돌아가는 과정과 이들을 맞이한 일본 사회의 반응에 대해 다각도로 접근한다. 이를 통해 전후 일본이 어떻게 제국의 기억을 제거하고 재구성해나갔는지를 분석하고 있다. 또한 와트는 이 연구에서 제국 일본이 해체되는 과정에 외부 세력인 미국이 개입("third-party-decolonization")하게 되면서, 일본이 식민지 지배 책임을 자국의 문제로 인식하지 않게 된 점을 지적한다.[7] 아사노 도요미(浅野豊美)는 일본인 귀환자 문제와 구식민지에 남겨진 사적·공적 재산 처리 문제에 초점을 맞추고 있다. 그는 냉전체제하에서 미국의 주도로 실시된 전후 처리로 인해 일본이 자국의 근대사에 대한 비판적 성찰보다 경제적 부흥에 전념하게 된 양상도 함께 지적했다.[8] 전후 일본

---

6 Lori Watt, "Embracing Defeat in Seoul: Rethinking Decolonization in Korea, 1945", *The Journal of Asian Studies 74-1,* 2015, pp. 153-174.

7 Lori Watt, *When Empire Comes Home.*

8 아사노 도요미, 「사람, 물자, 감정의 지역적 재편과 국민적 학지(學知)의 탄생: 절첩(節

사회가 '평화'의 가치를 내세우며 일본을 가해자가 아닌 '전쟁의 피해자'로서 공적 기억(public memory)을 재단하는 데 있어서, 북한에 억류되었다가 돌아온 귀환자들의 고난을 부각시킨 점을 지적한 이연식의 연구도 흥미롭다.[9] 세바스찬 콘라트(Sebastian Conrad)는 전후 일본 사회가 냉전체제와 동아시아의 격변기를 거치면서 제국이었던 과거를 어떻게 선택적으로 망각하거나 재조명하는지 추적한다. 그 과정에서 패전 직후 일본인 귀환자를 대상으로 한 검역 절차는 이들에게 새겨진 제국의 기억을 '씻어내는' 수사적인 행위이기도 했다는 설명을 덧붙인다.[10] 이와 유사한 맥락에서, 미군의 주도로 실시된 전후 일본의 발진티푸스 방역에 주목하며 DDT가 가진 생물학적 효과뿐만 아니라 '불결한 일본인의 몸을 정화'한다는 상징성을 지적한 크리스토퍼 올더스(Christopher Aldous)의 연구도 시사점이 크다.[11]

이처럼 상기의 연구들은 귀환자 문제와 일본 사회의 반응을 다각적으로 분석하면서 냉전체제하에서 전후 일본이 제국이었던 과거와 단절된 형태로 어떻게 재건되어나갔는지 이해하는 데 통찰력을 제공해준다. 그러나 일본인 귀환자들이 본국에 도착해 입국 절차처럼 반드시 거쳐야 했던 검역의 내용과 그 역사적 의미에 대한 분석은 주된 논점에서 벗어나 있다. 검역을 통한 질병 관리는 SCAP와 일본 정부에 있어 전후 일본 사회의 안정을 유지시키는 데 필수불가결한 조

疊)된 제국의 재산과 생명의 행방」, 『한림일본학』 19-0, 2011, 85-118쪽.

9 이연식, 「해방 직후 38이북 일본인 거류환경 변화: '전쟁피해자론'에 대한 비판적 고찰」, 『한일민족문제연구』 14, 2008, 163-230쪽.

10 Sebastian Conrad, "The Dialectics of Remembrance: Memories of Empire in Cold War Japan", *Comparative Studies in Society and History 56-1*, 2014, pp. 4-33.

11 Christopher Aldous, "Typhus in Occupied Japan (1945-1946): An Epidemiological Study", *Japanese Studies 26-3*, 2006, pp. 317-333.

치였다. 일반적으로 검역은 외부에서 유입되는 '병원성 요소(pathogenic elements)'를 차단하여 영역 내의 질서와 구성원의 안전을 확보하는 것을 기본 원리로 삼는다. 특히 질병 감시 체계와 연계해서 적절한 방법으로 실시된다면 검역의 효과는 더욱 커지게 된다.[12] 이러한 생물학적 측면에 더해, 검역은 이를 실시하는 주체의 정치적인 목적이 작동하거나 영역 내의 통치권이 가장 분명하게 표현되는 절차가 되기도 한다.[13] 검역이 가지는 이러한 본질을 상기하면서 이 장에서는 패전 직후 일본에서 실시된 귀환자 검역의 내용과 그 의미에 대해 살펴본다. 이를 통해 전후 일본 사회의 재편은 물론 미국 주도로 동아시아에 새로운 지정학적 질서가 재정립되어가는 과정을 천착해나가고자 한다.

1. 제국의 붕괴

귀환 행렬의 시작

19세기 말엽부터 제국주의 팽창의 일환으로 일본인들의 대규모 집단 이민이 본격화되었다. 이들은 대만이나 조선과 같은 식민지를 비롯해 만주처럼 일본의 세력 확장이 필요한 아시아의 여러 지역으로 건너가 정착했다.[14] 이들 중 많은 수가 식민지 내의 통치 기관 또

12 Mark Harrison, A Global Perspective: Reframing the History of Health, Medicine, and Disease, *Bulletin of the History of Medicine 89*-4, 2015, pp. 639-689.

13 Peter Baldwin, *Contagion and the State in Europe, 1830-1930,* Cambridge, MA: Cambridge University Press, 1999; Mark Harrison, "Afterword", *Quarantine: Local & Global Histories,* Alison Bashford (Ed.), London: Palgrave, 2016, pp. 251-257.

14 Tessa Morris-Suzuki, B*orderline Japan: Foreigners and Frontier Controls in the*

는 공공 부문에 종사하거나, 상업, 어업, 농업 등 다양한 분야에서 경제 활동을 하며 지배계급의 지위를 누렸다. 일본이 패전을 선언한 시점에 식민지 및 점령지 등에 진출해 있던 민간 일본인의 수는 약 320만 명에 달했다. 이에 더해 약 370만 명의 일본군이 만주를 포함한 중국 대륙, 조선, 대만, 사할린, 쿠릴 열도, 동남아시아, 태평양 지역에 주둔하고 있었다.[15] 1945년 8월 15일 일본의 무조건 항복이 선언되자, 제국 일본의 해체를 알리는 신호탄처럼 해외에 있던 일본인들의 대규모 귀환이 시작되었다. 이에 1945년 8월 30일 일본 정부는 서둘러 "외지(사할린(樺太)을 포함) 및 외국 재류 일반 일본인 귀환자 응급처치 요강"을 발표하고, 9월 7일에는 "외정부대(外征部隊) 및 거류민 귀환 수송 등에 관한 실시 요령"을 결정했다. 이어 같은 달 20일에 "귀환민 사무소에 관한 건"이 차관회의에서 결정되면서 주요 귀환항에 귀환민 사무소가 설치되기 시작했다.[16]

조선에서는 일본이 항복을 선언하기 며칠 전부터 이북 지역에 거주하던 일본인들이 본국으로 귀환하기 시작했다. 히로시마에 원자폭탄이 투하되고 이틀 후인 1945년 8월 8일, 소련은 일본에 선전포고를 했다. 이튿날 소련군은 만주와 중국의 동북 지역, 그리고 조선 북부에서 일본군과 전투를 벌이며 빠른 속도로 이 지역들을 점령해나갔다. 이에 조선 북부에 거주하던 일본인들 중 일부는 안전에 위협을 느끼고 서둘러 한반도를 벗어나 일본으로 향했다. 당시 조선에는 약

Postwar Era, Cambridge, MA: Cambridge University Press, 2010, p. 12; Sebastian Conrad, "The Dialectics of Remembrance", 2014.

15 Lori Watt, *When Empire Comes Home*, p. 2; 정재정 엮음, 『동아시아의 역사』, 서울: 동북아역사재단, 2011.

16 厚生省援護局編, 『引揚げと援護三十年の歩み』, 東京: 厚生省, 1977, 25-27, 80-81쪽.

24만 명의 일본군과 함께 70~80만 명의 일본인 민간인이 거주하고 있었는데, 일본의 패전이 공식 선언되자 일본인들의 귀환 행렬이 본격적으로 나타나기 시작했다.[17] 종전과 동시에 조선은 38도선을 기준으로 남과 북으로 나뉘었고, 1945년 9월 9일 남한에는 미군정이 세워졌다. 미군의 통제하에서 남한에 있던 일본인들의 귀환 작업이 공식적으로 실시되기 전까지, 많은 일본인들이 부산항으로 몰려가서 어선이나 화물선을 구해 본국으로 돌아갔다.[18] 그리고 9월 28일, 부산항에서는 미군 제40사단의 감독하에 미군 제160보병연대의 지시에 따라 무장해제된 일본군을 우선으로 하는 공식적인 귀환 작업이 개시되었다.[19]

같은 달, 대만에 주둔하고 있던 일본 육군과 월레아이(Woleai)섬에 주둔하고 있던 일본 해군의 귀환이 시작되었다. 10월부터는 중국 일부 지역과 필리핀 마닐라, 미국령 하와이에 주둔하던 일본 육군의 귀환 작업이 개시되었다. 이듬해 1월과 2월 사이 남서 태평양 지역과 뉴기니 그리고 싱가포르에서 군인들이 일본으로 돌아왔다. 이후 1946년 봄부터는 미국의 리버티선(Liberty ships)이 민간인의 수송에 투입되면서 귀환 작업에 한층 속도가 붙었다.[20] 일본인 귀환 작업은 미군과 영국군의 점령 지역, 그리고 중국 국민정부의 관할하에 놓인 곳부터 시작되었는데, 1945년 9월 22일부터 1946년 12월 말까지 군인 232만 8천 명과 민간인 235만 5천 명이 공식 귀환 작업을 통해 일

---

17 Wayne C. McWilliams, *Homeward Bound: Repatriation of Japanese from Korea after World War II,* Hong Kong: Asian Research Service, 1988, pp. 10, 38.

18 若槻泰雄, 『戦後引揚げの記録』, 東京: 時事通信社, 1995, 233-235쪽.

19 John M. Bullit, “40th Infantry Division: History of Evacuation and Repatriation Through the Port of Pusan: Korea, 28 Sept. 45-15 Nov. 45”, 1945, p. 4.

20 引揚援護院検疫局, 『引揚検疫史』, 東京: 引揚援護局, 1947, 1쪽.

본으로 돌아왔다.[21] 소련의 점령지구에 있던 일본인 귀환 작업은 1946년 12월 19일 '소련 점령지구 일본인 송환에 관한 미소협정'이 체결된 이후부터 공식적으로 개시되었는데, 소련군에 의해 시베리아에 억류되었던 일본군의 귀환은 1948년이 되어서야 본격적으로 시작되었다.[22] 그러나 1945년 말부터 북한에서 38도선을 넘어 남한으로 들어오는 일본인들이 생겨났고, 1946년 봄부터는 소련군의 묵인하에 남한으로 넘어오는 일본인들의 수가 급증하기 시작했다. 소련군 입장에서 기술자를 제외한 일본인 민간인들의 억류는 사실상 불필요했고, 이들의 생계를 위해 제공해야 할 비용이 부담스러웠던 것으로 파악된다. 따라서 소련군이 눈감아주는 형식으로, 북한 관리가 일본인들이 38도선을 넘도록 길을 안내해주는 경우도 발생했다.[23]

귀환자들: 잠재적 위협 요소

일본의 제국주의 팽창이 본격화된 때부터 전시기(戰時期)까지 군인들은 물론이고 식민지와 점령지에 진출한 일본인들은 제국 최전방의 개척자이자 영웅으로 존경받았다.[24] 그러나 패전 후 좌절과 혼란의 시대를 맞이하게 된 일본 사회는 귀환자들을 불명예스러운 패배가 남긴 상흔으로 바라보게 되었다. 그뿐만 아니라 수백만 명에 달

21 引揚援護院検疫局, 『引揚検疫史』, 1쪽.

22 引揚援護庁, 『引揚援護の記録』, 東京: 引揚援護庁, 1950, 2, 84쪽.

23 G-2 Summary, from: 5 May 46, to: 12 May 46, Repatriation of Displaced Persons & Regulations regarding Repatriates, RG 554 Records of General Headquarters, Far East Command, Supreme Commander Allied Powers, and United Nations Command, USAFIK: XXIV Corps, G-2 Historical Section, 1945-1948, 국립중앙도서관.

24 F. W. Warner, "Repatriate Organizations in Japan", *Pacific Affairs 22*-3, 1949, pp. 272-276.

하는 귀환자들은 전후 빈곤에 허덕이는 조국의 부담으로 여겨졌다.[25] 사람들은 극심한 물자 부족에 허덕였다. 이에 더해 당시 일본은 전시기 연합군에 의한 공습으로 인해 도쿄, 오사카, 고베, 가와사키 등 주요 도시들과 지방 소도시들의 주택 및 산업·공공시설들이 대거 파괴된 상태였다.[26] 그 결과 많은 사람들이 열악한 환경에서 생활하게 되었고, 최악의 경우에는 집을 잃고 다리 밑이나 지하철역에서 노숙을 하기도 했다(〈그림 9-1〉 참조). 이러한 상황에서 해외에서 돌아온 귀환자들은 성가신 존재로 취급을 받거나 전쟁의 아픔을 공유하지 않는 이방인으로 간주되며 공동체에서 소외되기도 했다.[27]

일본으로 돌아오는 수백만 명의 귀환자들을 부담으로 느낀 것은 비단 일본 사회만이 아니었다. 일본을 점령 통치하게 된 SCAP에게도 역사상 전례를 찾아보기 힘든 대규모의 인구 이동을 원활하게 마무리하는 것은 큰 난제였다. 점령군은 특히 아시아·태평양 지역에서 유행하는 각종 감염병이 귀환자들로 인해 일본으로 유입될 가능성에 대해 매우 우려했다. 오랫동안 미국은 아시아를 '질병의 온상', 그

---

25 Thomas K. Burch, "Postwar Japan: A case study in population policy and social disorganization", *The American Catholic Sociological Review 19-1*, 1958, pp. 45-53; Mori Takemaro, "Colonies and Countryside in Wartime Japan: Emigration to Manchuria", *The Asia-Pacific Journal/Japan Focus 2-6,* 2004, pp. 1-10; Lori Watt, *When Empire Comes Home*, p. 56.

26 Public Health and Welfare Section of GHQ/SCAP, "Public Health and Welfare in Japan", *The name of Series: Reparations and Public Welfare Activities, 1946-51*, Tokyo: PHW, 1946-1951, p. 17.

27 Yi-jin Park, "The Postwar Experience of Repatriates: The Crack in Postwar Japan's Reconstruction", *Sungkyun Journal of East Asian Studies 14-1*, 2014, pp. 43-63; 이연식, 「종전 후 한·일 양국 귀환자의 모국 정착과정 비교연구: 포스트콜로니얼 관점에서 본 식민자와 피식민지민의 전후실태 비교」, 『한일민족문제연구』 31-0, 2016, 137-187쪽.

〈그림 9-1〉 패전 직후 집 없는 이들이 지하철역에 모여 생활하는 모습(1945년 10월)

출처: Everett Collection/Bridgeman Images, Image No. EVB2934612, Bridgeman Education.

리고 아시아인을 질병의 매개체로 바라보며 서구 사회의 안전을 위협하는 존재로 경계해왔다. 이러한 시선은 몇 세기에 걸쳐 서구 사회에 뿌리깊게 박혀 있던 감염병학적 오리엔탈리즘(epidemiological orientalism)에서 비롯된 것이라 할 수 있다.[28] 일본 역시 국내의 근대화 작업과 동시에 제국주의 팽창에 시동을 거는 과정에서 자국 및 그 밖의 아시아를 '문명'과 '미개'로 구분했다. 그리고 자연환경뿐만 아니라 그들의 '야만적인' 관습으로 인해 아시아인들은 일상적으로 질병의 위험에 노출되었다고 보면서, 식민지에서의 위생 정책과 감염병 관리를 일본이 선도해야 할 '문명 개화의 임무' 중 하나로 설정했

28 Nükhet Varlık, "Rethinking the History of Plague in the Time of COVID-19", *Centaurus 62*, 2020, pp. 285-293.

다.[29] 이처럼 SCAP와 일본은 아시아를 각종 질병이 만연한 곳으로 바라보았는데, 이러한 부정적인 시각은 아시아 각지에서 본국으로 돌아오는 일본인 귀환자들에게도 투영되었다. 더욱이 많은 수의 귀환자들은 본국으로 돌아오는 과정에서 매우 험난한 시간들을 보내야 했다. 만주에서 일본으로 돌아온 귀환자들 중에는 걸어서 북한으로 들어와 38도선을 넘어 남한에서 일본행 선박에 몸을 싣는 경우도 적지 않았다. 예를 들어 미군정이 만주와 북한에서 건너오는 일본인 난민을 위해 개성에 세운 수용소에는 1945년 12월 기준으로 매일 2천 500여 명의 일본인들이 들어왔는데, 그중 3분의 2는 만주에서부터 걸어서 국경을 넘어온 이들이었다.[30] 귀환선이 출발하는 항구에 도착하기까지 몇 달, 또는 일 년이 넘게 걸리기도 하여 노숙을 하는 날들도 많았다.[31] 식량 부족과 불량한 위생 환경으로 귀환자들의 체력은 고갈되었고, 위장질환이나 발진티푸스 등 여러 질병에 시달리기도 했다.[32]

29 Ka-che Yip, "Combating Malaria in East Asia: A Historical Perspective", *Disease, Colonialism, and the State: Malaria in Modern East Asian History*, Ka-Che Yip (Ed.), Hong Kong: Hong Kong University Press, 2009, p. 1-9; Jeong-Ran Kim, "Malaria and Colonialism in Korea, c.1876-c.1945", *Social History of Medicine 29-2*, 2016, pp. 360-383.

30 G-2 Report, 051800/I Dec 45, no. 87, 6 Dec 1945, "Repatriation & Removal of Peoples in Pusan Areas", RG 554 Records of General Headquarters, Far East Command, Supreme Commander Allied Powers, and United Nations Command, USAFIK: XXIV Corps, G-2 Historical Section, 1945-1948.

31 京城日本人世話会, 「釜山急信」, 『城日本人世話会会報』 28, 1945. 10. 4.; Personal Observation, "Japanese Civilians at Pusan, Korea", 1945. 10., 24-25, Repatriation & Removal of Peoples in Pusan Areas, 1945-1948.

32 「9条は宝　発言(19)日赤従軍看護婦になり戦争に翻弄された15年」, 『民医連新聞』, 2006. 9. 18.

더욱이 전쟁의 장기화로 인해 식료품과 의약품의 공급난이 심각해졌고, 위생 관리와 의료 체계가 붕괴되면서 일본 내에서는 여러 급성 감염병이 유행하게 되었다. 가령 1943년부터 장티푸스 환자가 급증했는데, 1945년에는 인구 1만 명당 8명이라는 높은 감염률을 보였다. 특히 대도시에서의 증가세가 눈에 띄었는데, 이는 도시 인구의 급증이나 공습으로 인한 위생 시설의 파괴도 문제였지만 도시에서 농촌으로 분뇨를 운반하는 것이 점차 어려워지면서 바다에 투기하는 분뇨의 양이 급격히 늘어났기 때문이다.[33] 그뿐만 아니라 이질과 디프테리아(diphtheria) 등 비위생적인 환경에서 흔히 유행하는 감염병도 급증했다. 그리고 홋카이도나 동북 지역의 탄광촌을 중심으로 1943년 가을부터 발진티푸스가 대유행했는데, 특히 조선인 강제징용 노동자들 사이에서 환자가 많이 발생했다.[34] 강제징용으로 일본에 끌려온 조선인들은 매우 열악한 환경에서 고된 노동을 해야 했는데, 그 결과 발진티푸스를 비롯해 각종 질병에 시달리게 되었다.[35] 전쟁 말기, 일본의 패전을 염두에 두고 전후 처리를 준비하던 미군은 일본에 발진티푸스가 대유행한다는 정보를 입수하고 필리핀에 DDT와 발진티푸스 백신을 미리 비축해두었다. 그러나 패전 직후 미군이 방역 조치를 취할 틈도 없이 발진티푸스는 탄광촌뿐만 아니라 다른 지역에서도 크게 유행하게 되었다. 미군은 이를 두고 조선인 노동자들이 고국으로 돌아가기 위해 서둘러 탄광촌을 빠져나와 항구로 향하

33 兒玉威, 「戦中戦後の防疫」, 『日本医事新報』 1230, 1947. 6. 10.

34 SCAP, "Summation of Non-Military Activities in Japan and Korea, no. 1, September-October" Tokyo: General Headquarters, SCAP, 1945; 「戦後防疫対策の重点」, 『日本医事新報』 1175, 1946. 3. 6.

35 주영민, 「북해도 고락가(北海道苦樂歌)를 통해 본 강제동원」, 『역사교육논집』, 64, 2017, 239-275쪽.

면서 발진티푸스가 다른 지역으로 전파되었다고 지적했다.[36] 그러나 이러한 지적은 일본이 조선인을 향해 투영시켜온 차별적인 시선을 답습한 것으로서, 당시 일본의 악화된 위생 환경이나 조선인 노동자들이 처해 있던 열악한 노동 조건에 대한 고려는 배제된 평가였다고 할 수 있다.[37]

이와 같이 전쟁 말기부터 패전에 이르기까지 일본 내의 위생 환경은 열악해진 상태였고 식량과 물자 부족이 심각해지면서 각종 감염병이 만연하게 되었다. 여기서 수백만 명에 달하는 귀환자들이 고국으로 돌아오면 그 상황은 더욱 악화될 것이 분명했고, 만약 이들로 인해 감염병이 유입된다면 순식간에 대유행으로 번질 것이 예상되었다.[38] 패전으로 인한 빈곤과 심리적 불안이 팽배해진 상황에서 감염병의 대유행까지 겹치게 되면 사회적 혼란이 가중될 것이 명백했다. 게다가 감염병의 위험은 낯선 환경의 이국 땅에 주둔한 점령군의 건강을 해치고 사기를 저하시킬 수 있었다.[39] 특히 미군은 일본과 남한에서 점령 통치를 시작하기 이전부터 익숙하지 않은 자연환경과 '동양의 질병'을 크게 염려했다. 이에 주둔 전부터 감염병 예방을 위해 계획을 세우고 준비했다.[40] 뿐만 아니라 냉전체제가 형성되던 시

---

36 Sams F. Crawford, *"Medic": The Mission of an American Military Doctor in Occupied Japan and Wartorn Korea,* Armonk & London: M.E. Sharpe, 1998, pp. 84-85.

37 Christopher Aldous, "Typhus in Occupied Japan".

38 "Danger Signal", *Nippon Times*, 1946. 6. 24.

39 John M. Bullit, "40th Infantry Division"; Sams F. Crawford, *Medic*, pp. 89-91; 溝口元, 「公衆衛生: 引揚検疫とDDT」, 『「通史」日本の科学技術1 「占領期」』, 中山茂 編, 東京: 学友書房, 1999, 251-259쪽.

40 G-2, "Supply and Administration." in *History of United States Army Forces in Korea, Part 1*(http://db.history.go.kr/item/level.do?itemId=husa, access 2018. 8. 17.).

기 미국의 극동 전략은 소련의 영향력을 최소화하는 것에 초점이 맞추어져 있었다. 이러한 극동 전략를 위해 미국은 일본을 주요 조력자로 삼았고, 전후 일본 체제를 자본주의 가치에 부합하는 민주주의 국가 형태로 바꾸는 작업에 본격적으로 돌입했다.[41] 이 과정에서 일본 내의 안정과 질서 유지는 무엇보다 중요했기 때문에, 종종 사회적 혼란과 공포를 야기하는 감염병의 유행은 반드시 억제되어야 했다. 따라서 SCAP는 귀환선이 도착하는 항구에 검역소를 설치하고 감염병을 차단하기에 이른다.

2. 귀환자 검역

검역항의 설치

1945년 9월 22일, SCAP는 총 9항으로 구성된 '공중보건위생에 대한 건'의 각서(SCAPIN-48)와 함께 일본 정부에 위생 환경 개선과 질병 관리를 지시했다. 그중 제6항은 미해군과 협력하여 해항 검역을 실시할 것에 대한 지시 사항인데, 검역은 일본군이 아닌 민간 통제하에 둘 것을 명시했다.[42] 이 각서가 제출되는 것을 기점으로 귀환자의 입국과 조선인·대만인 등 식민지 출신의 출국이 이루어지는 귀환항에 검역소가 설치되기 시작했다. 문제는 전쟁을 치르는 동안 일본의

---

41 John Dower, *Embracing Defeat: Japan in the Aftermath of World War II,* London: Penguin Press, 1999, pp. 72-74; Sayuri Guthrie-Shimizu, "Japan, the United States, and the Cold War, 1945-1960", in *The Cambridge History of the Cold War*, Melvyn P. Leffler & Odd A. Westad (Eds.), Cambridge, MA: Cambridge University Press, 2010, pp. 244-265.

42 溝口元,「公衆衛生: 引揚検疫とDDT」.

해항 검역 체계가 무너졌고, 검역관들이 군대에 차출되거나 검역소의 시설과 물품들이 군용으로 전환되는 일이 빈번하게 일어났다는 것이었다.[43] 따라서 귀환자 검역을 실시하기 위해 검역 체계와 시설을 재정비하는 것이 급선무가 되었다. 1945년 10월 15일, SCAP의 지시에 따라 육군측의 항구인 우지나(宇品), 센자키(仙崎), 하카타(博多), 가고시마(鹿児島)를 비롯해 해군측의 항구인 우라가(浦賀), 사세보(佐世保), 마이즈루(舞鶴), 오타케(大竹)항이 우선적으로 정비되기 시작했다.[44] 이들 중 우라가, 센자키, 하카타, 사세보, 가고시마, 마이즈루는 10월에, 우지나와 오타케는 11월에 들어 본격적으로 운영되기 시작했는데, 매일 약 4만 5천 명을 수용할 수 있는 규모였다. 이후 세 곳이 추가되어 1945년 12월 기준으로 11곳의 귀환항이 운영되기에 이르렀다. 각 귀환항의 검역소에서는 미해군의 감독하에 후생성(厚生省) 위생국(衛生局) 임시 검역과(후에 임시 방역국으로 승격)가 검역의 실무를 담당하게 되었다.[45] 검역소에서는 본국으로 돌아오는 일본인 귀환자들뿐만 아니라 일본을 떠나 고국으로 돌아가는 구식민지 출신들에 대한 검역과 구호 활동도 겸하게 되었다. 그러나 이들에게 제공되는 구호 시설이나 음식, 의료 서비스 등은 매우 열악했고, 출항 전 검역도 제대로 실시되지 않는다는 지적이 잇따랐다.[46]

---

43 Public Health and Welfare Section of GHQ/SCAP, “Public Health and Welfare in Japan”, p. 66.

44 引揚援護院検疫局,『引揚検疫史』, 1947, 85; 厚生省大臣官房統計情報部,『衛生行政業務報告厚生省報告例昭和21年』, 東京： 厚生省大臣官房統計部, 1949, 1-13쪽.

45 SCAP, “Summation of Non-Military Activities in Japan and Korea, no. 1”; 厚生省,『援護局編, 引揚げと援護三十年の歩み』, 東京: 厚生省, 1977, 26-28쪽.

46 SCAP, “Summation of Non-Military Activities in Japan and Korea, no. 2”, November, Tokyo: General Headquarters, SCAP, 1945.

일본에서 공식적으로 귀환자의 관리가 실시되는 것보다 조금 앞서 남한의 최대 항구인 부산에서 일본인과 조선인, 그리고 여타 식민지 출신에 대한 출입국 관리가 시작되었다. 미군은 9월 28일부터 부산항 제1부두에서 공식적인 귀환 작업을 실시했는데, 그 내용을 보면 검역과 예방접종, 그리고 물품 검사가 포함되었다. 일본인들이 승선 전에 거쳐야 할 과정은 크게 네 가지로 나뉘었다. 우선 귀환자들의 몸과 소지품에 DDT를 살포한다.[47] 그다음으로 필요에 따라 천연두와 장티푸스 예방접종이 실시되었는데, 11월에 들어서는 발진티푸스 관리도 검역 조치에 포함되었다. 당시 조선에서는 본국으로 돌아가기 위해 대기 중이던 일본인들 사이에서 발진티푸스의 유행이 우려되는 상황이었다. 따라서 발진티푸스가 일본으로 유입되지 않도록 남한 주둔 미군은 귀환자가 승선 전에 발진티푸스 예방접종을 마치도록 의무화했다.[48] 예방접종이 끝나면 환전을 했는데, 본국으로 돌아가는 일본인들은 일인당 1천 엔 이하의 금전과 가방 하나만을 지참할 수 있었다. 마지막으로 승선 직전에 미군들이 가방을 검사하며 밀수품이나 제한된 금액 이상의 현금을 가지고 나가지 못하도록 단속했다.[49] 상기의 과정을 모두 마친 후에 일본인들은 본국으로 향하는 배에 승선할 수 있었다(〈그림 9-2〉 참조). 미군에 의한 출입국 관리가 시작된 이후 적지 않은 수의 일본인들이 허용된 양 이상의 재화

---

47 John M. Bullit, "40th Infantry Division", p. 1.

48 "Repatriation: From 25 September 1945 to 31 December 1945", in *Repatriation Information Book, September 25: December 31 1945*, RG 554 Records of General Headquarters, Far East Command, Supreme Commander Allied Powers, and United Nations Command, USAFIK: XXIV Corps, G-2 Historical Section, 1945-1948; 京城日本人世話会, 「発疹チフスの予防注射」, 『城日本人世話会会報』 95, 1945. 12. 27.

49 John M. Bullit, "40th Infantry Division", p. 19.

〈그림 9-2〉 일본을 향해 부산항을 출발하는 일본인 귀환자들

출처: General Headquarters, Far East Command, Supreme Commander Allied Powers, and United Nations Command, *Photographs of Japanese Repatriation*, RG 554 Records of General Headquarters, Far East Command, Supreme Commander Allied Powers, and United Nations Command, USAFIK: XXIV Corps, G-2 Historical Section, 1945-1948.

를 반출하거나 복잡한 출입국 절차를 피하기 위해 밀항을 선택했다.[50] 특히 지리상 일본과 가까운 부산항 근처에서 상당수의 일본인들이 밀항선을 타고 본국으로 향했는데, 태풍이나 기뢰에 의해 침몰하는 경우도 적지 않았다. 밀입국한 일본인들이 들여온 물건들은 암시장에 공급되기도 했는데, 이는 전후 일본 사회의 경제 질서를 교란

50 西日本図書館コンサルタント協会編, 『ある戦後史の序章: MRU引揚医療の記録』, 福岡: 西日本図書館コンサルタント協会, 1980, 13쪽.

시키는 요인으로 지목되었다.[51] 그뿐만 아니라 밀항자들은 검역 절차를 거치지 않고 고국으로 돌아왔기 때문에 감염병을 전파하는 위험 요소로 간주되었다. 따라서 부산항에서는 밀항자에 대한 단속을 강화했고, 밤이 되면 구축함이 15분마다 한 번씩 해안에 불빛을 비추며 밀항선의 출항을 감시했다.[52]

'DDT 세례'

일본에서 귀환자 관리가 실시된 이후부터, 남한에서는 물론 다른 지역에서 일본으로 돌아오는 귀환자들은 귀환항에 설치된 검역소에서 일련의 절차를 통과한 후에 목적지로 떠날 수 있었다. 우선 귀환선이 입항 직전 앞바다에 정박을 하면 검역관이 승선하여 출발항에서 발행한 건강검진표를 살피고, 출발지의 감염병 유행 유무에 대해 질문을 한다. 이후 선내에 감염병 환자가 없는지 확인하고 선박의 위생 상태를 살핀다. 선내에 응급 환자가 있으면 환자를 병원으로 보내서 치료를 하고, 만약 감염병 환자가 발생했거나 의심 환자가 발견되었을 경우 이들을 격리병원으로 이송한다. 같은 선내에 있던 나머지 승객들은 추가 발병 유무를 확인하기 위해 14일간 배에 머무르게 되고, 더 이상의 환자가 발생하지 않으면 하선이 허락된다. 만약 그 사이 추가로 감염병 환자가 발생하면 마지막으로 확인된 사례의 날짜로부터 14일간의 추가 격리가 이어진다. 감염병 환자의 유무를 확인

51 Howard Kahm, "Between Empire and Nation: A Micro-Historical Approach to Japanese Repatriation and the Korean Economy During the US Occupation of Korea, 1945-46", *Journal of Contemporary History 51-1*, 2016, pp. 124-144.

52 "USSR is Silent on 2 American Korea Protest: General Hodge Cites Mass Japanese Exodus into Southern Korea", *Pacific Stars and Stripes*, 1946. 8. 23.

하는 검사에서 문제가 없다고 판단되면 검역관은 배의 입항을 허락한다. 부두에 내린 승객들은 검역관의 지시에 따라 세관 검사를 받고, 검역관은 벼룩과 이를 박멸하기 위해 귀환자가 가져온 짐과 그들의 신체에 DDT를 분사하며 소독한다.[53]

DDT는 'Dichloro-Diphenyl-Trichloroethane'의 약자로 최초로 개발된 합성 살충제이다. DDT는 1874년 처음으로 합성되었으나, 1939년이 되어서야 스위스 화학자 폴 뮐러(Paul Hermann Müller)에 의해 살충 효과가 확인되었다. DDT는 제2차 세계대전 말엽부터 본격적으로 사용되기 시작했는데 연합군과 민간인 사이에서 발생하던 발진티푸스 및 말라리아의 통제에 큰 효과를 발휘했다. 이후 질병 관리는 물론 농업용으로도 대량 생산되었고, 그 공을 인정받아 1948년 뮐러 박사는 노벨상을 수상하게 된다.[54] 전후 일본에서도 DDT가 대량으로 사용되었는데, 이는 미군에 의해 처음 보급된 것이었다. 미군이 일본에서 DDT를 처음 사용한 것은 오키나와전을 준비하면서부터였다. 전쟁 말기, 오키나와 상륙작전을 계획하던 미군은 말라리아, 뎅기열(dengue fever), 필라리아증(filariasis), 털진드기병(scrub typhus) 등의 감염병이 오키나와에 만연한다는 것을 파악하고 예방책의 일환으로 DDT의 공중 살포를 결정했다. 1945년 4월 1일, 오키나와 본섬에 상륙한 미군은 이후 전투기를 이용하여 공중에서 DDT를 주기

---

53 Public Health and Welfare Section of GHQ/SCAP, "Public Health and Welfare in Japan", pp. 68-69; 引揚援護院検疫局, 『引揚検疫史』, 86쪽.

54 DDT가 생물농축성이 강하여 생태계에 광범위하고 만성적인 악영향을 끼친다는 것이 밝혀진 이후 현재는 대부분의 국가에서 사용이 금지되었다. Jake Sonnenberg, "Shoot to Kill: Control and Controversy in the History of DDT Science", *Stanford Journal of Public Health*, 2015. 5. 1.(https://web.stanford.edu/group/sjph/cgi-bin/sjphsite/shoot-to-kill-control-and-controversy-in-the-history-of-ddt-science/).

적으로 살포했다.[55] 전후 미군은 발진티푸스와 같은 감염병으로부터 주둔군을 보호하기 위해서 1945년 8월 30일 요코스카(横須賀)에 상륙하기 전에 공중에서 대량의 DDT를 뿌렸다. 미군은 남한에서도 DDT를 사용했는데, 이나 벼룩이 발생할 만한 장소 혹은 사람들에게 주기적으로 DDT를 살포했다. 앞에서 살펴본 것처럼 귀환자들에게도 사용했는데, 민간인 보조요원들을 동원하여 기차역이나 귀환선 출발항에서 DDT를 분사했다(〈그림 9-3〉 참조). 뿐만 아니라 38도선 부근에 세워진 임시 난민수용소에서도 DDT를 이용해 이나 벼룩과 같은 해충 구제 작업을 정기적으로 실시했다.[56] 미군은 서울에 세워진 일본인 귀환자 수용소에도 매일같이 찾아가 수용자들에게 DDT를 살포했는데, 발 밑의 하얗게 쌓인 DDT 사이에 이가 깨알처럼 가득 섞여 있는 귀환자들의 모습도 눈에 띄었다.[57]

일본 내 귀환항에 설치된 검역소에서도 미군이 공급한 DDT를 방역 작업에 활용했다.[58] 그리고 1946년 3월 7일 SCAP는 발진티푸스 방역의 일환으로 귀환자뿐만 아니라 일본인 전체를 대상으로 DDT를 살포한다는 계획을 발표했다. 이를 기점으로 일본 전역의 학교와 작업장, 가두, 역, 항구 등에 DDT가 주기적으로 살포되었는데, 머리

---

55 保坂廣志, "沖縄占領研究一米軍の対沖縄公衆衛生·医療救助活動に関する一考察, Bulletin of the College of Law and Letters", *University of the Ryukyus. Sociology 34*, 1992, 1-33쪽.

56 "Refugees from the North, Repatriation from North Korea", RG 554 Records of General Headquarters, Far East Command, Supreme Commander Allied Powers, and United Nations Command, USAFIK: XXIV Corps, G-2 Historical Section, 1945-1948.

57 西日本図書館コンサルタント協会編, 『ある戦後史の序章』, 1980, 4쪽.

58 引揚援護庁, 『引揚援護の記録』, 12쪽; SCAP, "Summation of Non-Military Activities in Japan and Korea, no. 3", 1945.

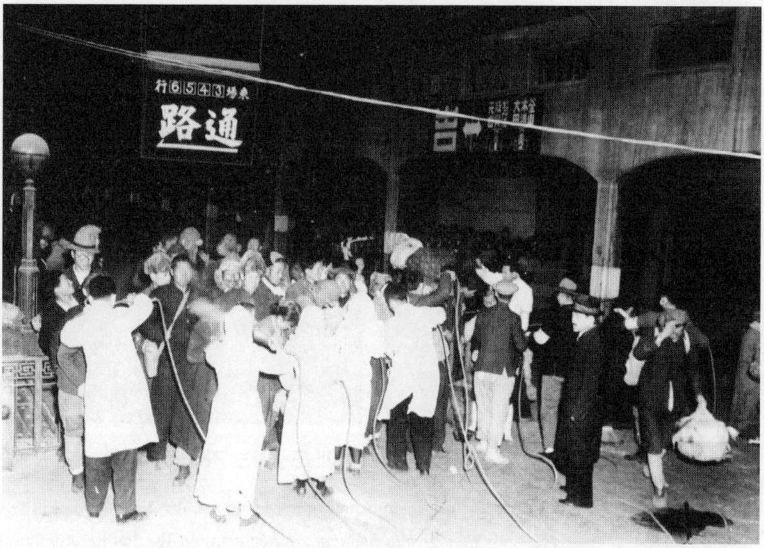

〈그림 9-3〉 서울역에서 승객들을 향해 DDT를 살포하는 모습

출처: General Headquarters, Far East Command, Supreme Commander Allied Powers, and United Nations Command, *Photographs of Japanese Repatriation*, RG 554 Records of General Headquarters, Far East Command, Supreme Commander Allied Powers, and United Nations Command, USAFIK: XXIV Corps, G-2 Historical Section, 1945-1948.

부터 하얀 가루를 뒤집어쓰는 것에 우울감이나 패전의 굴욕을 느끼는 이들도 있었다.[59] 방역 요원들이 길모퉁이에 서서 통행인들의 머리에 DDT 분말을 살포하기도 했는데, 과도하다고 느낄 정도로 열의를 다해 벼룩과 이의 구제 작업에 임했다. 그 결과 전후 일본에서 발진티푸스 유행은 빠르게 종식되었다. 당시 DDT를 머리에서부터 뒤집어쓰는 것을 두고 'DDT 세례'라고 표현하는 일본인들도 있었다. 즉 DDT가 사람들의 불결한 몸을 정화시키고 나아가 전후 일본의 공

59 本誌記者, 「虫のない国いない国—DDT工場訪問記—」, 『婦人倶楽部』 32-7, 1951, 186-187쪽; 鈴木厚, 『戦後医療事件史』, 東京: じほう, 2011, 23-24쪽.

〈그림 9-4〉 DDT를 분문기에 담아 분사하는 미군(서울)

출처: General Headquarters, Far East Command, Supreme Commander Allied Powers, and United Nations Command, *Photographs of Japanese Repatriation*, RG 554 Records of General Headquarters, Far East Command, Supreme Commander Allied Powers, and United Nations Command, USAFIK: XXIV Corps, G-2 Historical Section, 1945-1948.

중위생 개선에 큰 역할을 했다고 평가한 것이다.[60] 올더스가 지적하는 것처럼 미군이 전후 일본에서 사용한 DDT는 생물학적 효과만큼 심리적인 효과도 지녔다. 다시 말해 DDT의 살포는 전승국인 미국이 그들의 선진 기술을 사용해서 패전으로 인해 자긍심을 잃은 일본인들의 '더럽고 병든 몸'을 씻겨내는 '구원자'로서의 모습을 시각화한 것이다(〈그림 9-4〉 참조). 이에 더해 전시기 동안 체계가 붕괴되어 제대로 기능하지 못하게 된 공중보건과 의료 시스템을 대신해 미국의 '선의'에 의존해야 하는 일본의 처지를 각인시키는 것이기도 했다.[61]

60 日本科学史学会, 『日本科学技術史大系第25巻 医学第2』, 東京: 第一法規出版, 1967, 320-321쪽.

61 Christopher Aldous, "Typhus in Occupied Japan"; Christopher Aldous & Akihito Suzuki, *Reforming Public Health in Occupied Japan, 1945-52: Alien prescriptions?*

미군 역시 전후 일본의 재건을 중요한 시대적 임무로 간주했는데, 발진티푸스와 같은 감염병의 통제는 그 성과를 반영하는 것이라고 보았다.[62]

정밀 검사: '병원성 요소'의 제거

검역의 첫 번째 목적이 외부로부터의 감염병 유입을 차단하는 것이었기 때문에 귀환자들 사이에서 병원체의 보균자나 감염병 환자를 발견하기 위한 정밀검사는 검역 과정의 매우 중요한 절차였다. 검역소에 마련된 실험실에서 검역관들은 귀환자에게서 채취한 혈액과 대변으로 체내에 기생충과 세균이 없는지 검사했다. 귀환자 검역에서 검사의 대상이 된 감염병에는 콜레라, 흑사병, 천연두, 발진티푸스 그리고 황열병과 같은 기존의 검역 대상 질병을 비롯해, 장티푸스, 파라티푸스, 디프테리아, 이질, 성홍열, 유행성 뇌수막염, 일본뇌염 등 법정 감염병(notifiable infectious diseases)이 포함되었다.[63] 뿐만 아니라 검역소에서는 결핵 보균자를 발견하기 위해 엑스레이(x-ray) 검사도 실시했다. 특히 만주를 포함한 중국과 조선 반도에서 돌아오는 귀환자 중에는 결핵을 앓는 경우가 많았다. 일본 내에서도 1930년대 중반부터 결핵 환자와 사망자의 수가 급증했는데, 이는 중공업 중심의 산업 발달과 만주사변 이후 15년간 이어지는 전시체제(1931~1945년)하에서 결핵이 전파되기 쉬운 위생 환경이 조성되었기

Abingdon: Routledge, 2012, p. 80.

62 Albert E. Cowdrey, *The Medics' War: United States Army in the Korean War* Washington, DC: Center of Military History, United States Army, 1987, p. 39.

63 Public Health and Welfare Section of GHQ/SCAP, "Public Health and Welfare in Japan", p. 49; 引揚援護院検疫局, 『引揚検疫史』, 4쪽.

때문이다. 1944년에는 인구 10만 명당 약 241명에 달하는 높은 결핵 사망률을 기록했는데, 특히 주요 노동력인 20~24세의 남성들 사이에서 많이 발생했다.[64] 이와 같은 일본의 국내 사정을 고려했을 때 귀환자 중 결핵 환자와 보균자를 발견해서 치료를 하는 것은 매우 중요했다.

흥미로운 점은 한센병처럼 감염 가능성이 매우 낮은 질병도 검역의 대상에 포함되었다는 것이다. 근대 서구에서는 한센병이 '중국병(Chinese disease)'이라고 불릴 정도로 중국을 한센병의 온상으로 간주했다. 남한에도 한센병 환자가 적지 않았는데, 당시 미국은 한센병을 남한의 민간인들 사이에서 흔히 발생하는 만성 감염병으로 꼽았다.[65] SCAP는 귀환자 검역을 시작하고 한동안 한센병 환자의 입국을 허락하지 않았다.[66] 시간이 한참 지난 후에야 이들의 귀환이 허락되었는데, 식민지 시기 대만의 공립한센병치료원에 격리 수용되어 있던 일본인 환자의 경우 1946년 12월이 되어서야 본국으로 돌아올 수 있었다.[67] 당시 일본은 1931년에 제정된 '나예방법'에 따라 한센병 환자들을 요양소에 수용시켜 사회로부터 철저히 격리하는 정책을 펼치고 있었다. 본국으로 귀환한 한센병 환자들에게도 이 정책이 적용되어,

---

64 森亨, 「日本の結核流行と対策の100年」, 『日本内科学会雑誌』 91-1, 2002, 129-132쪽.

65 Compiled by Choi C. C., M. D., M. P. H., "Public Health in Korea", 1949. 10, Foreign trade, insecticides, RG 166 Records of the Foreign Agricultural Service; Record Group, Narrative Reports 1946-1949; Series; Alison Bashford, "Maritime Quarantine: Linking Old World and New World Histories", *Quarantine: Local & Global Histories*, Alison Bashford (Ed.), London: Palgrave, 2016, pp. 1-12.

66 引揚援護院検疫局, 『引揚検疫史』, 19쪽.

67 中村春菜, 「あるハンセン病患者の戦後台湾における『病院船引揚げ』体験: 台湾の楽生院「強制収容」から、沖縄の愛楽園への「強制再収容」」, 『沖縄史料編集紀要』 39, 2016.

검역소에서 가까운 한센병 요양소에 바로 격리 수용되었다.[68]

검역소에서는 말라리아 환자에 대한 치료는 물론 체내의 원충 보유자를 발견하기 위한 혈액 검사도 실시되었다. 일본의 식민지 및 점령지를 비롯해 일본군이 전투를 벌였던 아시아·태평양 지역에서 말라리아가 만연했는데, 그 결과 귀환 병사는 물론 민간인 귀환자들 사이에 말라리아 환자와 원충 보유자가 다수 포함되어 있었다.[69] 1946년 봄부터 중국의 남부 지역과 태평양 연안에서 귀환하는 군인 및 민간인들이 늘어나면서 SCAP는 귀환자들에 의한 말라리아 유입과 일본 내의 대유행 가능성에 대해 우려하기 시작했다. 이에 점령군은 귀환자 검역에서 환자와 원충 보유자를 검사하는 것에 더해, 훈련된 위생반을 동원해서 일본 국내에서의 해충과 설치류 구제 작업을 비롯한 위생 환경 개선을 실시하며 말라리아 유행을 억제했다.[70]

이렇게 기존 검역 대상 이외의 감염병을 다수 포함시킨 이유는 귀환자들이 출발하는 지역에서 유행하거나 유행이 의심되는 질병이 일본으로 유입되는 것을 방지하기 위한 것이었다. 제2차 세계대전이 한창이던 1943년부터 미군은 특정 지역에서의 전쟁 수행과 점령을 준비하기 위해 정보를 수집하고 분석해서 일련의 '육해군 합동 첩보 연구(Joint Army-Navy Intelligence Study: JANIS)' 보고서를 발표했다. 1944년 봄부터 미군은 일본과 그 식민지(점령지 포함)에 대한 조사를 본격적으로 시작했는데, 예를 들어 1944년 3월에는 뉴기니, 같은 해 6월에는 대만에 대한 보고서가 발표되었다. 일본 패전 4개월 전인

---

68 引揚援護庁,『引揚援護の記録』, 78쪽.

69 大鶴正満,「戦争マラリアの流行学的研究」,『日本医事新報』1952, 1470, 33-36쪽.

70 厚生省大臣官房統計情報部,『衛生行政業務報告: 厚生省報告.昭和21年』; Public Health and Welfare Section of GHQ/SCAP, "Public Health and Welfare in Japan", pp. 62-63.

1945년 4월에는 조선에 대한 보고서가 제출되었는데, 이것은 'People and Government', 'Oceanography', 'Resources and Trade', 'Gazetteer and Map Appraisal', 'Health and Sanitation'의 다섯 부문으로 나뉘어 있었다. 각 보고서에는 해당 지역의 역사나 관습, 도시 구조, 자연환경 등의 기본적인 정보를 비롯해서, 군사 작전 및 점령 통치를 실시할 시 유의해야 할 사항들이나 위험한 동식물과 해충 등이 소개되어 있었다. 또한 미군이 특별히 주의해야 할 질병과 해당 지역의 사람들이 흔히 앓고 있는 감염병들도 분류되어 있었다.[71] 극동 지역에 대한 자료가 절대적으로 부족했던 미군은 상기의 정보를 바탕으로 점령 계획을 세웠고 귀환자 검역에도 활용했던 것이다.[72]

귀환한 여성들을 대상으로 성병과 부인성 질환의 검사 및 치료도 실시했다. 귀환 여성 중에 많은 이들이 성병을 앓고 있었는데, 전후 일본 사회에서 건강하지 못한 여성의 몸은 공중보건상의 문제일 뿐만 아니라 '새로운 일본을 재건'하는 데도 걸림돌이라 여겨졌다.[73] 점령군 역시 일본 여성에 의한 성병 감염의 가능성에 대해 매우 우려하고 있었다. 이에 1945년 10월 16일, 일본 정부는 매독(梅毒)을 비롯

71 Joint Chiefs of Staff, Joint Intelligence Committee, Joint Intelligence Study Publishing Board, *Joint Army-Navy Intelligence Study of Netherlands New Guinea*, Washington DC: Joint Chiefs of Staff, Joint Intelligence Committee, Joint Intelligence Study Publishing Board, 1944. 3.; Joint Chiefs of Staff, Joint Intelligence Committee, Joint Intelligence Study Publishing Board, *Joint Army-Navy Intelligence Study of Formosa*, 1944. 6.; Joint Chiefs of Staff, Joint Intelligence Committee, Joint Intelligence Study Publishing Board, *Joint Army-Navy Intelligence Study of Korea*, 1945. 4.

72 Medical Department, United States Army, *Preventive Medicine in World War II, Volume II: Environmental Hygiene,* Washington, DC: Office of the Surgeon General Department of the Army, 1955, pp. 270, 297-300.

73 西日本図書館コンサルタント協会編, 『ある戦後史の序章』, 67쪽.

한 임질(淋疾), 연성하감(軟性下疳)을 법정 감염병 목록에 추가했고, 1947년 8월부터는 모든 귀환자들에 대한 매독 검사를 의무화했다.[74] 검역소에서는 감염병이 아닌 또 다른 '병원성적 요소(pathogenic elements)'도 여성의 몸에서 제거했는데, 바로 혼혈 태아였다. 귀환 여성들 중에는 일본으로 돌아오는 과정에서 성폭행을 당하거나 원치 않는 임신을 한 경우가 적지 않았는데, 특히 만주 지역에서 출발한 여성들 사이에서 그런 경우가 많이 발생했다. 1946년 4월 후생성은 만주와 북한에서 귀환한 여성들을 위해 특별 의료 지원과 상담을 실시하기로 결정하고 두 곳의 귀환항에 부인건강상담소를 설립했다. 이곳에서 귀환 여성을 대상으로 성병 치료는 물론 낙태 수술이 시행되었다.[75]

후쿠오카에서는 옛 해군의 휴양 시설을 빌려 부인과 전문의들이 비밀리에 낙태 수술을 행하기도 했다. 통계에 따르면 이곳에서 218명의 여성이 낙태 수술을 받았고 35명의 여성이 성병 치료를 받았는데, 실상은 통계보다 더 많았을 것이라 추측된다. 수술을 실시한 의사 중 한 명은 비록 낙태 수술이 불법이었지만 동포를 불행 속에 방치할 수 없었다고 회고했다.[76] 이처럼 당시 일본에서 낙태는 불법이었다. 그러나 전후 일본 사회는 대륙에서 돌아온 여성들의 복중 혼혈 태아를 미래의 일본인종(Japanese race)에 대한 잠재적 위협으로 간주했다. 오구마 에이지(小熊英二)에 따르면 전후 일본 사회는 다민족으

74 Public Health and Welfare Section of GHQ/SCAP, "Weekly Bulletin, 3", 1947. 8. 3.–9., no. 32.

75 引揚援護庁, 『引揚援護の記録』, 12쪽; Mayuko Itoh, "What War-Related Sexual Violence Against Japanese Women in Manchuria Tells Us About Democracy in Contemporary Japan", *Melbourne Asia Review,* 2020. 3. 17., DOI: 10.37839/MAR2652-550X1.9.

76 木村秀明, 『進駐軍が写したフクオカ戦後写真集』, 福岡: 西図協出版, 1983, 80쪽.

〈표 9-1〉 병별 응급 및 입원 환자(1946년 3~12월, 총 귀환자 수 352만 9천 769명)

병명	응급 진료 환자 수	입원 환자 수	합계
전상자(戰傷者)	1,891	7,510	9,401
외상(전상자 제외)	17,619	4,179	21,798
감염병(의심환자 포함)	2,420	8,081	19,501
결핵	3,528	18,526	22,054
영양실조증	6,805	8,090	14,895
각기	3,195(*sic*)	8,755	12,950
말라리아	8,596	16,148	24,744
성병	5,348	3,031	8,379
임신	3,317	1,747	5,064
그 외	133,296	68,594	201,890
합계	186,815	144,661	331,476

출처: 引揚援護院検疫局, 『引揚検疫史』, 1947, 135쪽.

로 이루어졌던 제국의 과거와 단절된 새로운 단일민족 국가로 재탄생하기 위해 전념했다.[77] 따라서 혼혈 아동은 제국의 과거를 상기시키는 동시에 '순수한' 일본인의 혈통을 오염시키는 존재로 여겨졌던 것이다.[78]

이처럼 검역소에서는 귀환자가 출발하는 지역에서 유행하거나 미군의 안전에 위협이 되는 것, 또는 일본에서 특별히 관리를 요하는 '병원성 요소'들이 치료 또는 제거되었다. 1946년 3월부터 12월 사이 각 항 검역소에서 치료를 받은 귀환자의 수는 〈표 9-1〉에서 보는 바

---

77 小熊英二, 『単一民族親和の起源』, 東京: 新潮社, 1995.

78 Lori Watt, *When Empire Comes Home*, p. 112; Mayuko Itoh, "What War-Related Sexual Violence Against Japanese Women in Manchuria Tells Us About Democracy in Contemporary Japan", 2020. 3. 17.

와 같다.

검역 과정에서 문제가 없다고 판단된 귀환자들은 검역소에 설치된 대욕장에서 목욕을 한 후 예방접종을 받았다. 천연두 예방접종의 경우 1년 이내에 접종을 하지 않은 귀환자를 대상으로 했고, 발진티푸스 예방주사의 경우 6개월 이내에 접종하지 않은 귀환자에게 실시했다. 필요에 따라서 콜레라 예방접종도 실시되었다. 귀환 작업이 시작되고 약 반년이 지난 1946년 4월, 중국 광동에서 일본으로 들어온 귀환선을 통해 콜레라가 유입되었다. 이후에도 귀환자 사이에서 콜레라 환자와 보균자가 다수 발견되었고, 이는 일본 국내 발생으로도 이어졌다. 이에 귀환자들을 대상으로 한 콜레라 검역 역시 한층 강화되었다.[79] 예방접종을 끝으로 모든 검역 과정을 통과한 귀환자들은 그때서야 검역소를 떠나 목적지로 향할 수 있었다.

* * *

일본의 패전 직후 수백만 명의 일본인 귀환자들이 아시아·태평양 각지에서 본국으로 돌아왔다. 단기간에 일어난 이 미증유의 대규모 인구 이동은, 일본 사회는 물론 일본을 점령 통치하게 된 SCAP에게 있어서도 큰 난제였다. 전후 일본 사회에 있어서 귀환자들은 제국 일본의 종말과 굴욕적인 패배를 상기시키는 흉터와 같은 존재였고, 빈곤이 만연한 조국의 큰 부담으로 여겨졌다. 따라서 전후 일본이 '다민족으로 구성된 제국'으로서의 과거를 집단적으로 망각하고 '단일 민족 국가'로 재편되는 과정에서, 고국에 돌아온 귀환자들은 한동안

---

79 吉田寿三郎, 「引揚検疫史のこと」, 『医史学研究』, 4, 1962, 43-45쪽.

사회에서 주변화되었다.[80] 더욱이 질병의 온상으로 여겨졌던 아시아·태평양 지역에서 본국으로 돌아온 귀환자들은 전후 황폐해진 일본 사회의 공중보건 측면에서도 잠재적 위협으로 간주되었다. 이러한 점을 고려했을 때, 제국의 파편처럼 그들의 몸에 남겨진 '병원성 요소'들은 반드시 제거되어야만 했다. SCAP 역시 귀환자에 의한 감염병의 유입과 대유행의 가능성을 매우 우려했다. 우선 낯선 이국 땅에 주둔하게 된 연합군의 안전을 지키고 사기 저하를 막기 위해서 감염병의 통제는 필수적이었다. 뿐만 아니라 감염병이 유행하게 되면 일본 내의 사회적 혼란이 가중되고 결국 점령 통치에 큰 부담이 될 수 있었다. 패전국 일본의 주요 점령 세력인 미군은 점령지의 질서와 안정을 유지하면서 일본을 재건하는 임무를 스스로에게 부여했다. 그 임무를 성공시키기 위해서 점령지의 보건위생을 개선하는 것이 우선되어야 했는데, 이러한 점에서 귀환자 검역을 통한 감염병 통제는 반드시 필요했다.[81]

그런데 검역은 이러한 생물학적 측면을 넘어서 통치 권력이 개인이나 사회에 가하는 규율과 통제의 가장 명백한 표현이 되기도 한다. 역사적으로 국민국가 체제가 확립되던 시기나 제국주의 경쟁이 심화되던 시대, 이후 20세기 중반에 들어 체제 경쟁이 가열되는 과정에서 검역은 영역 내의 통치 권력을 작동하는 주요 수단이 되었다.[82] 전후 일본에서 실시된 귀환자 검역을 이러한 측면에서 살펴보면, 본국

80 박진우, 「전후 일본의 단일민족론과 상징천황제」, 『일본사상』 18, 2010, 81-108쪽; Yi-jin Park, "The Postwar Experience of Repatriates".

81 Public Health and Welfare Section of GHQ/SCAP, "Public Health and Welfare in Japan", p. 66.

82 Alison Bashford, "Maritime Quarantine".

으로 돌아온 귀환자들은 엄격한 검역 절차를 거치면서 패전국의 국민이자 SCAP의 점령 통치를 받게 된 자신들의 처지를 인식하게 되었다. 일본 정부의 입장에서도 미군의 감독하에 귀환자 검역을 실시하는 상황은 19세기 중반 불평등조약이 체결된 이후 해항 검역 실시를 포함해 주권의 행사가 서구 열강에 의해 크게 제한되었던 시기를 상기시킨다.[83] 또한 냉전 대립이 가시화되어가는 상황에서 동아시아의 새로운 지배세력으로서 부상한 미국은 체제의 우월성과 선의를 대외적으로 선전할 필요가 있었다. 그러한 점에서 미국의 주요 조력자로 선택된 일본 내의 질병 관리를 비롯한 사회적 안정은 미군 통치의 성과를 나타내는 척도로 여겨졌다. 나아가 극동 지역의 국제질서를 재편해나가는 과정에서 미국의 세력권 내에서 발생하는 사람과 물자의 흐름을 통제하는 것 역시 필수불가결한 것이었다. 이처럼 패전 직후 일본에서 실시된 귀환자 검역은 비단 일국사의 한 부분이 아니라 20세기 중반 동아시아사의 단면을 축약적으로 담아낸 상징적인 과정이었다고 할 수 있다.

83 Jeong-Ran Kim, "The Borderline of "Empire": Japanese Maritime Quarantine in Busan c.1876-1910", *Medical History 57-2*, 2013, pp. 226-248.

참고문헌

1장 여성의 필수 약재: 경계를 넘나드는 당귀의 세계사

『(国元·表書札方)毎日記』

『金匱要略』

『東醫寶鑑』

『東醫壽世保元』

『本草綱目』

『本草經集注』

『本草和名』

『婦人大全良方』

『備急千金要方』

『聖濟總錄』

『世宗實錄』

『藥徵』

『燕山君日記』

『有林福田方』

『醫方類聚』

『醫心方』

『子和醫集』

『證類普濟本事方』

『撰聚婦人方』

『太平聖惠方』

『鄕藥救急方』

『鄕藥集成方』

近世歷史資料硏究會 譯編, 「藥材禽獸御吟味被仰出候始終覺書」, 『江戸時代における朝鮮藥材調査の硏究』 I, 東京: 科學書院, 2010.

______, 「藥材禽獸御吟味被仰出候始終覺書」, 『江戸時代における朝鮮藥材調査の硏究』 II, 東京: 科學書院, 2011.

陶弘景, 「草木中品·當歸」, 『本草經集注(輯校本)』 卷4, 尙志鈞·尙元勝 輯校, 北京: 人民衛生出版社, 1994.

廖育群, 「陶弘景本草著作中諸問題的考察」, 『中華醫史雜誌』 22-2, 1992.

李貞德, 「女人要藥考: 當歸的醫療文化史試探」, 『中央硏究院歷史語言硏究所集刊』 88, 2017.

______, 「讀『李朝實錄』當歸史料」, 收入陳明主編, 『跨越邊際的古代東方醫學』, 上海: 中西書局, 2021.

______, 「絕經的歷史硏究: 從「更年期」一詞談起」, 『新史學』 29-4, 2018.

______, 『女人的中國醫療史: 漢唐之間的健康照顧與性別』, 臺北: 三民書局, 2008(2020 수정 재판).

馬繼興, 「古本草序錄「諸病通用藥」所載《本經》佚文考」, 馬繼興 編, 『神農本草經集注』, 北京: 人民衛生出版社, 1995.

北里硏究所附屬東洋醫學總合硏究所醫史文獻硏究室 編, 『財團法人前田育德會尊經閣文庫藏小品方·黃帝內經明堂古鈔本殘卷』, 橫浜: 北里硏究所附屬東洋醫學硏究所, 1992.

三木榮, 『(補訂)朝鮮醫學史及疾病史』, 京都: 思文閣出版社, 1991.

安勤之, 「論中藥作為保健食品: 以四物湯的生命史為例探討藥品與食品範疇的革命」, 『科技, 醫療與社會』 11, 2010.

張嘉芮, 「道地藥材的東亞轉移: 台灣當歸的興起與科學爭議, 1957-1972」, 臺北: 陽明大學科技與社會硏究所碩士論文, 2015.

張珣, 「文化建構性別, 身體與食物」, 『考古人類學刊』 67, 2007.

張學謙, 「元明儒醫思想與實踐的社會史: 以朱震亨及丹溪學派為中心」, 香港: 香港中文大學博士論文, 2012.

田代和生,『江戸時代朝鮮藥材調査の研究』, 東京: 慶應義塾大學出版會, 1999.
陳元朋, 「『本草經集注』所載「陶注」中的知識類型, 藥產分佈與北方藥物的輸入」, 『中國社會歷史評論』 12, 2011.
許叔微,「治婦人諸疾」,『證類普濟本事方』 卷10, 合肥: 黃山書社(據文淵閣四庫叢書本重製), 2008.

김두종,『한국의학사』, 서울: 탐구당, 1966.
김선애·오혜경·김지영·홍진우·조수인,「참당귀, 중국당귀, 일당귀 및 그 구성 생화합물의 약리작용에 대한 고찰」,『대한한의학회지』 32(4), 2011.
리전더,「밖에서 본 중국:『醫心方』의 서적 인용과 婦人科 논술」,『이화사학연구』 50, 2015.

Furth, Charlotte, *A Flourishing Yin: Gender in China's Medical History, 960–1665*, Berkeley & Los Angeles, CA: University of California Press, 1999.
Marcon, Federico, *The Knowledge of Nature and the Nature of Knowledge in Early Modern Japan*, Chicago, IL: Chicago University Press, 2015.
Lee, Jen-der, "Danggui and its German Connections: A Menstruation Drug at the Turn of the 20th Century", 독일 Technische Universität Braunschweig에서 개최된 "Towards a Global History of Drugs" 워크숍 미간행 발표문, 2019.
Wu, Yi-Li, *Reproducing Women: Medicine, Metaphor and Childbirth in Late Imperial China*, Berkeley, Los Angeles, London: University of California Press, 2010.
______, "The Menstruating Womb: A Cross-cultural Analysis of Body and Gender in Hŏ Chun's Precious Mirror of Eastern Medicine", *Asian Medicine 11*, 2016.

2장 송대 『이견지』와 일상 속 의학 지식의 확산

江瓘 輯, 『名醫類案』, 北京: 中國中醫藥出版社, 1996.

李時珍, 『本草綱目』, 北京: 人民衛生出版社, 1979.

孫思邈, 『備急千金要方』, 天津: 天津古籍出版社, 2009.

王燾, 『外臺秘要』, 北京: 人民衛生出版社, 1996.

張杲, 『醫說』, 北京: 中國中醫藥出版社, 2009.

焦竑, 『焦氏筆乘』, 北京: 中華書局, 2008.

太平惠民和劑局, 『太平惠民和劑局方』, 北京: 人民衛生出版社, 2007.

洪邁, 『夷堅志』, 北京: 中華書局, 2006.

洪遵, 『洪氏集驗方』, 北京: 人民衛生出版社, 1986.

최해별, 「宋代 사대부의 의학 지식 입수와 교류: 洪遵의 『洪氏集驗方』을 중심으로」, 『역사학보』 230, 2016.

최해별, 「송대 의방(醫方) 지식의 전승과 사대부의 역할: 화독배농내보산(化毒排膿內補散)을 중심으로」, 『의사학』 27-1, 2018.

피터 볼, 『중국 지식인들과 정체성』, 심의용 옮김, 서울: 북스토리, 2008.

宮下三郎, 「宋元の醫療」, 『中國中世科學技術史の硏究』, 京都: 朋友書店, 1998.

梁其姿, 『面對疾病: 傳統中國社會的醫療觀念與組織』, 北京: 中國人民大學出版社, 2012.

劉黎明, 「『夷堅志』黃谷蠱毒硏究」, 『四川大學學報』 2003-1, 2003.

林富士, 「中國的'巫醫'傳統」, 『中國史新論-醫療史分册』, 台北: 聯經出版公司·中央硏究院, 2015.

木村明史, 「宋代の民間醫療と巫覡觀-地方官による巫覡取締の一側面」, 『東方學』 101, 2001.

范家偉, 『北宋校正醫書局新探: 以國家與醫學爲中心』, 北京: 中華書局, 2014.

薛芳芸, 『宋代文士通醫現象硏究』, 太原: 山西人民出版社, 2012.

艾媞捷(T. J. Hinrichs), 「亦儒亦醫的張杲」 『中國社會歷史評論』 14, 天津: 天津古籍出版社, 2013.

易素梅,「宋代的士人與醫方」,『人文雜志』2016-11, 2016.
閻瑞雪,「宋代醫學知識的擴散」,『自然科學史研究』28-4, 2009.
冉小峰主編,『歷代名醫良方注釋』, 北京: 科學技術文獻出版社, 1983.
吳佐忻,「『醫說』中的『夷堅志』佚文」,『中醫藥文化』1992-2, 1992.
姚海英,「從洪邁『夷堅志』看宋代的醫療活動與民間行醫群體」,『貴州文史叢刊』, 2011-1, 2011.
熊秉眞編,『讓證據說話: 對話篇』, 台北: 麥田出版公司, 2001.
熊秉眞編,『讓證據說話: 中國篇』, 台北: 麥田出版公司, 2001.
莊宏誼,「宋代道教醫療: 以洪邁『夷堅志』爲主之研究」,『輔仁宗教研究』12, 2005.
張園園,「宋代道教醫療與日常生活: 以『夷堅志』爲中心」,『科學經濟社會』34-3, 2016.
張海鵬,「宋代士人獲取一方的途徑」,『中華醫史雜志』42-6, 2012.
程民生,「宋代醫生的文化水平和數量」,『河北學刊』, 2018-3, 2018.
趙正韜,「宋代醫療與社會: 以『夷堅志』為中心的考察」, 四川師范大學碩士學位論文, 2015.
周雲逸,「重醫與駁醫: 宋代筆記所見儒·醫關系」,『中醫文獻雜志』2018-6, 2018.
陳秀芬,「食物·妖術與蠱毒: 宋元明'挑生'形象的流變」,『漢學研究』34-3, 2016.
陳元朋,『兩宋的"尚醫士人"與"儒醫": 兼論其在金元的流變』, 台北: 國立臺灣大學出版委員會, 1997.
祝平一,「宋明之際的醫史與"儒醫"」,『中央研究院歷史語言研究所集刊』77-3, 2006.

Furth, Charlotte, "Producing Medical Knowledge Through Cases: History, Evidence, and Action", *Thinking With Cases: Specialist Knowledge in Chinese Cultural History,* Mānoa valley: University of Hawaii Press, 2007.
Goldschmidt, Asaf, *The Evolution of Chinese Medicine: Song Dynasty, 960–1200*, London & New York: Routledge, 2009.
Inglis, Alister D., "A Textual History of Hong Mai's 'Yijian zhi'", *T'oung Pao,*

Second Series vol. 93, Fasc. 4/5, 2007.
Leung, Angela Ki Che, "Medical Learning From the Song to the Ming", *The Song-Yuan-Ming Transition in Chinese History*, Paul Jakov Smith & Richard von Glahn, Cambridge, MA: Harvard University Asia Center, 2003.

3장 메이지기 근대적 의약 담론의 성립과 '뇌병'의 치료

「환절기에 병이 만흔 원인」, 『동아일보』, 1935. 4. 27.
「건뇌환 광고」, 『朝鮮新聞』, 1927. 1. 18.
「1月の腦神經と酒頭痛逆上」, 『朝日新聞』, 1918. 1. 16.
「健腦丸 廣告」, 『朝日新聞』, 1926. 11. 19.
「健腦丸に對する世人の批評」, 『朝日新聞』, 1909. 12. 12.
「健腦丸は腦髓の母」, 『朝日新聞』, 1896. 8. 2.
「健腦丸廣告」, 『朝日新聞』, 1897. 1. 27.
「氣候と腦神經」, 『朝日新聞』, 1916. 10 30.
「腦神經病者是非試みよ」, 『朝日新聞』, 1915. 4. 21.
「冬の逆上と腦神經」, 『朝日新聞』, 1919. 12. 7.
「木の目時から花見時へかけての腦神經の病」, 『朝日新聞』, 1923. 4. 27.
「秋季の腦神經病療法」, 『朝日新聞』, 1917. 9. 27.
「夏の頭腦の使ひ方と腦神經」, 『朝日新聞』, 1915. 9. 8.

김대기, 「전근대 중국의 해부와 신체관」, 『연세의사학』 21-2, 2018.
김성수, 「18·19세기 동아시아의 서양 근대 해부학 수용 양상」, 『동아시아 세계의 해부학 전통과 한글 해부학 교과서』, 2018년 9월 14일 심포지엄 자료집, 2018.
______, 「에도시대 해부학의 발전: 『장지(藏志)』의 간행을 중심으로」, 『의사학』 21-1, 2012.
______, 「일본의 해부학 수용 초기의 특성: 『해체신서(解體新書)』와 『중정해체신서(重訂解體新書)』에 나타난 세계와 인체」, 『연세의사학』 21-2,

2018.
김성준, 「18·19세기 조선에 전해진 서구 腦主說과 惠岡 崔漢綺의 대응」, 고려대학교대학원 석사학위논문, 1999.
김영수, 「20세기초 일본 매약의 수입과 근대 한국의 의약광고의 형성: 근대 일본의 매약규제와 광고 형식을 중심으로」, 『인문논총』 75-4, 2018.
송석원, 「신문에서 보는 제국 일본의 국가이상-메이지 시대를 중심으로」, 『일본연구논총』 31, 2010.
신규환, 「청말 해부학 혁명과 해부학적 인식의 전환」, 『의사학』 21-1, 2012.
여인석, 「일본의 해부학 도입과 정착 과정」. 『의사학』 3-2, 1994.

『病薬道戯競 初編』(연도 미상).
ウェーゼス, 『醫療必携』, 京都: 春和堂, 1876.
宮永美知代·島田和幸, 「河鍋暁斎の解剖圖と描画としての骸骨圖」, 『美術解剖學雜誌』 11-1, 2007.
吉岡信, 『江戸の生薬屋』, 東京: 青蛙房, 2011.
吉田銀次郎, 『袖珍治療家必携』, 上野國, 1880.
金川英雄, 『日本の精神醫療史』, 東京: 青弓社, 2012.
東京大學醫學部創立百周年紀念會·東京大學醫學部百年史編纂委員會, 『東京大學醫學部百年史』, 東京: 東京大學出版會, 1967.
鈴木則子, 『江戸の流行り病』, 東京: 吉川弘文館, 2012.
栗山茂久·北澤一利, 『近代日本の身體感覺』, 東京: 青弓社, 2004.
立川昭二, 『明治醫事往來』, 東京: 新潮社, 1986.
服部昭, 『藥包裝の近現代史』, 東京: 風詠社, 2015.
三島佑一, 『船場道修町』, 大阪: 和泉書院, 2006.
石原孝二·信原幸弘, 『精神醫學の科學と哲學』, 絲川昌成 編, 東京: 東京大學出版會, 2016.
安井廣, 『ベルツの生涯-近代醫學導入の父』, 京都: 思文閣出版, 1995.
野尻佳與子, 「タカナで名付けられた最初の賣藥「ウルユス」について」, 『日本醫史學雜誌』 61-1, 2015.
呉秀三·樫田五郎, 『精神病者私宅監置の實況』, 金川英雄 譯, 東京: 醫學書院,

2017.

佐藤雅浩,「戦前期日本における精神疾患言説の構圖-逸脱と健康の系譜をめぐって」,『ソシオロゴス』32, 2008.

酒井シヅ,『病が語る日本史』, 東京: 講談社, 2012.

川村邦光,『幻視する近代空間』, 東京: 青弓社, 1990.

河鍋暁斎,『暁斎漫畫初篇』, 東京: 牧野吉兵衛, 1881.

厚生省醫務局,『醫制八十年史』, 東京: 印刷局朝陽会, 1955.

Michel-Zaitsu, Wolfgang, "Exploring the 'Inner Landscapes": The *Kaitai shinsho* (1774) and Its Prehistory",『연세의사학』21-2, 2018.

4장 중세 말 이탈리아에서의 불임에 대한 사회적 인식과 치료

Archivio di Stato di Prato(ASP), Datini, busta 1089. 2. codice 6000576, 6000577.

______, Datini, busta 1090, codice 1402924, 1402925, 1402927, 1402928, 1402938, 1402939.

______, Datini, busta 1091, codice 113437, 133438.

______, Datini, busta 1102, codice 131312(1394. 2. 12.).

______, Datini, busta 1103, codice 133344, 133345, 133347, 133348, 134071.

______, Datini, busta 1113, codice 133866.

______, Datini, busta 347, codice 183, 3958.

______, Datini, busta 1083, codice 315535.

______, Datini, busta 1090, codice 1402934.

Aveeroës, *Colliget*, Venezia, 1574.

Guglielmo da Saliceto, *Summa Conservationis et Curationis,* Venezia, 1493.

Amy, Lindgren, "The Wandering Womb and the Peripheral Penis: Gender and the Fertile Body in Late Medieval Infertility Treatises", PhD diss., University of California, 2005.

Ann, Crabb, "Ne pas Être Mère: L'autodéfense d'une Florentine vers 1400", *Clio. Histoire, Femmes et Sociétés 21,* 2005.

______, *The Merchant of Prato's Wife: Margherita Datini and Her World 1360–1423*, Ann Arbor, MI: University of Michigan Press, 2015.

Avicenna, *The Canon of Medicine, vol. 3, Special Pathologies, 1233–1240,* PeymanAdeli Sardo (Trans.), Chicago, IL: Great Books on the Islamic World, 2014.

Baldwin, John W., *The Language of Sex: Five Voices from Northern France Around 1200*, Chicago & London: The University of Chicago Press, 1994.

Bologne, Jean-Claude, *La Naissance Interdite: Stérilité, Avortement, Contraception au Moyen Age*, Paris: Olivier Orban, 1988.

Bruno, Lunenfeld, & Elder Kay, "Historical Perspectives in the Management of Fertility and the Use of Gonadotropins", *Textbook of In Vitro Fertilization and Assisted Reproduction*, Peter R. Brinsden (Ed.), Oxon: Taylor & Francis, 2005.

Byrne, Joseph P., & Eleanor A. Congdon, "Mothering in the Casa Datini", *Journal of Medieval History 25*, 1999.

Cadden, Joan, *Meanings of Sex Difference in the Middle Ages,* Cambridge, MA: Cambridge University Press, 1993.

Carolyn, James, "A Woman's Work in a Man's World: The Letters of Margherita Datini (1384–1410)", *Francesco di Marco Datini: The Man the Merchant*, Giampiero Nigro (Ed.), Firenze: Firenze University Press, 2010.

Cartelle, Enrique Montero, *Tractatus de Sterilitate: Anónimo de Montpellier (s. XIV)*, Valladolid: Universidad de Valladolid, 1993.

Catherine, Rider, "Men and Infertility in Late Medieval English Medicine", *Social History of Medicine*, 2016.

Constantinus, Aveeroës, *Liber de Coitu: El Tratado de Andrologia de Constantino el Africano*, Enrique Montero Cartelle (Ed.), Santiago de Compostela: Universidad de Santiago, 1983.

Daphna, Oren-Maghidor et al., "From Anne to Hannah: Religious Views of Infertility in Post-Reformation England", *Journal of Women's History 27*, 2015.

Daphna, Oren-Magidor, & Rider Catherine, "Introduction: Infertility in Medieval and Early Modern Medicine", *Social History of Medicine*, 2016.

Datini, Margherita, *Letters to Francesco Datini*, Carolyn James & Antonio Pagliaro (Trans.), Toronto: Centre for Reformation and Renaissance Studies, 2012.

De Reguardati, Fausto M., *Benedetto de' Reguardati da Norcia*, Trieste: Lint, 1977.

Duffin, Christopher J., & Richard T. J. Moody, Gardner-Thorpe, Christopher, *A History of Geology and Medicine*, London: The Geological Society, 2013.

Echenverria, Euardo J., *"In the beginning……": A Theology of the Body*, Eugene, OR: Pickwick Publications, 2011.

Edward, Grant, *A Source Book in Medieval Science*, Cambridge, MA: Harvard University Press, 1974.

Montero, Enrique & Ingelmo Cartelle, María Cruz Herrero, "Las Interrogationes in Cura Sterilitatis en el Marco de la Literature Médica Medieval", *Faventia 25*, 2003.

Evans, Jennifer, "'Bewitched in Their Privities': Medical Responses to Infertility Witchcraft in Early Modern England", *Societas Magica 27*, 2012.

Felix, Marti-Ibañez, & Henry E. Sigerist, *Sigerist on the History of Medicine*, New York: MD Publications, 1960.

Giorgio, Austriaco Pier, *Biomedicine and Beatitude: An Introduction to Catholic Bioethics*, Washington, DC: The Catholic University of America Press, 2011.

Gratian, John, *Corpus Juris Canonici*, Emil Friedberg (Ed.), Austria: Akademische Druck-u. Verlagsanstalt, 1959: decretum 2.33.1.4.

Green, Monica H., "Infertility", *Women and Gender in Medieval Europe: An*

Encyclopedia, Margaret C. Schaus (Ed.), New York & London: Routledge, 2006.

______, *Making Women's Medicine Masculine: The Rise of Male Authority in Premodern Gynaecology*, Oxford: Oxford University Press, 2008.

______, *The Trotula: An English Translation of the Medieval Compendium of Women's Medicine*, Philadelphia, PA: University of Pennsylvania Press, 2001.

Hayez, Jérôme, "Expérience de Migrant et Pratique de L'amitié dans la Correspondance de Maestro Naddino d'Aldobrandino Bovattieri Médecin Toscan d'Avignon(1385-1407)", *Bibliothèque d'Ecole des Chartes 159*, 2001.

Heinrich, Kramer, & Sprenger James, *The Malleus Maleficarum Montague Summers*, New York: Dover Publications, 1971.

Iris, Origo, *The Merchant of Prato: Francesco di Marco Datini*, Boston, MA: Nonpareil Books, 1986.

Johannes, Anglicus, *Rosa Anglica Practica Medicine*, Venice: Bonetus Locatellus, 1516.

Joseph, Shatzmiller, & Rodrigue Lavoie, "Médecine et Gynécologie au Moyen Age: Un Exemple Provençal", *Razo: Cahiers du Centre d'Etudes Médiévale de Nice 4*, 1984.

Katharine, Park, "Medicine and Magic: The Healing Arts", *Gender and society in Renaissance Italy*, Judith C. Brown & Robert C. Davis (Eds.), London & New York: 1998.

______, *Doctors and medicine in Early Renaissance Florence*, Princeton, MJ: Princeton University Press, 1985.

Kristen, Geaman, "Power in the Uterus: Negotiating Royal Infertility in England, 1328-1471", PhD diss., University of Southern California, 2013.

Lemay, Helen Rodnite, "Human Sexuality in Twelfth: Through Fifteenth Century Scientific Writings", *Sexual Practice and the Medieval Church*, Bullough L. Vern & Brundage J. James (Eds.)., New York: Prometheus

Book, 1982.
______, "William of Saliceto on Human Sexuality", *Viator 12,* 1981.
Longenbach, Erica M., "A Fountain Bewitched: Gender, Sin, and Propaganda in the Massa Marittima Mural", PhD diss., University of North Carolina, 2008.
McVaugh, Michael R., *Medicine Before the Plague: Practioners and Their Patients in the Crown of Aragon 1285-1345*, Cambridge, MA: Cambridge University Press, 1993.
McVaugh, Michael R., & Lola Ferre, *The Tabula Antiodotarii of Armengaud Blaise and Its Hebrew Translation Montague Summers*, Philadelphia, PA: American Philosophical Society, 2000.
Michelle, Schuller, "L'Exil Domestique de Margherita Datini L'histoire Singulière d'un Couple", *Arzanà 16-17*, 2013.
Newman, Goldy Charlotte, "A Thirteenth-Century Anglo-Jewish Woman Crossing Boundaries: Visible and Invisible", *Journal of Medieval History 34*, 2008.
Noonan, Jr., John T., *Contraception: A History of Its Treatment by the Catholic Theologians and Canonists*, Cambridge, MA: The Belknap Press of Harvard University Press, 1965.
Opsomer-Halleux, Carmélia, *Livre des Simples Medicine. Codex Bruxellenis IV. 1024. A 15th-Century French Herbal Montague Summers*, Antwerp: De Schutter, 1984.
Parrado, Pedro Conde, & Enrique Montero Cartelle, María Cruz Herrero Ingelmo, *Tractatus de Conceptu/Tractatus de Sterilitate Mulierum*, Valladolid: Universidad de Valladolid, 1999.
Philippe, Morice, et al., "History of Infertility", *Human Reproduction Update 1*, 1995.
Pseudo, Bernard, *Tractatus de Sterilitate Mulierum*, Montero Cartelle (Ed.), Valladolid: Universidad de Valladolid, 1999.
Riddle, John M., *Goddesses, Elixirs, and Witches: Plants and Sexuality*

Throughout Human History, New York: Palgrave Macmillan, 2010.
Roberta, Gilchrist, *Medieval Life: Archaeology and the Life Course*, Woodbridge: Boydell Press, 2012.
Taylor, Nathaniel L., "Women and Wills: Sterility and Testacy in Catalonia in the Eleventh and Twelfth Centuries", *Medieval Encounters 12*, 2006.
Van Rooy, Herrie F., "Fertility as Blessing and Infertility as Curse in the Ancient Near East and the Old Testament", *Archaeology and Fertility Cult in the Ancient Mediterranean*, Anthony Bonano (Ed.), Amsterdam: B.R. Gruner, 1986.
Vivian, Nutton, "Medicine in Medieval Western Europe, 100-1500", *The Western Medical Tradition 800 BC to AD 1800*, Lawrence I. Conrad, Michael Neve, Vivian Nutton, Roy Porter, Andrew Wear (Eds.), Cambridge, MA: Cambridge University Press, 1995.

5장 중세 말 파리대학의 흑사병 예방법: 치료와 훈육 사이

로널드 L 넘버스·코스타스 캄푸러키스, 『통념과 상식을 거스르는 과학사: 뉴턴에서 멘델까지, 과학을 둘러싼 역사적 오해들』, 김무준 옮김, 서울: 글항아리 사이언스, 2019.
필립 지글러, 『흑사병』, 한은경 옮김, 서울: 한길사, 2004.
홍용진, 「백년전쟁과 왕국의 개혁, 그리고 정치체에 대한 권리: 14세기 정치적 담론장 파리를 중심으로」, 『프랑스사연구』 제34호, 2016.
홍용진, 「중세 말 수도 파리에 대한 국가적 경제조치 시도: 장 2세 정부의 경우」, 『인문과학』 65권, 2017.

Bove, Boris, *Le Temps de La Guerre de Cent Ans,* Paris: Belin, 2009.
Bowsky, William (Ed.), *The Black Death: A Turning Point in History?*, Malabar: Robert E. Krieger, 1971.
Cazelles, Raymond, "L'obésité de Philippe VI de Valois et son Gisant de l'abbaye de Saint-Denis", *Bulletin de la Société nationale des Antiquaires*

de France 220-22, 1970.

______, *La Société Politique et la Crise de la Royauté Sous Philippe de Valois*, Paris: Lib. D'Argences, 1958.

Coville, Alfred, "Écrits Contemporains sur La Peste de 1348 à 1350", *Histoire Littéraire de La France 37*, Paris: Imprimerie nationale, 1938.

Favier, Jean, *La Guerre de Cent Ans*, Paris: Fayard, 2002.

Foucault, Michel, *Power/Knowledge: Selected Interviews and Other Writings 1972-1977*, Colin Gordon (Ed.), New York: Pantheon Books, 1980.

Garcia-Ballester, Luis, Roger French, Jon Arrizabalaga, & Andrew Cunningham (Eds.), *Practical Medicine from Salerno to the Black Death,* Cambridge, MA: Cambridge University Press, 1994.

Gauvard, Claude, *La France au Moyen Âge du Ve au XVe siècle*, Paris: PUF, 1996.

Harvey, William, *On the Motion of the Heart and Blood in Animals*, Robert Willis (Trans.), London: George Bell and sons, 1889.

Herlihy, David, *The Black Death and the Transformation of the West,* Cambridge, MA: Harvard University Press, 1997.

Jacquart, Danielle, "La Perception par les Contemporains de la Peste de 1348", *L'homme Face aux Calamités Naturelles dans l'Antiquité et ai Moyen Âge*, Jacques Jouanna, Michel Zink, & Jean Leclant (Ed.), Paris: Académie des Inscriptions et Belles Lettres, 2006.

______, "Influence de la Médecine Arabe en Occident Médiéval", *Histoire des Sciences Arabes 3 Technologie, Alchimie et Sciences de la Vie,* Roshdi Rashed (Ed.), Paris: Seuil, 1997.

______, *La Médecine Médiévale dans le Cadre Parisien,* Paris: Fayard, 1998.

Kempshall, Matthew S., *The Common Good in Late Medieval Political Thought*, Oxford: Oxford University Press, 1999.

Magnard, Pierre, Olivier Boulnois, Bruno Pinchard, & Jean-Luc Solère, *La*

Demeure de l'être Autour d'un Anonyme: Étude et Traduction du Liber de Causis, Paris: Vrin, 2002.

Mazliak, Paul, *Avicenne et Averroès: Médecine et Biologie dans la Civilisation de l'Islam*, Paris: Vuibert, 2004.

Rébouis, H. Emile, *Étude Historique et Critique sur la Peste,* Paris: Alphonse Picard, 1888.

Vigarello, Georges, *Histoire des Pratiques de Santé: Le Sain et le Malsain Depuis le Moyen Âge*, Paris: Seuil, 1993.

Vivier, Robert, "La Grande Ordonnance de Février 1351: Les Mesures Anticorporatives et La Liberté du Travail", *Revue Historique 138*, 1921.

______, "Une Crise Économique au Milieu du XIVe Siècle. La Première Grande Intervention de La Royauté dans Le Domaine Économique: Ses Causes", *Revue d'Histoire Économique et Sociale 8*, 1920.

6장 의료선교사 자녀의 건강, 질병, 그리고 죽음: 로제타 S. 홀의 육아일기를 중심으로

로제타 셔우드 홀, 『로제타 홀 일기 1: Diary of Rosetta S. Hall 1890.8.21-9.24』, 김현수·강현희 옮김, 서울: 홍성사, 2015.

______, 『로제타 홀 일기 4: Diary of Rosetta S. Hall 1892.3.8.-1894.10.1.』, 김현수·강현희 옮김, 서울: 홍성사, 2016.

______, 『로제타 홀 일기 5: 셔우드 홀 육아일기』, 김현수·강현희 옮김, 서울: 홍성사, 2017.

______, 『로제타 홀 일기 6: 에디스 마가렛 홀 육아일기』, 김현수·강현희 옮김, 서울: 홍성사, 2017.

매티 윌콕스 노블, 『매티 노블의 조선회상』, 손현선 옮김, 서울: 좋은씨앗, 2010.

셔우드 홀, 『닥터 홀의 조선회상』, 김동열 옮김, 서울: 좋은씨앗, 2003.

이만열, 『한국기독교 교회사』, 서울: 아카넷, 2003.

이방원, 「보구여관(保救女館)의 설립과 활동」, 『의사학』 17-1, 2008.

이현주, 「1910년에서 1930년까지 미국과 한국에서의 "베이비 쇼(Baby Show)"에 관한 소고」, 『미국사연구』 46호, 2017.

______, 「미국에서의 백신 반대 운동」, 『미국사연구』 47호, 2018.

Bently, Amy, *Inventing Baby Food: Taste, Health, and the Industrialization of the American Diet,* Berkeley, CA: University of California Press, 2014.

Catalano, Any J., *A Global History of Child Death: Mortality, Burial, and Parental Attitudes,* New York: Peter Lang, 2015.

Cole, Tim J., "The Development of Growth References and Growth Charts", *Annals of Human Biology 39*, 2012.

Dunn, Peter M., "Dr. Emmett Holt(1855–1924) and the Foundation of North American Paediatrics", *Archives of Disease in Childhood 83,* 2000.

Golden, Janet, & Richard A. Meckel, *Heather Munro Prescott. Children and Youth in Sickness and in Health*, Westport, CT: Greenwood Press, 2004.

Golden, Janet, & Lynn Weiner, "Reading Baby Books: Medicine, Marketing, Money and the Lives of American Infants", *The Journal of Social History 44,* 2011.

Golden, Janet, *Babies Made Us Modern: How Infants Brought America into the Twentieth Century,* New York: Cambridge University Press, 2018.

Halpern, Sydney N., *American Pediatrics: The Social Dynamics of Professionalism 1880–1980,* Berkeley, CA: University of California Press, 1988.

Choi, Hyaeweol, "The Missionary Home as a Pulpit: Domestic Paradoxes in Early Twentieth-Century Korea", *Divine Domesticities: Christian Paradoxes in Asia and the Pacific,* Hyaeweol Choi & Margaret Jolly (Eds.), Canberra: Australian National University Press, 2014.

Huntley, Martha, "Presbyterian Women's Work and Rights in the Korean Mission", *American Presbyterians 65,* 1987.

Kashay, Jennifer Fish, "Problems in Paradise: The Peril of Missionary Parenting in Early Nineteenth-Century Hawaii", *The Journal of Presbyterian*

History 77, 1999.
Lee, Hyon Ju, "The Gospel through Healthy Bodies: Vaccinations and American Foreign Missionaries to Korea in the Late Nineteenth Century to the Mid-Twentith Century", *Journal of American Studies 51*(3), 2019.
Mintz, Steven, *Huck's Raft: A History of American Childhood,* Boston, MA: Harvard University Press, 2004.
Kim, Sonja M., "Missionaries and 'A Better Baby Movement' in Colonial Korea", *Divine Domesticities: Christian Paradoxes in Asia and the Pacific*, Hyaeweol Choi & Margaret Jolly (Eds.), Canberra: Australian National University Press, 2014.
Stern, Alexandera Minna, & Howard Markel (Eds.), *Formative Years: Children's Health in the United States 1880-2000,* Ann Arbor, MI: The University of Michigan Press, 2004.
Tate, E. Mowbray, *Transpacific Steam: The Story of Stem Navigation from the Pacific Coast of North America to the Far East and the Antipodes, 1867-1941,* New York: Cornwall Books, 1986.
Taylor, Sandra C., "The Sisterhood of Salvation and the Sunrise Kingdom: Congregational Women Missionaries in Meiji Japan", *Pacific Historical Review 48,* 1979.
Willrich, Michael, *Pox: An American History,* New York: Penguin Books, 2011.
Yoo, William, *American Missionaries, Korean Protestants, and the Changing Shape of World Christianity,* New York: Routledge, 2017.

7장 식민지기 한센병 환자를 둘러싼 죽음과 생존

『명종실록』 권31, 21. 2. 29.
『선조실록』 권10, 9. 6. 26.

「180명의 나병환자들이 진정, 의지할 곳 없는 병자 각 관청에 진정했다」,

『시대일보』, 1924. 12. 7.
「가련한 천형병자 여수나병원에 집중, 입원거절을 당하고 공제회 조직, 경찰부에 주사약 청구」, 『매일신보』, 1930. 5. 10.
「가족까지 냉대, 나병환자 자살」, 『동아일보』, 1927. 8. 26.
「간질환자 자살」, 『조선중앙일보』, 1935. 9. 19.
「간질환자 철도자살, 빈고와병으로 죽어」, 『매일신보』, 1927. 11. 24.
「경남나병자상조회 무료시료를 요망, 종전대로 시료 진정」, 『동아일보』, 1939. 3. 24.
「경북달성에 나병환자상조회」, 『동아일보』, 1923. 12. 31.
「김제 지방에도 문둥이 소동」, 『조선중앙일보』, 1936. 7. 22.
「나병 걸린 숙모를 양화에 투해, 병 치료하러 간다고 꼬여 갖고, 8년 전 살인범 검거」, 『동아일보』, 1935. 4. 5.
「나병에 걸린 걸처를 살해」, 『매일신보』, 1930. 10. 30.
「나병여자자살」, 『동아일보』, 1926. 8. 13.
「나병의 예방과 퇴치로 사회의 불행을 구하자」, 『매일신보』, 1932. 11. 23.
「나병자상조회 구제방을 진정, 도평의회에」, 『매일신보』, 1927. 3. 3.
「나병자상조회 인가 신청 중」, 『시대일보』, 1926. 7. 4.
「나병자상조회창립을 듣고」, 『동아일보』, 1924. 3. 24.
「나병자성군 경찰에 또 진정, 어서 소록도에 보내달라고 광주서 일대두통」, 『동아일보』, 1933. 9. 5.
「나병자액사 병으로 고통」, 『동아일보』, 1927. 5. 9.
「나병자의 혈정, 그 모가 압살」, 『매일신보』, 1932. 10. 11.
「癩病者會總督に嘆願」, 『朝鮮新聞』, 1927. 1. 16.
「나병친척을 소살한 2명」, 『동아일보』, 1931. 1. 18.
「나병환걸녀 비관코 자살」, 『매일신보』, 1932. 7. 26.
「나병환자 내부의 내자 살해사건, 검사의 무기구형에 이년역을 언도」, 『중앙일보』, 1933. 1. 25.
「나병환자 집합지에 아동 통학은 위험」, 『매일신보』, 1936. 10. 13.
「나병환자, 위안회를 보고」, 『동아일보』, 1926. 7. 1.
「나병환자구제회의 발기」, 『동아일보』, 1931. 9. 9.

「나병환자대표의 격리장 지정 요망, 네곳 병원은 받지 않고 가라고만 해, 충북도 당국에 애원」, 『매일신보』, 1930. 5. 6.
「나병환자의 이상향 소록도의 근황」, 『매일신보』, 1928. 6. 6.
「나병환자의 철도자살」, 『중외일보』, 1926. 11. 30.
「나병환자일군이 대거 광주에 쇄도, 소록도 보내달라고」, 『조선중앙일보』, 1933. 8. 18.
「남편 한센병 고치고자 할육투제한 열부」, 『매일신보』, 1930. 4. 9.
「남편의 한센병 고치려고 할기공궤한 삼척 열부, 두근 가량의 살을 비혀 먹어」, 『매일신보』, 1931. 1. 20.
「남해별천지 소록도자혜의원 이백여 명의 천형병 환자 참담한 생활 중에도 일조의 광명을 바라」, 『매일신보』, 1926. 8. 6.
「남해별천지 소록도자혜의원」, 『매일신보』, 1926. 8. 9.
「대동교에 무주복, 매독병 환자가 투신 자살한 것」, 『매일신보』, 1924. 11. 23.
「대동군 하에 문둥이 유언」, 『매일신보』, 1936. 7. 8.
「만풍가해」, 『황성신문』, 1910. 5. 13.
「매독환자자살」, 『매일신보』, 1927. 7. 24.
「매일 이십 나병환자 경찰에 애원, 살 수 없으니 수용해 달라고 소록도행을 지원」, 『동아일보』, 1933. 9. 10.
「문동병 걸린 딸 독살한 부모, 남편에게 이혼당하고 와 있던 중, 각 오년 징역 구형」, 『동아일보』, 1933. 5. 5.
「문동병자의 낙원 소록도에 설비완성」, 『매일신보』, 1928. 12. 20.
「문둥병든 여자가 바다에 투신 자살 병이 낫지 못할 것을 비관하고 북청신창항구의 비극」, 『중앙일보』, 1931. 12. 8.
「문둥이 소동, 철원에도 비화」, 『매일신보』, 1936. 6. 17.
「문둥이 소동으로 통학아동 공포, 경찰에 단속 요망」, 『조선중앙일보』, 1936. 6. 21.
「문둥이 소동은 낭설, 두려워할 것은 없다」, 『매일신보』, 1936. 6. 18.
「문둥이 작대하여 종로서에 출두진정」, 『동아일보』, 1936. 6. 15.
「문둥이가 아이들을 꾀여갔다는 것은 허설」, 『매일신보』, 1936. 6. 16.

「박씨부인의 애열」, 『대한매일신보』, 1926. 9. 19.
「발전소까지 완성되어 갱생원 시설 충실, 삼천 명의 문둥병자를 수용 중 광명 비친 소록도」, 『매일신보』, 1935. 4. 17.
「병부에 할고 공궤」, 『동아일보』, 1926. 1. 16.
「부친의 한센병 고치려 할고 공궤한 소녀」, 『매일신보』, 1928. 2. 28.
「불쌍한 나병환자 무서운 나병독균」, 『동아일보』, 1931. 9. 10.
「상주지방에도 문둥이 유언비어」, 『매일신보』, 1936. 7. 3.
「소록도로 소록도로 나병환자의 낙원」, 『조선중앙일보』, 1934. 10. 11.
「소록도의 별천지, 문둥병환자를 수용하는 곳, 90명의 환자들은 이 부락생활을 즐긴다」, 『매일신보』, 1917.5.30.
「소록도의 별천지, 문둥병환자를 수용하는 곳」, 『매일신보』, 1917. 5. 30.
「소록도자혜의원 나병환자위안회 신조직보규칙 발표」, 『매일신보』, 1926. 6. 21.
「영남지방, 나병자상조회」, 『동아일보』, 1927. 11. 12.
「오빠병을 비관코 묘령부 투신 자살」, 『동아일보』, 1937. 9. 4.
「우리의 낙천지인 소록도로 보내주」, 『조선중앙일보』, 1934. 9. 11.
「유언비어선포하고 유치장행, 문둥이가 생간 취식이라고 날조」, 『대한매일신보』, 1936. 6. 22.
「이십여명 나병환자 전남도청에 쇄도, 속히 소록도에 보내달라고 탄원, 색다른 진정에 도청도 두통」, 『동아일보』, 1934. 5. 28.
「자급자족의 별건곤」, 『동아일보』, 1935. 10. 25.
「자기 살을 베어서 남편의 중병을 치료」, 『동아일보』, 1940. 2. 20.
「전부할고, 김씨성심」, 『대한매일신보』, 1908. 11. 14.
「전부할고」, 『대한매일신보』, 1908. 11. 14.
「지중에 의문의 여시, 협의자 잡아 취조한 결과 '한센병녀라 부자로 독살」, 『동아일보』, 1932. 6. 9.
「차아가 장성하면 조소를 받겠다」, 『매일신보』, 1916. 10. 4.
「통영해동의원장 김상용씨의 특지, 대구나병자 상조회에 자진하야 이천원 기증」, 『매일신보』, 1927. 1. 29.
「평남에서도 문둥이 소동 경찰의 유언취체」, 『조선중앙일보』, 1936. 7. 9.

「한센병 환자 생간 취식설 유포로 천안, 예산방면 아동들 단독통학 불능상태」, 『매일신보』, 1936. 6. 12.
「한센병회 사업에 찬동기부」, 『중외일보』, 1927. 1. 29.
「형의 병에 할고한 제」, 『동아일보』, 1923. 2. 14.
「확장되는 소록낙원」, 『동아일보』, 1936. 2. 20.
「환자 은닉만 안 하면 나병은 불원절멸」, 『동아일보』, 1932. 11. 23.
「희세의 열부, 남편의 문둥병에 자기 살을 베어 먹어」, 『매일신보』, 1925. 6. 29.

국립소록도병원, 『국립소록도병원 100년 구술 사료집 1: 또 하나의 고향, 우리들의 풍경』, 고흥: 국립소록도병원, 2011.
______, 『소록도 80년사』, 고흥: 국립소록도병원, 1996.
______, 『한센병 그리고 사람, 백년의 성찰: 역사편』, 고흥: 국립소록도병원, 2017.
국사편찬위원회, 『한센병 고통의 기억과 질병정책』, 과천: 국사편찬위원회, 2005.
김미정, 「나환자에 대한 일반대중의 인식과 조선총독부의 나병정책: 1930~40년대 소록도갱생원을 중심으로」, 『지방사와 지방문화』 15, 2012.
김재형, 「부랑나환자 문제를 둘러싼 조선총독부와 조선 사회의 경쟁과 협력」, 『민주주의와 인권』 19-1, 2019.
______, 「한센병 치료제의 발전과 관리정책의 변화」, 『의료사회사연구』 3, 2019.
김재형·오하나, 「한센인 수용시설에서의 강제적 단종·낙태에 대한 사법적 해결과 역사적 연원」, 『민주주의와 인권』 16-4, 2016.
김학균, 「『당신들의 천국』에 나타난 한센병의 은유 고찰」, 『한국현대문학연구』 35, 2011.
박윤재, 「조선총독부의 결핵 인식과 대책」, 『한국근현대사연구』 47, 216-234.
서기재, 「한센병을 둘러싼 제국의학의 근대사: 일본어 미디어를 통해 본 대중관리 전략」, 『의사학』 26-3, 2017.
서울대학교 사회발전연구소, 『한센인 인권실태 조사』, 서울: 국가인권위원회, 2006.
이경록, 「몸의 소비: 조선전기의 인육치료」, 『환자를 둘러싼 의료의 사회사 「의료사회사연구」 창간 1주년 기념 학술대회 발표문』, 2019. 5. 18.
정근식, 「동아시아 한센병사 연구를 위하여」, 『보건과 사회과학』 12, 2002.
______, 「사회적 타자의 자전문학과 몸: 심숭의 "나문학"을 중심으로」, 『현대문학이론연구』 23, 2004.
______, 「식민지적 근대와 신체의 정치」, 『사회와 역사』 51, 1997.
______, 「일제 말기 소록도갱생원의 실태와 이춘상 사건」, 『역사비평』 72, 2005.
______, 「한국에서 근대적 나(癩)구료의 형성」, 『보건과 사회과학』 1-1, 1997.
조선총독부, 『민간의 질병인식과 치료행위에 관한 의료민속학적 연구』, 신종원·한지원 옮김, 서울: 민속원, 1915.
최명표, 「한하운 시의 정치시학적 연구」, 『현대문학이론연구』 26, 2005.
최병택, 「남장로회선교부 한센병 환자 수용정책의 성격(1909-1950): 여수 애양원을 중심으로」, 『한국기독교와 역사』, 32권, 2010.
최정기, 「일제하 조선의 나환자 통제에 대한 일연구」, 전남대학교대학원 석사학위논문. 1994.
한순미, 「고독의 위치: 폭력과 저항의 유착(癒着): 한센인 노석현에 기대어」, 『상허학보』 46, 2016.
______, 「나환의 기억과 서사적 욕망: 맥락과 징후」, 『국어국문학』 155, 2010.
______, 「상처는 왜 쓰는가: 한국 나환자 심숭의 자전문학과 치유서사의 역사적 맥락」, 『인문과학연구』 34, 2012.
______, 「'서러움'의 정치적 무의식: 역사적 신체로서 한하운의 자전(自傳)」, 『사회와 역사』 94, 2012.

Wilson, Robert, "Sterilization and Marriage of Lepers", *International Journal of Leprosy and Other Mycobacterial Diseases* 3, 2, 1935.

8장 식민지 노동자의 건강과 질병: 조선총독부 체신국의 사례 검증

대한민국체신부, 『조선체신요람 1944년도』, 1948.
박윤재, 『한국근대의학의 기원』, 서울: 혜안, 2005.
박이택, 『한국통신산업에 있어서 지배구조와 고용구조 1876-1945』, 서울: 한국학술정보, 2008.
신동원, 『한국근대보건의료사』, 서울: 한울, 1997.
정근식, 「'식민지적근대'와 신체의 정치: 일제하 나요양원을 중심으로」, 『한국사회사학회논문집』 51, 1997.
조선총독부체신국, 『조선의 체신사업』, 1929.
______, 『조선체신 통계요람』, 각년도판.
______, 『조선체신부 내 직원급 용인 위생 통계』, 각년도판.
______, 『조선체신부 내 직원 위생 통계』, 각년도판.
______, 『조선총독부 체신 관서 현업원 공제조합 사업 개요』, 각년도판.
______, 『조선총독부 체신연보』, 각년도판.
조형근, 「식민지체제와 의료적 규율화」, 『근대주체와 식민지규율권력』, 서울: 문학과지성사, 1997.

加藤俊茂, 「従事員の保健衛生に就て」, 『朝鮮遞信協會雜誌』 1926. 5.
江村長市, 「從業員の衛生狀態に就て」, 『朝鮮遞信』 1937. 9.
高橋正行, 「遞信療と寮生を思ふ」, 『朝鮮遞信』, 1941. 12.
工藤貞, 「寮の一日」, 『朝鮮遞信』, 1942. 10.
広瀬四郎, 「従業員の保健とスポーツに就て(其の二)」, 『朝鮮遞信協會雜誌』, 1933. 2.
吉村藏, 「專用自動車に依る被保險者巡回健康相談を終へて」, 『朝鮮遞信』, 1936. 9.
藤澤生, 「遞信合宿所の誕生」, 『朝鮮遞信』, 1940. 5.
鈴木實, 「時局に對應する人員充實策に就て」, 『朝鮮遞信』, 1940. 1.

濱澤大作,「社會政策的見地より共濟組合制度の改正を論ず」,『朝鮮遞信協會雜誌』, 1926. 7.

小岩一男,「保險と經濟より見たるラヂオ体操」,『朝鮮遞信』, 1935. 10.

松本武祝,「植民地期朝鮮農村における衛生·醫療事業の展開」,『商經論叢』34-4, 1999.

松本新三郎·松本正太郎,「電話交換事務員の衛生時に就て」,『朝鮮遞信協會雜誌』, 1931. 7.

新田壽三郎,「遞信官署共濟組合に就て」,『朝鮮遞信』1943. 8.

野村情次郎,「現業員共濟組合の成立に就て」,『朝鮮遞信協會雜誌』, 1921. 1.

有我喜代重,「共濟組合に就て」,『朝鮮遞信協會雜誌』, 1922. 2.

李昌玟,「植民地朝鮮における電信政策と電信架設運動」,『歴史と經濟』202, 2009.

______,「植民地朝鮮における情報化: 1906-1919年の電信·電話ネットワークを中心に」,『日本植民地研究』21, 2009.

一宮次郎,「共濟組合資金運用に就て」,『朝鮮遞信協會雜誌』, 1926. 11.

林采成,『鐵島員と身体: 帝国の勞動衛生』, 京都: 京都大學學術出版會, 2019.

田崎生,「京城健康相談所の最近」,『朝鮮遞信』, 1935. 5.

朝鮮遞信協會,「京城地方遞信の練成」,『朝鮮遞信』, 1942. 1.

______,「共濟組合の設立を喜び併而希望を述ぶ」,『朝鮮遞信協會雜誌』, 1921. 4.

______,「流行感冒に罹りし我が遞信界の人員と欠勤日數」,『朝鮮遞信協會雜誌』, 1919. 1.

______,「運動精神の身体に及ぼす影響」,『朝鮮遞信』, 1941. 12.

______,「遞信官署共濟組合の概要」,『朝鮮遞信』1942. 5.

______,「遞信体育協會會則」,『朝鮮遞信』, 1931. 12.

______,「誕生した平壤遞信寮」,『朝鮮遞信』, 1942. 2.

朝鮮總督府遞信局庶務課統計係,「遞信從業員の家計調査に就て」,『朝鮮遞信』, 1937. 1.

池清,「共濟組合資金を運用して社會政策的施設へ」,『朝鮮遞信協會雜誌』, 1926. 8.

志賀良三郎,「流行感冒と通信事業」,『朝鮮遞信協會雜誌』, 1918. 11.

倉敷生,「馬山簡易保険診療所」,『朝鮮遞信』, 1940. 2.
平瀨四郎,「従業員の保健衛生施設に就て 1」,『朝鮮遞信』1935. 4.
______,「従業員の保健衛生施設に就て 2」,『朝鮮遞信』, 1935. 5.
______,「従業員の保健衛生施設に就て 3」,『朝鮮遞信』, 1935. 6.
浦登,「電信人の体位に就いて(上)」,『朝鮮遞信』1942. 10.
鶴田成男,「寮生活を語る」,『朝鮮遞信』, 1941. 2.

Headrick, Daniel R., *The Tools of Empire: Technology and European Imperialism in the Nineteenth Century*, New York: Oxford University Press, 1981.
Lim, Chaisung, "Health and Diseases of Laborers in Colonial Korea: Focusing on the Cases of the Bureau of Posts and Telecommunications, the Japanese Government General of Korea", *The Review of Korean Studies 19*(1), 2016.
______, "The Pandemic of the Spanish Influenza in Colonial Korea", *Korea Journal*, *vol. 51*, no. 4, 2011. 12.
______, "The Development of Labor Hygiene in Colonial Korea, 1910–1945: The Health Conditions of Korea National Railways(KNR) Employees", *Seoul Journal of Korean Studies*, *vol. 24*, no. 1, 2011. 6.

9장 제국의 흔적 지우기: 패전 후 일본에서의 귀환자 검역

「9条は宝 発言(19)日赤従軍看護婦になり戦争に翻弄された15年」,『民医連新聞』, 2006. 9. 18.
「戦後防疫対策の重点」,『日本医事新報』1175, 1946. 3. 6.
京城日本人世話会,「発疹チフスの予防注射」,『城日本人世話会会報』95, 1945. 12. 27.
______,「釜山急信」,『城日本人世話会会報』28, 1945. 10. 4.

"Danger Signal", *Nippon Times*, 1946. 6. 24.

"Refugees from the North, Repatriation from North Korea", RG 554 Records of General Headquarters, Far East Command, Supreme Commander Allied Powers, and United Nations Command, USAFIK: XXIV Corps, G-2 Historical Section, 1945-1948.

"Repatriation: From 25 September 1945 to 31 December 1945", in Repatriation Information Book, September 25: December 31 1945, RG 554 Records of General Headquarters, Far East Command, Supreme Commander Allied Powers, and United Nations Command, USAFIK: XXIV Corps, G-2 Historical Section, 1945-1948.

"USSR is Silent on 2 American Korea Protest: General Hodge Cites Mass Japanese Exodus into Southern Korea", *Pacific Stars and Stripes*, 1946. 8. 23.

Choi, C. C., M. D., M. P. H., "Public Health in Korea", 1949. 10, Foreign trade, insecticides, RG 166 Records of the Foreign Agricultural Service; Record Group, Narrative Reports 1946-1949; Series.

G-2 Report, 051800/I Dec 45, no. 87, 6 Dec 1945, "Repatriation & Removal of Peoples in Pusan Areas", RG 554 Records of General Headquarters, Far East Command, Supreme Commander Allied Powers, and United Nations Command, USAFIK: XXIV Corps, G-2 Historical Section, 1945-1948.

G-2 Summary, from: 5 May 46, to: 12 May 46, "Repatriation of Displaced Persons & Regulations regarding Repatriates", RG 554 Records of General Headquarters, Far East Command, Supreme Commander Allied Powers, and United Nations Command, USAFIK: XXIV Corps, G-2 Historical Section, 1945-1948, 국립중앙도서관.

G-2, "Supply and Administration." in *History of United States Army Forces in Korea, Part 1*(http://db.history.go.kr/item/level.do?itemId=husa, access, 2018. 8. 17.).

박진우, 「전후 일본의 단일민족론과 상징천황제」, 『일본사상』 18, 2010.

아사노 도요미, 「사람, 물자, 감정의 지역적 재편과 국민적 학지(學知)의 탄

생: 절첩(節疊)된 제국의 재산과 생명의 행방」, 『한림일본학』 19-0, 2011.
이연식, 「종전 후 한·일 양국 귀환자의 모국 정착과정 비교연구: 포스트콜로니얼 관점에서 본 식민자와 피식민지민의 전후실태 비교」, 『한일민족문제연구』 31-0, 2016.
______, 「해방 직후 38이북 일본인 거류환경 변화: '전쟁피해자론'에 대한 비판적 고찰」, 『한일민족문제연구』 14, 2008.
정재정 엮음, 『동아시아의 역사』, 서울: 동북아역사재단, 2011.
주영민, 「북해도 고락가(北海道苦樂歌)를 통해 본 강제동원」, 『역사교육논집』 64, 2017.

溝口元, 「公衆衛生: 引揚検疫とDDT」, 『「通史」日本の科学技術1 「占領期」』, 中山茂 編, 東京: 学友書房, 1999.
吉田寿三郎, 「引揚検疫史のこと」, 『医史学研究』, 4, 1962.
吉田裕, 『アジア·太平洋戦争』, 東京: 岩波新書, 2016.
大鶴正満, 「戦争マラリアの流行学的研究」, 『日本医事新報』 1952, 1470.
鈴木厚, 『戦後医療事件史』, 東京: じほう, 2011.
木村秀明, 『進駐軍が写したフクオカ戦後写真集』, 福岡: 西図協出版, 1983.
保坂廣志, "沖縄占領研究ー米軍の対沖縄公衆衛生·医療救助活動に関する一考察, Bulletin of the College of Law and Letters", *University of the Ryukyus. Sociology 34*, 1992.
本誌記者, 「虫のない国いない国ーDDT工場訪問記ー」, 『婦人倶楽部』 32-7, 1951.
森亨, 「日本の結核流行と対策の100年」, 『日本内科学会雜誌』 91-1, 2002.
西日本図書館コンサルタント協会編, 『ある戦後史の序章: MRU引揚医療の記録』, 福岡: 西日本図書館コンサルタント協会, 1980.
小熊英二, 『単一民族親和の起源』, 東京: 新潮社, 1995.
兒玉威, 「戦中戦後の防疫」, 『日本医事新報』 1230, 1947. 6. 10.
若槻泰雄, 『戦後引揚げの記録』, 東京: 時事通信社, 1995.
引揚援護院検疫局, 『引揚検疫史』, 東京: 引揚援護局, 1947.
引揚援護庁, 『引揚援護の記録』, 東京: 引揚援護庁, 1950.

日本科学史学会,『日本科学技術史大系第25巻　医学第2』, 東京: 第一法規出版, 1967.

中村春菜,「あるハンセン病患者の戦後台湾における『病院船引揚げ』体験: 台湾の楽生院「強制収容」から､沖縄の愛楽園への「強制再収容」」,『沖縄史料編集紀要』39, 2016.

厚生省,『援護局編, 引揚げと援護三十年の歩み』, 東京: 厚生省, 1977.

厚生省大臣官房統計情報部,『衛生行政業務報告: 厚生省報告.昭和21年』, 東京: 厚生省大臣官房統計情報部, 1949.

Aldous, Christopher & Akihito Suzuki, *Reforming Public Health in Occupied Japan, 1945-52: Alien prescriptions?* Abingdon: Routledge, 2012.

Aldous, Christopher, "Typhus in Occupied Japan(1945-1946): An Epidemiological Study", *Japanese Studies 26-3*, 2006.

Baldwin, Peter, *Contagion and the State in Europe, 1830-1930,* Cambridge, MA: Cambridge University Press, 1999.

Bashford, Alison, "Maritime Quarantine: Linking Old World and New World Histories", *Quarantine: Local & Global Histories*, Alison Bashford (Ed.), London: Palgrave, 2016.

Bullit, John M., "40th Infantry Division: History of Evacuation and Repatriation Through the Port of Pusan: Korea, 28 Sept. 45-15 Nov. 45", 1945.

Burch, Thomas K., "Postwar Japan: A case study in population policy and social disorganization", *The American Catholic Sociological Review 19-1*, 1958.

Conrad, Sebastian, "The Dialectics of Remembrance: Memories of Empire in Cold War Japan", *Comparative Studies in Society and History 56-1*, 2014.

Cowdrey, Albert E., *The Medics' War: United States Army in the Korean War* Washington, DC: Center of Military History, United States Army, 1987.

Crawford, Sams F., *"Medic": The Mission of an American Military Doctor in Occupied Japan and Wartorn Korea,* Armonk & London: M.E. Sharpe, 1998.

Dower, John, *Embracing Defeat: Japan in the Aftermath of World War II,* London: Penguin Press, 1999.

Guthrie-Shimizu, Sayuri, "Japan, the United States, and the Cold War, 1945-1960", in *The Cambridge History of the Cold War*, Melvyn P. Leffler & Odd A. Westad (Eds.), Cambridge, MA: Cambridge University Press, 2010.

Harrison, Mark, "Afterword", *Quarantine: Local & Global Histories,* Alison Bashford (Ed.), London: Palgrave, 2016.

______, A Global Perspective: Reframing the History of Health, Medicine, and Disease, *Bulletin of the History of Medicine 89-4*, 2015.

Itoh, Mayuko, "What War-Related Sexual Violence Against Japanese Women in Manchuria Tells Us About Democracy in Contemporary Japan", *Melbourne Asia Review,* 2020. 3. 17., DOI: 10.37839/MAR2652-550X1.9.

Joint Chiefs of Staff, Joint Intelligence Committee, Joint Intelligence Study Publishing Board, *Joint Army-Navy Intelligence Study of Formosa,* Washington DC: Joint Chiefs of Staff, Joint Intelligence Committee, Joint Intelligence Study Publishing Board, 1944. 6.

______, *Joint Army-Navy Intelligence Study of Korea,* Washington DC: Joint Chiefs of Staff, Joint Intelligence Committee, Joint Intelligence Study Publishing Board, 1945. 4.

______, *Joint Army-Navy Intelligence, Study of Netherlands New Guinea,* Washington DC: Joint Chiefs of Staff, Joint Intelligence Committee, Joint Intelligence Study Publishing Board, 1944. 3.

Kahm, Howard, "Between Empire and Nation: A Micro-Historical Approach to Japanese Repatriation and the Korean Economy During the US Occupation of Korea, 1945-46", *Journal of Contemporary History 51-1*, 2016.

Kim, Jeong-Ran, "The Borderline of 'Empire': Japanese Maritime Quarantine in Busan c.1876–1910", *Medical History 57–2*, 2013.

______, "Malaria and Colonialism in Korea, c.1876–c.1945", *Social History of Medicine 29–2*, 2016.

Lee, Seung–Ook, Trevor Barnes, & Joel Wainwright, "Mapping Human Terrain in the Joint Army–Navy Intelligence Study of Korea(1945)", *The Professional Geographer 67–4*, 2015.

McWilliams, Wayne C., *Homeward Bound: Repatriation of Japanese from Korea after World War II,* Hong Kong: Asian Research Service, 1988.

Medical Department, United States Army, *Preventive Medicine in World War II, Volume II: Environmental Hygiene,* Washington, DC: Office of the Surgeon General Department of the Army, 1955.

Morris–Suzuki, Tessa, B*orderline Japan: Foreigners and Frontier Controls in the Postwar Era,* Cambridge, MA: Cambridge University Press, 2010.

Park, Yi–jin, "The Postwar Experience of Repatriates: The Crack in Postwar Japan's Reconstruction", *Sungkyun Journal of East Asian Studies 14–1*, 2014.

Public Health and Welfare Section of GHQ/SCAP, "Public Health and Welfare in Japan", *The name of Series: Reparations and Public Welfare Activities, 1946–51*, Tokyo: PHW, 1946–1951.

______, "Weekly Bulletin, 3", 1947. 8. 3.–9., no. 32.

SCAP, "Summation of Non–Military Activities in Japan and Korea, no. 1, September–October", Tokyo: General Headquarters, SCAP, 1945.

______, "Summation of Non–Military Activities in Japan and Korea, no. 2", Tokyo: General Headquarters, SCAP, 1945.

______, "Summation of Non–Military Activities in Japan and Korea, no. 3", Tokyo: General Headquarters, SCAP, 1945.

Sonnenberg, Jake, "Shoot to Kill: Control and Controversy in the History of DDT Science", Stanford Journal of Public Health, 2015. 5. 1.(https://web.stanford.edu/group/sjph/cgi–bin/sjphsite/shoot–to–kill–control–and–controversy–in–the–history–of–ddt–science/).

Takemaro, Mori, "Colonies and Countryside in Wartime Japan: Emigration to Manchuria", *The Asia-Pacific Journal/Japan Focus 2,* 2004.

Varlık, Nükhet, "Rethinking the History of Plague in the Time of COVID-19", *Centaurus 62*, 2020.

Warner, F. W., "Repatriate Organizations in Japan", *Pacific Affairs 22-3*, 1949.

Watt, Lori, "Embracing Defeat in Seoul: Rethinking Decolonization in Korea, 1945", *The Journal of Asian Studies 74-1,* 2015.

______, *When Empire Comes Home: Repatriation and Reintegration in Postwar Japan,* Cambridge & London: Harvard University Press, 2009.

Yip, Ka-che, "Combating Malaria in East Asia: A Historical Perspective", *Disease, Colonialism, and the State: Malaria in Modern East Asian History*, Ka-Che Yip (Ed.), Hong Kong: Hong Kong University Press, 2009.

찾아보기

〈이화의료사총서 1〉
질병 관리의 사회문화사
일상생활에서 국가정책까지

펴낸날 1판 1쇄 2021년 4월 26일
지은이 최해별 · 김영수 · 김재형 · 김정란 · 남종국 · 리전더 · 이현주 · 임채성 · 홍용진
펴낸이 이승아
펴낸곳 이화여자대학교출판문화원
주소 서울특별시 서대문구 이화여대길 52(우 03760)
등록 1954년 7월 6일 제9-61호
전화 02) 3277-2965(편집), 02) 362-6076(마케팅)
팩스 02) 312-4312
전자우편 press@ewha.ac.kr
홈페이지 www.ewhapress.com
책임 편집 이지예
디자인 신성기획

ISBN 979-11-5890-415-9 94900(SET)
979-11-5890-416-6 94900

값 26,000원